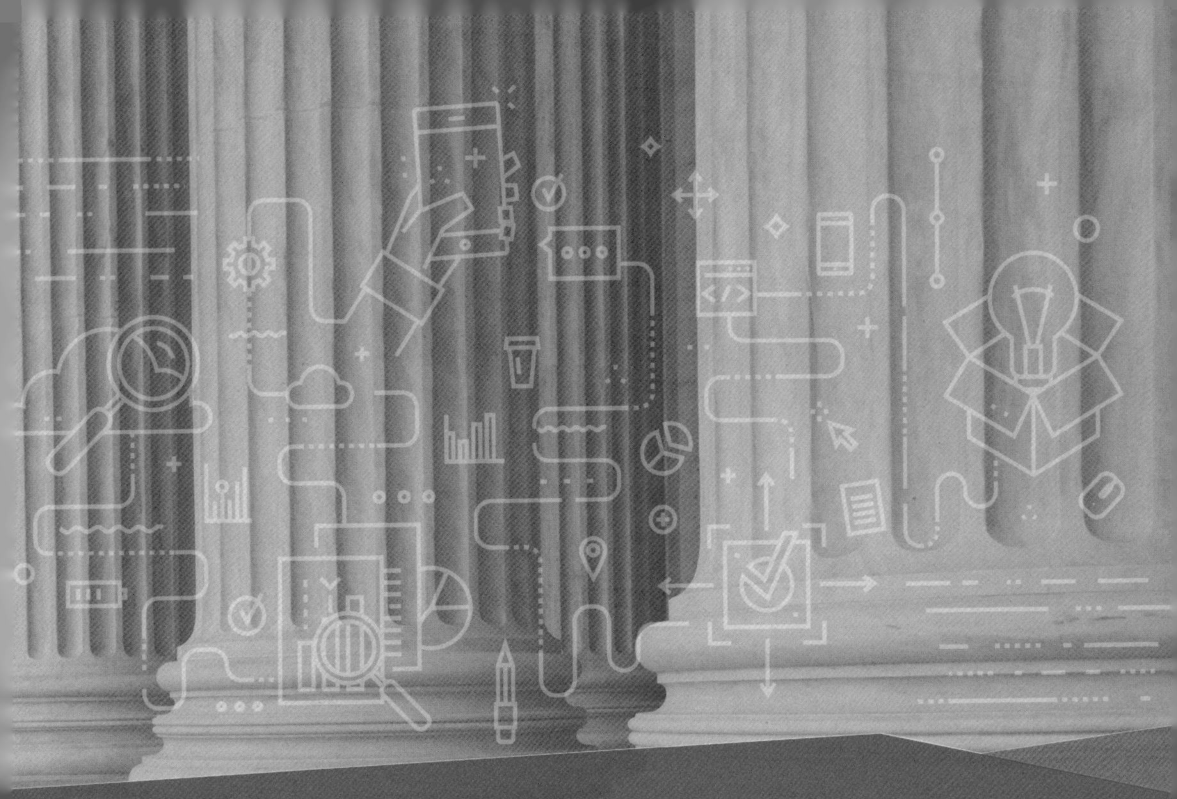

# 政府數位轉型

## 一本必讀的入門書

**第二版**

陳敦源、朱斌妤、蕭乃沂、黃東益、廖洲棚、曾憲立——主編群

五南圖書出版公司 印行

# 推薦序

## 數位民主，創新服務

唐鳳

在許多演講場合，常被問到一個問題：「AI 會不會取代人類的工作？」

AI 對我來說，是「Assistive Intelligence」，也就是輔助人類的智慧。AI 取代的是我們不適合做、不想去做的事情，讓人類可以從事更有創意的工作、獲得心靈的滿足。

我們發展科技，是爲了滿足衆人的需求。就算有件事既規律、機器又做得更好，只要人們能從中得到成就感和樂趣，當然就不會讓機器取代。好比說，喜愛戶外活動的朋友，一定不會讓機器代替我們跑步、登山，即使機器跑得更快、爬得更高。

「科技始終來自於人性」，公共數位創新的空間，也來自於人性。人性與科技之間，如何求取平衡、相互對話？這是 TEG（數位治理研究中心）多年深耕的議題，在《政府數位轉型》這本必讀的入門書裡，提供了完整而有系統的回應。我認爲，本書以〈數位民主〉作爲領頭篇章，確實深具見地、探驪得珠，因爲現行「服務型智慧政府」所蘊含的「數位轉型」核心理念，正是在此。

2016 年前，各階段的「電子化政府計畫」在建構資通訊設備、發展創新施政時，仍是以「政府如何優化服務」爲主軸。而 2017 年起的嶄新階段，首次標舉「資料治理、開放協作、公民參與」爲核心理念，致力於打造跨部門的多元協作環境。至此，數位服務不但來自於人性，更來自於民主的具體實踐。

「數位民主」的意義，不僅在運用社群媒體、線上連署、電子投票等工具來反映民意、行使公民權利；更在於政府提供的數位服務，從開發到部署，都需要以民主爲前提。換句話說，政府數位服務必須「以公民爲中心」，也就是「開門造車」，找民衆一起來設計。

然而在這個「一人一把號、各吹各的調」的年代，數位服務要講求民主，難道不會太理想化？而且民意如水，哪裡去找共識，難道不會陷入父子騎驢的困境？

民主的意涵，當然不是說事事都要投票決定，只能求同、不能存異。重要的是，經由對話營造共創的空間，讓各方的權益關係人即使有不同的目標，也能一起做點事，結果雖然不是大家都滿意，但大家也都過得去。

舉例來說，登山山友百百種，需求也各式各樣，但對於書中提到的「臺灣登山申請一站式服務網」，在 2019 年「向山致敬」的討論過程中，大家都同意：三個機關、四種不同的線上申請系統，登一次山要分別上線登記，太麻煩了。

而解決的方式，也不是打掉重練。不同機關各有職掌，管理目的並不相同，所以在現有服務不中斷的前提下，PDIS（行政院公共數位創新空間小組）與相關主管機關的同仁，和幾位有志於改善政府網站設計的青年朋友，採取了「前臺一致、後臺整合」方法，打造了新的數位服務。而在協作會議中發表過不同意見的朋友，也就順理成章，成爲參與前期使用測試的最佳人選。

由此可知，「父子騎驢」也不一定無解。如果各方能有共同的價值，也就是「平安走完旅程最重要」，那要如何輪流騎驢，就不見得非怎樣不可，說不定還有路人願意提供共乘、搭便車呢。重點在於，「民主」並不是追求大家都必須同意的單一解方。與其要一個粗暴的共識，不如有粗略的共識，大家更能一起走下去；與其政府「作之君、作之師」，硬要大家接受所謂先進科技，不如找出現在到底缺什麼？在政府做得到，人民能接受之下，一點一滴讓數位服務實現。

我也常被公務同仁問到，這樣會不會沒有效率？以我在矽谷工作的經驗，打造生態系的第一步，就是大方承認自己不是萬能的。這對公共服務尤其重要：所謂的「協力」，並不是要事事政府主導。如果有更適合的社會創新組織，何不讓他們去做？政府只要全力支持就好。

例如 2020 年初的「口罩實名制」，在藥師協助下，以健保卡來定量購買口罩，民眾最想知道的是「健保藥局哪裡有？口罩數量剩多少？」為此，健保署同仁採取了「開門造車」的策略，將口罩存量公布在政府開放資料平臺，並且聯繫原先寫「超商口罩地圖」的朋友協力開發。

在 g0v（零時政府）社群夥伴的貢獻下，不到七十二小時，就已經有多種地圖、聊天機器人等應用程式。政策上路一個星期，「口罩供需資訊平臺」已有上百個各式各樣的應用程式，絕對比過去「閉門造車」的效率高多了。

由此可知，政府數位服務，不僅可以從「for the people」進化到「with the people」，更可以達到「after the people」的理想——這正是我在行政院擔任數位政委的初衷：推動公民參與、增幅社會創新。

在此，期待各位《政府數位轉型：一本必讀的入門書》的讀者，都能發揮「眾人之事，眾人助之」的社創精神，一同實踐數位民主。是為序。

# 推薦序

## TEG 十年有成，為數位轉型加分

中原大學兼任講座教授、前行政院常務副秘書長　宋餘俠

這一切要從 1997 年（民 86 年）說起。這一年，一項名爲「電子化／網路化政府」的第一階段四年計畫開始啓動，迄今 2020 年已規劃執行了五個階段的發展計畫，政府的數位轉型事實上早已發生，從過去式、到現在進行式甚至是未來式，政府部門都會隨著資通訊科技的普及應用不斷轉型，這是必然發展的趨勢。在形塑公部門數位轉型記憶的同時，有著客觀忠實記錄這過程的臺灣數位治理研究中心（TEG）也因應而生，成立至今十年有成，不但完成了衆多學術研究提出諸多數位轉型建議，也與國際接軌看看別人想想自己，正確傳達我們的數位轉型如何走在前段班，近年更以社會教育的視野，針對目標群體致力於提升數位素養，逐步奠定 TEG 就是數位治理研究智庫的當然形象。

TEG 的成果之一就是這本由 39 位研究者合力完成，涵蓋數位民主、數位服務、數位行政、數位建設，以及數位社會五個面向，共 30 個章節的數位治理專書，可說是從電子化政府推動以來到現階段關注於數位治理的忠實見證，也代表著政府數位轉型知識網絡地圖是如何架構形成的。

誠如這本專書所展現的，數位民主是領頭篇章，包括資訊公開、網路民調、網路輿情、線上連署以及電子投票等五個熱門議題。這都是民主制度隨著資通訊科技發展必然會碰觸到的議題，政府資料開放 open data 及大數據分析 big data 的推動已有很好起點，但重點是民衆的數位素養何時可含括對技術與非技術面配套措施的信賴？

接著篇章討論政府應用數位科技來提供服務，其實民衆最直接感受到的就是數位服務，以二十年前就開始試辦的網路報稅爲例，用網路認

證方式安全報稅早已深植人心，這一開始就決定用電子憑證，以插卡參與報稅的方式取得民眾信賴就開啓了政府所有服務的網路轉型，一方面網路報稅的確能確保資安，網路服務也年有創新邁向跨域，另一方面民眾也在問自然人憑證還能做什麼？

第三篇收錄數位行政的經典應用，包括資訊人力資源管理、政府電子採購、智能工作環境以及資料治理等。公務員的新文房四寶（筆、墨、硯臺、紙轉換成鍵盤、滑鼠、螢幕、印表機）的出現，公務員辦公型態也與過往不一樣、回不去了，但眾多公務人員也在問何時會邁向行動辦公室甚或居家辦公？

接續的篇章進入政府推動更大範圍的數位建設及在政府轉型下的數位社會議題，包括空間化資訊基礎建設及物聯網應用、區塊鏈與政府治理、人工智慧下的政府決策等；但同時要注意的是爭議信息及網路霸凌的處理、個人資料保護、資訊安全等問題。這也反應資通訊科技應用勢不可擋，同時也會有個資資安議題的出現，但這不是科技至上一味使用或是因噎廢食閉眼不用，以絕對觀點視之，而是大勢所趨下如何極大化優點同時極小化缺點？

本書所揭櫫的數位素養知識地圖中，數位民主、行政、服務三核心的交集、五篇章的聯集，其實就是由點連線而全方位的公民數位素養藍圖，因此讀者可從本書各項政府數位轉型的議題出發，逐漸累積提升個人數位素養。

然而數位轉型數位素養的養成也不止於讀完本書 30 個章節，面臨資通訊科技日新月異擋不了的趨勢下，要談如何涵養政府數位轉型的素養，最重要就是要以均衡觀點來看這一切變化。就如書中多處提到，民眾對於政府數位轉型存有正負皆有的矛盾態度；一方面，政府運用資通科技既然是必然發展，就不如勇敢擁抱，這就說明民眾對於電子化政府相關政策的支持度長久以來都很高，但是另一方面，因爲對於個資保護等的關注越來越高，政府應用所擁有的民眾個資進行政策運作的疑慮也時有所聞。主管機關不會沒注意到這樣弔詭的現象，而是如何趨吉避凶？以最少代價在最短時間達到大家都可以接受的均衡應用，的確是大家都要面對的。

這均衡的達成，具體而言以個人資料保護為例，技術面要引進去識別化的統計方法及程序，讓去除足以辨識個人欄位後的電子資料檔，仍可進行分析應用促進個人福祉或民生經濟，而這電子資料檔也無法還原，不能回溯辨識到特定個人；另在非技術面，如何從法制面、實作面、社會教育面等讓民眾相信技術解決方案是可以做到眞實去識別化，所訂的國家標準作業程序是可信賴的，這就是大哉問了。

公共行政知名學者林布隆（Lindblom）針對政府變遷管理（數位轉型就是一種），早就提出可用漸進理論（incrementalism）來詮釋。公部門引用資通訊科技進行改變既然是不可避免，按過往案例可循，也不是一蹴可及，多屬漸近發生終抵完成轉型，至於要如何順利以均衡方式爲之，相信瀏覽完本書就可了然於心！

# 二版序

〈主編群〉

陳敦源、朱斌妤、蕭乃沂、黃東益、廖洲棚、曾憲立

2019 年本書第一版籌備期間，中美貿易戰初啓，COVID-19 還在醞釀中；當然，三年後的今天，中美貿易戰僵持著，晶片與網路科技成爲對抗的武器，俄羅斯出兵烏克蘭，傳統陸戰模式被高科技的精準打擊策略給徹底改變，而臺灣應用擅長的網路資通科技打了一場漂亮的上半場防疫戰爭，這一切變化與運作的核心議題，都是「科技」！因此，本書短期就推出第二版，代表我們向這因科技且爲科技而變動的世界致意，並且大聲說：「政府不能缺席！」

## 適應或淘汰：有那麼嚴重嗎？（Adapt or Extinct: Is It Really that Big of a Deal?）

1990 年代網路經濟興起，2010 年代社群網路所帶來 Web 2.0 的變革發展以來，商業界面對組織數位轉型的認知越來越迫切與清晰，亞馬遜的總裁 Jeff Bezos 曾經說：「數位轉型是唯一選項！」（There is No Alternative to Digital Transformation），公司在競爭激烈的市場上，要不加入努力改變與適應，要不就早早熄燈打烊，回家吃自己的。然而，對於沒有可類比競爭市場的政府組織來說，數位轉型這檔事兒，對於國家來說，眞的是這般生死攸關的嗎？

美國公共行政教授 Donlad Kettl 於 2016 年出版的一本《遠離侏儸紀政府：如何找回美國對能力的承諾？》（Escaping Jurassic Government: How to Recover America's Lost Commitment to Competence）書中特別提到，新興科技對企業能量的革命性改變，讓民衆對政府期待無限上調，消費者一指選擇的商品二十四小時內就會在家門口的奇蹟，民衆回頭拿起泛黃的社會契約，心中想著選舉時那些「爲民服務，鞠躬盡瘁」的華

麗口號後：「政府怎麼都不思長進呢？」

### 大國競爭時代，除了堅持民主價值，我們對治理能力優化的承諾在哪裡？

事實上，民主政府不以「效率」爲唯一追求的公共價值，是可以理解的；對比中國大陸土地國有與單一政府的運作模式，一年數條高鐵開工與完工的亮麗成績單，美國加州高鐵從 2003 年通過計畫，2015 年動工，中間因爲土地取得與財政共識不足等問題建建停停，預計（只是預計）2035 年二分之一路段通車的狀態比較起來，雖然民眾可以拿「我們比較民主」來自我安慰；但是，難道就沒有兩全其美的民主政府運作模式嗎？能顧到人權自由，又能享受到效率服務？

2020 年本書第一次出版時，作者們面對前面的問題，心中的答案都是：「當然有，如果我們努力推動政府數位轉型的話！」這個心聲因爲本書第一版大賣而讓本來並沒有太大自信的我們更加堅定了起來。是的，在這個大國競逐並民主與非民主價值競爭的時代中，公共行政的治理知能被推上學術發展的第一島鏈，而在這一條防線上最重量級的武器就是「數位轉型」，一個結合政府組織理論與行爲的學術傳統與新興科技催促下的數位治理領域，由此誕生！

### 新章節與新科技的應用與反思，代表不斷更新的政府數位轉型承諾！

爲此，經過多方考量，我們在第一版出版的半年內就決定要展現不斷適應的承諾，開始準備第二版的寫作工作，主要是讓原來的作者依照科技快速發展進行改版，更重要的，爲了趕上領域中新議題的潮流，我們特別在每一篇中各增加了一個章節，邀請各自領域的重量級學者或實務工作者來共襄盛舉，它們包括：

第一篇的數位民主單元中，我們增加了由行政院資安處簡宏偉前處長所撰的「智慧防疫落實民主法治」，仔細蒐集了臺灣面對 COVID-19 的挑戰，政府以科技回應的實況與評論；第二篇的數位服務單元中，我們特別邀請國發會資管處長謝翠娟博士與楊耿瑜高級分析師所撰的「數位智能服務」，政府服務在資料經濟的時代中，擴展智能應用是一個必走的道路；第三篇的數位行政單元中，我們很榮幸邀請到臺北醫學大學、同時是律師與醫師的張濱璿教授，爲本書加添「沙盒機制的應用與法律問題」，討論政府如何應用沙盒機制揭開公部門「創新即違法」的法律魔咒；第四篇的數位建設單元中，淡江大學的王千文教授爲大家引介「量子電腦時代的發展與管理」，提醒大家將要來的快速運算世界，政府更新的管理角色會是什麼；最後，在第五篇的數位社會單元中，世新大學戴豪君老師爲我們從歐盟近年積極從事數位市場的法制建設成果上，來映照並且反思臺灣的相關發展。

## 面對炫目的科技發展，「我們只是人」（We Are Only Human）的提醒很重要！

作爲政府公共行政專業的領域所倡議的政府數位轉型，面對商業工程界的樂觀，以及法律管制專業的悲觀，我們的態度是「摸著石頭過河」的務實主義，這個以解決問題爲主要目的的管理眼光，提醒政府部門推動數位轉型時，態度要極積，但是操作上必須務實，行政上特別需要躲避形式主義的誘惑，專業上要設法不受選舉主義短期煙火需求的綁架，在轉型操作上必須以一磚一瓦踏實建設爲中心思想，聽起來很泛道德，但這就是民主治理的現實。

從「組織人本主義」（organizational humanism）的角度來看，因科技發展，人不會進化爲超人，仍有「會犯錯」（fallible）的空間需要管理，另外，數位多元價值並陳的民主的發展，即便有程序優化的科技輔助，也不代表共識就必然形成；當然，那些因科技快速發展而產生政府將非官僚組織化的直接民主理想主義者，可能需要接受「科技越發達，政府就越被需要」的弔詭，進而一起耐著性子，與我們協力推動一個不含「無政府」目標的政府數位轉型工程！

本書二版序完成的同時，我國行政院也將在 2022 年 8 月成立數位發展部，這個劃時代的組織變革，一方面佐證本書初版時的願景是無誤的，另一方面，本書也藉由的二版發行，提醒攸關該部運作的各方利害關係人，成立這個部會本身不會是所有問題的解方，而是存在各種未明的法制建設、行政文化、以及科技風險等等政府運作環境前提下，相關主事者、行政官員、以及普羅大衆，對於政府數位轉型的「心態認知」（mindset）是否確實與開放！

耑此，「命運很少在我們選擇的時候召喚我們！」（Fate Rarely Calls Upon Us At A Moment Of Our Choosing. 電影《變形金剛》的著名臺詞），特別是我們有好好選擇空間的時候，基於本書所提供的完整知能與隱含良善治理的良知下，我們所做的無數優質選擇，就是政府數位轉型的成功保證！最後，感謝所有參與本書二版共襄盛舉的朋友們，我們更特別要向 TEG 的林儀郡、張瑋眞與黃妍甄，以及五南圖書的劉靜芬與黃郁婷，沒有妳們高品質行政支援，本書無法順利出版的！

2022 年 7 月 25 日溽夏

筆於貓空山下的政治大學

# 一版編者序

## 推展政府數位轉型的關鍵，在於社會數位素養的提升！

〈主編群〉

陳敦源、朱斌妤、蕭乃沂、黃東益、廖洲棚、曾憲立

臺灣電子治理研究中心（Taiwan E-governance Research Center, TEG）從 2008 年成立至今，已經超過十個年頭，多年來不論是我們的委託機關——「國家發展委員會」（2014 年前是行政院研究發展與考核委員會），還是中心內部跨校的學術同好們，基本上都將主要精力花在電子化政府的前瞻研究、國際聯接與實務顧問的工作之上；這十多年來，TEG 在歷任主任的領導，以及各界先進熱情參與國內外研究及研討活動的幫助下，已初具規模且小有成就，到 2020 年止，中心在學校老師與實務同仁的協助下，已完成 53 件研究案，團隊成員也代表中心在全球參與了至少 50 場的理論與實務研討會議，穩健地走在臺灣數位治理研究智庫的路徑之上。

### 一、數位治理智庫的角色需要轉變嗎？

然而，在這麼多年來的研究與交流活動當中，團隊成員也逐漸體會到 TEG 扮演國際交流與前瞻研究的角色，已經面臨到轉變的壓力，大概可以分爲下述幾個方面。

其一，2000 年政黨輪替之後，政府開始面對外部越來越民主的大環境，TEG 一路上從研究中強烈感受到，民眾對於政府數位轉型存既樂觀又悲觀的矛盾態度；一方面，比起其他政策領域常出現互斥爭議，政府用資通科技改革是難得擁有的「共識」政策，不論來自追新或科技樂觀論的協助，民眾對於相關政策的支持度都頗高，但是另一方面，因爲民主化後民間個資保護的聲浪越來越高，對於政府應用所擁有的民眾

個資進行政策運作的疑慮也越來越高。

其二，2014 年行政院國家發展委員會合併過去行政院研究發展考核委員會與經濟建設委員會成立之後，扮演電子化政府的政策角色越來越明顯，中心的學界參與者在越來越多的場合，需要擔起提供政府更快速且聚焦知識的關鍵角色，有時與第一線推動同仁一起感受政府內部數位轉型如果要成功，單靠資訊人員的能量是遠遠不足的，因此，電子治理研究中心的成員，開始思考除了政策研究者的角色之外，成員轉換成為政策協力倡議者角色的可能。

其三，2015 年開始，TEG 開始在年度推動計畫中，承接國發會辦理數位治理暑期策略管理訓練營以及新進資訊公務人員訓練，我們逐漸感受到政府數位治理的這個領域，除了專技人員埋頭苦幹之外，學界更應回歸學校與社會教育的本位角色，投入更多的資源來提升學生與民眾的數位素養，這個部分是中心成員從做中學到的實務想法，因此將我們過去只放在研究與交流上的眼光，逐漸轉移到科技發展之社會教育的方向之上。

事實上，前述的轉變最主要的核心，就是 TEG 的同仁們相信，我們過去將政府數位轉型的工作所必須接觸的對象，鎖定在對這個專業已經有基本認識的利害關係人（stakeholders）身上，這群人的確是過去電子化政府政策決策或是學界研究相關議題最具影響力的人士，不過，從前述「社會教育」角色的覺醒上來看，電子治理研究中心應該要開始接觸政府部門內部與外部「非本專業」的利害關係人，也就是說，從政策網絡的角度來看政府數位轉型的成功與否，這些廣義的利害關係人對於政府數位轉型相關政策的理解與支持，也是非常重要的，當然，我們可以問，這些人不會因為參加了幾次公民會議或是線上討論，就變成電子化政府的領域專家，但是 TEG 花時間在這些人身上有意義嗎？要回答這個問題，讓我們回溯到 2008 年中心所執行的第一個研究案中，說明 TEG 建構非專業連接的重要性。

## 二、電子治理之社會素養教育可行嗎？

2008 年中心草創時，第一個研究案是應用願景工作坊（Scenario Workshop）的公民參與模式，讓全國各地海選出來 40 位來自公、私、第三部門以及學者專家共聚一堂，花兩天時間討論並找出 2020 年臺灣推動電子化政府的挑戰問題與可能解方，有趣的是，當年大家重視的一個重要案例，就是政府擁有大量民眾個人資料的議題，當時社群網路、大數據、資料治理這些專有名詞尚未出現，民眾對於政府要如何應用民眾的資料來推展行政改革秉持開放的態度，但是對於政府要用自己資料時，認定應該要「告知」（informed）並且允許「退出」（op-out）的權利，該結果顯示早在當時，民眾對於政府數位轉型的期待與限制已有清楚的認知了。

對照現今，2020 年 COVID-19 的疫情肆虐全球，各國政府的防疫措施攸關該國治理品質的優劣，亞洲地區包括臺灣在內的幾個網路科技較爲發達的國家，都將民眾手機的定位資訊，當作疫情調查與防疫宣傳的基礎資訊，這樣的作法引起國際上大幅的報導，我國行政院副院長陳其邁還史無前例地以第一作者之姿在國際學術期刊上發表論文，展現臺灣應用資通科技與資料進行「精準防疫」的成果。有趣的是，當年參與願景工作坊的民眾以科技樂觀論來支持數位政府的發展，但是也預見了個資保護問題的爭議所在，因此，政府數位轉型需要具備數位素養民眾的支持，也成爲政府數位轉型的重要工作。

當然，民眾面對複雜政策議題的素養提升的任務，給了 TEG 走向社會教育智庫的可能性，但是在大家忙碌的教授生活中，想要大學投入民眾數位素養的教育工作，仍然缺乏最後的臨門一腳；2019 年陳敦源教授擔任中心主任的期間，由中心發動向核心決策的老師們提出了最後兩片的動機拼圖，終於促成了本書的誕生。第一片拼圖是來自教育部，教育部於 2018 年提出最新的高中 108 課綱，其中特別將科技素養納入，其中包括生物與資訊科技兩類，國教院公布的「十二年國民基本教育課程綱要綜合型高級中等學校科技領域」的文件中，具體描述了科技課綱的七項目標，舉例來說，第一項目標是「習得科技的基本知能與技能」，本書意圖協助讀者提升數位素養的目標，就是上述目標中的「科技基本知能」，因此，教育部的這些課綱文字，一方面協助編者們匡列數位素養可能的範圍，另一方面也讓我們將 TEG 推廣數位素養教材的「目標群體」（target group），鎖定在「高中及以上，非資訊通訊技術專業，在學或是在職的公、私與第三部門，對於政府數位轉型議題有興趣的學子」，而 TEG 的任務就是持續創造出讓目標群體習得與政府相關科技知能的文字與影音。

第二片拼圖是來自中央研究院。中研院有鑑於民主時代象牙塔內的工作需與公民社會進行科普的溝通，在 2018 年出版了一本《研之有物》的專書，書裡用接近庶民的語言介紹中央研究院許多領域的尖端研究，這本書出現在 TEG 討論本書規劃策略的第一次會議上，經由陳敦源主任的引介，成員們很快達成願意以等同於這本書的設計理念，來創造一本面對社會大眾，專屬於政府數位轉型的科普專書；當然，後續章節的設計與專業作者的尋找，以及後期的收稿與校對的工作，花了大家最多的時間，不過，一本屬於政府數位轉型的《研之有物》科普論著，期待能夠滿足於提升前述目標群體之數位素養的專書，由此在大家的協力努力下，正式誕生。

## 三、政府數位轉型的數位素養是什麼？

然而，要談政府數位轉型的素養，牽涉到本書的知識框架該如何建構的問題，團隊成員經過多次的討論，從過去 TEG 多年研究所累積之數位科技發展和公共價值（public value）互動產生的研究出發，共同討論出圖 0.1 這個知識地圖。這個地圖最主要是從政府數位轉型爲核心展開，討論五個數位議題項下目前在實務上、學術上，以及社會關注度上有明顯優勢的次議題，這些次議題彼此之間相互關連，交織成一張堅實

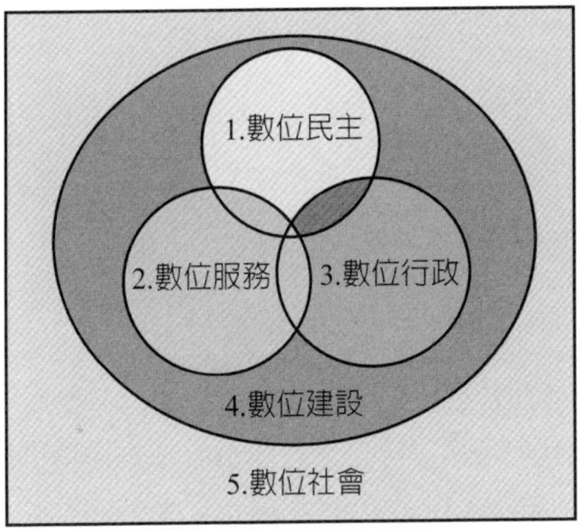


圖 0.1　本書的數位素養知識地圖

的知識網絡。

這五個議題依序是數位民主、數位服務、數位行政、數位建設，以及數位社會，民主國家的政府存在的基礎，就是民有、民治與民享，因此，數位民主是本書的領頭篇章，裡面包括資訊公開、網路民調、網路輿情分析、線上連署，以及電子投票等五個次議題。

第二篇是先討論應用數位科技來進行服務，包括數位服務的目標、應用數位創新滿足民衆需求、數位生活的願景、資料個人化服務，以及數位跨域治理等五個次領域；第三篇接著討論數位行政，從政府公共管理應用資訊通訊科技的不同面向，包括資訊人力資源管理、政府電子採購、智能工作環境、數位公私協力，以及資料治理等重要次議題。

第四篇進入政府推動更大範圍的數位建設，是包括政府在內的組織都能獲益的前瞻性發展，包括大數據應用、地理資訊系統、區塊鏈與政府治理、人工智慧下的政府決策，以及智慧城市中的物聯網應用等；最後，本書第五篇定錨在數位轉型下的社會議題，是政府必須面對的社會上數位發展的問題，包括數位發展的公共價值、爭議信息的處理、個人資料的保護、資訊安全，以及網路霸凌等問題。

前述一氣呵成的 25 個科普章節，是由 TEG 爲讀者所精心邀請到 33 位跨國內外、跨學術領域，以及跨理論與實務界的政府數位轉型專家學者們所共襄盛舉的成果，也代表一張政府數位轉型的知識網絡地圖，提供給有志深入瞭解該議題的目標讀者，能夠藉由課堂的研讀或是個人自主學習來達成理解的目的，當然，筆者們也期待本書可以從政府數位轉型的議題出發，藉著科普的語言，帶動臺灣社會數位素養的提升，打開政府推動數位轉型的契機。

最後，本書特別要感謝 TEG 的專案經理鍾存柔與林儀郡，專員郭旻宜，在成書過程中給予完善的行政協助，另外則是五南圖書公司法政編輯室的劉靜芬副總編輯，多次的協調會中給予我們編纂科普書籍的相關建議，更特別的是，劉副總編還邀請數位高中社會科老師，給予本書部分章節的初稿非常詳盡並有意義的修改建議，畢竟，平日較多從事期刊論文寫作的學者們，需要來自高中教學現場誠實的提點，才能讓教授們警醒並且創造出能夠有效溝通的科普文章。美國亞馬遜的創辦人 Jeff Bezos 曾經說：

「（組織的）數位轉型沒有另類的路可行，有願景的組織會爲自己精雕細琢新的（數位轉型）策略，那些不設法調整接受的組織，將會覆亡！(There is no alternative to digital transformation. Visionary companies will carve out new strategic options for themselves, those that don't adapt, will fail.)」

我們相信 Jeff 的論點，亦是公部門推動組織的數位轉型必須積極之原因所在，雖然政府組織的穩定度高，員工也都有完整的保障措施，要徹底關門並不容易，但是，面對資訊通訊科技革命的日新月異發展，政府組織如果想發揮引領社會的功能，自身組織數位轉型的成功與否，絕對是關鍵中的關鍵，接下來，請各位開卷研讀，好好享用一頓提升素養的饗宴吧！

2020 年 6 月 4 日初夏

筆於指南山下政治大學

# 作者群簡介

（按撰寫章節排序）

**項靖 東海大學行政管理暨政策學系教授（Dr. Jing Shiang）**

美國 The Ohio State University 公共行政學博士，博士學位論文獲美國公共事務與行政學院學會（National Association of Schools of Public Affairs and Administration, NASPAA）1995 年最佳年度博士論文獎（Dissertation Award）。曾任美國 California State University 助理教授，現任東海大學行政管理暨政策學系教授。主要研究領域包括資訊政策、數位治理、公共政策分析，以及政府服務品質管理等；曾任我國中央與地方政府諮詢、評審委員、顧問，國內外學術研討會專題演講主講人、論文發表人、評論人，以及國內學術期刊論文作者與審查委員。最新研究與教學興趣包括人工智慧與公共治理。

**楊東謀 國立臺灣大學圖書資訊學系副教授（Dr. Tung-Mou Yang）**

美國紐約州立大學奧本尼校區資訊科學博士（University at Albany, State University of New York），曾任資策會資訊系統實驗室副工程師、中研院生醫所資訊核心實驗室資訊系統工程師、工研院產業經濟與趨勢研究中心副研究員，現任國立臺灣大學圖書資訊學系副教授。研究興趣之領域爲電子化政府、跨域資訊分享、政府開放資料、資訊系統管理、以及資通訊與科技能力之發展與探討。並曾在 Government Information Quarterly、Journal of Information Science、Information Research、Journal of Library and Information Studies、教育資料與圖書館學、圖資與檔案學刊、圖書情報工作、ASPA、HICSS、dg.o、ICEGOV、iConference、TASPAA 等發表相關論文。

**羅晉 國立東華大學公共行政學系副教授（Dr. Jin Lo）**

國立政治大學公共行政學博士，國立東華大學公共行政學系副教授。主要領域爲數位治理、審議民主、公共政策分析以及組織行爲。曾任花蓮縣政府綜合發展小組委員、人事培力講座及組織員額評鑑委員、國家文官學院講師等。在 Information Development、Government Information Quarterly、Journal of Information Science、《行政暨政策學報》、《東吳政治學報》、《公共行政學報》等學術期刊發表相關論文。

**莊文忠 世新大學行政管理學系教授（Dr. Wen-Jong Juang）**

國立政治大學公共行政學博士，世新大學行政管理學系教授、數位治理研究中心團隊成員。主要領域爲公共行政研究、公共政策分析、民意調查、非營利組織研究、廉政治理等；曾任台灣透明組織協會執行長、臺灣選舉與民主化調查（TEDS）規劃與推動委員、臺北市政府研考會民調諮詢委員會委員、考試院研究發展委員會委員等，長期參與民意調查相關學術研究與計畫審查，關注民意調查方法論的演變，並在國內、外多個期刊發表相關研究成果，最新研究包括公民社會發展、選舉民意調查、貪腐與廉政測量等議題。

**洪永泰 國立臺灣大學政治學系退休教授（Dr. Yung-tai Hung）**

臺灣省彰化縣人，1948 年生。臺灣大學政治學系退休教授。臺灣大學政治學系畢業，美國伊利諾大學亞洲研究所碩士，密西根大學統計學碩士、生物統計學博士。曾任東海大學統計學系副教授、兼主任，政治大學選舉研究中心副研究員、研究員、兼主任，臺灣大學政治學系教授，臺灣大學調查研究中心主任。研究領域包括抽樣調查、投票行爲與選舉預測、統計指標、社會科學統計方法。著有《誰會勝選誰能凍蒜》、《統計與生活》、《戶中選樣之研究》及期刊、專書論文數十篇，編有《如何衡量公共治理：臺灣經驗》、《2004 年臺灣政治紀實》、《2001

年臺灣政治紀實》等書。

**陳敦源 國立政治大學公共行政學系教授（Dr. Don-yun Chen）**

美國羅徹斯特大學政治學博士（University of Rochester, 1997），國立政治大學公共行政學系教授兼數位治理研究中心的研究員。主要領域是民主治理、數位治理、官僚政治、公共政策分析與管理、以及健保政策等；曾任臺北市政府市政顧問（網路組），臺灣公共行政系所聯合會數位政府委員會召集人，並且協助考試院國官學院開發「智慧政府與數位創新」課程，並在 Public Administration and Development、Government Information Quarterly、Social Science Computer Review、《行政暨政策學報》、《東吳政治學報》以及《文官制度季刊》發表相關論文，最新研究包括 AI 與行政組織、公共服務數位沙盒、以及公務人力的大數據管理等議題。

**黃心怡 國立臺灣大學政治系暨公共事務研究所副教授（Dr. Hsini Huang）**

美國喬治亞理工學院公共政策學博士（Georgia Institute of Technology, 2012），現爲國立臺灣大學政治系暨公共事務研究所副教授。主要研究領域是創新研究。學術研究文章曾發表於 Research Policy, Journal of Management Studies, Government Information Quarterly 等一級國際期刊上，亦持續擔任國內外公行與管理相關期刊之審查委員。近期研究聚焦於科學與創新政策、數位與科技治理與資訊網路安全政策等議題，盼探討 AI 科技運用於公部門，對組織決策與個人認知的影響。刻正於臺大開設「科學、科技與創新政策」、「政策網絡與社會網絡分析」、「資訊社會與電子治理」等課程。

**黃東益 國立政治大學公共行政學系教授（Dr. Tong-yi Huang）**

美國德州大學奧斯汀校區政府學系博士（University of Texas at Austin, 1998），國立政治大學公共行政學系教授兼數位治理研究中心（TEG）主任，美國南加州大學數位未來中心（Center for the Digital Future）訪問學者。主要研究領域包含公共審議、數位治理、民主行政、民意調查方法；曾任行政院研考會研考委員、法務部、原住民族委員會及僑務委員會開放資料委員，並在 Public Administration and Development、Social Science Computer Review、The Electronic Journal of E-Government、《臺灣民主季刊》、《東吳政治學報》以及《文官制度季刊》發表相關論文，最新相關研究興趣包括開放政府以及數位轉型與新冠疫情等議題。

**簡宏偉 行政院資通安全處處長（Director General, . Hong-Wei Jyan）**

國立中正大學資訊工程碩士（1992），私立東吳大學法碩士（2021），行政院資通安全處處長。主要領域是資通安全、資訊管理、政府數位政策、電子化政府政策及跨機關協調推動、開放政府、資料開放、公民參與等。於資通安全處任職期間完成資通安全管理法立法及實施，並推動電子化政府國際交流及資通安全跨國合作等，另外自 2020 年起即參與中央疫情指揮中心作業，並擔任資訊組組長，統籌協調推動疫情控制及監督等。目前專注主動式防禦、零信任框架及防護韌性等議題之研究及實作。

**胡龍騰 國立臺北大學公共行政暨政策學系教授兼系主任暨公共事務學院副院長（Dr. Lung-Teng Hu）**

美國羅格斯大學（Rutgers University）公共行政學博士，國立臺北大學公共行政暨政策學系教授兼系主任暨公共事務學院副院長，同時也是數位治理研究中心研究員。主要研究領域包括政府績效管理與評估、公務人力資源管理、官僚行爲、數位化治理與電子化政府、跨域治理、政府部門知識管理等。長期擔任國家文官學院、行政院人事行政總處公務人力發展學院、臺北市政府公務人員訓練處等訓練機構講座。著有《公共組織成員知識分享之實證研究》、《公僕管家心：制度環境、任事態度與績效行為》等書，其他主要研究成果發表於 Government Information Quarterly、Crime, Law and Social Change、《臺灣民主季刊》、《公共行政學報》、《行政暨政策學報》、《東吳政治學報》等學術性期刊。

**李仲彬 國立臺北大學公共行政暨政策學系副教授（Dr. Chung-pin Lee）**

政治大學公共行政學博士、佛羅里達州立大學 Fulbright 訪問學者，現為臺北大學公共行政暨政策學系副教授。專長領域包含數位治理、政策創新與擴散、政策學習、公民參與、民意調查等；曾任淡江大學公共行政學系副教授兼系主任、臺北大學民意與選舉研究中心主任、新北市政府社會局顧問、桃園市政府研究發展考核委員會研考委員、國家通訊傳播委員會政府資料開放諮詢小組委員、國防部政府資料開放諮詢小組民間代表、財團法人商業發展研究院顧問等；亦曾協助國家文官學院撰寫「創意思考」教材與擔任授課講座。

**郭昱瑩 國立臺北大學公共行政暨政策學系教授（Dr. Yu-Ying Kuo）**

美國紐約州立大學奧本尼校區（State University of New York at Albany）公共行政暨政策學系博士，現任國立臺北大學公共行政暨政策學系教授，數位治理研究中心的研究員。專長領域包含公共政策、政策分析、政府預算與成本效益分析。編著 Policy Analysis in Taiwan（Policy Press, 2015）一書，合著《行政學》與《政策分析》專書，近年研究聚焦於資訊預算、公務年金制度及各國年金制度比較。

**潘國才 前國家發展委員會資訊管理處處長（Gour-Tsair Pan）**

國立成功大學航空測量研究所（後更名爲測量及空間資訊學系）畢業。1982 年測量技師高考及格，1994 年資訊處理高考及格。曾任基隆地檢署資訊管理師、台北銀行資訊室領組、行政院農業委員會資訊中心技正及主任、國家發展委員會資訊管理處處長等職。主要專長在資料庫分析、設計與管理；資訊系統專案管理。近年專注於資料治理，推動開放資料跨領域資料應用，促進公務體系與民間協力創造資料價值，其後再建立個人化資料自主運用（MyData）機制，達到民眾資料一處存放，自主決定多處運用的效益。

**黃代華 考試院資訊室專門委員（Dai-Hua Huang）**

國立清華大學電機工程碩士（1996），論文著作「以形狀特徵爲基礎之影像檢索系統」，曾任職於臺北市政府交通局、臺北市監理處、臺北市政府社會局及國家發展委員會，目前任職於考試院資訊室，主要負責數位轉型業務、資訊應用服務及資訊安全之規劃、協調與推動等事項。

**黃雅蘭 數位發展部多元創新司分析師（Ya-Lan Huang）**

國立臺灣科技大學資訊管理系碩士（2001），論文著作「臺灣股價指數期貨套利之研究——類神經網路與灰色理論之應用」，曾任職於復華投信、群益證券、臺北市政府工務局水利工程處資訊室、行政院研究發展考核委員會資訊管理處，目前任職於國家發展委員會資訊管理處，負責個人化資料自主運用（MyData）平臺之機制規劃與服務推動。

**曾冠球 國立臺灣師範大學公民教育與活動領導學系教授（Dr. Kuan-Chiu Tseng）**

國立政治大學公共行政學博士，現任國立臺灣師範大學公民教育與活動領導學系教授，同時兼任數位治理研究中心研究員、新臺灣國策智庫諮詢委員。曾任臺北市政府研究發展考核委員會組員、副研究員、研究員、淡江大學公共行政學系助理教授、副教授、及法務部廉政會報委員等職務，並於行政院人事行政總處公務人力發展學院、考試院國家文官學院，以及臺北市政府公務人員訓練處等訓練機構兼任講座。主要研究領域爲公私協力、公共組織，以及數位治理等，並於 IGI Global、Government Information Quarterly、《臺灣民主季刊》、《公共行政學報》、《行政暨政策學報》、《東吳政治學報》，以及《文官制度季刊》等出版機構與期刊發表論文，最新研究包括政府部門數位人才管理、AI 與行政組織，以及複雜契約管理等議題。

**謝翠娟 國家發展委員會資訊管理處處長（Director General,Tsui-Chuan Hsieh）**

國家發展委員會資訊管理處處長。

**楊耿瑜 高級分析師（Keng-Yu Yang）**

國立交通大學管理學碩士（National Chao Tung University, 2008），國家發展委員會資訊管理處高級分析師。主要業務爲擘劃政府數位發展政策、行動方案與執行策略，政府資通計畫審議與績效審查，規劃智慧政府發展計畫及政府數位流程再造作業等；曾歷練科長職務，推動政府服務平臺（Government Services Platform）政府雲端資料中心、經費結報、開放文件格式等全國性共用數位服務。

**蔣麗君 國立成功大學政治系暨中山大學政治學研究所合聘教授（Dr. Li-Chun Chiang）**

美國南加州大學政治學博士（University of Southern California, USC），成功大學政治系暨中山大學政治學研究所合聘教授，主要專業爲電子化政府、數位科技與公共行政、產業科技與政策分析以及科技與信任溝通等研究領域。目前擔任國發會臺灣數位治理中心研究員與考試院研究發展委員會委員。曾擔任成功大學研究總中心組長與歐洲電子化政府協會委員（European Conference on e-Government, ECEG）；並在 European Journal of Humanities and Social Sciences、Ethics & Behavior、Systems Research and Behavioral Science、Water、Energy Policy、Electronic Journal of e-Government 等相關期刊之論文發表。最新研究項目包含 Z 世代之信任溝通、資訊科技與政府資訊人才招考之變遷，以及政府數位轉型等相關議題。

**蕭乃沂 國立政治大學公共行政學系副教授兼主任（Dr. Naiyi Hsiao）**

美國紐約州立大學奧本尼校區（State University of New York at Albany, SUNY-Albany）公共行政學博士（2000），國立政治大學公共行政學系副教授兼主任、數位治理研究中心副主任、臺灣公共事務個案聯盟執行長，主要研究領域爲數位治理、政府資訊管理、系統思考、政策模擬與決策分析。曾任臺灣公共行政與公共事務系所聯合會（TASPAA）數位政府委員會召集人，並協助考試院國家文官學院開發「智慧政府與數位服務」課程。近期研究議題包括政府資料治理（包括 open data、big data、my data）與資料市集、網路輿論立場分析、政府數位發展人才管理與人力職能評估與培訓等。

**許雲翔 國立中央大學法律與政府研究所副教授（Dr. Yun-Hsiang Hsu）**

美國俄亥俄州立大學公共事務學院博士（The Ohio State University, 2013），國立中央大學法律與政府研究所副教授。主要研究方向在於公共管理、管制治理與勞動政策，著重在技術變遷下的勞動型態與管制作爲。近期科技部爲四年期計畫「人工智慧決策過程中的知識傳遞與人因作爲」，過去並分就公民參與及公共治理、電子治理、平臺經濟等議題進行研究，並針對全球供應鏈、再生能源與循環經濟、青年及少數族群、家內及移民勞動議題亦有所著墨。

**潘競恒 國立中興大學國家政策與公共事務研究所副教授（Dr. Ching-Heng Pan）**

美國南加州大學公共行政學博士（University of Southern California, 2006），現職國立中興大學國家政策與公共事務研究所副教授，曾任臺灣數位治理研究中心研究員。主要研究興趣是資訊科技與公共治理的關係，例如社群媒體、智慧政府與公共組織管理等主題。相關著作見於《行政暨政策學報》、《公共行政學報》、《國土及公共治理季刊》、《T&D飛訊》、《理論與政策》、Journal of Asian Public Policy等期刊。他的教學課程包括組織行為與理論、公共經濟學與政策、智慧治理、量化研究方法等科目。

**曾憲立 國立臺南大學行政管理學系助理教授（Dr. Hsien-Lee Tseng）**

為國立臺南大學行政管理學系助理教授，研究主題為數位治理相關議題，如開放資料、網路輿情分析、個人資料自主應用、資料治理等。曾擔任交通部開放資料民間諮詢委員、國家文官學院基礎訓練講座、獲教育部數位人文教學計畫補助，有多篇開放政府與數位治理的研究發表於《公共行政學報》、《國土及公共治理季刊》、Journal of Global Information Technology Management等期刊、研討會文章發表，此外，也關心空氣污染、能源使用等環境永續議題；長期參與民間社群和公部門協作的各項公民參與活動，如零時政府黑客松等。

**朱斌妤 國立政治大學公共行政學系特聘教授（Dr. Pin-Yu Chu）**

美國史丹福大學工程經濟系統學博士（Stanford University），國立政治大學公共行政學系特聘教授兼數位治理研究中心研究員。主要領域爲數位治理、決策分析、科技管理等；並在 Government Information Quarterly（SSCI）、Technological and Economic Development of Economy（SSCI）、International Journal of Technology Management（SSCI）、Computers in Industry（SSCI）、Omega, The International Journal of Management Science（SSCI）、Journal of Global Information Technology Management（SSCI）、Journal of Global Information Management（SSCI）、International Journal of Technology Management（SSCI）、Journal of Management & Organization（SSCI）等國際期刊與調查研究（TSSCI）、公共行政學報（TSSCI）、行政暨政策學報（TSSCI）、管理評論（TSSCI）、中山管理評論（TSSCI）等國內期刊發表相關論文。最新研究包括政府創新數位服務與個人資料應用、資料治理、政府數位轉型政策研析與推動機制。

**李洛維 國立政治大學公共行政學系博士候選人（Luo-Wei Li）**

國立政治大學公共行政學系博士候選人，現服務於臺灣警察專科學校秘書室，並爲該校行政法兼任講師。主要研究領域爲數位治理、量化研究、行政學、行政法、各國人事制度等。

**張濱璿 臺北醫學大學醫療暨生物科技法律研究所兼任助理教授（Dr. Brian Pin-Hsuan Chang）**

國立陽明大學醫學士、國立政治大學法律學碩士，爲小兒腎臟科執業醫師、執業律師，並爲臺北醫學大學醫療暨生物科技法律研究所兼任助理教授、數位治理研究中心研究員。主要專長領域是智慧財產、科技法律、醫事法律、醫藥生技管理與法規、醫療法人與醫事人員管制。曾受衛生福利部、公平交易委員會、勞動部等各部會之委託，進行法規政策研擬以及提供專家意見。最新研究包括政府數位轉型、AI、公共服務數位沙盒之相關法規調適策略，緊急醫療救護網與醫事人員管理法規政策研擬、生醫研究規範與生技產品管制等議題。

**廖洲棚 國立空中大學公共行政學系副教授（Dr. Zhou-peng Liao）**

國立政治大學公共行政學博士（National Chengchi University, 2011），國立空中大學公共行政學系副教授兼數位治理研究中心研究員，主要研究領域是官僚政治與行爲、公共組織與管理、電子治理、政策分析等。曾任臺北市政府及桃園市政府研考委員、臺灣公共行政系所聯合會理事、空大公行系主任、臺灣公共服務創新研究中心主任、政大公行系兼任副教授，並且曾協助國家文官學院以及公務人力發展學院撰寫訓練教材，也曾在國內外學術期刊發表研究論文，最新關心的研究議題包括官僚回應性、公部門中階領導、AI 與行政組織管理、以及公部門數位學習等。

**廖興中 國立政治大學公共行政學系副教授（Dr. Hsin- Chung Liao）**

美國克里夫蘭州立大學都市研究與公共事務博士（Cleveland State University），國立政治大學公共行政學系副教授兼數位治理研究中心副主任。主要領域是地理資訊系統運用、空間資料分析、空間統計、醫療資源分配研究、以及廉政治理等；曾協助考試院國文官學院編撰「智慧政府與數位服務」課程，並在 Government Information Quarterly、《公共行政學報》、《行政暨政策學報》發表相關論文，最新研究爲數位治理發展程度對 COVID-19 疫苗覆蓋表現的影響。

**陳恭 國立政治大學資訊管理學系教授（Dr. Kung Chen）**

於 2003 年 8 月加入政大資訊科學系，歷經副教授、教授、資科系系主任與電算中心主任等職。2011 年起，投入跨領域的教學與研究，參與政大數位內容學程之發展，以及政大「數位治理研究中心」的數個研究案，包含 MyData 的發展與規劃。

2016 年起，投入區塊鏈技術的教學與研究，並於該年 11 月參與政大金融科技研究中心的創設，期間透過「開放銀行」專案，協助銀行導入 Open API，以落實消費者金融資料賦權。2019 年 8 月轉任商學院，成爲資管系教授，並在 EMBA 與 DBA 授課。在學術專業外，積極投入產官學研的合作，在理論與實務之間，形成特有的素養與視野。

**何宗武 國立臺灣師範大學全球經營與策略研究所教授（Dr. Tsung-Wu He）**

美國猶他大學經濟學博士（University of Utah, 1997），國立臺灣師範大學全球經營與策略研究所教授，專長領域爲資產定價、機器學習、經濟決策等；並在 Open Economies Review（SSCI）、International Review of Economics & Finance（SSCI）、The Quarterly Review of Economics and Finance（SSCI）、Journal of International Financial Markets, Institutions and Money（SSCI）、Applied Economics（SSCI）等國際期刊與上海經濟研究（CSSCI）、中國管理科學（CSSCI）等中文期刊發表相關論文。並出版多本有關 R 語言、Python、數據分析等相關書籍。

**張鎧如 國立政治大學公共行政學系副教授（Dr. Kaiju Chang）**

美國佛羅里達州立大學公共行政學博士（Florida State University, 2012），國立政治大學公共行政學系副教授兼數位治理研究中心研究員，主要研究領域爲公共行政與管理、災害防救、協力治理、以及官僚行爲。曾任考試院國家考試命題及閱卷委員、國家文官學院及臺北市公務人員訓練處講座。相關著作可見於《公共行政學報》、《行政暨政策學報》、《東吳政治學報》、《歐美研究》、Public Administration Review、International Journal of Disaster Risk Reduction 等諸多國內外學術期刊。最新研究主題包含資通安全協力治理架構、減災協力平臺管理、以及基層公務人員心理備災與政策執行等課題。

**王千文 淡江大學公共行政學系助理教授（Dr. Chian-Wen Wang）**

國立政治大學公共行政博士（2014），淡江大學公共行政學系助理教授兼數位治理研究中心研究員。主要領域是公私協力、長照政策分析、組織行爲、民意調查、數位治理等；曾任中央研究院調查研究專題中心博士後研究員，東吳大學教學資源中心兼校務研究中心組長，以校務數據協助治理與統籌校內深耕計畫。目前爲資料科學與協力治理研究中心主持人，協助建構大數據與統計於政策分析之應用，規劃大數據分析基礎與進階課程。並曾在《經濟研究》、《調查研究》、《臺灣民主季刊》、《公共行政學報》、Electronic Governance and Cross-Boundary Collaboration 發表相關論文與專書篇章。最新研究包括 AI 與政府人力資源管理、智慧醫療等議題。

**陳聿哲 美國內布拉斯加大學奧馬哈分校公共行政學系教授暨數位治理與分析實驗室主任（Dr. Yu-Che Chen）**

美國內布拉斯加大學奧馬哈分校（University of Nebraska at Omaha）公共行政學系（School of Public Administration）教授暨數位治理與分析實驗室（Digital Governance and Analytics Lab）主任，美國印第安那大學（Indiana University－Bloomington）公共政策博士。主要研究領域是數位治理、AI 的公共治理及數位協力治理。已編寫三本書及發表超過 50 篇幅期刊論文、專書章節、和研究報告。現任 Government Information Quarterly 的副總編，及 Public Administration Review、Perspectives on Public Management and Governance 的編審會委員。曾任美國公共行政學會所屬政府科學科技會的主席、2021 年國際數位政府研究大會主席以及全球數位政府學會的委員會會員。並在 Public Administration Review、Public Management Review、Government Information Quarterly 等發表相關論文。

**李天申 臺北市立大學社會暨公共事務學系助理教授（Dr. Tien-Shen Li）**

國立臺灣大學政治學研究所博士、國立臺北大學公共行政暨政策學系碩士，臺北市立大學社會暨公共事務學系助理教授，台灣地方治理研究學會副秘書長。研究興趣涵蓋數位治理、災害管理、績效管理、行政法人與政府捐助之財團法人管理、市政管理等。曾任智慧臺北創新獎評審、桃園市政府研究發展考核委員會專門委員（督導資訊業務）。另外，於國家文官學院、行政院人事行政總處公務人力發展學院、臺北市政府公務人員訓練處等機構，擔任數位治理相關課程講座，並於國內外學術期刊發表 20 餘篇論文。

**林誠夏 開放文化基金會法制顧問（Consultant, Lucien Cheng-hsia Lin）**

開放文化基金會法制顧問。主要研究及服務項目，爲開放源碼授權、CC 授權、開放資料、個人資料保護，以及公私協力等智慧財產權及公眾授權之應用領域；歷任行政院、考試院、國發會、文化部、銓敘部之政府資料開放諮詢小組委員，以及臺北市政府市政顧問（公參組），現爲 CC Taiwan Chapter 項目主持人，曾協力行政院國家發展委員會討論、修訂、發布《政府資料開放授權條款——第 1 版》、《行政院及所屬各級機關政府資料開放作業原則》。最新的研究項目，聚焦於 AI 於 CC 授權領域的應用、開放授權於開放館聯領域的實作，以及開源合規於貢獻鏈管理的輔助與導入。

**陳泉錫 國立臺北大學公共行政系兼任副教授（Dr. Chuan-his Chen）**

國立政治大學資訊管理博士，前財政部財稅資訊中心主任，前法務部資訊處長。現爲臺北大學公共行政系兼任副教授、中原大學資訊管理系兼任副教授。在公職期間曾規劃推動我國所得稅網路報稅制度，建置「全國法規資料庫」系統（每月平均使用率達 900 萬人次以上）並作爲學校法治教學平臺，建立毒品減害單一窗口服務系統協助毒品防制等大型公共資訊服務。另有鑑於我國資訊發展環境困窒，乃於民國 103 年起草「資訊基本法」推動部會層級資訊主管機關設置，以帶動我國政府及資訊產業發展，重拾資訊國力。

**陳俊呈 財政部財政資訊中心資通營運組科長（Chun-Cheng Chen）**

畢業於國立交通大學資訊工程學系碩士，現職爲財政部財政資訊中心資通營運組科長，並爲財政部資安健檢及數位鑑識團隊成員。目前於財政資訊中心主要工作內容爲資通安全、雲端平臺維運、網路架構規劃、專案管理。曾負責執行財政資訊中心及五地區國稅局整合性資安監控中心（SOC）建置案、財政部電子申報繳稅服務網資通安全建置等大型專案。過去曾服務於內政部警政署刑事警察局科技犯罪防制中心，從事科技犯罪手法研究、犯罪資料分析，及通訊監察系統建置等工作。

**黃婉玲 國立臺北大學公共行政暨政策學系副教授（Dr. Wan-Ling Huang）**

美國伊利諾大學芝加哥校區公共行政學博士（University of Illinois at Chicago, 2011），國立臺北大學公共行政暨政策學系副教授。主要領域爲公共行政教育研究、科技政策與管理、組織理論與行爲、環境政策等；曾任數位治理研究中心研究員，並且擔任國家文官學院「智慧政府與數位創新」課程講座，並在 Technological Forecasting and Social Change、Technovation、Science and Public Policy、《行政暨政策學報》，以及《科技管理學刊》發表相關論文，最新研究包括創業型大學、公共服務動機、以及教育與職業不相稱。

**戴豪君 世新大學法律學院智慧財產暨傳播科技法律研究所專任副教授（Dr. Hao-Chun Tai）**

淡江大學歐洲研究所博士，世新大學法律學院智慧財產暨傳播科技法律研究所專任副教授級專業技術人員兼數位治理研究中心的研究員。主要領域是科技法律與政策、通訊傳播法、電子簽章與電子商務法制、個人資料法制、消費者保護法、以及電子化政府政策等；曾任行政院研究發展考核委員會副主任委員、資訊工業策進會資訊長與科技法律研究所所長，以及臺北市政府研考會主任秘書。參與推動臺北市公眾無線區域網路委外案，推動政府組織改造，協助機關資訊單位法制化與資訊人員價值提升。在《國土及公共治理季刊》以及《臺灣科技法學叢刊》等發表相關論文，最新研究包括法律科技、OTT 法制、開放資料與資料治理法制、個資法與 GDPR、以及大型數位平臺管制等議題。

# CONTENT 目錄

## PART 3 E 化行政



## PART 4 數位建設



## PART 5 數位社會

# PART 1

# 數位民主

## 篇前引介

隨著網際網路的發達下社群網路時代的來臨，傳統從上到下的權威結構屢屢受到挑戰的當下，民主政府在這樣的時代中必須學習如何與網路上越來越蓬勃的意見表達場域，進行虛實整合的管道建立，以期能在瞬息萬變的輿論環境當中，因為相關民意蒐集制度的完備，而能夠洞燭機先，提升政府工作的正當性，並且維繫政府為公無私的專業形象，因此，本篇當中的六章，包括資訊公開、網路民意調查、網路輿情分析、線上連署機制、網路電子投票、以及COVID-19 的資訊應用等，都是當代民主政府必須熟知探索、蒐集、與引導民意的關鍵技術與知能。首先，資訊公開是民主決策的基礎工程，因著網際網路的發達，政府資訊公開的成本更低，但民眾的要求更高了；再者，隨著傳統家戶電話的式微，過去以家戶電話為主要管道的民調將碰到生存威脅，要如何與網路民意調查進行融合，是民調專業與政府都想知道的；接著，不同於傳統民調的網路輿情分析，因為網路的議題設定權力不斷擴張，「鄉民怎麼說」的問題需要有客觀的答案，這一章當中有詳細的描繪；下面一章是網路連署的直接民主機制，因為太陽花學運的關係而現身在政府的網站上，然而，其運作效能與對直接民主幫助到底為何，值得大家一起來探索；再下一章談到民主最核心的制度選舉，也因為網際網路的發達而產生投票方法的重大改變可能，這條民權電子化之路要怎麼走下去，這篇章當中有詳細但簡要的論述；最後一個章節討論COVID-19 肆虐下，我國政府如何在不違反民主自由的社會價值共識的前提下，應用資通科技協助政府推動防疫政策，可以作為本篇的一個完美的個案總結。綜括來說，本篇的六個章節，絕對可以滿足讀者對於網際網路時代民主治理運作的學習需要，請慢慢品嘗吧！

Chapter 1

# 政府資訊公開與資料開放

項靖、楊東謀、羅晉

## ▶▶▶ 前言：開放政府？政府資訊公開？政府資料開放？

資料開放是近年來許多國家政府的施政重點，現已蔚爲一股國際潮流，強調政府機關需將所持有的資料釋出給予公眾使用。資料開放可以視爲政府資訊公開的進一步延伸，除了能夠促進政府透明化和保障人民知的權利之外，也可以增進民眾對於政府公共事務的參與和協力，以期能夠達到開放政府的理想境界。本文將介紹資訊公開，並依序瞭解資料開放的定義、發展趨勢、影響因素、評估方式並據以展望未來。

## 政府資訊公開的由來

政府通常是一個國家最大的資訊產製與應用的機構，政府所擁有的資訊和民眾的生活有相當緊密的關係，在政治、經濟、社會等許多層面皆有相當的影響力存在。透過政府對其所持有資訊的公開，可以進一步落實民主憲政中民眾「知的權利」。藉以讓人民更爲瞭解政府的整體運作，增進人民對於公共事務的參與和信賴，使政府政策的發展過程更爲透明，提升政府施政的廉潔，並增進政府行政的效率，最終以提升國家社會整體的競爭力，這也就是開放政府理念的實踐。開放政府的概念最早由 Wallace Parks 於 1957 年所提出，強調政府資訊的公開在於確保政府的可課責性，和保障民眾對於政府資訊的可取得性。此概念也間接催生了美國於 1967 年頒布的《資訊自由法案》，此法更成爲其他國家參考施行的原則之一（黃心怡等人，2016）。

**開放政府**

為國際間一股政治革新運動，強調政府機關須將所持有的資訊與資料，公開釋出予社會大眾取得與利用。藉此讓政府的決策與施政作為更加透明以落實民眾知的權利，增進人民對於公共事務的參與，並廣泛地促進社會中各式組織與行動者之間的串連與合作。

政府資訊公開被世界許多國家所採納，也是許多國際組織對其成員國的政策要求。臺灣在 2005 年 12 月公布施行《政府資訊公開法》，以滿足民眾對於政府施政透明化的需求與知的權利。《政府資訊公開法》就是我國的資訊自由法案，規定政府機關應該要主動公開資訊或者是依據人民的申請來提供。此法明列了 10 項政府機關應該要主動公開的資訊，如條約、文書、法規、組織資訊、施政計畫、業務統計、研究報告、預算、採購契約、會議紀錄等。在行政院研究發展考核委員會（現已改制爲國家發展委員會）的推展下，

**可課責性**

指受社會大眾委託及授權其代行公共治理的代表、團體或組織（廣義包含政府機關、公共組織與其成員）。這些受託的代理人本是基於委託人的利益、託付而履行著某種任務。因此必須透過特定的機制或方式，向委託人回報其執行任務的績效。政府機關常是藉由法規、命令和正式程序、監督與強制來達成。

政府機關皆須要在各自網站中建置「政府資訊公開專區」，以用來呈現上述需要主動公開的資訊給予社會大衆。此外，政府機關也提供相關線上或非線上等多種管道以供外界申請和取用政府資訊。

## 政府資料開放的崛起

在政府資訊公開發展漸趨成熟之後，政府資料開放在近年來也逐漸成爲國內外重要的數位治理發展趨勢。政府資訊公開與政府資料開放的理念相似，但實質的內涵則不同。政府資料開放實務上可以被視爲是政府資訊公開的進一步衍生，但是其所定義的資料是與上述的十大類應該主動公開的政府資訊不同。政府資料開放強調政府機關應該要主動開放大量的、結構化的、格式標準化的和可以機器直接讀取的資料集爲主（項靖等人，2013）。由於政府機關在運作的過程之中，往往會蒐集與產製許多的資料，過往這些資料主要是應用於機關本身的業務運作。在相關制度配套與不違反現行法令規範之下，採取公衆授權方式並主動將其資料（例如開放各項業務統計資料、戶政資料、財稅資料、商業註冊資料、地政資料、交通動態資料與氣象觀測資料等）提供給予其他機關、公民個人、非營利團體、企業組織等以進行再加值使用，即可望透過公衆的集合智慧，讓這些政府資料產生出更多的創新應用，進而創造出新的經濟價值和公衆服務等（陳舜伶等人，2013）。換句話說，**政府資料開放是政府機關將其在業務執行上所產製或蒐集的原始資料數位化，經過整理分類以及內容結構化之後釋出，讓公衆、非營利組織、企業等透過網際網路搜尋**，如經由政府資料開放平臺等，由網站下載，或透過應用程式介面介接，取得所需或感興趣的資料集，再進而分析使用。此外，各式資料集之間可以混合使用，進而產生出不同的資料價值。政府資料開放的推行，預期將讓政府資料的應用更爲多元，讓公衆與企業皆能夠參與及彼此合作，以達到政府透明化、公衆參與和協同合作之開放政府的三大目標。

## 臺灣政府資料開放的發展

2009 年起，我國政府資料開放的發展逐漸蓬勃，主要是由民間的公民團體發起推動力量，鼓吹推廣政府資料開放的觀念。政府則於 2011 年提出「第四階段電子化政府計畫」，首度納入政府資料加值應用的精神（宋餘俠、李國田，2012）。而臺北市政府爲首先推行資料開放的地方政府，於 2011 年 9 月，其資料開放平臺正式上線服務。2012 年 11 月，行政院於第 3222 次決議通過「政府資料開放推動策略建議」，此爲我國政府資料開放推行的重要里程碑，此決議影響我國於資料開放法制面的規劃與研擬，目標在於健全政府資料開放環境的整備，透過「資料開放民眾與企業運用」、「以免費爲原則、收費爲例外」、「資料大量、自動化而有系統的釋放與交換」三步驟，以促進政府資料衍生創新服務與造就經濟產值（陳怡君，2013）。

> **資料加值**
>
> 指政府機關開放所持有的原始資料後，使用者可基於不同目的，將不同的資料進行混搭、組合、重製、分析或再開發，讓資料可跳脫原本資料蒐集目的，衍生更多元、更創新、更具商業效益的應用與服務。在資料開放過程的每個環節中，皆有可能為資料創造出新的社會性與經濟性價值。

行政院研究發展委員會（已改制爲國家發展委員會）於 2013 年 2 月訂定《行政院及所屬各級機關政府資料開放作業原則》，此行政命令成爲行政院所屬中央部會機關推行資料開放政策的指導原則。同年 4 月，我國政府資料開放共用平臺正式上線營運，其他中央部會機關如農業委員會、文化部和環境保護署等，以及地方政府如新北市、臺中市、臺南市、高雄市及桃園市等也陸續建置資料開放平臺。民間也於同年 9 月成立「Open Data 聯盟」，此聯盟積極推動資料開放的發展與相關產業運用，並參與國際交流、提供建言給予政府作爲資料開放的施政參考。

國家發展委員會進一步於 2015 年 4 月發布《政府資料開放諮詢小組設置要點》，要求行政院及其所屬中央部會與二級機關各自設置政府資料開放諮詢小組，以擬定各機關的資料開放推行策略。同年 7 月，國家發展委員會頒布《政府資料開放授權條款》，此條款與「創用 CC 授權姓名標示 4.0 國際版本」相容，以便與國際接軌。2016 年，國家發展委員會提出「創意臺灣 ide@Taiwan 2020 政策白皮書」，用以推動「第五階段電子化政府計畫——數位政府（106-109 年）」，持續著重資料治理，以擴大公共服務的深度與廣度。此外，爲了推動相關政策與鼓勵公衆使用開放資料，政府機關近年來也多次舉辦資料開放創新應用競賽。

### 相關的影響因素

政府機關進行資料開放是一個複雜的過程，有許多面向的影響因素需要被納入考量，主要可以從科技技術、組織管理、法令政策與外部環境等面向進行探討，涵蓋如資料盤點整理與釋出、資料使用與回饋等環節。

許多政府機關對於資料開放業務較爲陌生，在缺乏經驗或引導方針之下，對於此新業務會較無所適從。其次，機關領導階層對於資料開放政策的支持度也會影響機關人員的投入程度。而公務機關必須依法行事，在進行資料開放的過程中，有許多相關法令規範需要仔細地審視，例如機關需要考量個人資料保護法的要求，在移除個人隱私相關資料後才能開放。再者，某些資料集可能並非由機關本身所獨力蒐集與產製，機關也需要瞭解其資料集是否有受到智慧財產權法的保護、其是否爲資料集的擁有者等。

實務上，機關推動資料開放的過程需要投入相當的時間與人力，包括：資料集的盤點、開放哪些資料集、何者優先開放、資料開放的檔案格式、後續資料集的更新處理，以及如何融入既有的作業流程等。由於資料開放並非機關既有的核心業務，在機關的業務量持續增加與資源有限之下，機關與成員參與資料開放的意願及其所能夠投入的心力則會受到影響。

另一方面，機關也有資料開放後衍生責任的顧慮。基於資料開放的特性，任何人在任何地點與任何時間皆可以取得，原機關無法得知這些資料究竟會如何被使用。倘若資料被誤用、誤解、被有心人士濫用，或是因資料品質上的瑕疵等，是否會對於機關的聲譽產生負面的衝擊？抑或是會對資料提供的機關衍生相關連帶的責任？皆是潛在可能的影響因素。

## 資料開放的評估方式

在資料開放的持續發展下，許多研究投入資料開放評估模式的探討，以瞭解政府機關對資料開放的投入情形。例如 2016 年朱斌妤與曾憲立即整合資料開放平臺的相關評估研究，指出常見的評估構面主要爲平臺的一般性特徵、資料集特性、資料集操作性，以及互動功能等。許多國際組織也提出相關評估架構，例如開放知識基金會的全球開放資料指標（Global Open Data Index, https://index.okfn.org），指標著重於評估資料集的數量、是否免費取用、檔案格式、授權資訊，以及詮釋資料等指標。我國於此指標的 2015 年與 2017 年評比皆獲評第一，顯示臺灣政府推動資料開放的成效已經受到國際的肯定，如圖 1.1。

Tim Berners-Lee 所創辦的網際網路基金會也提出資料開放衡量表，包含三個層面的評估，第一層面爲衡量政府機關、公衆團體與私企業組織等的參與程度；第二層面爲衡量資料集的開放與應用的執行進度，如資料集的開放數量、可近用性、創新應用等；第三層面著重於影響力的衡量，用以探討政府資料開放對於整體政治、經濟與社會所帶來的衝擊程度。世界銀行也提出資料開放檢測工具，用以檢測其會員國於政府資料開放的整備度與成熟度。開放資料學院則建置資料品質檢測網站，提出資料品質評估面向，按照法律資訊、實務資訊、技術資訊與社會資訊來衡量資料品質的等級，並依照結果頒布不同等級的驗證標章註記（莊盈志，2016）。

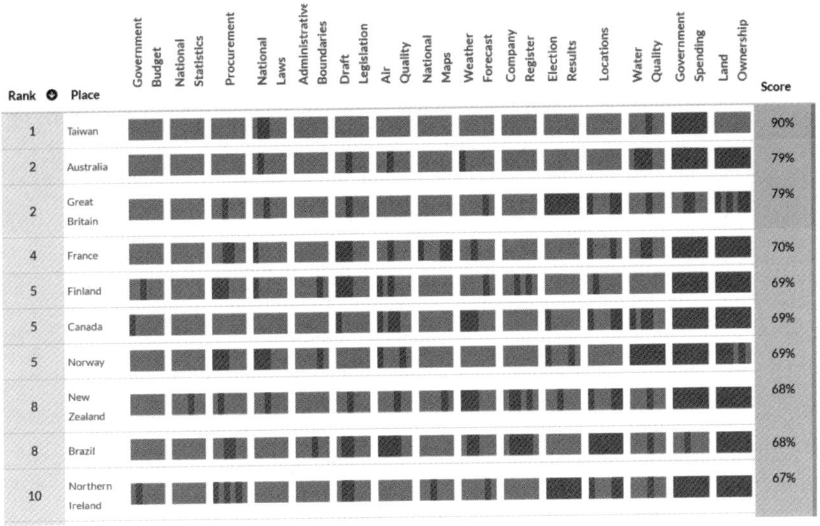


圖 1.1　2017 年全球開放指標評比

資料來源：https://index.okfn.org/place/。

## 未來展望與動手做做看

政府資料開放的生態體系中涵蓋到多方利害關係人。而此體系的完善與否，不僅需要政府機關的投入，更需要社會大眾的參與。倘若僅是將資料上載至資料開放平臺，資料依然只是資料，並沒有眞正發揮其潛在價值。資料價值正是透過多元化分析、組合與應用時才會被彰顯出來。因此，政府需要鼓勵公眾使用開放資料，在機關與公眾之間應該備有充分的溝通管道，以解決使用者在資料取用上的問題並提供相應的回饋。此外，政府機關可以進一步與公眾建立合作的管道，透過資料開放的方式結合私部門和社會大眾的力量，協助政府機關解決施政、政策過程的難題與挑戰，以實踐公私協力。

對社會大眾來說，政府資訊公開與資料開放更與我們的生活息息相關且彼此緊密結合。例如，政府資訊公開法規範必須網上公開的機關預決算資訊，臺北市政府率先於 2015 年以視覺化的方式公開市府預算，將原本艱澀與枯燥的數字，轉化爲更直覺且易懂的互動式圖、表，讓民眾瞭解政府施政到底做了些什麼、錢是怎麼花的。近來有更多政府機關與地方政府也陸續加入預算視覺化的行列。如今跨機關之間也可做到預算的視覺化，同樣是基於開放原始資料，並透過政府機關與民間資訊社群的協作成果。讀者也可試試看透過網路查詢所在地機關是否已視覺化呈現預算？瞭解感興趣的施政預算項目如何被運用？思考有哪些法定公開資訊，適合更進一步地以視覺化或其他創新方式來呈現？



不同政府資料開放後被加值再利用的成果，同樣與你我的生活密不可分。舉凡公車動態資料、臺鐵資訊、捷運路線、各地氣象、空氣品質、周遭景點與消費資訊，甚至公廁位置等皆涉及不同領域及政府機關所屬的資訊，如氣象、交通、公衛、地理資訊、觀光，甚至治安等跨中央機關與地方政府產製的各類資訊，實際上都可被整合到特定，或單一的應用程式（APP）之中，並已有各類型且多元化的 APP 上線，如圖 1.2 所列舉的旅遊類 APP。

圖 1.2　應用不同政府資料開放所發展的旅遊類 APP

資料來源：http://budget.tonyq.org/bubble/16#。

事實上，這些 APP 的開發者往往不是政府機關，更常見的是民間業者或個人。藉此，政府可免去委外、監管等成本的投入，卻一樣可達到延伸與落實特定公共服務的效果；另一方面，也促成了社會更多元化的創新、加值應用型態並提升經濟效益。讀者也不妨透過手邊的行動裝置，從個人興趣或不同的需求出發，搜尋看看哪些 APP 使用了哪些不同機關、種類的開放資料？檢視哪些 APP 是由民間組織、個人所獨立開發，或有政府機關參與的？哪些組織發展的 APP 下載率與使用評價更好？甚至可再更進一步地思考，有哪些社會上潛在的需求是還沒有被發掘的？而未來若想滿足這些需求，會需要何種開放資料，並設想你需要跟社會上哪些人才合作才能有機會促成。或許你可能就是下一個達百萬下載 APP 的創意家。

## 參考文獻


1. 朱斌妤、曾憲立（2016）。資料開放品質。國土及公共治理季刊，4（4），54-66。
2. 宋餘俠、李國田（2012）。政府部門資料加值推動策略與挑戰。研考雙月刊，36（4），10-21。
3. 莊盈志（2016）。國際資料開放評比之研析。國土及公共治理季刊，4（4），113-123。
4. 陳怡君（2013）。開放政府資料迎接資料民主新時代。公共治理季刊，1（1），156-163。
5. 陳舜伶、林珈宏、莊庭瑞（2013）。藏智於民：開放政府資料的原則與現況。臺北市：中央研究院資訊科技創新研究中心臺灣創用CC計畫。
6. 項靖、楊東謀、羅晉（2013）。資訊分享與共榮：政府機關資料公開與加值應用。行政院研究發展考核委員會委託電子治理研究中心研究報告（編號：RDEC-RES-101002）。臺北：行政院研究發展考核委員會。
7. 黃心怡、蘇彩足、蕭乃沂（2016）。再探開放政府資料的政策與發展。國土及公共治理季刊，4（4），18-28。

Chapter 2

# 網路時代的民意調查

莊文忠、洪永泰

## 前言：社會上大多數的上班族都想換工作嗎？

某一家人力銀行在農曆年前針對上班族進行一項網路民意調查，瞭解他們對現職工作的滿意度及轉換工作的意向，該人力銀行在官網上設計一份問卷調查題目，除了邀請瀏覽該人力銀行網站的訪客點選網頁連結與填答問卷，也發送電子郵件給該人力銀行的會員，邀請他們撥空上網填答問卷。爲了提高問卷填答率，所有完成問卷填答的參與者都可以參加抽獎活動。最後，人力銀行根據這項調查結果發布新聞稿指出，有高達八成五的上班族對目前的工作並不滿意，比例創下近年來的新高，其中有半數的上班族是因爲薪水太低而想換工作，也有六成的上班族正積極地投遞履歷、尋求面試機會。

媒體經常報導類似上述案例的民意調查結果，有人深信不疑，但也有人不以為然，經常也有人會問：**民意調查真的能反映民眾的真實想法嗎？**

簡單來說，「民意調查」就是運用具有科學精神的問卷調查方法來瞭解一般民眾或特定族群對公共議題的態度或意見，此一方法常被廣泛應用在各種公共政策的制定與選民投票行為的研究，藉以瞭解民眾需求、施政評價或投票意向。廣義來說，市場調查也是民意調查的一種，只不過調查對象大多是以消費者或廠商為主。事實上，政府對人民進行有系統的調查，並非始於現代民主國家，早在傳統封建社會，統治者為了掌握境內的人口數量，以利於徵兵或徵稅，會定期進行家戶查訪和人丁造冊，這是十分耗時耗力的工作，清查結果也不完全精確。




近代統計學發達之後，逐漸發展出以抽樣調查（sampling survey）取代人口普查（census），用隨機選取的樣本（sample）來推論廣大的母體（population），可大幅減少時間與成本，不過，這個做法的代價是，隨

**抽樣調查**

從所有符合資格或條件的個體或個案中，以隨機或非隨機的方法選取部分的個體或個案進行資料蒐集工作。

著樣本數的多寡，在推論母體時可能出現不同的誤差範圍。就各國的經驗來看，除了少數需要客觀的、精確的數值作爲政府決策的重要參考資訊，仍有維持普查的必要，如家戶結構與變遷、選舉區調整、產業結構與勞動力規模、種族或族群分布等，社會上大多數的民意調查都是以抽樣調查爲主。

民意調查不同於街頭採訪或輿情蒐集之處在於：調查目的不單純只是爲了瞭解受訪的個人或群體的意見，而是企圖利用這些受訪樣本去推論更大的母體，這也是民意調查重視「科學」方法的原因，重點不在於調查工具的先進或創新，而在於調查的方法與過程的嚴謹度與可複製性，才能獲得可信的結果。換句話說，無論我們採取哪一種調查模式，評估調查品質好壞的標準都是一樣的，即在於調查（測量）的效度（validity）與信度（reliability）。

> **效度**
> 是指測量的準確性，即民意調查能否確切探知受訪民衆內心的真實想法。

> **信度**
> 是指測量的穩定性或一致性，即利用相同的調查工具對相同個案進行重複測量時，在外在因素沒有變化的情況下，可以獲得某一誤差範圍內的穩定結果。

在網際網路尚未普及之前，傳統的民意調查方法主要包括現場自塡問卷、郵寄問卷、面訪調查、電話調查等。這些方法在學理上各有其優缺點，不過，隨著社會生活型態的演變與資訊通信科技（ICTs）的進步，在調查的效度與信度上遭遇到不小的挑戰，例如紙本自塡問卷不如平板勾選問卷來得便利、郵寄問卷逐漸被電子信件調查取代、住宅電話調查越來越難訪問到年輕世代而逐漸被手機調查取代、面訪調查在都會地區的失敗率偏高等。而網際網路興起與普及化後，不僅是政府部門期待透過網路提升公民的政治參與，也有不少的民調機構與研究人員對於利用網路進行民意調查產生了新的想像和做法，此一調查方法的效度與信度也受到熱烈討論。因之，本文的主要目的是，釐清網路民意調查的意涵與特性、瞭解網路民意調查的操作與限制、討論如何善用網路的特性進行「有品質」的民意調查。

## 網路民意調查的意涵與特性

資訊通信科技進步帶動了民眾的生活習慣改變，不僅網路使用族群激增，手機使用人口也越來越多，使得傳統民意調查仰賴住宅電話訪問取得快速又有品質的資料越來越困難，再加上電話詐騙案件頻傳，使得訪問成功率日益下滑，爲因應這些挑戰，開發新的調查工具或結合多元調查方法，以有效蒐集民眾的意見，乃成爲一項重要的課題，網路民意調查即是一個例子。

### ㈠ 網路民意調查的意涵

「網路民意調查」（internet survey，以下簡稱「網路調查」）又稱之爲「線上調查」（online survey），顧名思義，網路調查即是以網際網路作爲媒介或平臺，由調查機構將問卷題目透過網路寄送給受訪對象，待其填答後再回傳給調查機構，進行資料的後續處理與分析；或是將問卷題目設計成網頁的格式，再邀請網路使用者或組織會員點選網址進入網頁並填寫答案，調查結束後將資料檔轉出，作爲統計分析之用。

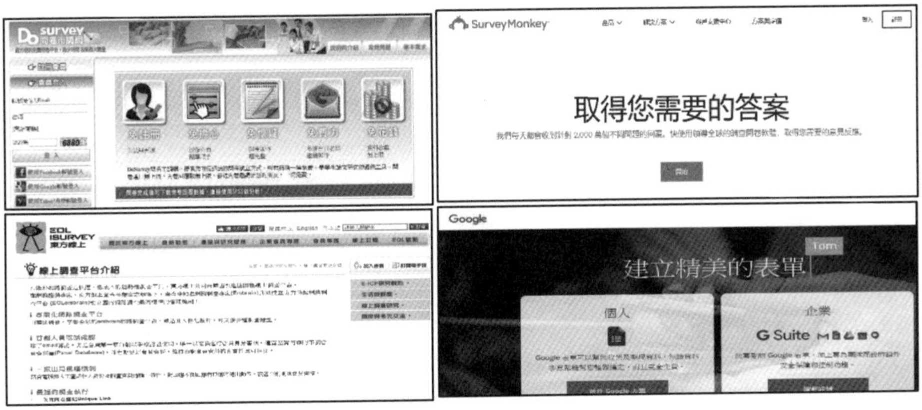


圖 2.1　網路調查平臺

基本上，任何一項調查的首要之務就是清楚地界定「母體」，也就是符合特定時間（如出生年次、活動期間）、空間（如居住地區、旅遊地區）或資格（如選民、原住民）等條件組合的合格訪問對象，這通常也是調查結果有效推論的範圍。就網路調查來說，雖不同的調查主題可以就母體提出更爲細緻的定義，但共同特徵就是平時會使用網路的人口，隨著網際網路越來越普及化，網路調查對一般母體的涵蓋率（coverage）日益提升，不過，仍然可能因爲「數位落差」（digital divide）而導致有些人口被排除在調查範圍之外，尤其是偏鄉或網路基礎建設較爲落後的地區，或是不同世代的網路使用行爲也有差異。舉例來說，根據行政院國家發展委員會（2018）的調查發現，民衆有上網經驗的比

**數位落差**

指社會上不同性別、年齡、收入或地區等背景的人，接近使用電子產品（如電腦或是網路）的機會與能力上的差異。

例接近九成，居住在北北基和桃竹苗地區的民眾，有上網經驗的比例高達九成一以上，但居住在雲嘉南和宜花東金馬地區的民眾，有上網經驗的比例則接近八成五；在不同年齡層方面，39 歲以下民眾的上網經驗幾乎都是 100%，而 60 歲以上民眾的上網經驗則不到六成。

此外，不僅是網路使用者的人口結構有差異，也有研究指出，網路使用者的使用行爲有相當高的選擇性，傾向尋求自身想看的資訊，也有較高的傾向會參與政治活動；在控制或比較其他類型的調查方式之後，透過網路調查的民眾，與那些透過電話訪問調查的民眾，在許多方面的問題也有不同的看法（游清鑫等人，2008）。由此可知，當我們想要利用網路作爲民意調查的工具時，心須先確認，網路使用人口是否就是主要的標的對象，有沒有可能忽略了重要的族群，而導致樣本與母體結構的不一致性。

### ㈡ 網路民意調查與其他調查模式的比較

> **抽樣底冊**
> 指母體內之個體或個案的名單或清單，可作為抽樣設計之依據，從中抽取中選的樣本。

如同前文所說，在網路調查興起之前，事實上已有幾種常見的問卷調查方法，例如家戶面訪、電話訪問、郵寄問卷等。家戶面訪調查通常是以戶籍人口或常住人口爲母體範圍，也有明確的抽樣底冊（sampling frame）可供隨機抽樣，再透過訪員直接與受訪者溝通，訪員在調查現場雖有助於受訪者瞭解題目內容，但對受訪者的威脅也很大；此外，面訪調查的成本相對也高出很多。電話調查係以電訪使用人口爲母體範圍，常見的抽樣底冊爲住宅電話簿或手機電話號碼資料庫，同樣有訪員可以協助問卷的填答，透過電話溝通還能減少受訪者的受壓迫感。而網路調查係以網路使用人口爲母體範圍，雖然可以使用電子郵件名單或建立網路調查樣本庫（internet panels）作爲抽樣底冊，但因參與調查者通常屬於自願樣本而不具有代表性。不過，網路調查較不受限於紙本問卷版面和訪問時間的限制，可以設計較爲多樣和複雜的問卷，提供塡答者更爲豐富的資訊，且塡答者的匿名效果亦較佳，適合調查較爲敏感的主題。這三種民意調查模式的主要差異如表 2.1 所整理。

表 2.1 網路、電話、面訪三種民意調查模式的比較

| | 網路調查 | 電話調查 | 家戶面訪調查 |
|---|---|---|---|
| 母體定義 | 網路使用人口 | 電話使用人口 | 設籍或常住人口 |
| 抽樣底冊 | 電子郵件名單<br>網路調查樣本庫 | 住宅電話簿<br>手機電話資料庫 | 戶籍資料庫<br>門牌地址資料庫 |
| 樣本屬性 | 自願 | 隨機 | 隨機 |
| 訪員 | 無 | 有（聲音） | 有（面對面） |
| 調查成本 | 低 | 中 | 高 |
| 訪問時間 | 中 | 短 | 長 |
| 樣本代表性 | 低 | 中 | 高 |

資料來源：本研究整理。

### ㈢ 網路民意調查的優勢與缺點

時至今日，網路資訊的傳播可說已是無遠弗屆，且不受時間和地域的限制，相較於其他調查方法，網路調查確實具有一些優勢，舉其要者如：

1. 訪問的便利性，不需要訪員舟車勞頓地前往訪問地點找到受訪者，受訪者也不用在固定時間（例如晚上時段）回答問卷，網路調查的塡答者可以依照自己生活作息步調，一次或分階段完成問卷塡寫。
2. 社會期待偏差（**social desirability bias**）的降低，由於塡答時沒有訪員在場，在匿名下，塡答者較有可能表達眞實意見，尤其是敏感議題的調查，可減少對塡答者的威脅感。

3. 可以利用多元內容提高效度，包括色彩、圖片、聲音、影片等，一方面，藉由生動活潑的畫面吸引網路使用人口參與問卷調查的興趣；另一方面，透過畫面或影音，有助於填答者理解題目的意義。

同樣地，相較於其他的調查方法，網路調查目前也還有一些值得注意的缺點，以避免對調查結果的錯誤解讀，諸如：

1. 母體涵蓋率偏差問題（**undercoverage**），雖然網路的普及度日益提高，但仍有相當比例的民眾不會使用網路，尤其是在數位落差較大或老年人口比例較高的地區；其次，即使是有上網的民眾，其網路使用頻率和使用目的也可能有明顯差異；此外，在網路無國界之下，填答者也可能是非母體定義範圍內的人參與填答（如外國人）。
2. 樣本無反應比例（**nonresponse**）偏高問題，這和傳統的郵寄問卷調查方式所遭遇的挑戰類似，由於沒有訪員在現場及時回收問卷，或是協助解釋題意，有些填答者可能選擇拒訪、拒答或漏答的回應模式，導致較低的問卷回收率或較高的無效樣本數。
3. 無適當的「抽樣底冊」可供隨機抽樣，家戶面訪可以利用戶籍資料或地址資料進行隨機抽樣，電訪可以利用電話號碼建立抽樣底冊後進行隨機抽樣，但是在網路調查中，除非先利用電話調查或郵寄問卷等方式蒐集樣本的電子郵件清單，否則，大多只能利用定點「釣魚抽樣」（fish sampling）方法，參與調查的自願樣本比例可能偏高。
4. 自願樣本（**volunteer sample**）的限制，無論是透過邀請正在上網的民眾進入網頁問卷調查系統，或透過電子郵件方式邀請特

> **釣魚抽樣**
>
> 屬於非隨機抽樣方法，調查者可以在網路上邀請網站訪客點選問卷網頁並進入填答，但事先無法知道誰會是受訪者，就像漁夫釣魚一樣，把餌放入水中後，只知道會有魚上鉤，但無法事先知道魚的種類、大小或顏色。

定名單內的成員參加調查，都是屬於非隨機抽樣產生的自願樣本，其調查結果難以對母體進行有效的推論，這個問題在網頁問卷調查上較爲嚴重，因調查者連邀請對象的基本特徵都難以事先掌握。

## 網路民意調查的設計與操作流程

一般來說，網路調查的基本操作流程可分以下幾個階段說明，實務上，調查者可依其調查目的與調查主題進行細緻的規劃，並在執行過程中做適當的調整。

### ㈠ 母體的界定

雖然網路調查的母體仍不足以代表一般母體，但調查者在確定調查主題之後，若能對參與調查之填答者的資格與範圍提供較爲明確的定義，不僅有助於調查邀請名單的蒐集和問卷題目內容的設計，也可以減少外界對調查結果的不當解讀。

### ㈡ 建立線上調查樣本庫（**internet panels**）

除了採取網路使用者自願參與填答的方式外，調查者可事先透過各種管道蒐集網路使用者的名單及其基本資料，如電話訪問、家戶面訪、舉辦線上或線下活動等，據以建立線上調查樣本庫，除記錄會員的性別、年齡、教育程度等基本資料外，必須留下可供聯繫的電子郵件信箱或社群媒體帳號等。在發出邀請填答網路問卷信件之前，調查者可以依據母體定義選取符合資料的會員，以提高樣本代表性。

### ㈢ 問卷題目的設計

調查者可針對調查主題設計適當的問卷題目，並配合電腦或手機的螢幕畫面大小轉換成適合閱讀的網路問卷格式。此外，調查者可充分應用網路特性，強調視覺效果（如圖片輔助、影音解說）和版面彈性，結合多元的題型設計，吸引網路使用者參與填答的興趣；或是採取實驗分組方式，同時進行多種題型的測試與分析。

### ㈣ 給予適當誘因邀請填答

由於網路調查的填答者大多屬於非隨機抽樣的自願樣本，且沒有訪員可以從旁協助網路使用者參與調查，如能提供適當的誘因或獎勵，如禮券、點數、抽獎等，都有助於提高參與意願，進而提高樣本結構的多元性。

### ㈤ 提醒與催收

雖然有些線上調查樣本庫的會員數可能高達數十萬人或上百萬人，但就實務經驗來看，實際參與調查的比例通常不會太高，且在調查時間的限制下，調查者在發出邀請參與網路問卷填答的信件後，必須視受邀對象的參與填答情形進行提醒和催收，一般以二至四次爲宜，發信間隔則視調查期間長短而定。

### ㈥ 資料清理與分析

如同其他民意調查方式一樣，網路調查也可能出現填答者拒答、漏答或不實回答等情形，是否構成有效樣本有待調查者的判定，再將無效樣本剔除。在資料清理與檢誤後，如有明確的母體定義和具體的母體參數可供比較（如會員結構、顧客資料），調查者可在進行樣本代表性檢定和必要的加權處理後進行資料分析和結果推論；否則，最好只用這些成功樣本進行描述性統計分析，避免對母體做推論。

## 網路民意調查的運用

網路使用人口的母體輪廓難以清楚描繪，缺乏有效的抽樣底冊，且網路使用人口的特性、意見和行爲也有不同於一般民衆之處，因而網路調查仍屬於非隨機抽樣的調查方法，也造成其調查結果在推論效度上的限制。不過，在網路化時代，網路調查的發展與應用潛力仍是不可漠視。以下提出幾個善用網路調查的策略建議：

1. 結合其他調查方法，提高母體涵蓋率，如先利用電話調查、郵寄問卷或家戶面訪等方式抽取隨機樣本，蒐集資料建立網路調查樣本庫，再邀請他們上網填寫問卷；或是採混合調查模式，允許受訪者自行選擇適當和便利的方法填寫問卷，提高非網路使用者的參與率，再由研究人員進行不同資料的檢定與整合。
2. 設定特定族群爲調查母體，避免過度推論的風險，由於網路使用族群在人口變數有所差異，如年齡越高的民衆，使用網路的比例越低；再加上許多機關、團體、組織等都有會員、客戶或服務個案的資料庫，若以此類對象爲調查母體進行隨機抽樣調查，可以減少母體推論的偏差。
3. 導入隨機抽樣的做法，減少自願樣本所造成的偏差，例如針對進入網站的民衆，採取等距抽樣（systematic sampling）方法，設定每一個受訪者的人數間隔；或是利用事先蒐集和建置的網路調查樣本庫，再以隨機抽樣方法抽出中選樣本，以電子郵件等方式邀請他們參與調查。
4. 針對非隨機抽樣（如便利抽樣、自願樣本）取得的網路使用者，進行隨機化（randomizing）或配對（matching）的分組設計，再透過不同情境的設計（如問卷長短、題目用語、圖／影片提供等），調查不同處遇（treatments）對填答者的意見或態度的影響，據以推論母體若置於某一情境下的可能反應。雖然這些樣本來源爲非隨機樣本，無法計算抽樣誤差（sampling error）和評估樣本代表性，但可以利用實驗設計提高網路調查的內在效度，或是以母體結構爲依據，利用加權提高樣本代表性。

> **抽樣誤差**
>
> 指抽樣調查中由樣本所取得的數據與相對應之母體數據之間的差異，若是採取隨機抽樣方法，此種誤差會隨著樣本數增加而減少。

5. 以入選機率調整法（propensity score adjustment, PSA）進行網路樣本的修正，此做法的前提是必須有一個可信賴的平行調查資料作爲對照組，將兩組資料結合後針對網路調查加權處理，Lee（2006）以實證研究證明這是一個可行的補救辦法。

6. 以網路調查作爲先導性研究（pilot study），提高正式調查的信度和效度，網路調查雖尚不具有一般母體的代表性，但仍然可以反映出部分民衆對某些議題的看法，尤其是針對新興社會或政治議題的調查，在缺乏具有效度和信度的問卷題目或量表之前，可透過網路調查進行前測，蒐集量化數據和質性意見後，據以規劃和執行家戶面訪或電話調查，可提供資源使用的有效性和資料的品質。



由於一般民衆使用網路的比例不斷提升，再加上手機與通訊軟體的普及，改變了民衆的生活與通信習慣，傳統民意調查方法的挑戰日趨嚴峻，民調機構利用手機電話或網路執行民意調查的案例大幅增加。就方法上來說，手機電話調查雖可彌補住宅電話調查的不足，但仍存有調查成本較高或造成受訪者受訪風險等問題。因此，網路調查未來若能隨著資訊科技與調查技術的進展，克服母體涵蓋率不足、建立隨機抽樣架構、減少自願樣本參與等問題，此一調查方法仍有很大的發展潛力。

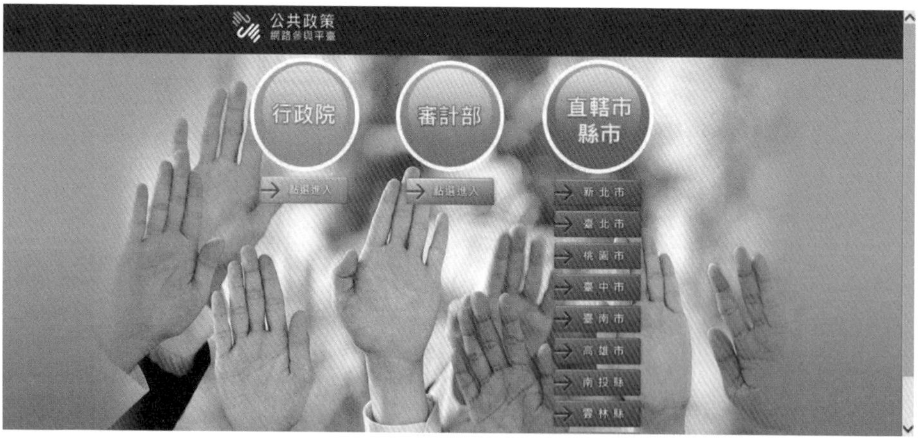


圖 2.2　公共政策網路參與平臺

資料來源：https://join.gov.tw/。

## 參考文獻


1. 行政院國家發展委員會（2018）。107 年持有手機民眾數位機會調查報告。
2. 游清鑫、黃紀、洪永泰、蔡佳泓（2008）。建置實驗性網路民意調查系統之規劃。行政院研究發展考核委員會委託研究案。
3. AAPOR (2016). Evaluating Survey Quality in Today's Complex Environment. Retrieved March 22, 2019, from https://www.aapor.org/Education-Resources/Reports/Evaluating-Survey-Quality.aspx.
4. Lee, Sunghee (2006). "Propensity Score Adjustment as a Weighting Scheme for Volunteer Panel Web Surveys." *Journal of Official Statistics*, 22(2), 329-349.

# Chapter 3

# 鄉民在說什麼？漫談網路輿情分析

陳敦源

## ▶▶▶ 前言：民之所欲，要如何常在我心？

自從 1996 年臺灣舉辦第一次總統大選以來，中華民國正式進入民主國家的行列；當年李前總統登輝先生喜歡用「民之所欲，常在我心」這一句話，來描繪民主政治對於國家領導人的意義，然而，這句話說起來淺顯易懂，但做起來卻是需要花些功夫，也就是說，要如何探知民眾對於公共政策的支持，或是對領導人的滿意度，是一門政府治理的專門技術：「民意調查」（public opinion polling）。

探索民眾心聲的技術發展，對於政治人物回應民眾要求的工作十分重要。選前藉由民調瞭解民眾的支持度，有助於擬定選戰策略，爭取爲民服務的機會；而選上了之後，推動政策過程中應用民調技術，不但有助於瞭解民眾對於政策的支持度，也可用來評估可能的修正方向，以及該加強說明的地方。不過，社群網路時代來到，傳統民意調查技術也面臨了巨變的時刻……

長久以來傳統民調的方法以電話和面對面訪談為主，接觸的方式是以電話號碼的隨機撥打以及戶籍資料抽樣，但是，過去十餘年行動裝置（手機）與社群網路的興起，民眾的溝通習慣改變，以家戶為主的調查方法逐漸受到挑戰，他們開始大量滯留在網路上發送文字與圖像的信息，創造出一個新興的虛擬公共對話空間，因著探索網路民眾心聲的需求下，資訊的業界逐漸發展出「網路輿情分析」（internet public opinion analysis, IPOA）的相關技術，成為與傳統電話家戶民調之外，瞭解網路上民眾意見的利器。

本章的目的就是以非技術性的語言，討論網路輿情分析的起源、做法與反思，希望能給對此有興趣的讀者一個基礎性的引介。首先，我們先來瞭解一下民意探求的緣起。



## 如何探求民意？民意調查的起源與應用

民意調查的興起，可以從一位美國的統計學家與新聞工作者蓋洛普（George Gallup, 1901-1984）談起。話說 1936 年民主黨羅斯福（Franklin Roosevelt）與共和黨藍頓（Alfred M. Landon）打總統選戰，當時著名的雜誌《文學文摘》（Literary Digest）從 1916 年開始連續五屆總統大選，都在選前進行大規模的「假投票」（straw poll），結果都成功地預測了總統大選的結果，而 1933 年該雜誌也照例進行了這個調查。

據載《文學文摘》當年發出 1,000 萬的假投票邀請，大約有 240 萬人回覆了，受邀請的名單主要根據以下三個來源：自己的雜誌訂戶名冊、登記擁有汽車的人士，以及登記有電話的人士。根據當年美國 1.2 億人口，又以投票年齡限制 20 歲來計算，大約是 70% 的 8,400 萬人具有投票權，《文學文摘》回收的假投票大約占選民人數的 3%，根據他們的假投票結果，共和黨的藍頓預測會以優勢勝差擊敗羅斯福。

當年美國社會藉這行之有年的假投票傳統來預測選舉的同時，有一位名不見經傳的媒體人蓋洛普，應用系統性的抽樣方法所做的調查，預測羅斯福先生會在總統大選贏得壓倒性勝利，這個預測與《文學文摘》的假投票結果完全相反，但是，選舉結果出來，羅斯福以 57% 的公民選票橫掃美國 51 州當中的 45 州，獲得壓倒性的勝利，蓋洛普先生從此一戰成名，也讓抽樣成為傳統民調最重要的技術核心，一般認為，只要抽出了有代表性的樣本，就可以精確預測選舉結果。

## 社群網路時代的「鄉民」在想什麼？

前述由蓋洛普先生所發展出來的民意調查方法從電話普及之後，就一直是政治、商業與學術領域探索民意的主流方法，然而，新的社會發展通常不會停止，網際網路於 1990 年代興起，初期大多是軍事、政府與學術界用來溝通與傳遞資訊之用，隨著網路商業化的應用日益蓬勃，越來越多與人們生活相關的事務與網路連在一起，諸多的發展當中，2005 年由一位哈佛大學的肄業生祖克柏（Mark Zuckerberg）所創造名為臉書（Facebook）的社群媒體（social media）最為重要，該新興媒體平臺的出現，讓網路上的「鄉民（或網民，接下來都用鄉民）」（netizen）之間，有一個成本低廉的溝通平臺，網路的連接讓人際之間的互動更加靈活與強健，當然，這個發展也造就了「假新聞」（fake news）迅速傳遞並且影響到民主政治運作的後果（請參本書第二十六章）。

這個平臺在 2009 年正式進軍臺灣，最早是以「開心農場」的網路遊戲來行銷（如右圖），當

時還因爲政府部門員工上班玩臉書，考試院還特別發文禁止公務人員上班時間上網種菜呢！當然，隨著越來越多民衆上網相互連接，臺灣2019年每月臉書活躍用戶已超過1,900萬，約占人口80%，隨著各種不同的社群平臺的出現，網路發展成實體社會之外的一個虛擬的世界，成爲政治與商業人士探索廣大民衆意見的一個新興的管道。而臺灣政府部門眞正開始重視社群網路上鄉民的意見，卻是因著一場學生主導占領立法院的「太陽花學運」。

2014年春天，立法院開始審查兩岸服務業相關的貿易協定，過程中因爲程序問題引起社會上對海峽兩岸過於緊密的互動產生疑慮，進而爆發了太陽花學運，學生衝入並占領立法院，當時抗議團體除了使用網路平臺進行串連之外，還應用網路的連接來協調分工物資等管理，讓政府面對到一群網路組織堅強的社會運動，後來運動結束之後，行政院推出「網路智慧新臺灣政策白皮書」，其中特別強調透明治理的概念，也就是政府應當規劃出符合當代民衆需要的網路開放參與機制，以滿足民衆參與公共事務、表達個人意見的期望，後來最引人注目的新措施就是「公共政策網路參與平臺」（https://join.gov.tw/），這是一個人氣很高的網路電子請願（e-petition）平臺（請參本書第四章），舉例而言，2016年9月底，網友曾經提出「目前臺灣高中生睡眠普遍不足，高中生上學時間應延遲」的提案，隨即通過5,000人附議門檻，後來教育部因此頒布「高中生在校作息時間規劃注意事項」，各高中得自行放寬高中生上學時間。因此，網路上的民意展現，成爲公共事務運作越來越無法忽視的現實，發展至此，對政府機關來說，要如何瞭解網民的集體意見，成爲一種實務與專業上的需求。以下我們將來討論相對於傳統民意調查，網路輿情分析是怎麼進行的。

## 網路輿情分析要如何進行？

由於前述太陽花學運的影響，政府開始重視社群網頁的經營；一方面，機關除了傳統官方網站以外，紛紛開始經營臉書粉絲專頁，因此，網路小編（curator）的工作在政府機關當中越來越重要；不過，小編的招聘與訓練等工作仍然處在渾沌階段，小編要如何面向網路進行輿情的監視，並且下載整理出對於部門決策有意義的資訊，就是這項新興工作的重點；另一方面，行政院層級的部會，也開始與大數據廠商合作，進行網路輿情的分析，這個技術早期只有少數資訊公司擁有，主要是能夠隨時上網抓取網民公開資訊，並且儲存後依客戶需要進行整理分析的技術，近幾年來，這樣的能力已經是民調或是公關公司不可或缺的業務開拓基本功，不論他們的生意對象是公部門還是私部門。

> **網路小編**
>
> 組織當中負責對外網路公共關係的人員，其工作包括貼文與回文，偵測網路輿情，以及設計懶人包或其他影音資料，協助組織處理公關危機，形塑組織網路形象的一種專業。

㈠ 傳統民意調查與網路輿情分析的異同

首先，我們先談一談網路輿情分析與傳統民意調查之間的異同。兩者有一點相同的地方，就是不論是傳統民調還是網路輿情監控所獲得的社會情資，都代表政府管理者對於民意是越來越重視的，因此，越來越多的政府部門安排有監看網路資訊的專門人力，比方說，2019 年 12 月 31 日新年前夕，當時新冠肺炎（COVID-19）還在中國武漢初發的階段，我國疾管局的副局長羅一鈞凌晨睡不著，上網到 PTT 發現一篇由臺灣醫生統整大陸網路消息寫成，關於中國武漢新冠肺炎疑慮的貼文，讓副署長警覺後早一步啓動應對疫情的措施並取得重大成就，該文被臺灣鄉民稱爲「護國神文」（李芯，2020）。然而，傳統民調與網路民意探索的內涵，還是有三點相異的地方。

其一，網路輿情分析無法測得上網但是「潛水」的旁觀者意見：網民要輸入文字發言才會留下數位足跡，瀏覽卻不發言者，無法被計算入網路輿情的範疇，這與電話民調主動打到受訪者家人去詢問個人意見，有很大的不同，因此，相對於傳統電話民調，網路輿情的組成基礎，以及它與眞實民意的差距等疑慮，從社群網路興起之後，就不斷地受到質疑。

其二，網民有關的新聞報導沒有代表性可言：雖然網路輿情分析無法滿足傳統民調樣本代表性（representativeness）的要求，但是實務新聞卻有越來越多新聞以「網民認爲……」、「網民氣炸……」或是「某某說……，網回：……」等的標題曝光，閱聽人已經將鄉民意見等同公共意見的展現，事實上，這個認知讓記者、編輯臺與報老闆藉由選擇與自身意見相同的鄉民來報導新聞的自由度增加，可能強化了媒體工作者的議題設定權力（agenda-setting power）。

**樣本代表性**

傳統民調藉由隨機抽樣的方式確保樣本與母體之間的一種連接的關係，讓民調的樣本資料可以藉著統計學原理，有信心地推論母體真值的方向與範圍。

**議題設定權**

媒體雖然無法告訴民衆該如何思考（How），但是可以藉由報導議題的選擇，影響民衆當下應該思考什麼（What）問題，這種影響力可視為一種權力。

其三，傳統民調與網路輿情分析的蒐集資料方式不同：傳統民調常以面訪、電訪或是郵寄的方式接觸受訪者，不過網路輿情分析不主動接觸受訪者，而是用關鍵字搜尋並且整理出網上與政策相關發言的整體內容，包括關鍵字出現頻率、發言內容的情緒分析（正面或負面）、發言管道與意見領袖分析等。表 3.1 就是一個簡單將兩者進行完整的比較的表格，可以看出其間的差異。

接下來，我們將以兩個小節來讓大家瞭解什麼是網路輿情分析，包括關鍵字分析的做法，以及網路輿情分析「七個步驟」的流程。

表 3.1　家戶電話民調與網路輿情分析之比較

| | 樣本代表性 | 調查成本 | 調查時間 | 受訪者反應 | 應用策略 |
|---|---|---|---|---|---|
| 家戶電話民調 | 從母體抽樣家戶電話地區碼與「隨機電話號碼抽樣」（RDD）並控樣技術；可進行戶中抽樣。 | 1,000份樣本一題約7,000元，傳統40題問卷約28萬，如要戶中抽樣加2萬元。 | 必須選擇受訪者在家時間，20線電話，約4至5個晚上可以完成。 | 無法以輔材協助說明；題數最好不要超過30題／10分鐘，否則失敗率會增加，需要有經驗的訪員。 | 以全體民衆、核心和新議題快速調查、且題數有限，但十年後會有家戶電話母體結構流失的問題。 |
| 網路輿情分析（大數據） | 網路針對特定關鍵字發聲（書寫）的網民資料之聲量、情緒、或立場的長期追蹤分析，無代表性的問題。 | 基本費：單一議題、一組20個關鍵字、一個月追蹤約15,000元；額外費用：客戶自己上網運用網站，依照自由度加收費；需要定期簡報另外加收費。 | 網路輿情數據由調查公司每日下載，以固定的程式進行議題關鍵字運算分析，可以「即時」獲得分析資料。 | 沒有「受訪者」的反應問題，而是分析網民的網路言論，無法分析上網只看不發表意見的「潛水族」。 | 以發言的網民為對象，從網路發言者的討論聲量與正負向情緒，瞭解某一項政府議題在網路上「發酵」的強度與方向，有利於政策論述的回饋與設計回應內容參考。 |

圖表來源：擷取自陳敦源、蘇孔志（2017），表 6。

### ㈡ 網路輿情中關鍵字分析的操作內涵

關鍵字（keywords）分析是探索網路輿情的核心技術，該技術的應用有兩個途徑。其一，組織全觀途徑（organizational holistic monitoring）：爲一個機關監看並且挑出網路上所有和該機關相關的議論資訊，其二，特定政策途徑（policy specific monitoring）：針對一個公共政策的推動，監控鄉民對該政策的相關議論。不過，組織全觀式途徑的關鍵字設定難度較高，除非該關鍵字與該機關的業務完全相關，比方說，關鍵字「移民」有很高的機率與內政部移民署有關，但是，關鍵字「外國人」就不一定，可能也是外交部的業務；因此，組織全觀的途徑往往不能單以機器搜尋爲之，還要配合人工的檢視才能眞正產生監看的效果；相對而言，特定政策途徑的關鍵字操作，就會比較明確一些，雖然它在之後的網路公關與行銷策略的擬定上，仍然需要配合業務相關人員的人工判斷來達成目標，總括來說，網路輿情分析不論是哪一種途徑，都是一種混有機器運算與人工判斷的「工人智慧」機制。



接下來，本文將簡單描繪網路輿情分析的操作流程（請參圖3.1）。首先，一開始政府機關必須組織一個領域專家的團隊，負責擬定關鍵字詞組，通常是大約 10 個左右的關鍵字，交給技術團隊進行網路資料庫的篩選，初步的結果可能來自網路新聞平臺、開放的社群媒體平臺、或是其他個人部落格等區域，內容可能是新聞、評論、回應，甚至是轉貼文等，這初步的結果需要回到前述領域專家團隊，從大量的鄉民資料中抽取一些被關鍵字選出的內容，用人工專業判斷的方式，決定

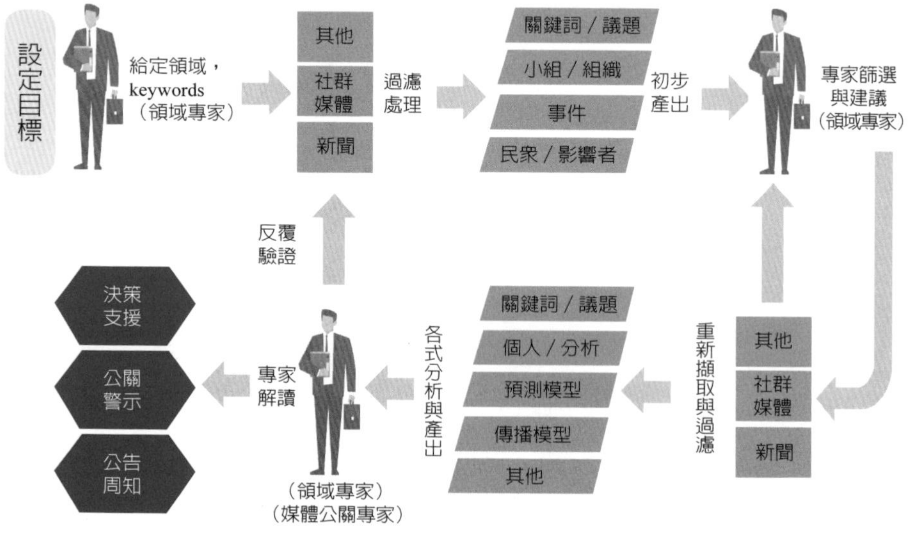

圖 3.1　關鍵字分析的操作流程

該資訊是否應該包括在分析對象的資料集合（data set）當中。

再者，前述的判斷結果將會回饋給技術團隊，並且由技術團隊進行篩選標準的修正，比方說，本來想蒐集移民政策的議論，團隊訂下「新移民」這個關鍵字，不過假設剛巧最近有個當紅的電視影集談到新移民的戀愛故事名爲「跨海而來」，因此，初期篩出許多與該節目有關的鄉民議論，因此，技術團隊就會修正篩選標準爲兩個階段，先搜尋「新移民」這個關鍵字並篩出包含該關鍵字的資訊之後，再應用排除法將那些含有「跨海而來」這影集名稱關鍵字的資訊刪除。

接著，前述第二次修改過後的篩選結果，仍然必須回到領域專家團隊進行第二次的判斷，這個循環流程可以一直進行許多回合，直到領域專家團隊的檢視已經找不出不該出現在資料集合當中的「錯誤」資訊爲止；之後，專家團隊就用最新的篩選標準選出最終的資料集合，並據此應用機器運算，分析出聲量（通常可以觀察長期趨勢）、正面或負面情緒的分布、主要議論平臺，以及主要意見領袖等分析資訊，提供給領域專家團隊進行公共決策支援、組織公關情勢警示，以及公告周知的基礎資訊之用。

最後，這個流程有兩個應該注意的問題。第一，資料篩選的錯誤有兩種，一種是不該收入的被收入進來（我們稱型一錯誤），另一種是該收進來的卻沒有收進來（型二錯誤），前述流程只能處理型一錯誤，對於型二錯誤完全沒有辦法處理；第二，如果關鍵字選得過多，篩選資料規則的精緻程度要更完整，所有關鍵字都出現才收入，可能會有太多資訊被排除在外，但是，如果只要有一個關鍵字出現就收入，資料量可能大到難以處理，因此，領域專家與技術團隊必須在前述流程中緊密配合，才能成功篩出一套有利於分析網路輿情的資料集合。

### ㈢ 理想型網路輿情分析的「七個步驟」

前述關鍵字分析是網路輿情分析最核心的技術，但是，其目的仍然是要讓政府組織對內與對外的公共關係作為，除了傳統媒體的領域之外，在網路世界的操作，能有循證決策（evidence-based decision making）的可能，因此，接下來本文將提出一個理想型網路輿情分析的模式，這個模式包含七個操作的步驟，其中主要是交錯使用「人工」與「機器」的方法，但是終極的理想是所有的步驟都可以用機器完成，不過，那目標牽涉到人工智慧（artificial intelligent, AI，請參本書二十二章）的發展程度，以及人工／機器介面在政府公關與行銷策略設計與執行上可以優化的程度而定，無論如何，網路輿情分析都是一個發展中的專業。以下就從圖 3.2 的展示中，逐一討論本章這個理想型的網路輿情分析應該有的七個步驟（Hsiao et al., 2018）。

> **循證決策**
> 決策的基礎來自於經驗世界質化或是量化資料的蒐集與分析，而不是單憑直覺或是組織內的個人地位，「有多少證據說多少話」是其概念的精髓。



**1. 議題指認與團隊組成**

政府機關導入網路輿情分析前，應先確認想要觀察的特定政策議題，並且組織領域專家與技術專家的團隊，接著依據已知的政策領域知識，草擬與該議題相關的關鍵詞組，並選擇文本資料蒐集的來源管道（社群網路、部落格、網路新聞平臺等），作為蒐集網路文本資料的依據。

**2. 關鍵字指認與搜尋**

技術團隊可依據領域專家團隊設定的關鍵詞組，針對關鍵字進行搜尋，經過專家與技術團隊多次的互動（如圖 3.1 關鍵字分析的操作流程），確定關鍵詞組的完整度，並且最終搜尋確認一組資料集合，本項工作大約一到三天可以完成。

**3. 聲量與情緒的分析**

前述文本資料集合蒐集完成後，會依據預先設定的詞庫，將每一則文本內容進行斷字斷詞分析，並統計文本數量（可有時序分布）、文

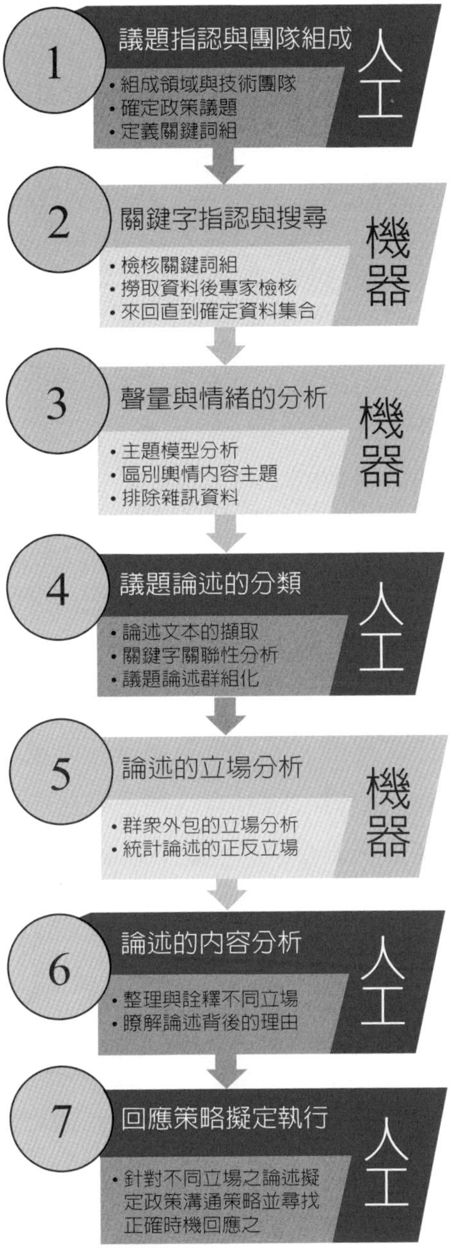


圖 3.2　理想型網路輿情分析的七個步驟

本來源管道（新聞網站或社群網站）、發言者，以及每一則文本依據「情緒詞組」進行正向與負向情緒字詞的數量分析，藉此產生文本聲量、情緒聲量、正負情緒比、來源管道比，以及意見領袖等統計報表，提供政府機關對於網路輿情的初步分析報告。上述的分析流程預計可在一天（無焦點團體座談及主題模型分析）至十天（含焦點團體座談及主題模型分析）內完成，政府機關可根據取得之統計報表，掌握網路輿情的動態用以初步回應輿情，並評估是否需要啓動後續的立場分析與論述分析階段。

> **情緒詞組**
>
> 為了網路文本分析的需要，資料科學家與語言學家事先蒐集並且羅列的一組和情緒表達有關的文字，藉由某種演算法的設計，這詞組可以用來分析某段文字的作者情緒表達是正面還是負面的。

**4. 議題論述的分類**

前面一個階段由情緒詞組分析出來的正向與負向聲量，通常未必等於政策立場的支持與否，因此，爲了進一步針對網路輿情的立場分析，主要以人工識讀的方式找出網路討論議題的類型進行分類，然而，純人工分類需要以抽樣的方式進行，因爲資料量實在太大，過程中亦可配合比關鍵字統計更爲複雜的輿情主題分析，藉由電腦建構關鍵字之間關聯性的統計，瞭解網路輿情討論時有哪些議題群組，經過人工比對與修改之後，可以作爲下一階段議題立場分析的基礎，本項工作大約三到七天可完成。

**5. 論述的立場分析**

立場分析在實務上多以人工爲之，因此成本龐大。數位治理研究中心 2017 年的一份研究報告中，應用群眾外包（crowd sourcing）的半機器方式進行網路輿情的立場分析（陳敦源等人，2017），以快速辨認大量輿情文本的立場。此實驗有三點可以討論，首先，團隊透過事前建置網路平臺與操作介面，提供鄉民參與文本的立場分析（請參臉書入口「全民參與，齊力鍛金，政大輿情平臺」：https://www.facebook.com/

nccusdap/），設計誘因機制吸引鄉民參與（例如：發給參加者超商禮券），共同評斷網路文本的議題立場；再者，團隊透過主題模型分析與人工判讀的輔助，將大量經過主題分類過的資料，依照其特性抽樣出進行立場分析的關鍵文本，並且經過網路讓鄉民參與評斷工作，團隊依照群眾外包評斷的結果，整合出議題立場的分析，這些資訊讓政府部門可以瞭解鄉民對於特定政策立場是支持還是反對的；最後，這個步驟操作所需時間較長，一般三至七天的資料上架與準備時間，七到十四天的鄉民參與時間，最少需要兩週的時間才能夠完成。

**6. 論述的內容分析**

完成立場分析後，輿情分析團隊亦可依照文本立場將資料分類，從正反立場的資料集合中，以人工的方式篩選出論述的內涵與主軸，以及不同論點之間的關連性，可以據此詮釋不同立場下主要關注的論述焦點爲何。此階段內容分析約需三至七天的時間可以完成。

**7. 回應策略的擬定與執行**

最後，輿情分析團隊可以統整前述質化與量化並重的資料，針對特定政策輿情分析需求的行政機關，整理完整的網路輿情分析報告，該報告可以向政府回應輿情的內部團隊之相關人員，進行書面或口頭的發表，並且依據分析所得之聲量、情緒、立場以及不同立場的論述內容，擬定網路輿論的回應策略與相關的後續行動建議，經主管決策之後交與第一線執行人員落實執行。

總括來看，前述理想型的網路輿情分析七個步驟最短大約需要三週的時間，最長大約要到七週的時間，對於輿情快速反應的需要，實務上步驟四到六是以大量人力在一週內完成分析，可以將整個流程壓縮成爲一週，當然，未來網路輿情分析如能在步驟四到六進行人工智慧的優化，將會大大增進這個理想型輿情分析模型的實用性，不過，人工智慧要能處理這麼複雜的政策論證分析，可能還有很長的路要走。

## 結論：網路輿情分析的限制與未來

前面幾節對於網路輿情分析的描述，相信讀者可以初步理解，它是一套仍然在不斷發展當中的分析技術，透過機器與人工協力的方式，以網路上鄉民留下的意見文本的蒐集與分析，意圖對具有公關與行銷需求的個人與組織，提供一些可以輔助相關決策的量化與質化資料，在這個社群網路影響人們對公共事務看法日益增強的年代中，這是一個政府機關不能忽略的技術。然而，它的發展有三點值得討論的限制，我們需要注意並在其未來的發展中審愼應對之。

首先，技術碰到人性的偵測極限？人類思維與論辯的能力，對於客觀分析上一直有「測不準」的問題，除了統計上的抽樣所產生的推論誤差之外，人是有策略行動能力的，比方說，情緒詞組應用在鄉民意見的分析上，對於政策立場的分析是有落差的，鄉民在網路上輸入「好後悔投票給柯 P」的文字，有可能是眞的後悔，也可能是說反話來吸引點閱，而內文事實上是支持柯 P 的，不過，這樣的文本會被機器解讀爲負面情緒；根據一份研究顯示，新聞網站撈出來的輿情分析，有 62% 經機器判讀的負向情緒論述，事實上是支持該項政策的，而大約 7% 正向情緒論述是反對該政策；那些從社群網站撈出來的輿情，則有 69% 機器判讀是正向情緒的論述，實際上是反對該項政策；另外則是有 16% 的負向情緒論述是贊成該政策的（劉芃葦，2015），因此，除非人工智慧可以在語言認知領域有重大突破，目前機器分析的網路輿情有這個揮之不去的「測不準」限制。

再者，傳統人工監測仍然是主流做法？不論網路輿情偵測是否有技術瓶頸，網路上鄉民議論對民意影響卻是與日俱增的，近十年在社群網站興起之後，傳統媒體報導的消息來源越來越依賴網路上的資訊，名人的臉書或是 Youtuber 的頻道成爲新聞事件的發起點，傳統與網路媒體的議題設定能力正處於一種競合的關係當中，根據美國重量級傳播學者分析推特（Twitter）的資料發現，傳統與網路媒體在不同議題上擁有議題設定的權力，比方說，房產買賣、警消治安、國際外交等領域，傳統媒體仍然重要，但是，在社會福利、人權保障、環境保護、失業勞工等等具有明顯「受害者」的政策領域，網路媒體的議題設定影響力已經超過傳統媒體（Neuman et al., 2014），因此，根據另一份本土的研究顯示，政府機關對於網路輿情的分析資料期待很高，目前的成果無法滿足其需求，因此，機關是更加仰賴小編或是人工監測的方式回應網路輿情（林文涵，2016）。

最後，網路輿情專業讓政府可以操控民意嗎？2016 年美國總統大選與英國脫歐公投的背後，有一家英國 Cambridge Analytica 的數據分析公司的巨大影響力，該公司運用網路輿情分析技術區分不同意見族群並且輸以客製化的資訊而贏得選戰，民主政治的良善運作可否承受來自於網路輿情分析的策略應用？（經濟學人，2018）而政府投注資源進行網路輿情分析，是想建構更完整的回應民意機制？還是用來培養網軍為執政者在網路辯護？不論是企業界行之有年的「假草根運動」（astroturfing），下重金從網路製造產品大受歡迎的市場氛圍，還是，2018 年颱風期間，我國駐大阪外交官蘇啓誠自殺事件，初期被判定是網路假新聞引起，後經檢察官偵查發現背後有網軍為了轉移焦點而放風向攻擊駐外人員的跡象（劉昌松，2019）；因此，網路輿情技術日新月異的背後，政府在「聆聽民意」與「操控民意」之間，仍然有條不容易察覺但是眞實存在的倫理界線。

> **假草根運動**
> 組織以廣告主的身分，經由合約讓公關公司在網路上針對組織形象或產品，製造本來不存在的輿情，並且攻擊反對意見者，藉此建構一種有利於組織且從下到上的影響力氛圍。

總結來看，奠基在民主治理探索民意的制度性需求之上，網路輿情分析承襲傳統民意調查的意圖與新興的技術應用，預期會隨著網際網路逐漸成為人們生活資訊核心來源的趨勢而益形重要，值得我們繼續關注該專業發展的技術與倫理問題。

## 參考文獻


1. 李芯（2020.4.16）。新冠肺炎 —— 臺灣超前部署來自 PTT「護國神文」，發文者身分今曝光！風傳媒，取自：https://www.storm.mg/article/2527184。
2. 林文涵（2016）。網路輿情分析在公共政策的應用與影響。臺北市：政治大學公共行政學系碩士論文。
3. 陳敦源、蘇孔志（2017）。我國政府民意調查委外辦理的現況與未來：一個簡要的回顧式探索。中國行政評論，23（2），106-133。
4. 陳敦源、廖洲棚、黃心怡（2017）。政府公共溝通：新型態網路參與及溝通策略。行政院國發會委託臺灣電子治理研究中心研究報告（編號：NDC-MIS-105-004），取自：https://www.teg.org.tw/research/Research_View/1467768611202。
5. 劉昌松（2019）。楊蕙如透過 LINE 群「高雄組」下令！成員月領 1 萬帶風向檢：你就是網軍頭！ Ettoday 新聞雲，2019 年 12 月 9 日，取自：https://www.ettoday.net/news/20191202/1592415.htm。
6. 劉芃葦（2015）。網路巨量時代下輿情意向之探究：以我國自由經濟示範區政策爲例。臺北市：政治大學公共行政學系碩士論文。
7. Economist (2018). "Is Democracy Safe in the Age of Big Data? An Interview with Christopher Wylie, the Whistleblower on Cambridge Analytica and Facebook," Aug. 25 Issue.
8. Hsiao, Naiyi, Zhoupeng Liao & Don-yun Chen (2018). "From Naive Expectation to Realistic Progress: Government Applications of Big Data on Public Opinion Mining." In *Big Data in Computational Social Sciences and Humanities: An Introduction*, Shu-Heng Chen & Tina Yu (eds.). Switzerland AG: Springer International Publishing.
9. Neuman, W. Russell, Lauren Guggenheim, S. Mo Jang & Soo Young Bae (2014). "The Dynamics of Public Attention: Agenda-setting Theory Meets Big Data." *Journal of Communication*, 64(2), 193-214.

Chapter 4

# 從民間包圍中央——翻轉政策制定過程的線上連署

黃心怡

## ▶▶▶ 前言：投票後真的就沒事了嗎？

日劇 CHANGE 中，木村拓哉所飾演的朝倉啓太說了這麼一段話：「沒有感受到自己的一票真的能改變政治，只有那個瞬間會熱烈討論誰選贏了，哪個黨上臺，但結局是什麼也沒改變。事後想想，當時興奮的自己算什麼，居然像傻子一樣有所期待。果然自己的一票是無法改變政治的！」這樣的無力感許多人一定不陌生，然而這樣的失落情緒某種程度也刺激當代的人們希望有更直接參與政府政策制定與政策過程的方式。

傳統公民參與的管道並不少，如參與社區組織、利益團體、公聽會、擔任公民諮詢委員會、陳情、連署或示威遊行等。近十年個人行動科技與 Web 2.0 環境的成熟與發展，網路電子化公共參與更是被點出是深化民主的利器。國際組織如聯合國自 2001 年開始持續調查世界各國電子化政府的發展。從僅考慮「技術整備度」與「政府線上服務」等傳統評估面向，到 2003 年將「電子化公共參與」加入評估，其中包括電子資訊公開、電子公共諮詢與電子公共決策等次指標。特別的是，各國政府對於電子化公共參與的發展並不排斥，紛紛陸續開展不同的平臺與工具，尤其是電子公共決策工具（如網路連署平臺），不少研究皆指出，這代表了一些新的機會，但也包含了一些挑戰。

機會是，網際網路匿名特性或許能鼓勵更多人對公共事務有興趣，使民衆可以重新成爲政策過程的核心。但挑戰是數位落差可能讓某些人被排除在參與之外，以及政府在既有的體制下該如何回應民衆的積極參與。

先讓我們回顧一下歷史吧。有關我國由政府發起的網路公共參與平臺，事實上經歷了幾次轉型，整理如下：

- 2006 年，**國家政策網路智庫**：透過公開相關政策資訊與招募民眾討論重大政策議題。
- 2009 年，**公共政策大家談**：仿造 PTT 的設計，讓網民能針對特定政策投票表達正反意見。
- 2015 年，**vTaiwan**：是臺灣虛擬政策的交流平臺，僅針對數位經濟法制作討論，邀請專家公民在平臺上進行討論交流，並提出解決方案。
- 2015 年，**公共政策網路參與平臺**：俗稱 JOIN 平臺，是本篇章的討論重點。該平臺的特別之處在於其參考國外請願網（如於 2011 年上線的美國 We the People 與 2006 年線上的英國 UK Petitions）的做法，加入網路提案與電子連署（e-petition）的功能。相較過去的線上平臺多是設計政府上對下地諮詢人民對公共事務與政策的看法，JOIN 平臺中的提案與連署機制是直接公民參與且強調由下而上的發起行為。

平臺上的「提點子」功能（如圖 4.1），即是網路連署，還在附議中的提案會列於網頁上。整個運作過程可分為提議、檢核、附議以及政府回應四個階段（見圖 4.2）。

**1. 提議階段**

民眾進入平臺網頁，會員登錄後進行一次性驗證，提出提案申請。除中華民國國民可以提案，持有居留證的外籍人士亦可提案。特別的是，全國性選舉投票日前六十日暫停民眾提議與附議。

**2. 檢核階段**

由參與平臺管理機關（國家發展委員會）進行檢核，必要時可以請權責機關協助檢核。需於三個工作日內檢核提案內容是否符合行政院與所屬機關業務範圍或涉及違法事項。舉例來說，提案若是涉及針對性言

圖 4.1　我國公共政策網路參與平臺「提點子」系統

資料來源：國家發展委員會（2019），取自：https://join.gov.tw/idea/index。

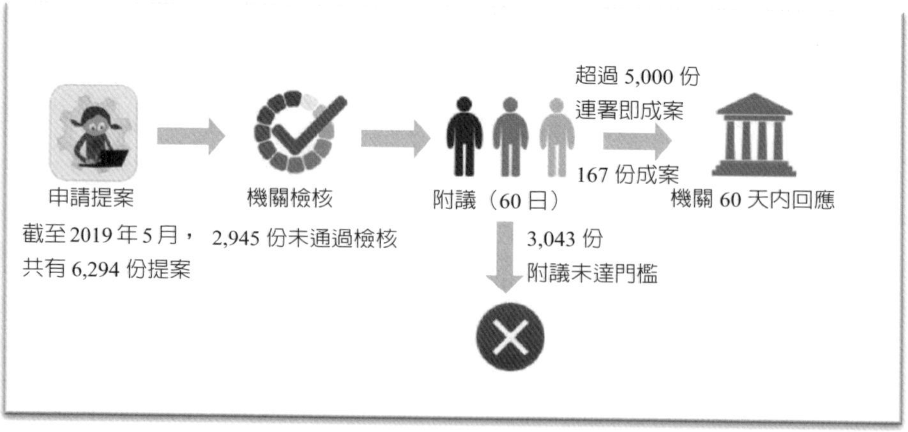


圖 4.2　我國公共政策網路參與平臺之網路連署流程圖

論、違反公共秩序或善良風俗，或屬兩岸、外交及國防議題等，平臺管理機關得以使該提案不進入附議階段。

**3. 附議階段**

檢核通過後，次日即進入附議程序，提案者在成案前可自行撤回。2016 年平臺修正了門檻規定，要求提案需於六十天內達到 5,000 份連署，才得以通過成案門檻，獲得政府回應。

所以大家以爲進入附議階段就沒事了嗎？不，網路世界看似無邊無際、網海茫茫，但要讓提案通過 5,000 份的門檻一點也不容易，截至 2021 年 6 月 23 日，JOIN 平臺的提點子共有 1 萬 1,184 份提案被申請，但實際成案的僅有 249 份（2.2%）。或許你常聽到有人說，「網路動員很容易啊」、「用網路應該很快可以累積足夠連署數量」成案，但從資料看來並非如此，需要更多的證據與資料來驗證這個想法。

**4. 政府回應**

提案達到附議門檻後，權責機關須在兩個月內正式回應民衆提案。然考量機關需處理的業務與提案性質差異，2017 年 6 月行政院授權各部會得延長兩個月的回應時間，但最多四個月內要回應。正式回應時，機關需具體說明提案的分析說明、辦理情形、參採情形，以及提案之後續規劃。

從民衆端來看，網路連署平臺似乎給予人民一把可以參與政策決策的鑰匙，可以自由選擇要擔任提議者還是連署者的角色，集結衆人的力量告訴政府他們的訴求。2017 年廖洲棚老師研究團隊針對 JOIN 平臺提點子的使用者進行調查，這是一群有提議和附議經驗的受訪者，總共 2,071 位。該調查研究發現有超過六成的使用者，是出自對公共利益的動機來使用網路連署的平臺。也有超過七成的受訪者認爲除了政府公職外，民衆也有責任解決公共議題。相較於過去其他的參與平臺，以平均一年有接近 1,800 筆提案申請來說，JOIN 平臺的參與情況可說是最好的。

## 當網路連署成為日常，政府的任務就是回應

越來越多國家使用網路連署工具，基於憲政體系的差異，多數國家是議會系統主導的網路連署平臺，如：英國、德國、紐西蘭、加拿大、蘇格蘭、愛沙尼亞等，反觀臺灣與美國則是將網路連署機制建置在政府行政系統下。人們參與網路請願與連署相當踴躍，2017 年 1 月，約 110 萬的美國人民在 We the People 白宮連署網站上共同請願，希望川普總統公開他的報稅紀錄。2019 年 3 月一個呼籲英國政府「撤回里斯本條約第 50 條，停止脫歐」的網路請願，則吸引了 600 萬英國人連署支持，盼求政府給予回應。2017 年在臺灣的 JOIN 平臺上曾有一個「名正言稅，請支持記帳士正名爲稅務士」的提案，也吸引了近 4 萬名連署者。

然而，對於多數即使通過連署門檻的提案，政府的回應往往無法做實質採納的回應。就算人氣再高，或許是無法動搖既有法律，也或許是提案本質有跨機關、跨域的複雜問題，茲事體大。2019 年春天英國人民希望撤回里斯本條約第 50 條，停止脫歐的連署案，雖然爭取到在國會辯論的機會，但唐寧街的回應則堅持政府應該要尊重 2016 年的公民公投結果，因此拒絕撤回里斯本條約第 50 條。回到臺灣的例子，我們進一步觀察 JOIN 平臺上到 2019 年截止的實際成案的 167 例提案，政府回應若從政府參採民眾提議程度來觀察，可被歸納爲四種，分別是不予採納、依現行法規辦理、納入研議以及納入執行。由 Caspar Wang 君在 JOIN 平臺上發起的「讓癌症免疫細胞療法的修法法案，在 2015 年 12 月底前送入立法院以及加速癌症新藥的引進速度」提案，是臺灣第一個由人民連署而促使行政部門修法的案例。[1] 衛福部不到半年即修訂《人體試驗管理辦法》，對於特定情況病人族群，醫療機構可向中央主管機關申請人類細胞治療人體試驗，可以優先使用類似免疫細胞療法的最新技術。當然這樣的例子並不多，截至 2019 年，我們發現實際將民

---

[1] 自 2018 年 10 月，衛福部也開始努力推動《再生醫療製劑管理條例（草案）》的立法。

眾提案意見納入執行（合併部分採納與完全採納）的僅有約 20 例（7%）左右。

若我們再深入追問下去，你是否也開始好奇，究竟這些參採結果是如何被決定的？是由機關內部自行決議、詢問外部專家意見，還是找來相關利害關係人以協力方式進行討論？即便是不予採納的結果，政府又該用什麼樣的語言、態度、理由與程序向民眾解釋該決議，進而讓政府與人民形成良性互動，強化社會信任。因此，從政府端來看，網路連署使得政府需要把大門打開，廣納民意，當然這個改變也讓政府部門面臨不少新挑戰。

### ㈠ 挑戰一：網路連署平臺是否需要設附議人數的門檻？

網路連署平臺是否需要設連署門檻，目前尚無定論。採用無門檻的國家如蘇格蘭，或低門檻國家如加拿大（獲得一位國會議員保證並在兩個月內獲得 500 份連署）、愛沙尼亞（四星期內同意票大於反對票）。認爲無門檻或低門檻有三大好處，第一，可以鼓勵更多民眾參與公共事務，參加連署活動；第二，更尊重政府專業，讓專業的委員會根據議題重要性、急迫性與可行性來回應民眾；第三，避免城鄉數位落差導致參與落差，進而僅挑選到城市關心的議題（陳敦源等人，2016）。

美國與英國皆有設計連署的門檻，背後的原因我們可以從美國白宮於 2013 年的官方發言[2]窺探一二。當時他們解釋，設立無門檻或是過低的門檻都將讓政府部門無法有效率且即時地對民眾意見給予有意義的回應。白話文的意思是，如果不設門檻，政府恐怕無力處理瞬間湧入的民意，不僅增加行政成本，也是一個拿石頭砸自己腳的行爲，民眾只會對政府更不滿意。此外，透過門檻機制，能觀察哪些提案有較踴躍的連署，能更有效捕捉民意的趨勢。表 4.1 整理了美國、英國與臺灣網路連

2 當時官方發言的原文連結：https://obamawhitehouse.archives.gov/blog/2013/01/15/why-we-re-raising-signature-threshold-we-people。

署的門檻設計。

表 4.1　美、英、臺網路連署門檻之比較

| | |
|---|---|
| 美國 | 門檻一：先累積150名連署後，該提案會在We the People網站被公開顯示<br>門檻二：在三十天內，累積10萬人連署，政府需要回應該提案 |
| 英國 | 門檻一：先蒐集五位連署支持後，提案才會在議會連署網上公開顯示<br>門檻二：累積1萬人連署，政府需要回應該提案<br>門檻三：累積10萬人連署，國會得辯論該提案（但不保證） |
| 臺灣 | 門檻一：在六十天內，累積5,000人連署，政府需要正式回應該提案 |

### ㈡ 挑戰二：如果網友提案太 Kuso，政府該如何回應？

約莫在 2012 年底，美國白宮連署網上有人提出希望「建造死星以保衛國家、刺激經濟」的建議。死星是電影《星際大戰》中銀河帝國所製造的終極武器，威力足以摧毀星球。由於有超過 3 萬 5,000 人連署此提案，白宮管理及預算局的科學與太空部門主管 Paul Shawcross 出面回應，解釋爲何政府不支持建造死星。

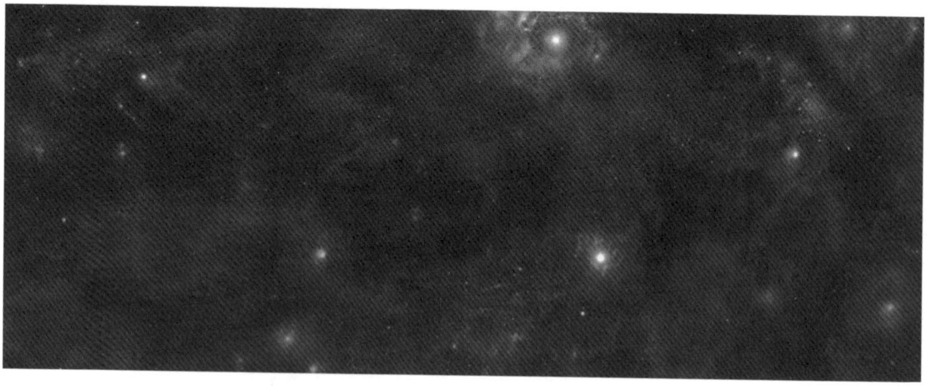

1. 興建死星的成本實在太高，政府正在努力減少赤字，不是增加赤字。
2. 政府不支持單純用來炸毀星球的太空計畫。

3. 死星有著根本上的瑕疵，政府沒有理由用納稅人的錢建造一個會被單人戰機就能簡單擊破的死星。

Shawcross 甚至寫到「雖然我們沒有死星，但是我們已經在設置大型太空站、機械仿生（路克）手臂、四足步行機器人等技術」。看似一個無厘頭、充滿星戰宅宅氣氛的提案，雖然回應內容有點幽默詼諧，但是政府還是蠻認眞的回應，顯示出政府對這股網路民意的重視，也不忘順便宣傳一下政府正在執行的太空政策。不要忘了，美國社會中也是有相當高比例的民衆不支持政府挹注大量資源補助太空研究。可見好的政府回應可以達到多重目的。

在臺灣，我們也有過一場關於沙威瑪的協作會議，什麼？是我們夜市吃的那個「沙威瑪」嗎？是的。回到 2017 年 4 月，有網友在 PTT 八卦版上分享「南部親戚有人在養沙威瑪」以及「小時候拿樹枝和沙威瑪玩」等經驗，隨著其他網友陸續在 PTT 回文分享所經歷的沙威瑪「成長」歷程，這個討論變得火紅。突然有一天，一位民衆於公共政策網路參與平臺上申請一個新的提案：名爲「譴責無良沙威瑪攤販，虐待動物滾出臺灣」的訴求，希望政府能禁止沙威瑪販售，避免此種「動物」受到虐待。[3] 有趣的是，當時國家發展委員會作爲檢核機關認爲沙威瑪事實上爲阿拉伯的烤肉料理並非動物，決議不讓此案進入後續的附議程序。但由於此議題受到許多民衆關注，促使行政院政務委員唐鳳利用沙威瑪一案，執行了一場模擬的協作會議，並將過程拍攝成影片。[4]

影片中沙威瑪案通過 5,000 人次的附議門檻，因此被納入開放政府聯絡人工作會議月會中作討論。各機關先依序提出對此議題的初步看

---

3 譴責無良沙威瑪攤販，虐待動物滾出臺灣提案連結：https://join.gov.tw/idea/detail/17aa3f06-444b-459c-b131-22c612e80332。

4 影片中為模擬情境，影片連結為：https://www.youtube.com/watch?v=GPg3wjc-d9o。

法，如農委會表示沙威瑪的提案涉及動物保護與經濟動物的販售，提出由該會擔任主要負責的機關，經濟部認爲該提案涉及市場規則的修訂，而內政部則表示這是警察執法細節的權責。與會機關投票後決定以協作會議的方式討論此案。透過邀請不同的利害關係人（如提案人、PTT food 版／八卦版鄉民、夜市攤販以及相關部會的開放政府聯絡人），盤點問題且釐清定義後，讓與會者共同思考後續的政策該如何推動與落實。過程中鼓勵相關利害關係人即進行問題的盤點，羅列出可能涉及的問題，包含「沙威瑪是否爲新品種動物？」、「違規攤商的定義？」等問題，後續亦提出初步的解決方案，如提供沙威瑪攤販就業輔導、結合市場自治會管理，或討論法律規範是否有所不足，會後公開相關的討論結果。[5]原本一個網友Kuso「搞笑」的提案事件，政府透過一場模擬的協作會議，成功的讓民眾透過影片更瞭解政府的回應流程，反過來也在政府內部上了一門教育訓練的課程，讓各部會有一個參考的範例，對於該如何作跨機關、跨領域的協作有更進一步的理解。



## 結語與思考

早在 1960 年代，Sherry Arnstein（1969）提出公民參與階梯（ladder of citizen participation）的說法，階梯最下方是菁英政治主導的無參與模式，隨著階梯越往上爬，公民將越是積極參與政策議程與政策對話，進行公民權利的展現。這樣的形容相當貼切也易懂，網路連署作爲電子化決策參與的一種展現，位在 Arnstein 階梯的上端，所盼望的是讓民意百花齊放，形成政府與公民社會更正向的循

> **公民參與階梯**
>
> 由學者 Sherry Arnstein（1969）提出，以階梯形容不同參與程度的公民參與，根據公民與政府的互動程度以及影響政策過程的程度，區分出參與程度由低到高的參與模式。

---

5 類似的案例可見〈澎湖南方四島國家公園東西吉廊道海域劃設為「完全禁漁區」〉一案的政策履歷：http://penghu.o8merm92eic2i5y1qpp6.lh.pdis.nat.gov.tw/。

環。但回到現實面，有人擔心這是打開了潘朵拉的大門，擔心公共參與其實不是處理公共問題的解方，Hurlbert 與 Gupta（2015）的研究也提醒大家 Arnstein 的階梯理論有需要修正之處，議題的複雜度與社會信任必須納入思考參與的必要性。無論如何，如何將公民力量納入公共政策的制定過程，透過群衆智慧解決公共問題，背後的民主價值與初衷相當良善，但實務上該如何運作仍讓當代政府倍受苦惱。這是公共行政與公共管理中重要的課題，但我們相信，凡走過必留下痕跡，只要持續思考，勢必能讓雙方在持續學習的過程中，找到解決之道。

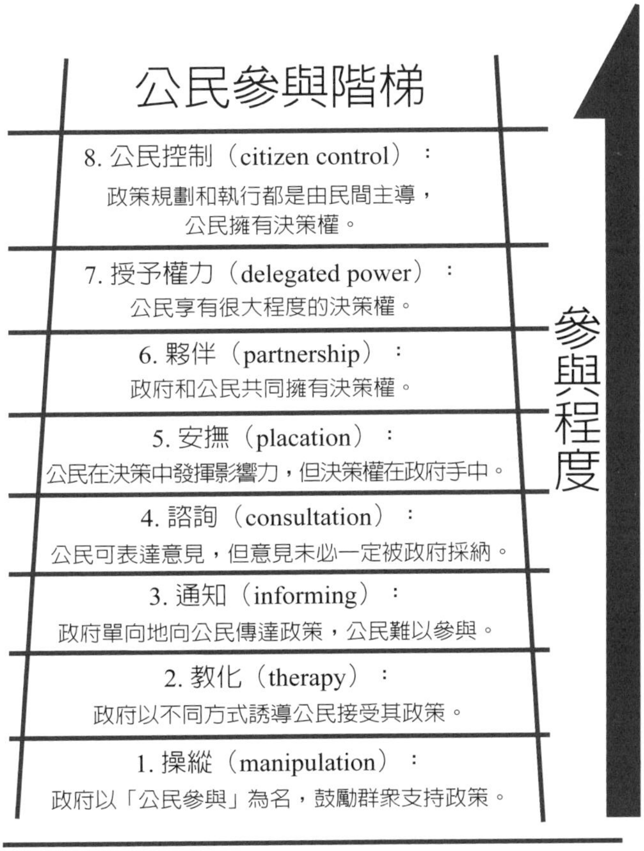


資料來源：香港文匯報（2012），取自：http://paper.wenweipo.com/2012/03/13/ED1203130025.htm。

## 參考文獻

1. 陳敦源、廖洲棚、黃心怡（2017）。國家發展委員會委託研析報告（編號：NDC-104-035-001）。
2. Arnstein, Sherry R. (1969). "A Ladder Of Citizen Participation." *Journal of the American Institute of Planners*, 35(4), 216-224.
3. Hurlbert, Margot & Joyeeta Gupta (2015). "The Split Ladder of Participation: A Diagnostic, Strategic, and Evaluation Tool to Assess When Participation Is Necessary." *Environmental Science & Policy*, 50, 100-113.

Chapter 5

# 選舉公投採用電子投票行不行？

黃東益

## ▶▶▶ 前言：公投＋選舉＝混亂？

我國於 2018 年 11 月舉辦九合一大選及公投，是《公投法》下修通過門檻後首次舉行的公民投票。這次公投有 37 個申請案，最後共有 10 案通過提案門檻成案，交付民眾公投決定。投票當日各投票所出現前所未有的大排長龍，使得民眾抱怨連連，也讓臺灣選舉史上首度出現一邊投票、一邊卻已經開始開票的狀況，造成許多後續爭議。然而，這種「盛況空前」的排隊投票，不但未引發高度的投票率，反而還造成民眾投票率的下降，投票速度最快與最慢的投票所投票率相差高達 6%，進而阻礙民主參與的價值（鮑彤，2019）。這次所謂「公投元年」的負面經驗，使得中選會主委下臺，時任行政院院長賴清德也指出要用「電子投票」的科技來解決公投大排長龍的問題。開始讓國內各界重新討論爭議已久的電子投票議題，並進而思考電子投票是否有助於鞏固我國民主政治的發展。

圖 5.1　2018 年九合一大選因綁定公投案，許多投票所大排長龍
資料來源：https://udn.com/news/story/6656/3499378。

隨著數位通信技術的發展，各類利用資訊通信技術的投票在各個國家已有先例，例如美國早已開始實施投票所的電子化，各州以不同電子機制讓選民投票，瑞士以及愛沙尼亞更已實施遠距投票多年，即便鄰近的日本、韓國、菲律賓、泰國等國也都用不同的電子投票方式在不同層級選舉。反觀身爲資訊技術大國的臺灣，自由民主程度高，法治條件相對成熟，選舉投票也有相當的歷史，看起來各項條件都已到位，爲何遲遲無法像一些先進國家利用資訊通信科技來投票？這個問題值得進一步的探討。

以下先從世界其他主要國家所實施的各種不同 E 化投票方法，來說明電子投票的各種不同模式，並與近年來文獻上所說的「網路投票」（internet voting）以及國內各界（特別是臺北市政府）常提到的「i-Voting」等方法做區隔。其次，從其他國家的發展經驗，探討電子投票所牽涉到的技術內涵、政治面的議題、行政程序及法律配套，以及投票行爲等面向。最後，回到當前臺灣發展的現況以及我國各項技術、行政以及政治脈絡，提出未來我國如何利用資訊通信科技於選舉投票，促成優質的參與，並強化民主可能的做法，與可能面對的挑戰。

## 電子投票、網路投票以及「i-Voting」比較

**電子投票**

結合電子技術或設備作為投票方式的投票，依照投票所與選票的形式不同，可再細分為電子計票、投票所網路投票、資訊站投票與遠距投票。

各個國家在考量是否引進電子投票（e-voting），主要是顧及到電子投票能夠創造傳統投票所無法達到的效果，然而，其仍存在利弊得失的問題。電子投票主要是希望降低傳統投票龐大的成本及開票時間，並減少選務人員人工以及紙本可能產生的錯誤，避免影響過程的公平及結果的正確性。除了成本以及正確性的考量之外，對於民眾而言，電子投票能提供多語言的選票版本，顧及不同族群的參與，並解決交通不便等限制，提供身心障礙者的選民便於投票，增加選舉的正當性（Riera & Brown, 2003）。至目前爲止，雖然民眾對於電子投票仍存在安全以及信任上的疑慮，但已有許多民主及法治化國家開始啓用，並隨著區塊鏈、AR、VR、AI 等資訊通信科技的日新月異，尚未實施的國家也開始思索如何應用電子投票這項新興技術。

電子投票在國際間蔚爲風潮，而電子投票依照參與的類型不同，也有所差異，俞振華、蔡佳泓、莊文忠與王宏文（2012）指出電子投票即是利用不同電子設備所爲的投票方式。同樣地，林煒鎔（2002）也將電子投票界定爲「以電子技術或設備爲投票方式之投票」，並區分爲電子投票、電子計票、資訊亭投票、遠距電子投票、線上投票、網路投票等不同機制，顯見，電子投票無非就是指結合資通訊科技（information and communication technologies, ICTs）所爲投票方式。具體而言，廣義的電子投票包含兩大類別，一類是指投票所的電子化，主要是將電子化導入傳統的投票過程，投票者一樣要到設定的投開票所或其他設定的定

點去投票，透過電子機器投出電子選票，最後由投票機統計票數後，將結果回傳至選務中心（陳淵順、左瑞麟，2010）。

另一類投票則是所謂的網路投票（**internet voting**）或遠距投票（**remote voting**），隨著網際網路的發展，近年來許多國家運用任何地點都可以電腦或手機等行動設備透過網路來投票。范俊逸、孫偉哲（2010）歸納國外的網路投票，依照參與彈性程度的不同，將網路投票細分為三種類型：第一種是指投票所的網路投票（**poll-site internet voting**），該種方法類似投票所的電子化，雖為遠距投票，仍由選務機關設立投票處，在其監督之下投票，但不指定投票者到特定的投票處利用網路進行投票，提供不在籍者相對的便利性。第二種是在公共資訊站設立投票處（**kiosk voting**），許多國家在購物中心、郵局、圖書館、學校等場所設有公共資訊站（**kiosk**），這些公共資訊站除了作為民眾與政府的互動場所之外，選舉時期也可作為投票所之用。由於投票處的設置不限於投票所，此種方式較前種投票方式更為寬鬆與彈性，而實體



表 5.1　電子投票的類型

| | 廣義電子投票 | | | |
|---|---|---|---|---|
| 類型 | 電子計票 | 網路投票 | | |
| | | 投票所網路投票（poll-site internet voting） | 資訊亭投票（kiosk voting） | 遠距投票（remote internet voting） |
| 投票地點 | 指定投票所 | 不特定公設投票所 | 公共資訊站，如圖書館、郵局等 | 不限定場所 |
| 選票形式 | 列印出的電子選票或觸控型螢幕等 | 虛擬選票 | 虛擬選票 | 虛擬選票 |
| 優點 | 選務集中、易於維持選務秩序與安全 | 提供不在籍投票者高度彈性 | 投票所設置更為廣泛與彈性 | 只要有網路的地方即可投票，具有高度彈性 |

環境還是由選務機關透過不同方式監控，藉以維持選舉秩序。第三種則是在任何地方都可進行投票的遠距投票（remote internet voting），這項方法提供選民最大的方便性，投票者只要在具有網路的環境中，就能夠完成投票，雖然此種投票類型的便利性相當吸引人，但相對的衍生出許多安全問題仍待考慮與解決，例如駭客針對投票系統的惡意攻擊或灌票等。

除了電子投票之外，我國近年來地方政府開始實施所謂的「i-Voting」，該名稱肇始於臺北市長柯文哲在 2014 年上任後，開放市民以遠距投票方式選出部分的局處首長，後來並發展成爲對於部分市政諮詢的遠距電子投票機制，希望能藉此落實「開放政府、全民參與」的政治理念。臺北市政府雖然對於電子投票發展出一套嚴謹的審核及投票機制，但參與人數不足以及投票結果未具備拘束力等問題，使得 i-Voting 的制度屢受批評。後來雖將該機制強化爲所謂「i-Voting 2.0」，擴大提案範圍，並加強投票結果的拘束力，但由於其議題與一般公投或選舉不同，而且在投票人的普遍性以及投票人資格的驗證皆與一般選舉或公投有所落差，例如權責單位可依照議題內容與特性來選定不同的投票人資格，此顯然與民主投票的普遍與平等原則有些許出入。更重要的是，i-Voting 所提供議題相對不具爭議，多是屬於地方事務的諮詢性事務，而比較少涉及重大公共議題的取捨，如「木柵廠煙囪圖案由你來決定」等（參表 5.2）。因此，雖然該機制有其創新之處，但臺北市的 i-Voting 仍較難與公投或選舉的網路投票一概而論，僅能成爲地方政府諮詢性的網路投票。

> **i-Voting**
>
> 由臺北市市長柯文哲於 2014 年競選時的「柯 P 新政」當中所提出，最初規劃透過網路投票的機制來任免市政府內的局處首長，而後則陸續發展出各區參與式預算的提案選拔與地區性事務諮詢等功能。

表 5.2 近年來重要的臺北市政府 i-Voting 個案

| | 請臺北市政府不要再發放小提燈，您的意見呢？ | 木柵廠煙囪圖案由你來決定 | 動物園可以增加不對外開放的時間嗎？ |
|---|---|---|---|
| 參與人數 | 14,538 | 20,951 | 30,579 |
| 投票結果 | 不再製作及發放小提燈：11,520票（79.24%）<br>配合燈節活動持續製作及發送小提燈：3,018票（20.76%） | 長頸鹿原圖：15,067票（71.92%）<br>臺灣藍鵲新圖：5,446票（25.99%）<br>與建築物同色：438票（2.09%） | 同意增加不對外開放為十二天：30,058票（98.29%）<br>不同意增加不對外開放為十二天：521票（1.71%） |
| 後續辦理情形 | 2019年臺北燈節開始未發放小提燈 | 依投票結果採用長頸鹿原圖，於2019年3月完成彩繪施工 | 動物園微調增加於2019年6月19日至6月28日共十天不對外開放參觀 |

資料來源：https://ivoting.taipei。

隨著網際網路的普及，近年來多數文獻在討論網路投票，雖然網路投票較合乎一般人的期待，有其不受地點限制的便利性，但相對於投票所的電子投票，網路投票需要有更多的技術配套，也曝露於更高的資安風險之中。此外，在一個數位落差問題嚴重的國家，推動網路投票不但無法提高投票率，更可能因數位落差造成參與不公平的現象，違背民主參與的原則。網路投票也可能強化不良的選舉風氣，例如提供買票的便利性導致買票猖獗等，此種後果將嚴重扭曲選舉的結果。投票所的電子投票，可在選務人員的監督及協助之下投票，相對較無數位落差的問題，也可避開選舉買票或脅迫投票的問題。但投票所的電子化雖然在投票及計票上有其便利性，但對選民而言較不便利、投票所需的成本也較高，而且選舉機器平時需備而不用，也會占用寶貴的公共空間與資源。因此未來網路投票的推動，特別需要重視安全與彈性兩者間的平衡。

## 電子投票機制該遵循哪些原則？

一般在思考運用電子投票，最直接會想到技術層面的問題，依據過去其他國家採用電子投票的歷程，要採用電子投票，除了達到以上所提減少成本以及降低錯誤等目的之外，最重要的是不違背或更進一步落實憲法上所揭示的選舉原則，包括「普通、平等、直接、無記名」等。「普通」原則是指所謂投票權的「普遍」原則，凡達我國法定公民年齡的國民，除了少數因法律剝奪投票權的國民外，其他國民不分地域、宗教、種族、黨派、性別等，都有投票權；「平等」原則是指有投票權的國民都有一票且等值的投票權，且其所投出的票在計票時的價值相等；「直接」則指必須由有投票權的選民親自投票；所謂的「無記名」投票即所謂的「秘密投票」或「匿名投票」，目的在避免受到外界的威脅利誘，達到自由選舉的目的。要落實這些原則，除了技術、資源以及選舉行政上的支援外，也需要選舉、罷免等相關法規的配套。

不管是在投票所的按鈕電子投票或者是遠距的網路投票，其程序大致如下：確認選民資格、發送選票、遠距或在投票所投出選票，確認投票紀錄、計票、公布投票結果。在普通、平等、直接以及無記名的原則下，在以上的投票行政過程中，電子投票系統的設計應有一些基本考量。統整不同學者提出的原則，除了以上揭示的選舉四大基本原則外，未來電子投票的推行還要考量系統設計、投票過程與計票功能等三個面向（范俊逸、孫偉哲，2010；廖書賢，2004）：

### ㈠ 系統設計的完備性、強固性與普遍性

系統本身設計需要具備完備性，也就是任何合法的投票者，只要按照所設計的投票流程進行投票，一定能夠完成選舉投票，不須再有其他程序。強固性是指系統本身的安全性及周密性，任何人無法藉由不法方式侵入系統，來影響其他人的投票，也無法侵入系統來竊取投票者與選務機關資訊，判斷投票者的投票行爲。系統運用的普遍性，則是指該系

統在設計初期就應有周全設想，不應只限定運用於特定選舉，不管選舉的規模大小，參選人數、候選人數、可圈選人數多少，都可適用。

### ㈡ 投票過程的公平性與抗脅迫性

電子投票的過程中須確保選舉的公平性，也就是說，為了避免投票結果對於其他人投票行為的影響，在投票尚未結束，選舉結果還未公開之前，選務機關或任何人，都不能得知任何與選舉結果有關的資訊。例如，有些國家同時實施實體投票以及通信投票，如果通信投票選舉結果透過任何管道提前洩漏，將有可能影響其他未投票者的投票行為。電子投票過程也要考量抗脅迫性，系統必須確保只有投票者本身可以決定自己的選舉意向，在所有選舉過程，投票者無法向任何人證明自己的投票行為，此種設計可以避免脅迫者追蹤選票流向，並藉此威脅被脅迫者及其投出的選票，減少買票與脅迫投票等弊端。

### ㈢ 計票功能的效率性、結果精確性與可驗證性

就電子投票的計票功能而言，第一個要考量的即是**效率性**，也就是整體投票過程以及計票過程必須能夠在合理的時間內完成，過於繁雜的投票過程會降低投票者前去投票的意願，而過長的計票過程則容易造成社會的緊張，並引起不必要的紛爭。第二個是**計票結果的精確性**，系統需要確保選舉結果精確反映人民的投票數，任何多餘或減少的票數都無法容許。計票結果的可驗證性也相當重要，投票者必須要能夠確認他所投出的票確實有被算在總票數內，遇到選舉疑義時，也應該有公開透明又不違背無記名原則的配套機制，來重新驗票及計票。

整體而言，電子投票除了仍應遵從傳統投票「普通、平等、直接、無記名」的原則之外，伴隨而來的系統安全性、操作以及計票等執行問題，則需仰賴技術與法規層面來加以解決，以確保民眾能夠充分地參與投票。

## 國外經驗可供我國何種借鏡？

一個制度的採行須考量到技術、行政、法律、文化以及民衆需求的面向。如前所述，前行政院長賴清德在九合一大選後宣布要發展電子投票，臺北市長柯文哲在該次投票後，也提到要將這個過程「E 化」掉，而在此之前，中央選委會也已委託政大選舉研究中心規劃了投票機，但爲何還遲遲未予採行？另外，隨著上網率大幅攀升，爲何未能發展遠距網路投票？因此，除了系統的技術與建置之外，民衆的信任以及政治的考量，也成爲我國發展電子投票時的重要影響因子。

首先，是民衆信任的問題，我國社會信任的問題，一直是推動電子投票時的重要阻礙，相關調查（俞振華等人，2012）顯示僅有 16.3% 的民衆相信我國電子投票的準確性及安全性，而劉嘉薇（2019）的調查結果也顯示，超過半數的民衆在電子投票的安全性與可信度上存在疑慮，顯見我國民衆對於網路投票的接受度仍十分有限。臺灣的選舉以傳統在紙本上蓋章已行之多年，民衆習慣將蓋好的那張選票親手投票入票匭，此種投票方法也落實了直接選舉的原則。如以按鈕的方式或網路遠距投票爲之，不管是哪種投票機或網路投票，民衆擔心自己的選票會被執政黨或其他團體不當操弄。瑞士在實施網路投票之前，早有通信投票的經驗，民衆已逐漸習慣其他有別於投票所的投票，並已建立對於制度的信任，故能順利實施網路投票。

對資訊系統的信任問題也是一大挑戰，包含如何防止駭客入侵，避免引起選舉危機等資安議題，以愛沙尼亞的經驗來看，在實施網路投票之前，民衆已普遍使用電子身分證（e-ID），而且在許多的行政流程上，已普遍使用電子身分證。該證件可以進行線上認證及簽核，可作爲網路投票的重要基礎設施。而瑞士聯邦政府爲了讓民衆信任電子投票機制的安全性，提供 5 萬美元的誘因，以「群衆智慧」的精神，在固定時間開放讓「白帽駭客」攻擊投票系統，修補該系統的缺漏，並提高民衆對投票系統的信心。這些機制都可作為未來建構網路投票系統的參考，以建立安全、可靠的電子投票系統。

圖 5.2　白帽駭客從事合法性地滲透測試以及確保組織資訊系統安全

資料來源：http://www.collegehumor.com/post/7045233/learn-how-to-hack-for-the-good-guys-roundup。

除了對於系統的不信任，我國選舉文化雖然隨著政黨輪替而越趨改善，但選舉買票仍時有所聞，如果採取遠距投票，則將讓買票成本更為降低，提供買票的誘因。此外，在我國特殊的政治脈絡下，要實施網路投票另一個問題則是政黨政治的競爭以及兩岸關係。由於實施網路投票機制需要主要政黨的共識並推動修法，但兩黨對於實施電子投票或網路投票各有考量與不同立場，對於實施該機制之後，在其固有選民特質的情況下，如何影響其選舉結果，有其精算。特別是當前我國有數十萬公民長駐中國大陸，在選舉權普及的原則下，如要顧及其投票權，未來實施網路投票，不能將其排除在外。如果允許其在中國大陸投票，能否確保其是在自由意志下選出其心目中候選人或議案？如前所述，以瑞士案例而言，在其實施網路投票前，已有長時期的通信投票或不在籍投票的經驗，但我國不在籍投票相關法律雖經提出，朝野無法形成共識而一直未通過實施，在可見的未來，實施網路投票仍有其困難之處。

再就政治體系來看，從其他國家的經驗而言，目前實施電子投票或網路投票的國家大部分爲聯邦制的國家。不管是在治理體制或電子投票資訊體制的建立，聯邦制的國家強調分權，地方政府擁有較高的自治權限，得以衡量地方文化、經濟及社會發展脈絡，進行小規模實驗。聯邦制的國家，地方政府除擁有較高的自治權限，在技術上，投票系統也不需等待中央政府整體的建置，而可以地方政府爲單位進行小規模實驗，較具彈性，例如美國各州有不同的投票機制、瑞士各郡則先後實施不同的網路投票機制。而我國屬單一制國家，較缺乏讓地方實驗的彈性與場域，使得電子投票的效益與影響評估更爲困難。

## 我國的電子投票應往何種方向發展？

基於我國特殊的政治環境，過去選舉投票的歷史以及特有的政治文化，雖然目前以我國具備的技術條件，要建構安全的網路投票機制並不會有太大的困難，同時我國也具備高素質的選務行政人員，再加上臺北市政府所實施的「i-Voting」，已具備網路投票的選務執行能力，在技術層面的系統與人力配置應足以因應網路投票下的行政成本。但是民主是一個漫長的訓練過程，以目前政黨競爭的氛圍以及兩岸在政治發展的落差而言，直接實施遠距網路投票的政治可行性仍低；相對地，現有的公民投票法內已有的「電子連署」機制不失爲一種漸進式的推動策略，可藉以逐步提高民眾對於電子身分認證與表達意見的信任與消除安全上的疑慮。

面對未來政治議題不斷的推陳出新以及公投案件的增加，爲了避免 2018 年底九合一大選及公投大排長龍的亂象再度發生，政府應儘快發展投票所的電子投票機制，在認證、投票及計票都能夠電子化，例如以二維條碼認證、以觸控式的螢幕讓選民投票，或在特定地點的網路投票等，加強技術層面的應用以提高投開票的效率。同時，爲了顧及非在籍選民以及特殊工作者的投票權，也能夠訂定不在籍投票的相關規定，讓因工作性質無法返回居住地的選民亦能在其工作或居住地的投票所按鈕或以其他電子方式投票。而此種不在籍的電子投票若要進一步發展成不限場所的遠距投票，似乎需在兩岸政治發展落差縮小、雙方政治分歧的對立消除、完整的身分認證機制，以及兩岸互信建立之後實施才有可能。

除了在技術上建立電子化的投票機制，朝野也應思索修改公投法，包含拉長公投成案以及投票的時間，讓公衆有足夠的時間深入討論議題，自然在投票時也能夠做出快速的判斷。更重要的是，除了技術、設備以及法規的完備之外，該如何提高民衆資訊素養以及社會信任，以提高使用能力與意願，也是在推動電子投票時最重要的根本，透過教育訓練與宣導，來縮短數位落差、降低民衆的抗拒；並藉由落實電子投票的施行，完善民主參與的價值。




## 參考文獻


1. 林煒鎔（2002）。英國電子投票法制問題介紹。科技法律透析，14（10），11-17。
2. 俞振華、蔡佳泓、莊文忠、王宏文（2012）。實施電子投票成本效益分析架構之研究——以日本、韓國與菲律賓電子投票、韓國與菲律賓電子投票推動情形爲例。中央選舉委員會委託研究計畫（編號：100-8012/100A100023），未出版。
3. 范俊逸、孫偉哲、莊文勝（2010）。抗暴力脅迫之匿名電子投票技術簡介。資訊安全通訊，16（1），45-58。
4. 陳淵順、左瑞麟（2010）。基於模糊簽章的電子投票系統。資訊安全通訊，16（1），72-83。
5. 廖書賢（2004）。淺談電子投票與美國投票系統標準。科技法律透析，16（6），2-6。

6. 鮑彤（2019.5）。排隊排太久：2018 年選舉開票速度與選舉、公投結果的關連性。「臺灣民主參與的理論建構與實踐暨選舉研究中心三十週年」研討會。
7. 劉嘉薇（2019）。我國推動電子投票的契機，挑戰與未來。臺灣民主季刊，16（1），155-162。
8. Riera, Andreu & Paul Brown (2003). "Bringing Confidence to Electronic Voting." *Electronic Journal of e-Electronic Journal of e-Government Government Government*, 1(1), 14-21.

Chapter 6

# 數位防疫：效率與法治的衡平

簡宏偉

## 前言

2020 年 2 月下旬開始，COVID-19 來得又急又快，短時間內從爆發到全球蔓延，在傳染病的防治上，從邊境到社區，資訊科技扮演了重要的協助角色，讓資料可以在衛政，民政和警政間跨域流動，協助民眾瞭解疫情資訊，從國境防護到社區防護，儘量減低疫情對民眾生活的影響，以兼顧防疫和隱私的保護，這也是這次防疫中資通訊科技的平衡。本文將從智慧防疫全流程管理、疫調輔助平臺，及智慧防疫和隱私保護等三個面向來討論。在智慧防疫的全流程管理中，入境管理是從國境的邊境開始，目的是在提升對入境人員的掌握；而當進入國境進入社區後，社區管理的目的則是在降低人員在隔離期間的移動，避免擴散的風險；由於我國並未實施類似其他國家封城的措施，因此協助民眾在疫情期間仍能維持日常的生活，並降低群聚的機會，就是人潮管理的主要目的。在智慧防疫服務所包含的各系統中，對於個人資料的保護都是基於資通安全管理法及子法，落實資通安全防護，所蒐集的資料也都是基於傳染病防治法的授權，以及依據個人資料保護法的授權取得所需資料，並以資料最小化原則來蒐集，並訂定刪除的機制。遵守法律授權，並以公開透明的方式讓民眾瞭解防疫期間的資訊蒐集與應用，是讓民眾信任政府必要的原則，也是民眾和政府共同防疫的基礎。

## 前言

2020 年上半年開始，COVID-19 來得又急又快，短時間內從爆發到全球蔓延，在傳染病的防治上，從邊境到社區，資通訊科技扮演了重要的協助角色，讓資料可以在衛政，民政和警政間跨域流動，協助民眾瞭解疫情資訊，從國境防護到社區防護，儘量減低疫情對民眾生活的影響，兼顧防疫和隱私的保護，這也是這次防疫中資通訊科技的平衡。本篇將針對資通訊科技應用在整體防疫的作法進行說明，同時在最後也會探討法律的授權和資料的保護。

智慧防疫，是整個防疫資訊化服務的統一稱呼，核心的精神是以人爲本的思維，保護民眾，協助民眾維持正常的生活，降低疫情的衝擊。智慧防疫概略分爲疫情控制及疫情防治等兩個部分，如圖 6.1。

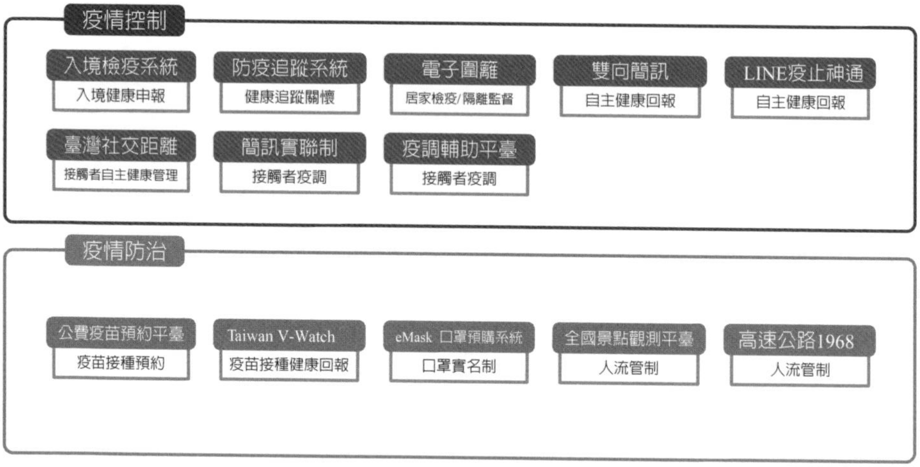


圖 6.1　智慧防疫服務

首先，在疫情控制方面，從邊境的管制開始，到社區居家檢疫和居家隔離的追蹤，以及社區的關懷等，包括了入境檢疫系統、防疫追蹤系統、電子圍籬、雙向簡訊、疫止神通、社交距離、簡訊實聯制，以及疫調輔助平臺等，主要目的就是在協助整體疫情的控制；其次是疫情防治的部分，大多爲特定功能的服務，包括公費疫苗預約平臺、Taiwan V-Watch、口罩預購系統、全景點觀測平臺，以及高速公路 1968 等服務。這些服務大部分是因應當時疫情發展的情況，結合中央疫情指揮中心的決策和判斷，以敏捷式開發的模式，配合第一線人員的需求而開發出來協助衛政、民政及警政人員，而資訊與通訊科技（information and communication technologies, ICTs；簡稱資通訊科技）在其中扮演了關鍵的角色。

## 資通訊科技在智慧防疫之應用

本篇主要在討論以資通訊科技在智慧防疫的應用，以協助疫情的管理和擴散，因此將以全流程的方式進行討論，亦即以入境管理、社區管理，和人潮管理等三個階段來說明運作的方式，各階段間的關鍵是在於資料的流動及流程的整合，至於特定功能的應用，例如口罩實名制、疫苗接種預約、疫苗接種健康回報等，已經有很多文章在討論，就不在本篇文章的討論中。

在智慧防疫的全流程管理中，入境管理是從國境的邊境開始，目的是在提升對入境人員的掌握；而當進入國境進入社區後，社區管理的目的則是在降低人員在隔離期間的移動，避免擴散的風險；由於我國並未實施類似其他國家封城的措施，因此協助民眾在疫情期間仍能維持日常的生活，並降低群聚的機會，就是人潮管理的主要目的。

### ㈠ 智慧防疫服務開發原則：發展的過程中，遵循下列快速開發原則

1. 遵守法律授權：各項作業必須有法律授權，包括傳染病防治法、個人資料保護法，同時也會參考歐盟一般資料保護規則等，確保符合法律規範及授權。
2. 保護個人隱私：爲防疫所取得的資訊，遵守以最小化蒐集原則，同時採自動化作業，超過法律授權的期限即自動刪除。此外並依最小授權原則，僅有必須使用的人員在授權的範圍內可以使用，同時各

項存取均留存紀錄，以爲後續稽核之用。同時，爲保持防疫和隱私間的平衡，在開發各項服務時，可以容許一定範圍的不準確性，並以配套措施提高準確性。

3. 不開發行動 APP：爲快速部署各項資訊服務，提高不同設備間的相容性，因此不開發行動 APP，改以網頁版的方式，可快速更新、部署，以及提供跨設備間的易用性。

4. 使用現有穩定技術：整個疫情控制是以能發揮實際效用爲原則，因此採用的各項資通訊科技技術都是以現有驗證可行的技術爲主，至於概念性的驗證技術，則不在考慮的範圍中。

㈡ 智慧防疫全流程服務

防疫的全流程是從邊境的管理開始，從入境旅客抵達國境後，塡報基本資料及相關法定文書，並確認地址及電話後，登入系統交由民政、衛政、及警政人員關懷，抵達社區後即啓動電子圍籬的作業，確保居家檢疫／居家隔離期間，不會離開範圍，降低疫情進入社區的風險，同時也啓動社區的關懷，維持民衆的心理健康，並提供即時的衛教資訊。整體的流程如圖 6.2。

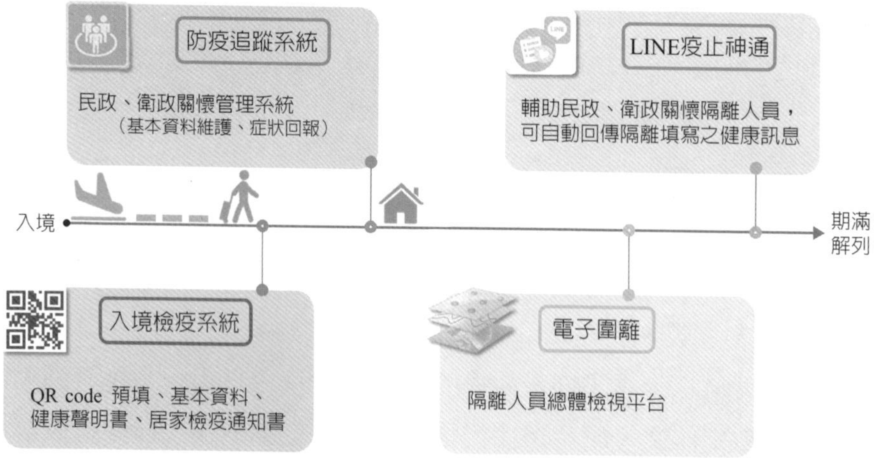


圖 6.2　智慧防疫全流程服務

**1. 入境管理**

入境管理的重點工作，在確認抵臺旅客的出發地和抵臺後的居家檢疫／居家隔離的地點。當疫情剛開始的時候，入境旅客資料的電子化，是由旅客填寫相關文件後，掃瞄後送操作人員登打至電腦中，或是由第一線人員登打後，再由第二線人員進行檢核，確認資料的正確性。由於旅客入境後必須明確記載居家地點，再由民政、衛政，和警政人員前往確認和進行關懷，並開始實施居家檢疫／居家隔離，因此地址和電話的正確性非常重要。由於在疫情初期，入境旅客數量尚在可控制範圍，因此人工方式管理還可以接受；但是隨著國際疫情開始擴散，大量民衆開始自世界各地返回臺灣，因此入境人數逐日增加，人工作業逐漸無法即時掌握入境民衆的確實資料，容易造成防疫破口。

爲強化防疫第一線的邊境管理，指揮中心隨即開發「入境檢疫系統」，從最前端資料的取得即以資訊化的方式進行處理。入境檢疫系統的功能包括下列四項：

(1) 以二維條碼的方式，提供入境旅客快速連結系統，直接以瀏覽器進行資料填寫。
(2) 將相關文件（健康聲明書、居家檢疫通知書），以網頁表單的方式提供入境旅客於登機前或是入境前即能自行填寫。
(3) 旅客填寫的資料自動進入「防疫追蹤系統」，由系統檢核地址的正確性，並可由民政人員查詢責任區內民衆的居家檢疫位址及人數。
(4) 系統自動聯結航班資訊之旅客艙單，確保旅客資訊，並於旅客抵臺時，發送簡訊，簡化入境程序。

當旅客在入境檢疫系統填寫完成所需資訊，這些資訊自動進入「防疫追蹤系統」，並預估旅客自離開機場至抵達居家檢疫地點之時間，系統會自動發送簡訊提醒，避免旅客至其他處所，造成防疫破口。「防疫追蹤系統」的主要功能是提供一個完整的資料庫，由第一線人員使用，主要功能包括下列四項：

(1) 旅客填寫資訊的確認，並能預先掌握未來於該區域的居家檢疫人員數量，以利預先準備。
(2) 提供跨區人員移動及資訊傳遞，尤其當旅客預先填寫的居檢地址和實際居檢地址不符時，可以經由系統即時更正，並通知實際居檢地的人員進行實地關懷。
(3) 若有症狀，也可以在系統中註記及回報。
(4) 銜接電子圍籬系統。



防疫追蹤系統是整個智慧防疫服務的核心，也是衛政、民政、警政，及第一線人員重要的資料來源。這個系統除了有強化的資安防護外，同時也有嚴格的權限控管和紀錄，以避免未授權的查詢，以及隱私的侵犯。

在採用智慧防疫服務前，旅客自入境後至民政人員確認抵達居檢地址，開始進行居家檢疫期間，即入境至確認約需十九個小時，其中入境至派案約需四小時，派案至確認約需十五小時；而當啓用使用入境檢疫系統和防疫追蹤系統後，整體時間減少至四小時三十分，其中入境至派案降爲二小時，派案至確認降至二小時三十分，大幅提升防疫效率，同時資料的正確性也大幅提升，降低了第一線人員的負擔（如圖 6.3 所示）。

**2. 社區管理**

社區管理包含了入境旅客入境後的居家檢疫／居家隔離，以及隔離期間的關懷和自主健康管理。除此之外，爲協助社區防疫及疫情調查，也提供臺灣社交距離 APP 和簡訊實聯制的服務，而在 2021 年 5 月社區爆發大規模疫情時，指揮中心也立開發了疫調輔助系統，以協助地方疫調人員掌握疫情控制和確診個案的軌跡。

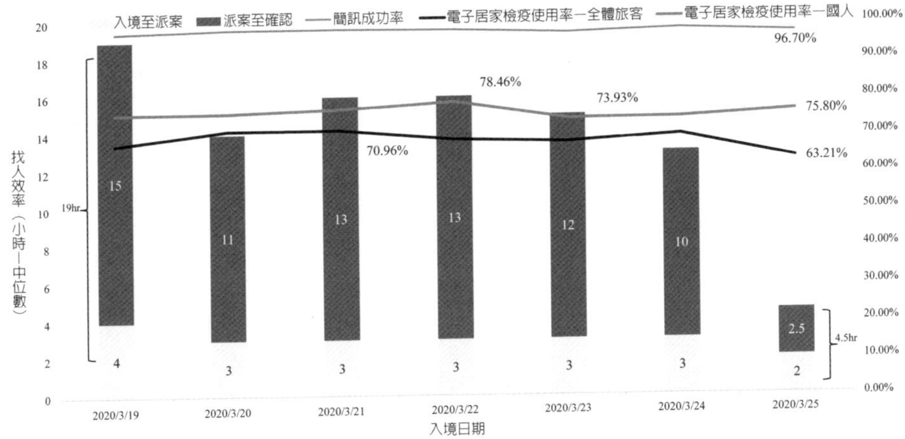


圖 6.3　效率優化

當入境旅客抵達居家檢疫地點，也經由民政人員確認後，即開始進入居家檢疫期間，此時就會啓動電子圍籬系統，協助民眾在設定的範圍內進行居家檢疫。此外並會經藉由雙向簡訊和疫止神通來進行自主健康回報及關懷。

電子圍籬是基於行動電話和基地臺的訊號技術開發的防疫輔助工具，基本運作原理及法律探討已在「大數據運用與隱私保護——手機定位資訊於防疫應用之法律問題研析」（簡宏偉等人，2020）中闡述，不在此重複說明。簡單而言，手機開機後必須向最近的基地臺進行報到，取得電信公司的電信資料後，才能進行通話和網路服務，而電信公司爲提升電信訊號的清晰及穩定性，也會在使用者同意下蒐集手機訊號強度，作爲改善的參考，因此可以經由手機訊號的強度，來粗略估計手機的概略位置，這也是電子圍籬的運作方式，如圖 6.4 所示。

圖 6.4　電子圍籬概念圖

電子圍籬提供下列六項功能：

(1) 以劃定範圍的方式，確認手機在劃定的範圍內，若超出範圍，則會由電信公司發送簡訊提醒民眾超出居檢範圍，若持續在範圍外，則會通知民政，衛政，和警政人員前往確認。
(2) 手機門號的資訊由其電信業者持有及管理，超出圍籬的警訊亦由該電信業者發送，並未集中至單一業者。
(3) 居檢期間結束後相關資料即自動刪除。
(4) 提供警政人員查驗，即輸入證號回應居檢狀況，不能查詢其他資料。
(5) 採用嚴格權限控管，各地方政府僅能檢視該區域的人員，只有中央指揮中心指定人員可以全域檢視。
(6) 是以電信訊號進行概略定位，不使用全球定位系統（GPS）資料，亦不安裝任何應用程式，同時也不會自民眾手機中取得任何資訊。

電子圍籬是以既有的電信訊號進行位置參考，因此相對來說亦有下列三項缺點：

(1) 定位不夠精準，尤其在非都市的地區，可能會有誤差。
(2) 訊號飄移，例如在偏遠地區、超高大樓，或是電信業者使用之演算法不夠精確時，常會有訊號飄移的情形。
(3) 民衆刻意不帶手機，或是將手機置於家中外出，則無法判定民衆之位置。

上述問題有些是技術的限制，有些是機制的限制，在實施的過程中均有持續改善，至於刻意不帶手機而外出的，則經由提供警政人員可以於行動設備上查驗，即可降低機率。

而在電子圍籬實施的過程中，也曾討論過採行更精準的定位方式，例如開發具備 GPS 資料回報的 APP、結合智慧手環以避免人和手機分開一定距離、視訊回報等等機制，其中具備 GPS 資料回報的 APP 在 2020 年 5 月即已開發完成備用，預計當有大規模疫情擴散時再行使用。而結合其他智慧手環或物聯網設備的部分，也有進行測試，不過都受限於電池的持續性或侵犯民衆隱私等議題，而捨棄不用。

在社區管理的部分，除了電子圍籬是以居家檢疫／居家隔離者為管理對象外，對於一般民衆，整個智慧防疫服務也提供了社交距離 APP 和簡訊實聯制的機制。

社交距離 **APP** 是在 2020 年 5 月時開發完成，當時很多國家都在開發類似的服務，希望經由手機的藍牙機制來記錄手機持有者和其他人的可能接觸情形，當時蘋果公司和 Google 尚未完成手機暴露通知的標準。而指揮中心為了預為準備，在 2020 年 5 月時即以去中心，完全匿名化並符合歐盟規範的方式，開發完成臺灣社交距離 APP 的服務，不過由於當時我國疫情緩和，民衆對於隱私有很高的期望，因此並不願意使用本項服務，本項服務即備用而未上線。直至 2021 年 5 月國內爆發社區感染，民衆擔心對於未知感染源的接觸史難以掌握，而臺灣社交距離 APP 優良的匿名性及去中心化，也能提供民衆信任的機制，因此在民眾需求的帶動下，指揮中心調整臺灣社交距離 APP 的底層爲蘋果公司和 Google 的標準，並開放原始碼，隨即上線供民眾使用，最高時曾有超過 700 萬次下載，並有約 1,000 個確診案例上傳，至今仍持續使用中。社交距離 APP 運作機制如圖 6.5 所示。



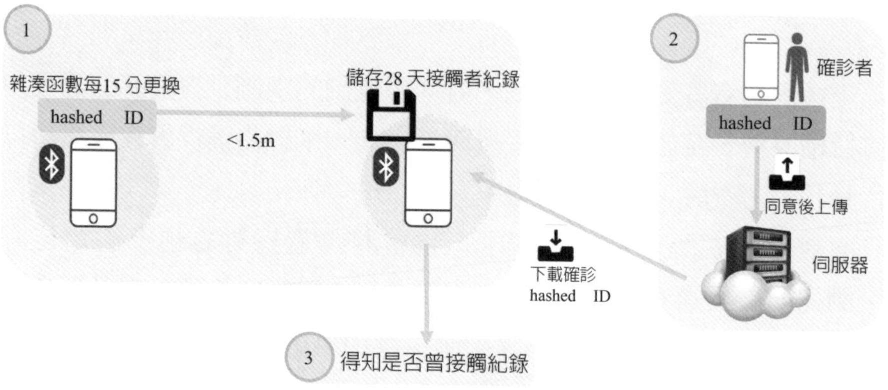


圖 6.5　社交距離 APP 運作機制

另外在 2020 年時，爲強化疫調的精準性，指揮中心頒布了實聯制參考指引，指引內容遵循個人資料保護法中對於資料的蒐集、處理、刪除，及銷毀等程序，並以最少蒐集資料爲主，必要項目爲手機號碼和姓，其他則爲選項，地理資訊則隱含在蒐集者資訊中。在臺灣疫情尚稱緩和的時候，實聯制參考指引提供民眾在出入公共場所時的登錄紀錄，當需要疫調時可以由各場所提供實聯制的資料，雖然立意尚好，不過由於各資料蒐集者對於個人資料保護法的內容瞭解不足，也發生了很多因實聯制登記資料造成個資外洩的事情。而在 2021 年 5 月疫情爆發時，因民眾反應實聯制資料保存議題，希望有更一致更便利的做法，行政院即由唐政委主導開發簡訊實聯制系統，經由 QR code 掃瞄，以傳送簡訊的方式進行實聯制登錄，**簡訊實聯制系統**的特性如下面六項：

(1) 資料未集中儲存，當要查詢再經由程式介面向各電信業者查詢。
(2) 簡訊實聯制資料以最少蒐集爲原則，且僅供疫調使用，不得另作他用，警調亦不可基於犯罪偵查，要求使用簡訊實聯制資料。
(3) 二十八天後資料自動刪除。
(4) 提供以場所搜尋和以手機號碼搜尋二種功能，僅授權疫調人員可以調閱。
(5) 所有搜尋均留存紀錄，並提供民衆查詢自有門號被搜尋的紀錄。
(6) 民衆不須支付費用，由政府支應。

簡訊實聯制的運作機制如圖 6.6 所示。

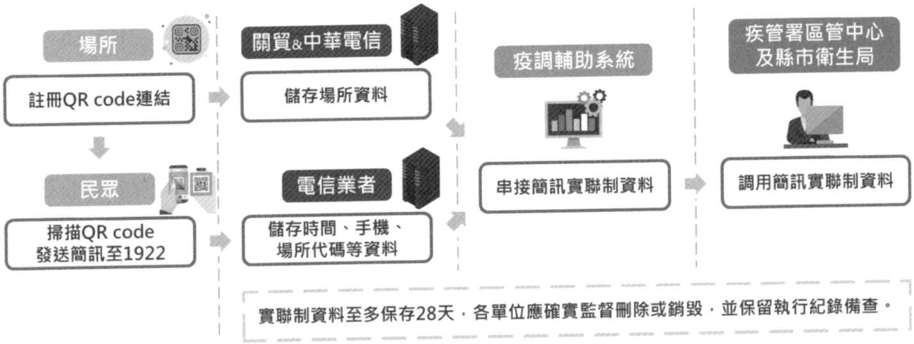


圖 6.6　簡訊實聯制運作機制

**3. 人潮管理**

在 2020 年中，當全球疫情擴散嚴重時，臺灣的疫情尚稱緩和，在幾個連續假日時，民衆也希望能夠在國內進行旅遊，而爲避免群聚造成潛在疫情擴散的風險，指揮中心希望在兼顧民衆出遊和有效防疫的平衡下，提供民衆出遊時的參考，因此即提供了全國景點觀測平臺和結合高速公路 1968 的服務。

全國景點觀測平臺一樣是基於電信業者在全國行動通訊基地臺所蒐集的手機訊號，來判定手機的密集度，藉以推估人潮的密集度。在本系統所使用的資料中，僅有以手機訊號推估的群聚數量資訊，並沒有任何可識別個人的資料，沒有隱私侵犯或個資蒐集的疑慮。全國景點觀測平臺具有下列四項特性，如圖 6.7 所示：

(1) 只有手機訊號的推估資訊，並沒有任何可資識別特定對象的資訊。
(2) 以基地臺爲範圍定義爲一個網格，可以將民眾聚集的範圍儘量縮小，當一個網格聚集超過一定數量的人數時，即可經由人工引導民眾至相鄰的網格，可適度疏緩民眾的群聚，又可提供民眾遊憩的空間。
(3) 每個網格的群聚基準是由系統自動依過去經驗值計算，具備自我調適的功能。
(4) 系統可以顯示熱門景點、夜市、風景區等民眾常去的旅遊景點，且可以自動顯示人群最多的前 10 大景點，讓地方政府可以即時前往疏導。

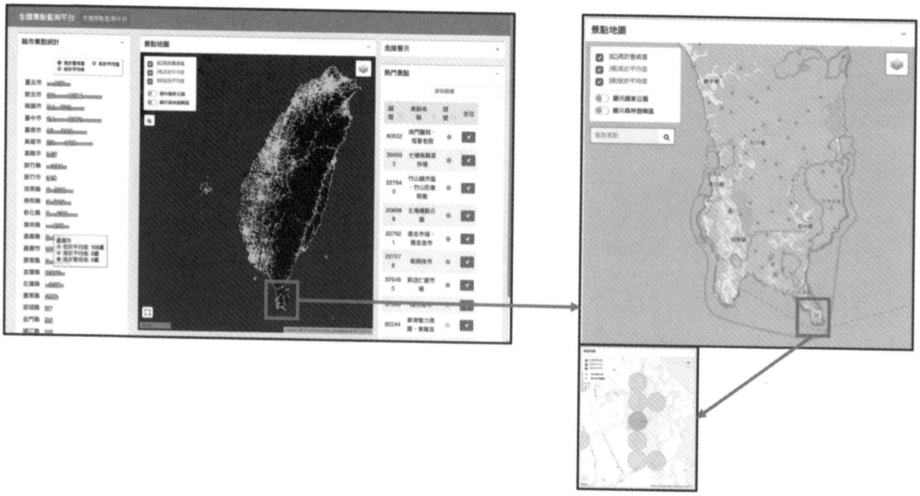


圖 6.7　全國景點觀測平臺案例

除此之外，爲讓民衆可以在出門前知道各地人群聚集情形，指揮中心也和交通部合作，將全國景點觀測平臺的資料和高速公路 1968 整合，讓民衆可以在高速公路 1968 的平臺上預先檢視全國各地景點的人群密度，提供民衆在出發前可以先行避開可能的群聚地點，同時除了提供手機行動 APP 的檢視外，也同時提供一般桌機瀏覽器的頁面，讓民衆可以不受限於設備，都可以取得人群資訊，如圖 6.8 所示。

全國景點觀測平臺和高速公路 1968 這兩個服務是分別提供地方政府和民衆對於人群聚集時的疏導服務，藉由這兩個服務，讓地方政府可以在各熱門景點先行引導民衆至人數少的地方，同時也讓民衆經由 1968 儘量避開可能的群聚地點，這些無非都是希望讓民衆在全球疫情擴散時，能維持日常生活方式。

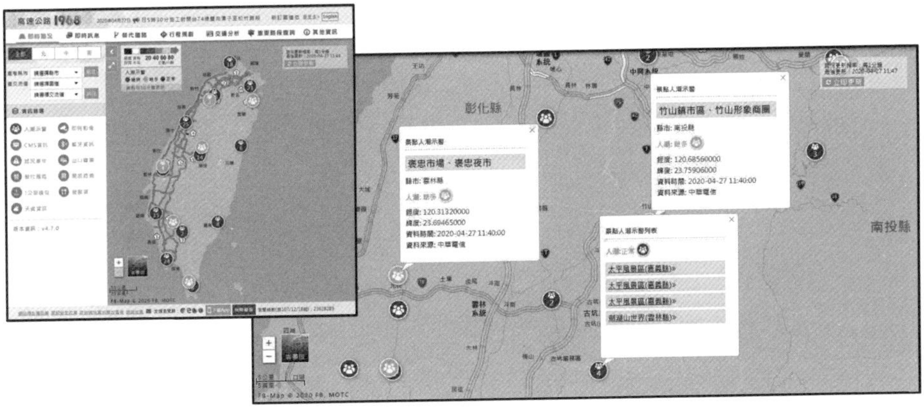


圖 6.8　高速公路 1968

## 智慧防疫與疫調輔助平臺

在 2020 年 1 月底，國內鑑於中國傳出不明傳染病，政府即開始施行各項應變措施，到 2 月底時，即採取邊境管制，並對從高風險地區入境旅客進行居家檢疫／居家隔離措施，避免在社區傳播。隨著疫情在國際間快速擴散，國內防疫壓力大增，於是在指揮中心成立資訊組，藉由資通訊技術協助整體防疫，於是資訊組快速建置及部署邊境檢疫系統、防疫追蹤系統、電子圍籬、簡訊關懷等服務，讓各級防疫人員能有效掌握入境旅客的居家檢疫／居家隔離的情形，避免疫情進入社區。隨後到同年 5 月時，考量國外大量留學生回臺，爲有效協助民衆自我管理，於是指揮中心陸續推出實聯制指引、社交距離 APP、全國景點觀測平臺、整合高速公路 1968 等各項服務，讓民衆可以在疫情緩和時，在防疫和維持正常生活的平衡下，安心出遊。在 2020 年期間，雖然有少數案例，如鑽石公主號和敦睦艦隊等，也都藉由各級防疫人員及資通訊科技技術，協助找出可能受影響的民衆，以簡訊方式，快速通知民衆，讓民衆安心，也讓國內確診案例和其他國家相較，僅有零星個案，整個社會受疫情的影響有限。

在 2021 年 5 月，國內防疫產生變化，從北部開始出現社區感染的情形，每日確診案例履創新高，除了造成社會民心動盪，各級防疫人員也因爲確診案例持續攀升，連帶居家隔離人員激增，在防疫能量有限及大量確診案例的情況下，傳統以人工爲主的確診案例疫調作業，不僅對第一線防疫人員的工作量難以負擔，也難以達到疫調的精確性，容易因爲疫調資訊的不完整，而造成防疫破口。因此爲避免因爲疫調能量不足以深入進行疫情調查，造成疫情擴散，同時也爲協助各級政府，有效設立檢疫站等作業，指揮中心隨即著手開發並整合簡訊實聯制查詢功能，部署「疫調輔助平臺」。

疫調輔助平臺主要的目的在快速協助疫調人員掌握確診個案的軌跡，協助傳統人工記憶的疫調方式，改以電信訊號爲基礎的軌調閱，以快速掌握可能的確診軌跡，並協助疫調人員可以經由多個確診案例的軌跡，進一步分析可能的感染途徑。其次，本平臺可以協助地方政府或中央政府依據疫情熱區的分布，設立採檢站，協助防疫。爲達到這兩個目的，本平臺提供了下列功能，如圖 6.9。

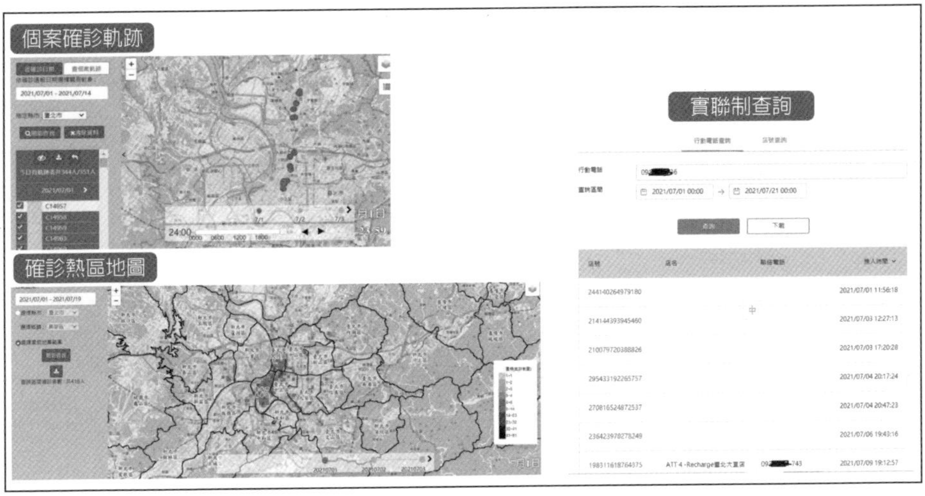


圖 6.9　疫調輔助平臺功能圖

### ㈠ 個案確診軌跡

提供依確診個案的案號查詢，顯示依據電信訊號所呈現的軌跡，本項功能提供多筆確診個案的查詢，並提供二十八天內指定資料區間內的多軌跡呈現，同時提供在指定的時間區間內以動態的方式呈現依時間點的移動軌跡。這個功能除了提供疫調人員針對單一確診個案的軌跡資料外，也可以協助疫調人員針對不同的確診個案間的關係，協助判斷確診個案間可能的感染路徑，進一步提醒民眾可能的風險。此外也會依據確診個案在路徑軌跡中停留的時間長短，顯示出確診個案軌跡的熱區地圖，協助疫調人員判斷風險區域，如圖 6.10。

### ㈡ 確診熱區地圖

相較於個案確診軌跡是針對特定個案的軌跡進行分析，確診熱區地圖則是以在特定時間區間內的所有確診個案軌跡進行分析，瞭解可能的熱區分布圖，以作爲採檢站設立的參考點。確診熱區地圖可以依據縣市、區、乃至於里的範圍來呈現，並且會依確診個案在指定時間區間內，以動態方式呈現熱區的變化，讓各級政府瞭解防疫措施的有效性，例如以圖 6.11 為例，在 2021 年 5 月時，北臺灣確診案例多，而到 2021 年 6 月時，則顯示已經有效防制。

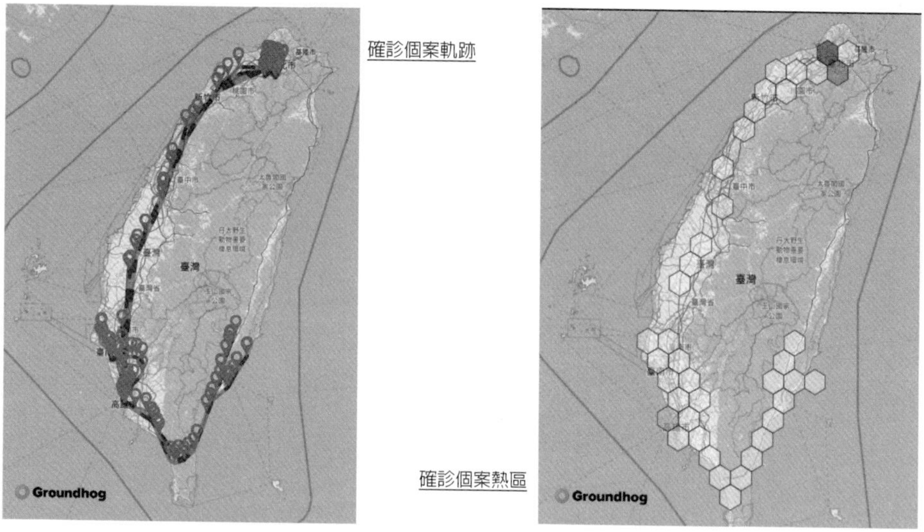


圖 6.10　確診個案軌跡及熱區

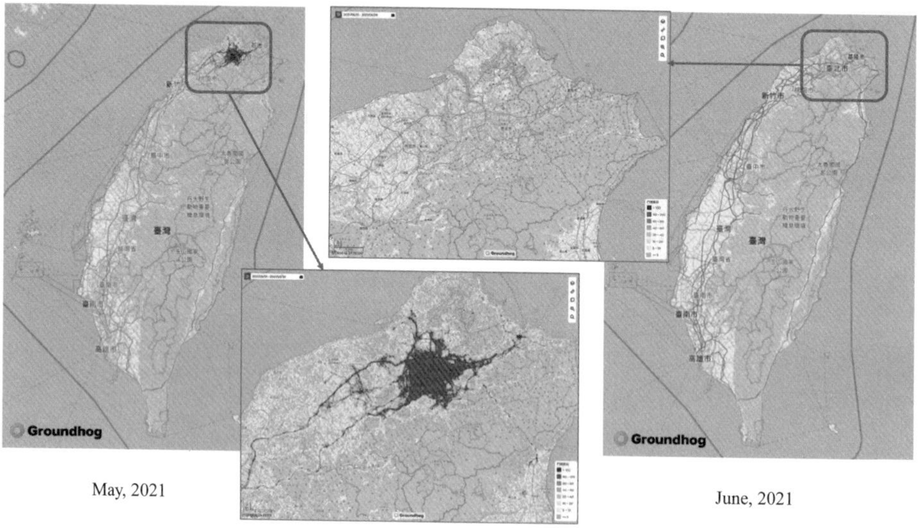


圖 6.11　確診熱區比較

### ㈢ 簡訊實聯制查詢

考慮到簡訊實聯制系統記錄有民眾至公共場所的編號資訊，為讓第一線疫調人員在進行確診案例軌跡分析中，適度提醒民眾可能的風險，疫調輔助平臺也整合了簡訊實聯制的查詢功能，提供依電話及依場所編號的查詢功能，並且可以從查詢結果再直接往下聯結，協助進行疫情分析。同時為保護民眾隱私，所有的查詢均有紀錄，也提供民眾瞭解自己的資料有無被查詢的功能，以確保民眾隱私及資料的保護。

疫調輔助平臺的工作原理一樣是基於法律的授權下，以電信訊號的資料為主，不額外蒐集民眾的個人資料，同時資料儲存以二十八天為限，之後系統會自動刪除，無法再行檢視。並且也會記錄使用者登入及查詢的紀錄，以利後續的稽核。

疫調輔助平臺上線後，提供各地方政府快速方便且兼顧隱私保護的疫調協助作業，讓疫調人員在面對大規模確診個案時，能有效的掌握可能的案例軌跡，以及很重要的，各確診個案間可能的感染情形，也可以依據熱區地圖，提醒民眾避開高風險地區，做好自我保護。

## 智慧防疫與隱私保護

在 COVID-19 疫情防治中，資通訊科技扮演了重要的角色，除本篇所述及的部分服務以外，尚包括如數位接種證明等多項服務，在推動和開發這些數位服務時，都嚴格遵守相關法律規範，也務必取得法律授權，謹守以人為本，保護民眾隱私的原則。而當精準的資訊與隱私保護有所衝突時，也都是以保護隱私為最高原則，寧可犧牲資訊的精準度，以取得防疫和隱私保護的平衡，因此在定位相關的技術中，基於隱私保護和最小蒐集，智慧防疫服務都是使用依法蒐集的電信訊號資料，而不是要求民眾提供 GPS 資料，或是另外安裝行動 APP。例如以電子圍籬而言，即是依據傳染病防治法第 48 條第 1 項、第 58 條第 1 項第 3 款、第 4 款，或第 36 條規定，為降低社區流行風險，並考量不同對象感染風險之差異，實施居家隔離、居家檢疫或（加強）自主健康管理等措施，並依前揭條文訂定之「必要之處置」、「其他檢疫措施」、「其他必要措施」、「其他防疫、檢疫措施」，據以輔助落實前述管制手段之措施，以杜絕疫情之蔓延，使疫情迅速獲得控制，即時及有效地保護人民生命安全及身體健康。

在智慧防疫服務所包含的各系統中，對於個人資料的保護都是基於資通安全管理法及子法中所定義的 A 級機關應辦事項，落實資通安全防護，同時所蒐集的資料也都是基於傳染病防治法的授權，以及依據個人資料保護法的授權取得所需資料，並以資料最小化原則來蒐集，並訂定刪除的機制。例如在邊境時的健康聲明書中，均明載科技防疫及告知所需蒐集的資訊及使用範圍，而且各項蒐集資訊也都會在二十八天到期後由系統自動刪除，同時也建立稽核機制，確保資料不被誤用或使用目的外的利用。

而在透明化的部分，有鑑於簡訊實聯制係由民眾進入場所時，均要求必須傳送簡訊，以利後續疫情調查，為避免民眾誤解，指揮中心也建立簡訊實聯制提供民眾查詢的機制，如圖 6.12 所示。經由這個公開的網站，民眾經過嚴謹的雙重認證以後，可以自系統瞭解簡訊實聯制保存在各電信業者的資料，有哪些政府機關進行查詢，若民眾對於執行查詢的機關有所疑義，則可以直接聯絡該機關，要求機關進行說明，以確保機關是在授權的範圍內處理資料。

遵守法律授權，並以公開透明的方式讓民眾瞭解防疫期間的資訊蒐集與應用，是讓民眾信任政府必要的原則，也是民眾和政府共同防疫的基礎，雖然疫情仍然在持續中，但是智慧防疫的各項措施，仍然會基於前述原則，持續協助整體疫情防治作為。

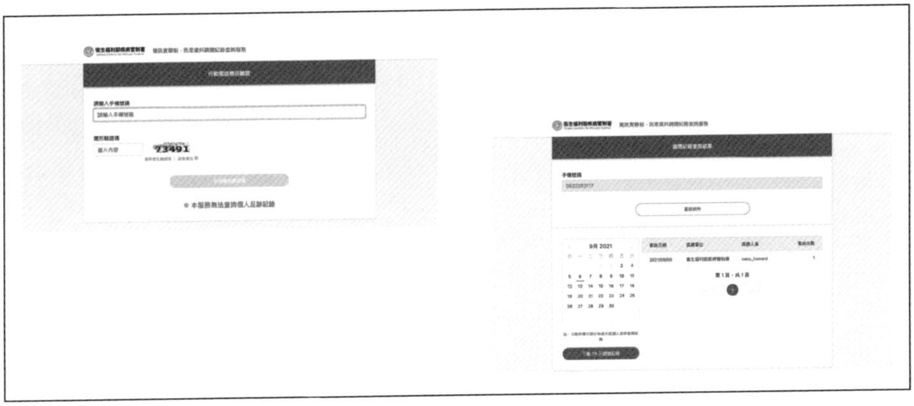

圖 6.12　簡訊實聯制查詢服務

## 結語

COVID-19 從 2020 年開始至今已逾二年，從一開始未知疾病的恐慌、到國外學生回國、國內社區疫情爆發等，我國疫情的控制實有賴民眾自主及指揮中心在不同階段，因應疫情的發展而採取不同的應處策略，再加上資通訊科技的協助，才能有效的控制疫情，同時讓民眾在防疫時仍能儘量維持正常的日常生活。而在每次疫情變化時，善用資通訊科技來協助第一線防疫人員作業，減緩疫情的衝擊，並在隱私保護和防疫間取得適當的平衡，是資訊組最大的目標。疫情持續在變化，防疫科技應用也將持續滾動調整，協助整體防疫策略。

## 參考文獻

1. 簡宏偉、吳麗芬、洪振耀、劉倢旻、吳卓葳、林瑜（2020）。大數據運用與隱私保護——手機定位資訊於防疫應用之法律問題研析。國土與公共治理季刊，8（3），64-75。

# PART 2

# 數位服務

# 篇前引介

本篇主要在於介紹當前世界各國和我國如何運用 ICTs 提供民眾更為快速、便捷、聰穎的 E 化與智慧化服務。共分六章，先由數位治理評價指標透析對 E 化服務的期待，以及數位創新服務的供給—需求之滿足等兩個較為寬廣的層面，讓讀者瞭解我們為何要以資訊科技的手法來改變政府服務的面貌。接著，再從跨機關的行政與服務流程、資料庫及資料運用等的再造思維，介紹近年政府在 E 化便民服務上所端出的豐盛菜單，讓讀者領略臺灣公共服務的新風貌。最後，則是從數位治理智能服務的角度，帶領讀者認識人工智慧以及發現生活中政府智慧服務的足跡。

第七章是以聯合國的「永續發展目標」、「電子化政府發展指數」及「電子化參與指數」、早稻田大學的《全球數位政府評比報告》，以及我國數位治理研究中心（TEG）的「數位治理公共價值架構」等評比指標，來介紹包含臺灣在內的世界各國，在 E 化服務上的發展現況，並以具體個案說明各國政府如何運用資訊科技來提升人民的幸福感。

第八章從契合民眾需求——即「接地氣」——的角度，一方面介紹世界各國及我國，如何結合 ICTs 來提供民眾有別於傳統的創新公共服務或科技應用，另方面也討論了目前政府部門在推動 E 化創新服務上所面臨的挑戰和困境。

第九章則以目前在國內已相當流行及普遍的電子發票和電子支付個案，具體說明政府為促成便民 E 化服務，在後端流程再造及跨機關資訊整合等重要層面上所做的努力。

第十章則以各國政府推動 MyData 計畫的經驗為基礎，帶領讀者思考如何透過取得資料當事人的授權和同意，以及背後的機制設計，使得政府部門一方面可在個人資料保護及簡便為民服務兩大原則中，取得適當平衡，同時也能達到政府跨機關運用民眾個人資料的效率和服務品質提升的目的。

第十一章則是透過我國目前在戶政、社會服務、工商登記等領域上代表性個案的介紹，使讀者瞭解政府如何藉由打破機關間資訊系統和行政流程的藩籬，以「跨域合作」的概念，提供民眾一站式、單一窗口的便利服務，減輕過去民眾必須往返不同機關間的洽公負擔。

最後第十二章，以深入淺出的方式，在介紹 AI 人工智慧的基本概念、世界各主要國家的人工智慧發展政策之後，進一步帶著讀者發掘當前生活中已處處可見的人工智慧應用，以及我國政府部門中已經具體運用的各項智慧化服務；最後則是提醒我們在迎接人工智慧時代的同時，也必須留意人工智慧應用所帶來的倫理道德挑戰、勞動型態轉型、偏見與歧視等各種層面的社會衝擊。

Chapter 7

# 如何以數位服務打造更美好的社會？

胡龍騰

## ▶▶▶ 前言：你我生活周遭的政府數位服務

許多人每天一睜開眼，可能就會迫不及待地打開 LINE、天氣預報、公車資訊等 APP，作爲開啓一天行程的固定儀式。但是您知道，我們的生活周遭也有許多政府所提供的數位服務嗎？而且，您知道這些數位服務不僅爲我們提供更便利的生活外，更有可能改善部分民眾的生活品質及福祉水準嗎？透過本章，您將發現，原來我們身邊有這麼多已經高度倚賴的數位服務，而且世界各國也正利用這些便捷的數位化服務，一點一滴地爲我們打造更美好的社會。

## 朝向美好社會的圖像和想像

不知您是否曾經嚮往生活在柏拉圖的烏托邦理想國度，或是世外桃源的香格里拉？這些，都是我們對於一個美好家園的想像和期待。但可惜的是，眞實的世界並不如想像般美好，打開國際新聞就可看到，全球極高比例的老百姓每天必須和惡劣的環境、貧窮、飢荒、勞動力的惡意剝削……等生活困境，進行對抗和搏鬥。

因此，西元 2000 年時，聯合國會員國及其領袖，在聯合國高峰會上提出一項「千禧年發展目標」（Millennium Development Goals, MDGs）的構想，希望在 2015 年之前能夠針對全球八大重要問題加以改善。[1] 雖然世界各國經過十五年的攜手努力，這八大項目標與期望改善的問題獲得了初步的成果，但是貧窮、性別平等、環境污染、能源耗竭、氣候變遷和極端氣候等問題，對於全球人類生存的威脅依舊無法徹底解決，不僅如此，區域內的衝突和戰爭更是加重了貧窮與經濟發展不平等的問題。因此，在 MDGs 期限截止之際，各國領袖在 2015 年 9 月的「聯合國發展高峰會」上，進一步提出第二個十五年（即 2030 年之前）世界各國必須攜手合作並達成的 17 項「永續發展目標」（Sustainable Development Goals, SDGs）以及 169 項細項目標。[2]

**千禧年發展目標**

由時任聯合國秘書長 Kofi Annan（安南）發起，超過 250 位專家學者共同討論出貧窮、饑餓、文盲、疾病、環境惡化、性別歧視等全球性重大問題，並於 2000 年 9 月的聯合國千禧年宣言中，要求全球已開發和開發中國家，共同合作消除前述問題，以達成永續發展的目標。

SDGs 的 17 項目標包括了：1. 終結貧窮；2. 終結飢荒；3. 確保健

---

[1] 這八項目標包括：消滅貧窮與飢荒、普及基礎教育、促進兩性平等及女性賦權、降低孩童死亡率、提升產婦健康、對抗威脅性病毒、確保環境永續，及發展全球發展夥伴，可參考聯合國 MDGs 網站：https://www.un.org/millenniumgoals/。

[2] 可參考聯合國 SDGs 網站：https://www.un.org/sustainabledevelopment/sustainable-development-goals/。

康與福祉；4. 提供優質教育；5. 保障性別平等；6. 提供潔淨用水與基礎設施；7. 提供可負擔且乾淨的永續能源；8. 提供就業機會促進經濟成長；9. 促進產業發展與創新、提供基礎建設；10. 消弭各種形式的不平等；11. 打造永續城市和社區；12. 發展永續的生產與消費循環；13. 採取有效行動因應氣候變遷；14. 保育海洋資源與生態；15. 保育陸地生態與多樣性；16. 建立有效制度確保和平與正義；17. 建立達成永續發展目標之全球夥伴關係。簡單地說，聯合國希望透過這 17 項永續發展目標的達成，為全人類打造一個更為永續和美好的未來。

圖 7.1　聯合國永續發展目標

資料來源：聯合國永續發展目標官方網站，https://sustainabledevelopment.un.org/sdgs。

SDGs 的 17 項目標揭示了各國未來的努力圖像，只是，世界各國除了透過政府和民間以傳統的資源浥注和建設等方式來朝向目標努力外，在數位資訊科技快速發展的現代，有沒有可能運用 E 化的手法來協助這些美好目標的達成？舉例來說，許多政府部門應該構思如何透過數位化服務或是數位化公民參與平臺與機會的提供，來提高各國內衛生醫療或教育的品質以及民眾的數位素養（目標 3 和 4），打消性別與身分社經地位的障礙或壁壘（目標 5 和 10），刺激新興工作與就業型態（目標 8），提高人際之間的數位聯繫（目標 9），以更節能、環保的服務手法降低能源消耗（目標 11 和 13），此外，可以更進一步思考如何以數位化的手法，來建立目標 16 所期盼的當責、效能、包容、透明開放，以及值得信任的政府和制度運作基礎（United Nations, 2018;

2020）。這些或許都是可以 E 化或數位化的方式，從另一角度協助永續和美好未來實踐的可能。

## 政府的數位服務？在哪兒？

可是，說到這兒，大家可能對於政府部門的數位服務並不熟悉，甚至感到陌生。儘管這樣，相信大家一定或多或少有過這些經驗：在電商平臺上瀏覽購物、在網路上揪團採購，或是在 Facebook、Instagram 上分享生活照片或影音，或是曾上網搶購演唱會門票或高鐵車票，到便利超商的自動櫃員機換取紅利點數，或曾在 Mobile01、PTT 等網路論壇上分享個人意見、參與討論，或是在某些網路平臺上提出健康、美容或醫療諮詢問題，更或者是使用 APP 找尋所在周遭美食、叫車或訂購外送食物……等。這些，都是我們可能有過的經驗，也都能透過這些經驗充分感受到資訊科技的發達爲我們生活所帶來的便利性。

同樣地，說不定現在在您手機裡，就有臺北好行、高速公路 1968、臺北車站通、YouBike 微笑單車、警政署的警政服務等這類的 APP，來查詢公車到站時間和找尋停車位，尋找 UBike 站點和查詢車輛數，以及查詢高速公路路況，或是幫助自己快速逃離臺北車站這個人造大迷宮。您也可能曾在便利超商使用 ibon 或 FamiPort 繳費，或使用過網路報稅平臺完成繳稅，或者您曾是新手爸媽，接收來自「送子鳥資訊服務網」的貼心主動提醒，幫助您順利度過懷孕、分娩、新生兒照顧一連串手忙腳亂的人生新體驗。又或者您曾在地震來臨前的三十秒接到令人神經緊繃的地震預警通知，甚至您可能曾經透過總統府或地方政府的網站，寫信給總統或縣市長，表達您對某項議題的看法，或是在公共政策網路參與平臺上，熱血地參與過議題的提案和連署，渴望您認同的議題被更多人看見。如果您曾經使用過這些平臺的話，那麼您就是一位貨眞價實的政府數位化服務的顧客了！也許您會覺得很訝異，但這些背後由政府部門所提供的數位服務，其實早就已經在你我身邊。

不過，政府部門提供數位化服務或 APP 的目的，和我們一般所認知或使用的電商和 APP 不同。後者大多是希望藉由消費者的使用或分享，從中賺取利潤；而前者卻是希望藉由這些服務的數位化手段，讓民衆更輕易、方便地使用這些過去不常接觸的服務，或是提高民衆生活的便利性，以及簡化民衆與政府間的互動方式，讓傳統大多認爲冰冷的「政府」變得更爲親民。舉例來說，Uber Eats 可以將您訂購的美食快速送到您的門前，而地震預警通知則是在地震來臨前，即時將警示送到您的眼前，是不是會讓您有種受到保護的安全感呢？

## 數位服務的基本價值和發展重點

從 1990 年代網際網路開始發展以來，世界各國大多積極嘗試運用資訊和通訊科技開發出來的工具，提供民衆各種面向的數位化服務。不過，大家可能會好奇：這些由各國政府開發出來的數位化服務，眞的就能滿足民衆的需求嗎？一個虛擬世界的打造，眞的能夠幫助我們解決實體世界中所面臨的困境與問題嗎？

爲使政府部門的數位化服務不斷創新精進，甚至成爲實現 SDGs 的有力工具，國際上的不同機構陸續開發出不同的評比工具，來追蹤觀察世界各國在數位化服務上的進展，同時也反映了一個國家在數位建設上資源投入和發展成果的具體績效。舉例來說，聯合國經濟與社會事務部自 2001 年起，針對各會員國的數位治理表現進行追蹤調查，並每兩年公布一次《聯合國電子化政府調查報告》（United Nations E-Government

Survey）。在這份調查報告中，最主要的就是由聯合國所開發的「電子化政府發展指數」（e-government development index, EGDI）以及「電子化參與指數」（e-participation index, EPI）兩項評比指標。在 EGDI 部分，主要聚焦三大面向：通訊基礎設施的充足程度、發展和運用資通訊科技的人力資源水準，以及各國政府所提供的線上服務和內容程度，再透過三個面向的標準化指數算出其加權平均數，而成爲各國的 EGDI 成績（United Nations, 2018）。其中，線上服務水準指數是透過調查問卷蒐集所有會員國的政府數位服務現況，包含數位治理整體發展方針、政府開放資料、電子化參與、多元服務遞送管道、行動服務、數位落差，以及如何運用資通訊科技建立創新夥伴關係（United Nations, 2018）。

從 2020 年的 EGDI 的結果來看，總體表現前五名的國家依序爲：丹麥、韓國、愛沙尼亞、芬蘭和澳洲；低分組中則有七個國家位屬非洲（United Nations, 2020）。若從各國所提供的線上服務類型來看，最爲普及的數位服務是商業或營利事業登記、商業執照申請、出生證明申請，以及水、電、瓦斯等公共事業的繳費（United Nations, 2020）。從這裡可以看出，透過電子化平臺進行民眾與政府間的交易，已經是數位化服務的基礎門檻。

而聯合國的 EPI 指數，主要是透過各國入口網站上所提供的服務和資訊，由三個面向來做評比：1. 電子資訊（e-information）：是否提供政府相關的線上內容與資訊；2. 電子諮詢（e-consultation）：是否提供線上諮詢民意的管道；3. 電子決策（e-decision-making）：是否透過線上平臺讓民眾得以直接參與政策決定（United Nations, 2018）。2020 年 EPI 全球排名前五名的國家有：愛沙尼亞、韓國、美國、日本、紐西蘭（United Nations, 2020）。雖然和 EDGI 前五名的趨勢略有差異，但這些國家也都是在 EDGI 中的排名領先群。

另外一項國際上著名的電子化政府評比，乃是由早稻田大學數位政府研究中心與國際資訊長訓練協會共同發布的《全球數位政府評比報告》（International Digital Government Rankings）。這份報告主要依據10項評估構面、35項細部指標進行跨國評比；在64個國家或經濟體中，依據2021年的排名，丹麥、新加坡、英國、美國、加拿大為前五名的國家，而臺灣則為第10名（Obi & Iwasaki, 2021）。臺灣之所以能排名在前，主要因為我國在「開放政府」及「電子化政府推動策略」這兩個面向上都是排名第一；同時，在運用數位服務提升政府施政和財政稅務效率、先進資通訊技術應用，以及電子化參與等評比面向上，都受到高度評價和肯定，居於世界領先地位。其中，由唐鳳政務委員團隊所開發的口罩地圖，更是在新冠肺炎疫情（COVID-19）下，臺灣以數位科技促進開放政府及政府數位服務的最佳典範（Obi & Iwasaki, 2021）。

聯合國的調查中也發現，越來越多結合線上與線下的虛實整合服務、透過政府後端平臺整合所提供靈活敏捷的數位化服務、以民眾需求為核心的數位服務，以及在多個智慧城市個案中所看到人工智慧（AI）、物聯網（IoT）、區塊鏈（Blockchain）的應用，已經是數位政府轉型的主要趨勢（United Nations, 2020）。可以預期，越來越自動化、可被信任的數位服務將陸續出現在你我生活之中。

不僅如此，在COVID-19疫情的衝擊下，為因應防疫、隔離、居家工作或上課等措施和需求，世界各國在數位科技與服務的應用上，更是快速積極發展。例如用以作為遠距醫療、自我診斷、足跡追蹤、居家工作和學習等各類APP，如雨後春筍般地開發出來；同時，加拿大和澳洲則是運用數位儀表板，來使民眾得以追蹤政府的防疫應變作為；而愛沙尼亞的社區參與APP，則是可讓地方政府與市民直接互動，諸如分享疫情資訊，發佈照片和影片，甚至舉辦線上活動；克羅埃西亞則是結合人工智慧技術並與流行病學家合作，推出「虛擬醫生」來協助民眾診斷病情；英國倫敦也將原是用於管控交通的技術，結合路口監視器、感測器和人工智慧演算法，用來測量街道上行人間的距離，以確保民眾的社交距離（United Nations, 2020）。這些都是疫情下各國政府運用數位科技，確保民眾健康和生活安全的具體例證。

除了聯合國和早稻田大學所做的跨國性電子化政府評比外，我國的臺灣數位治理研究中心，受國家發展委員會之委託，從「數位治理可以創造什麼公共價值？」的問題意識出發，建構了一套數位治理公共價值架構（Public Value for E-Governance, PVEG）；這套 PVEG 架構涵蓋了操作性、政治性與社會性三大核心價值，並同時納入效率、使用者導向、透明與課責、公民參與、資訊近用公平、信任、自我發展、生活品質與環境永續等九大面向，及 29 項次構面（陳俊明等人，2014）。

其中，操作性價值指的是「提升經濟性與非經濟性產出的效率及效能」，政治性價值則指「政府的治理依據公開及平等原則，提供民眾表達需求、交換意見與獲得資訊的管道，並依職權加以回應、負起責任」，而社會性價值則意指「社會中個人與團體能力強化、互信提升、福祉增進，並利於環境可永續發展」（陳俊明等人，2014：34-37）。

從上面各項數位治理的相關評比項目來看，數位服務所提供的廣度和便利性、電子化參與管道的提供、電子化參與對政策決策的影響力、政府資料的開放，以及如何透過這些數位治理或數位化服務的特質和優勢，向民眾建立一個透明、開放、公平、無歧視、可信任的政府機構，以及環境永續的未來，已經是各國的一項共識，不僅是爲何值得我們持續投資在數位治理發展的重要理由，也是用來評價各國政府在數位服務上表現如何的重要面向。

## 各國以數位化服務邁向美好社會的幾項例子

爲協助聯合國 SDGs 目標的推動，在 2018 年的《聯合國電子化政府調查報告》中，特別強調各國電子化政府的發展和建設，應能成爲支持SDGs的策略，例如打擊貧窮、提供更具涵容性的公共服務（inclusive public services）、不讓任何人被遺棄於政府照顧之外（leaving no one behind），以及提升國土的永續條件和韌性能力等。接下來，我們可以

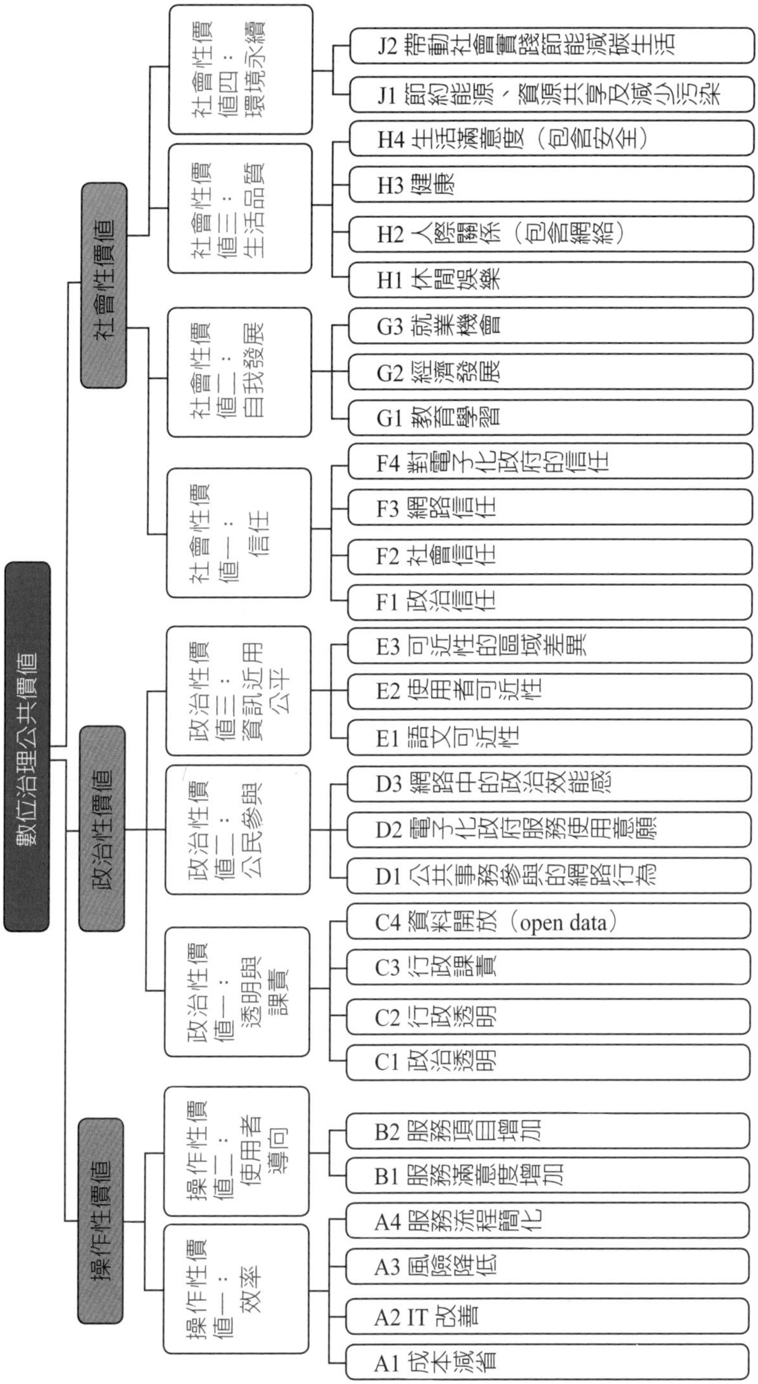


圖 7.2 數位治理公共價值架構圖

資料來源：陳俊明等人（2014：33）。

透過這些報告中特別提出來作爲範例的具體個案，逐步瞭解世界各國如何利用數位化服務的提供，改善人民的實際生活，以及實踐 SDGs 的目標。



### ㈠ 葡萄牙的公民商店

爲解決國家境內不同地區民衆資訊素養的不一致甚或是落差，但又期望藉助資訊化的方式提升民衆生活品質及滿足生活需求，實現 SDG10 消弭各種形式不平等和 leaving no one behind 的目標，葡萄牙政府於全國各地設立所謂的「公民商店」（citizen shops）作爲服務據點。公民商店是個實體的門市概念，主要乃是爲了配合當地人們偏好與人互動的感覺。但在這門市中並不僅僅販售或提供單一類別的商品或是僅有私部門的商品，相反地，在這公民商店內，民衆生活上所需要的任何來自公部門或私部門的服務，都可以在這兒一次獲得滿足，舉凡社會福利申請、稅務、水電服務、有線電視申購等，都可透過公民商店的單一窗口服務來完成。這項創新服務成功經驗所倚靠的是，跨公／私部門的服務和作業流程、資訊系統和資料庫的充分介接和整合；但老實說這樣的跨部門服務整合並不容易達成。目前，實體的公民商店更進一步進階成行動公民商店，以巡迴小巴士的方式將服務送到更偏遠的城市或鄉鎮。在行動公民商店內，民衆不僅可以辦理市民卡、獲得市政服務，甚至房屋買賣、育兒事項、皮夾遺失等，都可以透過公民商店的集合式供應滿足需求，是一項以市民需求爲中心的創新服務。[3]

---

[3] 相關介紹可參考 OECD 網站：https://www.oecd.org/governance/observatory-public-sector-innovation/innovations/page/citizenshops.htm#tab_description。

圖 7.3　葡萄牙「公民商店」

資料來源：圖片取自 Google 圖庫。

## ㈡ 土耳其的社會救助整合系統

位於歐亞兩大洲之間的土耳其，爲提供該國民衆更爲便利和普及的社會福利與服務，朝向 SDG1 終結貧窮的目標，發展了一套社會救助服務整合系統（Integrated Social Assistance System, ISAS）。這項社會救助服務平臺整合了 22 個不同的政府機關（構）及上千個地方社會救助機構，並以單一入口網站提供 112 項相關社會救助服務，藉由這個平臺，社會福利項目的申請、資格審查與認定、救助津貼的發放、審計等所有程序和管理作業，皆可完成。[4] ISAS 背後所憑藉的，便是將原本分屬各機關、各自獨立運作、互不關聯的資訊系統與資料庫，予以串連整合，

4 相關介紹也可參考世界銀行網站：http://documents.worldbank.org/curated/en/515231530005107572/Turkey-s-integrated-social-assistance-system。

形成一個跨部門的整合平臺，不僅讓服務申請者可以輕鬆簡便的方式獲得所需服務，也可讓後端的服務提供者、管理者、審核者，藉由平臺清楚掌握每一個申請個案目前的服務供給狀況、進度、資源運用情況，提高管理和作業上的效率。

### ㈢ 美國的新手媽咪 APP

有鑑於許多孕婦或新手媽媽來自於弱勢族群，且孕婦及其嬰幼兒又是政府責無旁貸的照顧對象，因此一項由美國公部門和非營利機構共同合作的 Text4Baby 服務，便應運而生。Text4Baby 的用戶在懷孕期間至產後一年，可以獲得每週三次的客製化訊息主動服務，提醒孕婦該注意的事項、胎兒的成長歷程、產檢及預約提醒、健康訊息、育兒技巧等資訊和互動式服務。[5] 這項主動式服務的設計，不僅可以照顧到社會中可能的弱勢族群，也能提升社會整體的健康水準，而這也正是透過涵容性服務以落實 SDG3 確保人民健康和福祉的具體表現。

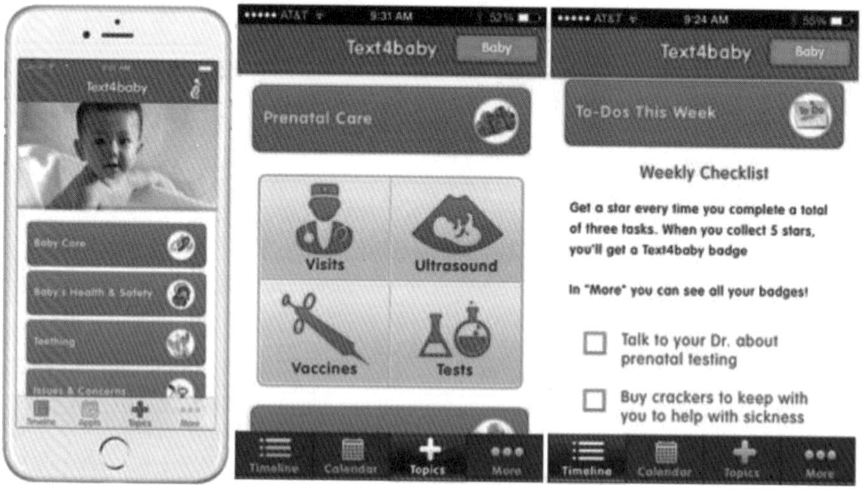


圖 7.4　Text4Baby APP

資料來源：Text4Baby 官方網站，https://www.text4baby.org/。

---

5 可參考其網站資訊：https://www.text4baby.org/about/text4baby。

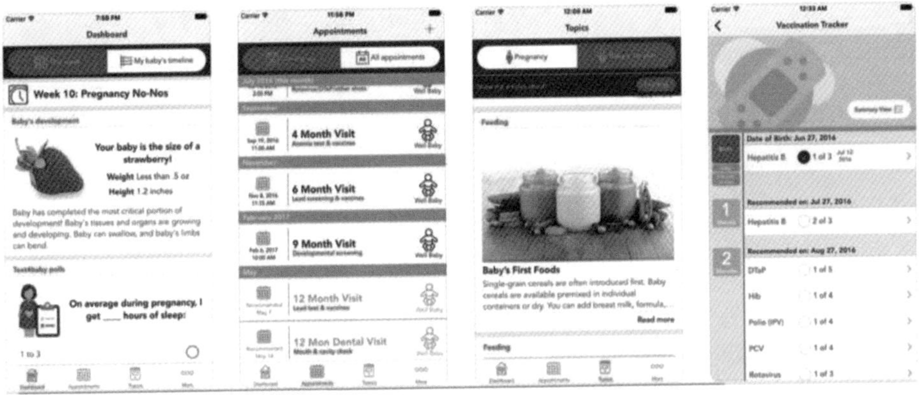


圖 7.5　Text4Baby APP

資料來源：iPhone APP Store。

㈣ 奧地利的環保資料管理系統

前面三個例子大多是針對政府機關的「外部顧客」所提供的服務，透過數位化方式提升其便利性和主動性；接下來介紹一個對政府「內部顧客」服務的例子。奧地利聯邦政府爲了提高環保事務的行政效率和知識與資訊分享，支持 SDG13 環境永續的目標，開發出一套電子資料管理系統（electronic data management, EDM），這套功能強大的系統整合了所有與環保業務或服務有關的作業流程，同時，使用者只需透過單一的登錄動作，便可使用所有的應用程式以及作業流程。所有聯邦、省、地方的行政機關和利害關係人也可藉由這個平臺進行溝通和知識交流，有效提升不同部門間的相互認識和瞭解。

## Better E Service 4 Ur Better Life

最後，回到本章最初的重點——如何以數位服務打造更美好的社會，如果能夠以一句口號來表現的話，或許可以本節的標題「Better E Service 4 Ur Better Life」（爲你美好生活而生的更佳數位服務）來做詮釋。在 SDGs 的號召下，未來世界各國的數位治理政策或建設的發展，絕對必須以更爲平等、健康、永續的社會發展作爲貢獻目標。同時，各種電子化政府的評比也不約而同朝向 SDGs 來做呼應，期望透過相互評比的良性競爭，帶動更好的數位服務，並且善用當前數位工具的優點和特質，提供方便、公平、成本低廉的優質公共服務。

從前面各國的數位化服務範例中可以發現，當前各國政府皆須以民衆的需求作爲服務設計的起點，發想貼近民衆需求的創新服務，甚至是能將服務直接送到民衆面前的主動服務。而這些創新或主動式的數位服務，背後則需仰賴無數行政機關，甚或是企業與非營利組織，彼此間的資料共享和系統整合才能達成。同時，爲了使民衆獲得更好的服務體驗，還需要這些相互有關的機關，彼此不斷檢討如何簡化後端的行政與作業流程，好讓獲取服務的時效能夠提升，提供更爲即時、優質的數位化服務。

在接下來的各章中，便會從數位創新服務、數位跨域服務、數位主動式服務，以及 E 化服務流程再造等不同的角度，介紹我國多項引以爲傲的個案，讓各位讀者彷彿身歷其境般地感受到，原來在你我身邊，早已有如此優質、令國際稱羨的數位化服務。



## 參考文獻

1. 陳俊明、黃東益、蔣麗君、朱斌妤、李仲彬、張鎧如、洪永泰、游佳萍（2014）。數位國家治理：國情分析架構與方法（編號：RDEC-MIS-102-001）。臺北：國家發展委員會。
2. Obi, T. & Iwasaki, N. (2021). *The 16th Waseda-IAC International Digital Government Rankings 2021 Survey*. Retrieved February 3, 2022, from https://idg-waseda.jp/pdf/2021_Digital_Government_Ranking_Report_part_II.pdf.
3. United Nations (2016). *United Nations E-Government Survey 2016*. Retrieved March 5, 2019, from https://publicadministration.un.org/egovkb/

en-us/reports/un-e-government-survey-2016.

4. United Nations (2018). *United Nations E-Government Survey 2018*. Retrieved February 28, 2019, from https://publicadministration.un.org/egovkb/en-us/Reports/UN-E-Government-Survey-2018.
5. United Nations (2020). *United Nations E-Government Survey 2020*. Retrieved June 30, 2021, from https://publicadministration.un.org/en/Research/UN-e-Government-Surveys.

Chapter 8

# 民眾需求與數位政府創新服務：發展與限制

李仲彬

## 前言：數位時代中的便利生活模式

因爲科技與網路的發展，每個人在食衣住行育樂上的各種需求，幾乎都可以利用新科技而被更方便、快速、有效地滿足，商業公司使盡全力提出新的網路服務來滿足顧客需求。例如每天的三餐，其實可以透過網路訂餐（及付款）後送餐到府的服務完成，根本不用出門及拿錢包，雖然要支付一點平臺費用，但許多人還是樂於付費。購買衣服也是一樣，透過網路商務平臺訂購後，當天下午就可以宅配到家，晚上立即穿出門，其他包含買機票、訂飯店、線上課程與學習、看電影、叫計程車……等，各式各樣的需求都拜科技發達之賜可以輕鬆取得。在結合人工智慧與大數據分析後，業者還可以透過消費習慣的資料分析，自動提供折扣訊息或直接幫顧客購物（例如智慧冰箱自動偵測冰箱內食物存貨後自動訂購不足的食品），智慧住宅和智慧汽車連線後可以在主人回到家前自動開啓空調。總之，現代社會的方便性，你我應該都有深刻的經驗，也每天都在享受科技所帶來的方便，並認爲這樣的方便性已經是「各種服務」理所當然的要件。

## 政府必須像企業一樣，也發展一些創新服務嗎？

那政府的「公共服務」呢？也被期待包含在前言所說的「各種服務」中嗎？「政府與民眾」間的關係其實和私人企業「公司與顧客」間的關係一樣，都是「供給與需求」兩者間的互動。差別是政府提供的商品是「公共服務」（例如育兒補助、戶籍謄本申請、所得稅繳交等），無法從營利的角度考慮績效，做不好也不會被市場淘汰（因爲僅此一家，別無分店），且負責的人（公務員）大多沒有資訊科技相關背景。在這種情形之下，政府能不能？或會不會像企業一樣也絞盡腦汁要利用網路科技來改善公共服務呢？

答案是：政府一直有在做。在這波科技發展過程中，政府雖然沒有像企業一樣有賺錢的壓力，但同樣地感受到創新服務的需求，因爲當民眾在日常生活中越來越習慣企業的便利服務，自然而然也會開始將對這樣服務模式的期待，轉移到對政府的公共服務上，若公共服務沒跟上腳步（例如戶籍謄本一定要「上班時間」跑一趟戶政事務所），民眾對於政府的不滿意度就會上升。因此，從 1980 年代開始，政府提供服務或管理社會的方式，就因爲企業管理主義的驅使而發展出一套新的政府管理思維，學界將其稱爲「新公共管理」主義，主要的概念就是引進企業的運作模式到政府體制中。

我國自 1998 年開始推動電子化政府，迄今超過三十年的時間，2019 年時已經發展到第五階段的電子化政府計畫，累計投入的資源相當龐大。若以數位民眾最常使用的 APP 爲例，根據審計部的統計，從 2012 年開始到 2016 年，政府就花了超過 2.5 億臺幣在建構政府 APP 上，而其他各項數位政府創新服務的成果，我國在全世界也都是名列前茅，有興趣瞭解我國數位政府推動歷程的讀者，可以到國家發展委員會的網站（https://www.ndc.gov.tw/）中搜尋。而這些成績顯示政府是有心且有意願跟上企業腳步的，只是在這個過程若稍不注意就會有事倍功半的狀況，例如下一節要談的「接地氣」。

## 影響數位政府成效的因素，談談「接地氣」的重要性

「……中央政府砸數億開發逾200個APP，有不少遭網友評爲『垃圾』。以***『i35愛生物』爲例，裡頭完全未對生物有任何深入描述，唯一有的就是介紹六種鳥類，但只有簡單文字，沒圖片；其他就是胡亂貼上文不對題的景點介紹，比學生作業還不如……」（中國時報，2016/5/1報導）

**創新**

創新指的是個人或組織開始發展或決定採用一種突破以往運作模式的新方法、新管道、新措施，或是新想法，除了有「新」的特質外，更重要的是必須「創造出新價值」。而創新服務（innovative service）則是創新的一種類型，其他還有流程創新（process innovation）、產品創新（product innovation）等。

政府所推出的數位創新（innovation）服務，必須符合民衆需求、對民衆來說「很好用」，也就是要「接地氣」才行，否則只會像前面所引述之新聞報導所說的「比學生作業還不如」，或是如同圖8.1中網友對某市府所推出查詢公車動態之APP的批判，出現了「有很多其他好用的APP可以取代該APP，是否需要疊床架屋」、「做重複功能的APP」、「要這APP何用」、「政府開發的軟體，不意外，永遠都是……更新慢」等，這種情況實在非常可惜，政府企圖跟上企業腳步卻沾得一身腥，被網友罵、被民意代表質詢、被長官懲處，簡直是拿石頭砸自己的腳。

另一個「不接地氣」的例子是我國政府相當引以爲傲的「網路報稅系統」，初期因爲介面設計相當「不友善」、「不好用」（圖8.2），使用者必須花很長的時間才會搞懂使用方式，與民間公司推出創新服務時會力求讓民衆「一鍵完成」（one touch），或具「傻瓜功能」的概念原則相違背。[1]

---

[1] 這個不友善的設計，後續在網友透過國發會「公共政策網路參與平臺」發出「報稅軟體難用

★★★★★ 2019年10月15日
3
請問一下 市政府啊不是很行很厲害 一個臺北好行的應用程式搞得變成臺北不行 打開就一直等一直等一直等 到底是在等什麼東東 你們用這應用程式是在浪費時間嗎? 公車已到站了這個程式還在放空狀態 越更新越兩光 奉勸有想要用此應用程式的人請三思
夏
★★★★★ 2019年10月7日
1
政府開發的軟體，不意外 永遠都是狀態更新慢，每次打開等到公車都來了，還是畫面空白20%一直轉 公帑都花到那了? (OS.android9)
jessa
★★★★★ 2019年10月22日
1
以前還OK,最近真的一直在空轉，好不容易連上了，時間是錯誤的。
賴
★★★★★ 2019年10月17日
不更新就是不更新，都是錯誤資訊，要這app何用
蕭
★★★★★ 2019年10月17日
一直顯示網路連線異常，無法查詢
簡
★★★★★ 2019年8月3日
有很多其他好用的app可以取代該app 是否需要疊床架屋 分散心力經費做重複功能的app
薛
★★★★★ 2019年10月1日
1
系統掛了 十五分內公車動態都不會更新
Jac J
★★★★★ 2019年2月16日
4
連結道路資訊內國道資訊一直出現錯誤，無法觀看，過年訖今十餘日未處理好，北市府加油！！！
De
★★★★★ 2019年5月25日
會查到錯誤的公車資訊 到站時間也不準確 台北等公車app還比較好用

圖 8.1　網友對【臺北好行】APP 的負面評語

資料來源：https://play.google.com/store/apps/details?id=tms.tw.governmentcase.taipeitranwell&hl=zh_TW&showAllReviews=true. Retrieved November 2, 2019.

---

到爆炸」的批判之後，透過一連串的政府與民間的合作協力之後，獲得了相當大程度的改善。相關協作改善紀錄請見「線上報稅軟體變好用？背後是這位『酸民』幫的忙」。2019 年 11 月 2 日，取自：https://futurecity.cw.com.tw/article/175。

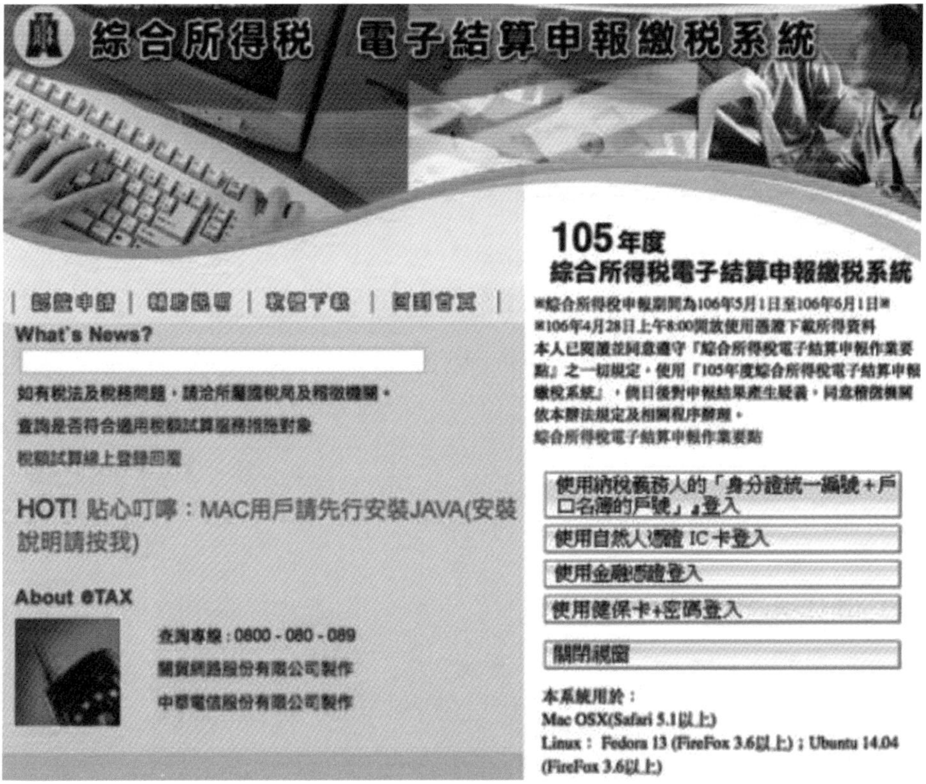


圖 8.2　被網友批判為「難用到爆炸」的報稅平臺早期頁面

總之，政府數位創新服務常看到一些「不接地氣」的狀況，除了前面的例子外，觀光局花 100 多萬推出的「西拉雅行動導覽系統」，半年後僅被下載 500 多次；水保局花 200 多萬推出的「農村好讚」，一段時間之後也載僅被下載 1,000 多次，民眾對這些政府的投入都相當無感。[2] 另外，根據國發會每年進行的數位機會調查，曾經使用政府線上服務的民眾，還是停留在低於三成的比例，而曾使用線上公共參與機制的民

---

[2] 聯合新聞網（2012.12.24）。政府 App 人氣冷熱差很大。除此之外，App 跨界交流協會理事長陳坤助也曾經針對政府的 APP 應用做過詳細的診斷，確實發現了許多不符合民眾需求的「線上蚊子館」，相關資料建議可參考 https://mindnet.tw/ 的政策研究專欄。

眾，甚至一直都不到一成。民眾對於數位政府究竟需要什麼，政府應該提供什麼，即使我們已經進入數位時代好長一段時間了，這些問題仍有許多需要探索的地方。



## 政府數位服務為何容易「不接地氣」？政府和企業體質的天生差異

一位曾經在英國政府內工作的官員（後來轉至 NextiraOne 顧問公司）Ken D'Rosario 曾經在英國廣播公司（BBC）的新聞報導發聲批判「……英國的電子化政府政策……事實上只是一些花言巧語……政府……做的都是他們以為民眾需要的，而非眞正民眾的需求……」[3]學者 Moon 與 Welch（2005）的研究也發現，公務員對於電子化政府的想像，通常會比民眾樂觀與急切，而且有一種「我知道你（民眾）需要什麼」的「由上至下」政策推動思維。

此外，政府先天有一些特質和企業不同，讓數位化的過程有更多的限制與挑戰，以下簡單列出幾個特質：

### ㈠ 公共服務必須滿足的需求類型很多

相對於企業可以挑選自己的顧客群，滿足某一種族群需求即可（例如線上電玩設定的族群對象為年輕人），政府是不被允許挑選服務對象的，不論是年輕人、高齡者、身心障礙者、是否擁有智慧型手機的人，每一種需求、偏好、習慣，政府都必須努力滿足，而這也會讓政府必須花費更多的資源與努力，才能讓民眾滿意，也讓「所有人都滿意」幾乎變成是一件不可能的任務。

### ㈡ 提供公共服務前，有確定「你是誰」（身分認證）的必要性

相對於許多電子商務服務不需要進行身分確認（例如網路購物平臺，即使沒有註冊會員、沒有確認眞實的身分資料，也可以透過超商繳

---

3 http://news.bbc.co.uk/2/hi/science/nature/1935848.stm. Retrieved May 11, 2019.

費完成交易），多數公共服務必須要有明確的身分認證才能進行，例如繳稅、線上申請戶籍謄本……等，甚至要求只能是本人申請，而這也會讓數位公共服務必須有相當高的信任機制以及嚴苛的安全環境前提。爲了解決這個問題，我國政府希望在 2020 年前完成數位身分識別證，也就是盼望能提升未來推動更多數位服務的可能性。

### ㈢ 民眾單一政府認知 vs. 政府部門之間的先天分野（分工負責）

對於民眾來說，網路服務提供者就是一家公司（例如 Google, Yahoo, Amazon 等）或是一個平臺（例如 APP），根本不需要去關心這家公司背後的權責分工（例如行銷部門、運輸部門、採購部門等），或是策略聯盟方式（例如訂房網站 Trivago 串接了許多不同飯店業者的資訊，讓民眾可以進行價格比較），而這也就是「單一窗口」的概念，若能做到這一點，數位服務才較有可能符合民眾的期待。但政府組織結構在先天設計上，爲了能夠有明確責任歸屬，設立了非常明確的分工機制（例如交通部掌管誰擁有哪些汽車與駕照、內政部掌管這些人住在哪裡、財政部掌管這些人的財稅資訊）。因此，當一個符合民眾需求的公共服務需要不同政府機關相互合作的時候，就會遇到很多的困難，例如衛福部若要主動提醒家長帶嬰幼兒施打疫苗，就必須取得內政部的戶籍聯絡資料，或是教育部需要聯繫未入學兒童的親屬時，也必須仰賴內政部的戶政系統。總之，跨部門合作是「以使用者爲導向」（user-oriented）之公共服務能否成功之關鍵（Chen, 2017: ch. 5），但是跨部門合作，也是長期以來政府的罩門，因爲這涉及到出問題時誰該負責？以及誰要來負責統籌的問題。

### ㈣ 政府在人權保護上必須以身作則

政府除了提供服務之外，也肩負著人民基本權利的保護義務，包含資訊公開、隱私保護等，而這些也會讓政府相對於私人企業，必須更仔細地檢視自己所提供的數位平臺上，是否有正確的資訊、會不會遭受有心人士的濫用，以及是否會有違反個人隱私保護的狀況等，簡單來說，政府要顧及的面向遠比私人企業還多，而這也會讓政府在推動數位創新服務過程不能只考慮到效率與方便性，還要考慮推動後其他社會層面的影響。



### ㈤ 公務人力缺乏創新的誘因

公務員長期受到「鐵飯碗」的保護，[4]容易缺乏主動提出創新想法、發展創新服務的誘因，而多數學術研究也顯示，公務員推動創新失敗後所得到的責難，遠比創新成功所得到獎勵還高，因此甚少有公務員願意主動嘗試創新，而這也是經濟合作暨發展組織（OECD）談論到全球創新六大趨勢時認爲需要突破的困境，必須建構出一個願意創新的政府組織環境。以我國來說，這幾年行政院陸續推動的服務品質獎、政府服務獎，就是在這個目標上發展出來的機制。

## 符合民衆需求之數位公共服務：世界上的發展趨勢

為了讓政府數位服務的「供給」與「需求」之間的落差減到最低，近幾年政府推動數位服務的過程中，引入企業界以顧客需求爲導向（customer-oriented）的宗旨，倡導以公民爲中心（citizen-centered）或是以使用者需求為中心（user-centered）導向的概念，也就是網路公共服務的內容必須要符合民衆的需求，套句科技廣告詞，就是「科技始終來自於人性」。

> **使用者需求為中心**
>
> 將服務對象的需求、期待（例如服務的內容、提供的方式、服務介面、提供的時間、收費方式等的想像）、可能遇到的困難等，作為設計服務時最重要的考量（例如預先解決使用者所可能會遇到的困難），在這個原則下建構出來的服務，通常較能得到使用者的青睞。類似的概念還有使用者為導向（user-oriented）或顧客為中心（customer-oriented）的概念。

---

4 為何政府部門要有鐵飯碗的設計？背後其實有許多正當理由，因為非本章節相關，因此不在此說明，有興趣的讀者可以去閱覽公共行政相關書籍。

根據 OECD 於 2017 年所發布的「政府創新：全球趨勢」報告書，[5] 以民眾需求爲基礎的政府數位服務，目前已有一些進展，全球政府的創新發展趨勢中有四個與民眾（或使用者）發生密切連結。第一個是政府已積極地利用新興科技（例如巨量資料分析、機器學習等）去探索社會環境需求、蒐集民情，依此作爲符合民眾需求、提升決策品質的基礎。

第二個是政府在創新的「大小」上，控制與拿捏變得比較得宜，這個趨勢可以再細分成兩個涵意。第一個是政府會利用「小規模」的試辦來檢測創新所可能帶來的影響，減低創新失敗的風險，第二層則是會組合「微小」的力量來成就「巨大」效果，例如墨西哥市過去幾年因爲人口的快速增長，公車系統的混亂一直困擾著市民，每天有高達 1,400 萬人次搭乘，但究竟有多少線公車？公車路線爲何？到站時間爲何？等基本資訊都因爲市府預算有限而缺乏，這個問題讓許多外來人口、旅客不太敢踏入這個城市。爲了解決這個問題，2016 年時政府和幾個民間公司、非營利組織合作，應用了群眾外包（crowdsourcing）概念，建構了一個 MAPATON 計畫，招募每天搭公車的民眾，利用 APP 記錄公車路線、時間等，在短短的半個月的時間內，就在約 3,000 位志願者的幫忙下，記錄了 5 萬 1,000 公里的公車行駛紀錄，整合出 900 條公車路線，有效地建構出全市公車路網與行駛時間資訊，充分展現個別「微小」民眾力量組織起來之後的「巨大」效果。

第三個是近年公共服務創新的成功案例，多是利用民眾資源的結果，例如讓擁有特殊技能的民眾成爲公務員訓練的講師，政府與民

---

5 此報告書為 OECD 研究團隊檢視了全世界 161 個創新，經歷了兩個月的訪談、聽取了超過 46 個國家之簡報後所得出來的結果，共歸納出六個趨勢，本文認為其中四個與民眾有關係。此報告書全文可自 http://www.oecd.org/gov/innovative-government/embracing-innovation-in-government.pdf 下載。

眾之間的關係轉變成一種「夥伴」關係。近年常舉辦的「黑客松」（hackathon）或是「open data 創新應用競賽」等，都是結合民間資源、民眾創造力的方式。

第四個趨勢則是強調「客製化」的思維，例如在提供視障者的生活需求的服務上，波蘭的華沙市政府創建了全球第一個以 Beacon 技術爲基礎的全市定位系統，透過布建在全市室內外環境中的數萬個信標接收器，提供視障同胞一個導引路線與位置的系統（圖 8.3）。

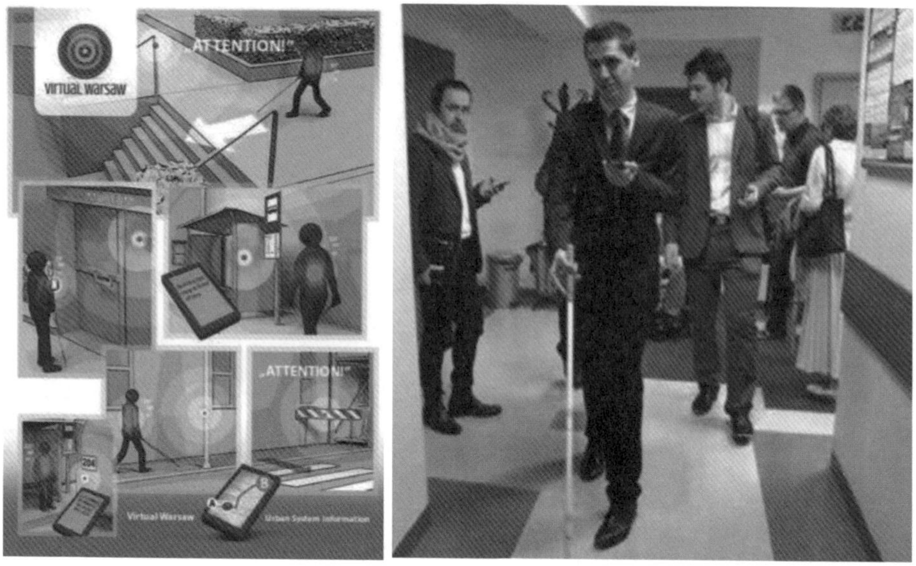


圖 8.3　波蘭首都華沙的虛擬華沙（virtual warsaw）系統

圖片來源：https://www.oecd.org/gov/innovative-government/embracing-innovation-in-government-poland.pdf. Retrieved May 10, 2019.

總之，民眾的需求與使用者觀點，在政府創新服務的發展過程中所扮演的角色越來越重要，一方面，民眾本身的力量是政府創新服務發展過程中一項重要且可以利用的資源，另一方面，民眾的需求更是政府數位創新服務的正當性基礎，一個無法符合民眾需求的政府服務，將沒有資格稱爲創新，創造出來的是一種「線上蚊子館」，是公共資源的浪費。

## 符合民衆需求之數位公共服務發展：我國案例

民衆對政府的數位化服務之需求是什麼呢？有哪些期待呢？一個好的政府數位創新服務方案的發展方式，必須從一開始的投入、中間的規劃，到最後的產出階段做整體性的考量（蕭乃沂、朱斌好，2011；蕭乃沂、羅晉，2010），近幾年「臺灣數位治理研究中心」在「數位國情」的系列研究中，[6]連續幾年透過電話調查方式（2017年時加上以座談會的方式）來瞭解民衆對政府數位化公共服務的期待與需求；另外，蕭乃沂等人（2010）針對民間團體以問卷與訪談的方式進行線上服務的評估，進而提出後續建議及可行策略，都是相當重要的政府創新服務開發資源「投入前」的需求診斷研究。

雖然目前政府數位創新服務在「接地氣」程度上仍有努力的空間，但我們也不應太究責，因爲推動創新本來就是一件非常不容易的事情，根據企業界的經驗，創新的成功率大概只有 5% 到 10% 左右而已（連緯晏譯，2015；洪慧芳譯，2016），更何況政府先天上有更多的限制。不過即使如此，只要政府與民衆一起合心協力，用正確的方式，還是可以創造出許多接地氣、深得民心的創新數位服務，例如：

- 中區國稅局於 2018 年推出結合人工智慧科技的「AI 小吉」文字客服，讓民衆可以二十四小時無時間限制的瞭解報稅規定。
- 高雄郵局開發了一個可以線上查詢窗口待辦人數及進行網路取號的服務（圖 8.4），減少民衆在郵局等候的時間。

---

6 詳細「數位國情」主題相關研究結果請參考：https://www.teg.org.tw/research/Study，最後瀏覽日期：2019/5/10。

- 內政部推出的不動產資訊平臺（圖 8.5），這個平臺可以查詢到全國不動產的實際交易價格，減少了不動產交易市場當中民眾與仲介業者間資訊不對稱現象，減少民眾在購（售）屋過程中受騙的風險。

除了上述幾個案例之外，高速公路局所推出的「高速公路 1968」、中央氣象局的「氣象資訊」APP、觀光局的「旅遊臺灣」APP、財政部網路報稅平臺等，都是相對受到民眾青睞，有較高使用率的服務。總之，政府也是能推出不錯的創新服務。

圖 8.4　高雄郵便利 APP

資料來源：中華郵政網站。2019 年 5 月 11 日，取自：https://www.post.gov.tw/post/internet/index.jsp。

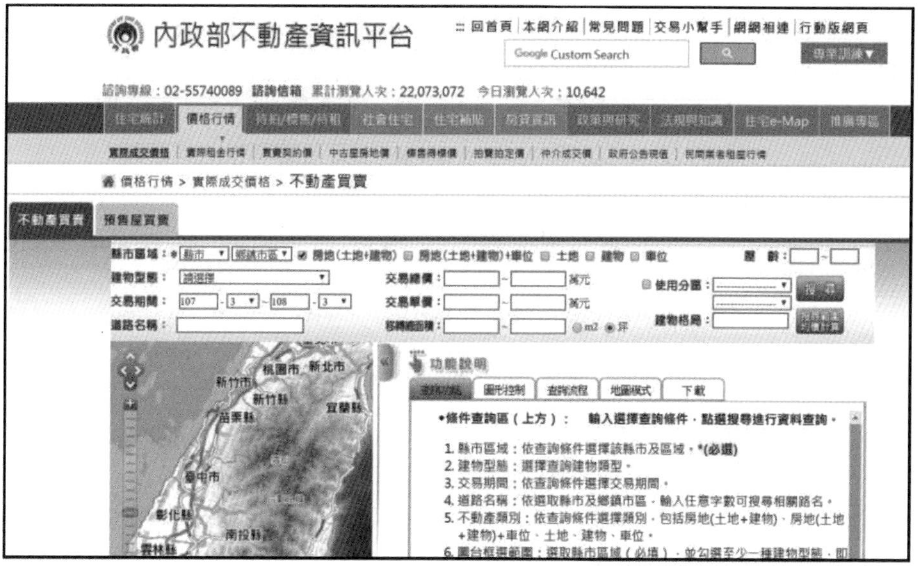


圖 8.5　內政部不動產資訊平臺

資料來源：http://pip.moi.gov.tw/V2/A/SCRA0101.aspx. Retrieved May 11, 2019.

## 結論：以符合民眾需求為最高指導原則

在數位化的時代中，創新提供公共服務，以適應及滿足數位時代民眾的需求，是現代政府無法迴避的課題，但因為政府先天特質上的限制，推出的數位創新公共服務容易出現不符合民眾需求的情形，與近年來在企業與政府都非常重視的「以使用者需求為導向」原則相違背。

為了能夠持續推出創新性的政府數位服務，有幾個建議給政府。首先，建構一個「全程的」數位公共服務評估機制，也就是從需求診斷，瞭解不同民眾族群的數位化公共服務需求開始，到最終推出後的成效檢討，每一個環節都必須明確的評估，馬虎不得。

第二，建構政府內不同部門間合作的機制，虛擬政府不允許有部門的區隔，對民眾來說，公共服務的提供者就是「政府」而不是「很多政府部會（局處）」，機關間的資料整合與交換是政府內部該自行解決的問題，不應讓民眾承擔公共服務被分段處理的成本。

第三，引入民間資源來減少公務體系缺乏創新資源的困境，例如近年積極推動的開放資料（open government data, OGD），就是一個相當不錯的做法。

最後，延續上一點，除了仰賴外界之外，也必須同時打造可以支援公務員創新的組織環境，包含創新獎勵機制、容錯機制、建立可供不同領域互動的場域空間等。相信在上述努力之下，政府將更快地跟上企業的腳步，甚至變成整個社會中推動數位創新服務的領頭羊。



## 參考文獻

1. 洪慧芳譯（Larry Keeley, Ryan Pikkel, Brian Quinn & Helen Walters 原著）（2016）。創新的 10 個原點：拆解 2000 家企業顛覆產業規則的創新思維。臺北：天下文化。
2. 連緯晏譯（Mark Payne 原著）（2015）。是很酷，但又如何？：看全球頂尖團隊如何把創新變商機。臺北：悅知文化。
3. 蕭乃沂、朱斌妤（2011）。電子治理計畫規劃、執行與成效整體性評估，行政院研考會委託研究報告。
4. 蕭乃沂、朱斌妤、黃東益、李仲彬，行政院研考會委託「電子治理成效評估架構與指標：G2A 與 G2D」。研究期間：2010.2-2010.11。
5. 蕭乃沂、羅晉（2010）。電子化政府的價值鏈評估觀點：以數位臺灣 e 化政府計畫爲例，公共行政學報，36，1-37。
6. Chen, Y. C. (2017). *Managing Digital Governance: Issues, Challenges, and Solutions*. Routledge.
7. Moon, M. Jae & Eric W. Welch (2005). "Same Bed, Different Dreams? A Comparative Analysis of Citizen and Bureaucrat Perspective on E-Government." *Review of Public Personnel Administration*, 25(3), 243-264.

# Chapter 9
# 數位生活就在左右

郭昱瑩

## 前言：電子發票好處多

財政部於2019年8月發表新聞稿說明民眾下個月（9月）起消費，如果發票可以選擇不印出來，儲存於雲端發票之中，就能夠多40萬組中500元的機會。爲改變民眾消費索取紙本發票的習慣，政府大力倡導電子發票，而其又分爲感熱紙電子發票與雲端發票，採用雲端發票，除可增加獲獎的小確幸，還可落實無紙化的環保生活。數位化、電子化、網路化爲現代生活的寫照，也是「智慧化」的象徵，政府的服務當然不能自外於此趨勢，尤有甚者，政府有時要引領國家發展的潮流。

## 什麼是電子發票？

> **電子發票**
>
> 「指以網際網路或其他電子方式開立、傳輸或接收之統一發票」，目前常見的二維條碼發票，是電子發票證明聯，另一種是看不見摸不到的「無實體電子發票」，也叫做雲端發票。

由於電子商務蓬勃發展，諸多國家已積極推動電子發票（electronic invoice），以降低紙本發票作業對電子商務所衍生之障礙與交易成本。爲順應此發展趨勢，行政院於2000年通過「知識經濟發展方案」，電子發票列爲當時發展方向之一，揭開推動電子發票序幕。2015年修正公布《加值型及非加值型營業稅法》，明定統一發票得由營業人以網際網路或其他電子方式開立、傳輸或接收，且營業人開立電子發票應將統一發票資訊及買受人以財政部核准載具索取電子發票之載具識別資訊，傳輸至財政部電子發票整合服務平臺存證，並明定載具定義，使信用卡及電子支付帳戶等支付工具號碼得作爲電子發票載具；另爲加速推動信用卡爲載具，便利國內各發卡銀行進行卡號身分確認與中獎通知服務，洽商財金資訊公司及聯合信用卡處理中心擔任中介平臺，於2016年4月底上線。

統一發票對獎常被稱爲民眾生活中的小確幸，目前常看到的發票有兩種，收銀機傳統發票和電子發票，收銀機傳統發票即是大眾最熟悉的紙本長條型發票。電子發票則包含看得見的二維條碼發票，如圖9.1，即平常到超商消費時，會拿到的電子發票證明聯。另一種電子發票是無實體紙本的雲端發票，須透過載具索取，載具又包括一般性載具，如：悠遊卡、icash、信用卡、商店的會員卡。而爲符合大眾載具多樣化的需求，財政部推動共通性載具，其中最常見的是手機條碼；消費者可以將手機條碼印出來，或是將其他載具歸戶至手機條碼，之後到任何一家開立電子發票的店家，都能用其索取雲端發票。

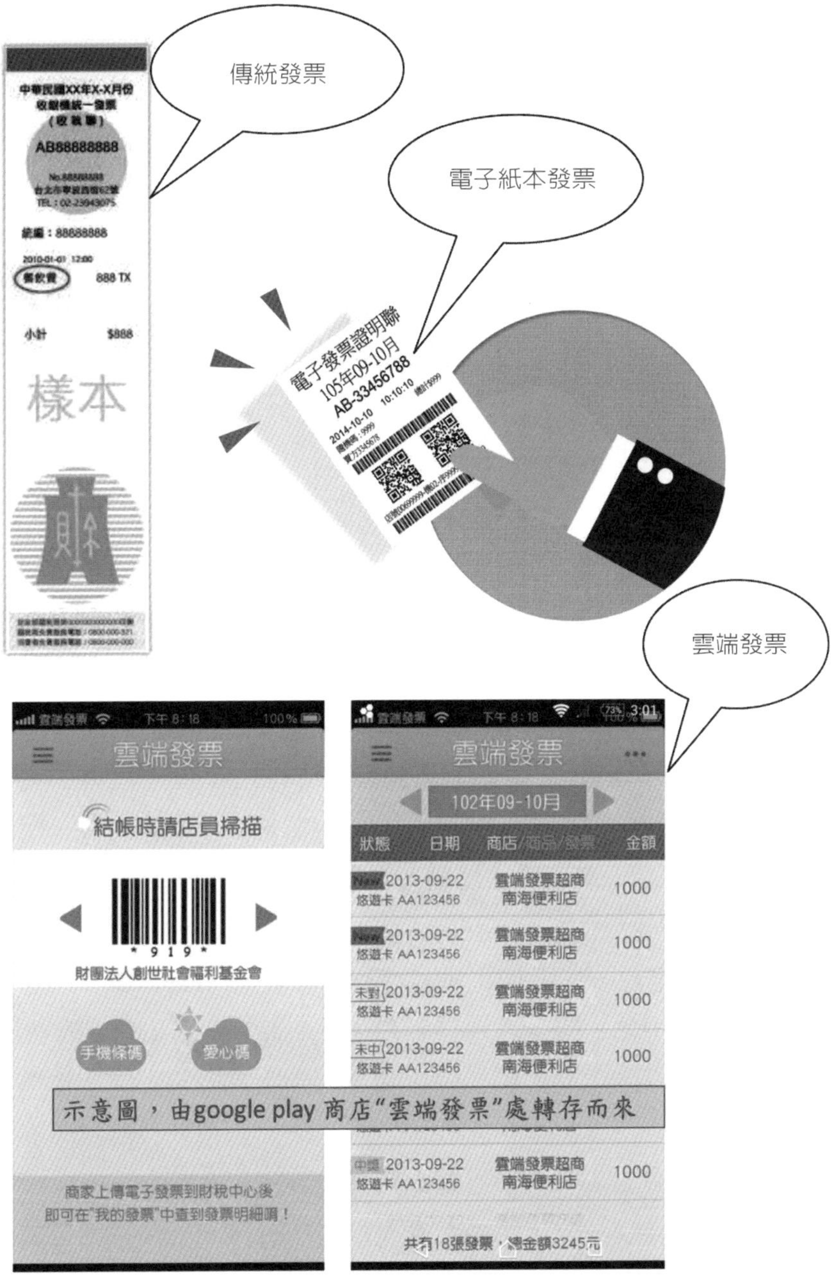


圖 9.1　傳統發票和電子（紙本、雲端）發票

資料來源：財政部。

民眾申請電子發票「手機條碼」手續相當便捷，至財政部電子發票整合服務平臺申請，輸入手機號碼、e-mail，系統就會將驗證碼寄至手機，至信箱裡收信，並點選認證連結，確認資料無誤後，再次輸入先前手機收到的驗證碼，即可完成電子信箱驗證。當民眾在開立電子發票的商店消費時，只要在結帳當下拿出你專屬的「手機條碼」給店員掃瞄，就能將這張原本需要印出來的電子發票存在雲端，達到眞正的無紙化。

只要有手機條碼，就能透過「歸戶」的方式，與其他載具結合。歸戶就是把電子發票登記到個人的名字底下，日後中獎，政府會在扣繳稅金後，自動匯入獎金至個人帳戶。電子發票歸戶主要又分爲兩大類，一是**註冊個人帳戶，用自然人憑證連上電子發票平臺或如 ibon 的多功能事務機，註冊個人資料和銀行帳戶**，二是**將電子發票載具，歸到自然人憑證下**，但不同載具有不同的歸戶方式。目前不僅能將悠遊卡、信用卡、相關發票 APP 等歸戶，部分行動支付系統也內建電子發票功能，包含 APPLE Pay、Samsung Pay、Google Pay、LINE Pay、街口支付、歐付寶、Pi 拍錢包、橘子支付、中信直接付、台灣 Pay、friDay 錢包、StarbucksTW、MOS order。

> **歸戶**
>
> 歸戶到共通性載具，依不同載具而有不同的方式，悠遊卡必須到便利商店多媒體機（如 ibon）進行歸戶；信用卡則到「財政部電子發票整合平臺」進行歸戶；網購電商，依其提供的方式進行歸戶，或在訂購時填入自己的共通性載具號碼。

如圖 9.1 所呈現，民眾使用載具儲存電子發票，如有歸戶，財政部會主動寄信通知中獎，獎金也會自動匯入民眾設定的金融帳戶。如未歸戶，針對信用卡、商店會員卡部分，除自行到店家網站查詢，營業者也會通知中獎；之後持會員卡、證件以及店家印出的電子發票證明聯，即可兌換獎金。若爲悠遊卡、icash 或手機條碼，僅有手機條碼會收到財政部中獎通知，民眾須使用超商多媒體機或到財政部系統查詢，並用多媒體機列印電子發票證明聯，領取獎金。

電子發票有多項好處：

1. 使用電子發票，結帳後不會再拿到紙本電子發票，系統自動幫忙對獎，獎金直接匯入事先設定的銀行帳戶，相當便利。
2. 營業人經由雲端申請電子發票字軌號碼，不必再自印或購買傳統發票，省時又便利。透過電子發票導入，開立發票流程電子化，除降低發票開立流程成本，更可結合內部營運系統（如 ERP 等系統）提升營運效率。
3. 稅務人員利用電子發票資料及相關統計分析資料協助稅務查審，提高行政效率、降低稽徵成本、方便稅務稽查、簡化作業流程。
4. 加值服務中心介接電子發票整合服務平臺，完成與其他加值服務中心或營業人之電子發票資料傳輸交換，將可擴大客源，增加營運收入。
5. 民眾與相關社福團體可取得註冊、記名或不記名載具管理、消費紀錄與中獎紀錄查詢、發票捐贈與受贈單位領獎、Kiosk 紙本電子發票列印等服務。

整體而言，電子發票的實施，可改善發票字軌配號作業，發票資訊雲端化後，可免去後續繁瑣的稽徵與財務會計處理流程，透過電子發票雲，提升企業 E 化競爭力。

電子發票推動多時，然而，紙本電子發票面臨紙張本身不可回收，感熱紙歷經一段時間容易消除字跡等問題，且伴隨紙本電子發票，店家往往也列印銷售明細，並無確實落實無紙化政策，為解決上述問題，力行環保，並普及雲端發票，財政部提供誘因，民眾下個月（9 月）起消費，如果發票選擇不印出來，儲存於雲端發票之中，就能夠多 40 萬組中 500 元的機會。

根據財政資訊中心統計，現在「統一發票兌獎 APP」的下載量已經達到 106 萬，每個月平均也有 6 萬多的新增下載數；另外，手機條碼載具歸戶並且設定金融帳戶者，也有 205 萬個設定，這些有設定的民

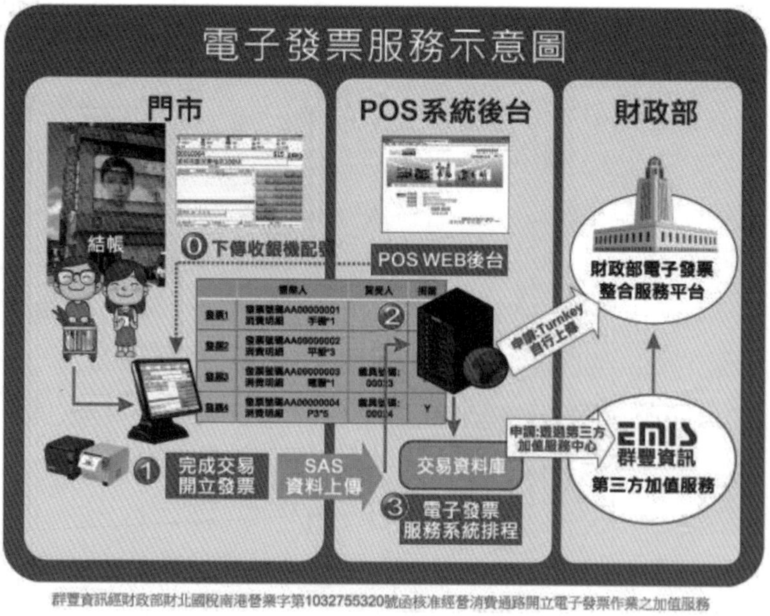


圖 9.2　電子發票服務示意圖

資料來源：財政部電子發票整合服務平臺，https://www.einvoice.nat.gov.tw/index。

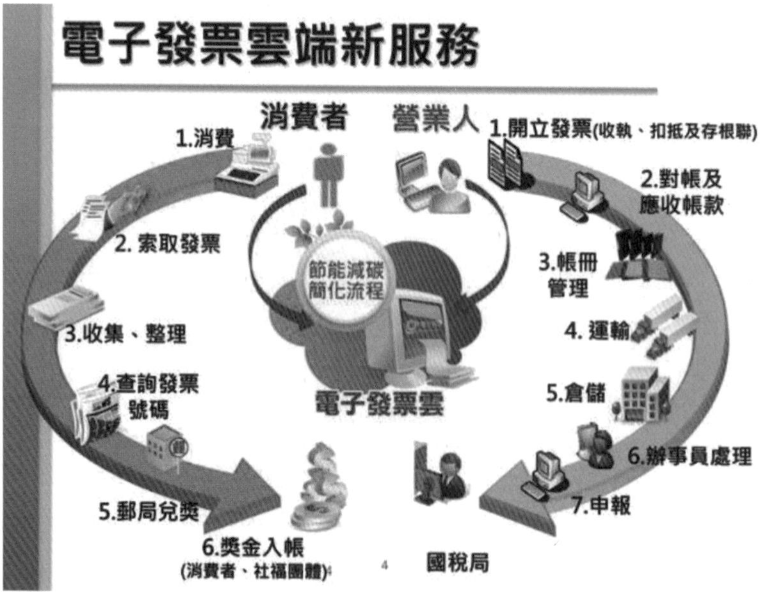


圖 9.3　電子發票雲端新服務

資料來源：財政部電子發票整合服務平臺，https://www.einvoice.nat.gov.tw/index。

眾，發票中獎獎金就可以匯入帳戶之中，快速又方便。

財政部表示，雲端發票除一般獎項外（千萬特別獎——六獎與增開六獎）可以兌獎，還能享有額外「雲端發票專屬獎」的兌獎資格，包含百萬元獎項的大獎及 2,000 元與 500 元的小獎。而百萬元獎有 15 組、2,000 元獎 1 萬 5,000 組，加上將增開 500 元獎 40 萬組，總獎金高達 2 億 4,500 萬元。中獎機會比起一般的電子發票、紙本發票多。根據財政部估算，未來有領雲端發票的民眾，中獎機會可以達到 7‰，比起一般只有領電子發票、紙本發票 5‰ 的機會，多了 2‰ 的中獎機率，鼓勵民眾未來多多運用雲端發票，不要把發票印出來。

財政部也特別提供「雲端發票四部曲教學」，第一步驟就是下載統一發票兌獎 APP、第二步驟申請手機條碼、第三步驟設定領獎帳戶、第四步驟載具歸戶（信用卡、會員卡、悠遊卡等），完成雲端發票四部曲即享有自動兌獎、中獎主動通知、獎金自動匯入、避免發票遺失或忘記領獎等多項好處，讓民眾開心領獎、享受生活的小確幸。

## 電子支付如何使用？

> **電子支付**
>
> 以網路或電子支付平臺為中介，接受使用者註冊及開立記錄資金移轉與儲值情形之帳戶（即電子支付帳戶），並利用電子設備以連線方式傳遞收付訊息。

隨著電子商務盛行，網購已成消費新型態。電子支付是未來金融交易的主流，也是 E 化服務的展現。臺北市政府智慧支付平臺「pay.taipei」自 2017 年 6 月正式上線服務，民眾可下載「pay.taipei」行動 APP 或上網站一鍵繳納水費、停車費及聯合醫院醫療費用，吸引民眾加入「嗶」經濟的智慧行動生活。推動「pay.taipei」的目的在提供創新的解決方案，透過整合串連多項支付工具及多項繳費項目，如圖 9.4 所示，讓市民更便利、業者有商機、市府省費用，達到民間、業者、政府三贏（臺北市政府智慧支付平臺，2019）。

臺北市政府資訊局強調「pay.taipei」是全國首創的市政繳費整合平

臺，具有高度的可擴性並符合市場的發展趨勢，推出後受到支付業者、中央主管機關的肯定及重視，並獲銀行公會與業界的支持。國家發展委員會「亞洲 ‧ 矽谷」計畫執行中心更進一步協助串聯五大電信商，完成電信門號實名認證服務（Mobile Connect），提供更安心且方便的認證機制，落實使用者的資料安全。目前臺北市府與八家支付業者合作，分別是 Pi 行動錢包、臺新銀行、玉山銀行、ezPay 臺灣支付、歐付寶、愛貝錢包、街口支付以及橘子支付。[1]

圖 9.4　pay.taipei 服務項目

資料來源：https://pay.taipei/v2/Index。

---

1　經查閱臺北市政府資訊局的網站（https://doit.gov.taipei/News_Content.aspx?n=05E80FE53D8DD88A&sms=87415A8B9CE81B16&s=BF3A64ACA8CF20BD）在 2021 年 1 月所公布的資料，pay.taipei 智慧支付平臺合作之支付業者如下，橘子支付、Pi 拍錢包、街口支付、歐付寶、悠遊卡數位付、ezPay 簡單付、台北富邦、嗶嗶繳、遠傳 friday 錢包、停車大聲公、車麻吉、Linepay Money、元大銀行、蝦皮購物、發票存摺。

財金資訊股份有限公司與臺灣行動支付共同推出「台灣 Pay」，目前台灣 Pay 的平臺 T-wallet+ 所能承載的卡片張數遠甚於 Apple Pay，臺灣八成左右的手機人口是使用 Android 系統，皆可使用台灣 Pay，T-wallet+ 則是金融卡可以受理綁定及刷卡消費，考量臺灣仍有許多老年人或中小學生，因爲不具信用卡申請資格，除非家人願辦信用卡附卡，否則多數只能使用金融卡，台灣 Pay 電子支付即可派上用場。台灣 Pay 除了可支付購物外，還可以從事轉帳、繳費、繳稅、手機提款等加值服務，功能相當多元，圖 9.5 爲其服務舉例，繳稅與愛心捐款皆可使用台灣 Pay，提供民眾便利的支付環境（台灣 Pay，https://technews.tw/2017/04/08/apple-pay-taiwan-pay/）。

圖 9.5　台灣 Pay 服務項目與活動

資料來源：https://www.taiwanpay.com.tw/content/info/index.aspx。

## 政府 E 化服務流程如何創造數位生活？

政府深耕電子化已二十餘年，政府 E 化服務的普及應用，建構優質網路社會，提升行政效率及服務效能，也促成公民社會的發展。本章已說明電子發票與電子支付個案，以瞭解政府的 E 化服務流程。爲提供人民「有感」的服務，簡政便民，行政效率及服務效能的提升是政府施政重點，配合政府組織改造，各機關簡化行政流程，改善服務品質，具體作爲包含（國家發展委員會，2019）：

### ㈠ 民衆不出門能辦大小事：多用網路，少用馬路

民衆不用臨櫃也可以申辦案件或查詢進度，舉例而言，「財政部電子申報繳稅服務網」，民衆可線上申報個人綜合所得稅，即時查詢各項稅務資訊，減少舟車奔波，藉由網路提供便捷服務。

### ㈡ 民衆臨櫃服務一次 OK：一處收件，全程服務

機關設置單一窗口全功能服務櫃檯，提供跨機關或部門整合服務，以「全面免附戶籍謄本」（免戶籍謄本圈）爲例，政府機關充分利用線上連結查詢驗證的方式，取得所需戶籍資料，民衆無須繳附紙本戶籍謄本；將仍須民衆附繳戶籍謄本之業務項目，以電子連線查驗或以國民身分證或戶口名簿（影本）替代。



### ㈢ 政府主動關心服務到家：現場受理，連線申辦

透過網路及行動載具，由第一線人員主動到府服務，就「e 化服務宅配到家」（e 化宅配圈）而言，政府第一線人員主動到府服務，善用可攜式行動載具，針對偏鄉、老人、身心障礙、原住民等弱勢族群，提供身心障礙生活補助、中低收入戶生活補助、兒童與少年生活扶助、原住民急難救助等社會福利申辦服務。

換句話說，E 化服務流程再造，簡政便民，有效率的提供政府服務，也減少民衆舟車勞頓，充分利用資通訊科技的優勢，創造民衆有感的政府服務。

## 結論與展望

電子支付與電子發票的實施，展現 E 化服務流程，簡政便民，提升服務效率外，整合 ICT 產業的雲端科技服務，從前端設備，網際服務到雲端的整合應用服務，中小企業嶄新的 E 化服務，有助於降低企業整體成本與提升獲利，電子支付爲國內電子化交易帶來新產業價値，提升 E 化競爭力。而電子發票是 E 化服務流程再造的重要案例，「電子發票服務躍升計畫」爲國家發展委員會「第五階段電子化政府計畫」

之子計畫，希望建立個人化授權服務，進行跨機關間資料授權交換，協助服務流程自動化。同時，強化電子發票介接服務，滿足行動 APP 服務與民眾創新服務需求。具體而言，政府 E 化服務流程有其前瞻性，創造優勢如下：

㈠ 民眾、企業、政府三贏

民眾智慧化消費、企業智慧化經營、政府智慧化服務，電子支付與電子發票的 E 化服務流程，促成跨機關與民間協同合作，創新服務，共創民眾、企業、政府三贏局面。

㈡ 簡政便民，有感服務

結合網路科技，政府服務確實做到「多用網路，少用馬路」、「一處收件，全程服務」、「現場受理，連線申辦」，電子支付讓民眾便利付費，電子發票運用便利載具，發票儲存雲端，創新服務並落實環保，讓民眾有感，營造便捷、便利、友善的生活。

㈢ 跨域資訊整合

目前電子發票巨量資料透過資料交換平臺，已分別與行政院環保署環保集點平臺、臺北市衛生局健康雲與國家發展委員會物價資訊看板平臺介接，提供綠色商品消費資訊、民眾飲食消費資訊與民生商品銷售價格資訊。未來系統將持續增加跨機關應用介接，充分有效運用跨機關資料，達成跨域資訊整合目標。

## 參考文獻

1. 台灣 Pay，https://www.taiwanpay.com.tw/content/info/index.aspx。
2. 財政部電子發票整合服務平臺，https://www.einvoice.nat.gov.tw/index。
3. 國家發展委員會，https://www.ndc.gov.tw/Content_List.aspx?n=83B36CB6C40C63A7。
4. 臺北市政府智慧支付平臺，https://pay.taipei/v2/Index。
5. 聯合新聞網，https://udn.com/news/story/7266/3339008。

Chapter 10

# 個人化服務——MyData 智慧服務

潘國才、黃代華、黃雅蘭

## 前言

勞動部勞工保險局網站上，有關勞工保險生育給付的「常見問答」中有一題，是這麼描述的：

問：如何透過戶政事務所通報申請勞保生育給付？

答：被保險人至戶政事務所辦理子女之出生登記時，僅須備妥本人之國內金融機構或郵局存簿帳戶資料，經戶政事務所人員列印出申請書交由申請人確認資料無誤後簽名或蓋章，一次完成戶籍登記及給付申請。

且在問答中再次強調：無需再另行填書面申請文件。不但如此，透過此管道申請生育給付者皆已完成新生兒出生登記，故亦無需另寄送出生證明到勞保局。

近年，民眾對個人化的服務意識要求上升，希望政府能發展出符合自己需求的一站式服務。國際間先進國家的政府也不斷地強調資料治理，民眾在清楚自己權益下，發揮「資料」串接的價值。例如美國、英國、芬蘭、新加坡等國家建構出個人資料運用成功案例，提供民眾可藉由個人資料管理機制，經過身分驗證，自行下載保存在政府機關或民間企業的個人相關資料，或透過線上同意方式，由第三方取得其個人相關的資料，獲得更有效率的個人化服務。因此，我國政府也正依循這種模式，建立民眾身分線上驗證機制，並且可以線上同意把個人資料給第三方運用的方法，正開發數位服務個人化（**MyData**）創新服務。

> **身分線上驗證機制**
>
> 現在可以由自然人憑證、健保卡、手機門號、戶口名簿戶號與身分證換補發日期組合等方式，在網路上識別個人的身分，提供適當服務。

圖 10.1　數位服務個人化（MyData）概念圖

## 民眾資料要靠謄本傳遞？

過去有一段時間，製作「謄本」是某些政府機關非常重要業務。以戶籍謄本爲例，就是把存於戶政機關內包含個人出生、結（離）婚、改名、收養、死亡等各種身分異動，還有個人遷徙、領證紀錄等等的戶籍資料複寫出來，加蓋機關章戳，變成官方證明文件。但是申請謄本時，要回到原始資料保存機關，找到原始資料才能複製一份。這類證明文件種類繁多，除了戶籍謄本外，爲人熟知的還有地籍謄本、學籍資料、各項納稅證明等。但隨著政府推動業務電子化，其實我們留存在政府機關中的資料大部分都已經以電子型式儲存。再加上網路的普及，前面所提到的民眾需要去資料原留機關申請謄本、證明文件後，再拿到另一個機關使用的場景逐漸被網路傳輸取代。

當民眾來機關辦理業務時，爲什麼機關要求民眾附上另一個機關的證明文件？主要因爲政府組織架構來自於專業分工，換句話說，各機關與民眾接觸的面向，原則上就是以「法定的職掌」爲主，例如公路監理機關職掌有：汽機車管理、駕照及交通違規等業務，所以民眾（或公司行號）擁有汽機車資料、駕照資料以及交通違規資料等，就由公路監理機關蒐集、保有；同樣地，財政部稅捐機關就會擁有我們的繳稅資料、經濟部就會擁有公司行號地址以及公司代表人等資料。這些資料有些是我們主動提供，像是報戶口、考駕照等；也有些資料是因爲我們的行爲而被記錄留存的，例如交通違規紀錄會在監理資料庫中保存下來、出入國時間也被登記在移民署資料庫中。也就是我們個人重要資料都會保存在政府各部門中。

由前面的說明可以看出，政府所保存的資料並不是全部集中在一起。這是件好事，也是一件不方便的事。從好的方面來看，並不會有任何一個政府機關可以「一眼看穿、一手掌握」國民的一舉一動，我們不會生活在政府監管的「楚門世界」；壞的方面就是，明明政府已經有適當的個人資料，卻還要我們自己去另一個機關申請之後再提供，徒增大家困擾，也降低行政效率。

在資訊系統尚未普及時，這種要求也許還可被民眾接受，但現今網路這麼便捷，政府多年前就已經推動「電子查驗」機制，需要用資料的政府機關大多可以利用網路連結查詢、驗證，取得所需資料，所以現在需要申請戶籍謄本機會已越來越少。

雖說政府機關資料沒有集中整合放在一起，降低了民眾被政府「一次看透透」的疑慮，但又提到機關間可以用網路連線查驗調閱，似乎並沒有減少政府扮演老大哥角色的擔心。其實，《個人資料保護法》（以下簡稱個資法）有在幫我們把關，是**「個人資料便利使用」**及**「個人隱私保障」兩個法益間取得平衡的最佳方法**。在各界重視個資保護氛圍及內部不斷教育下，政府各機關員工都深知個資法的重要性，所以實務上都謹守線上查驗、調閱均以「執行法定職務必要範圍內」為限，避免觸法。

## 保護個人資料的法規

首先，我們來看看個資法對資料運用及保護的影響。

其實我國早在 1995 年就已制定《電腦處理個人資料保護法》（以下簡稱電資法），但是一開始只適用於政府機關與八類行業，雖然後來陸續指定 13 個特定事業亦須遵循電資法，但只要發生個資外洩的企業不屬這些適用行業，亦無法可管。於是 2010 年修訂電資法時，不但擴大適用範圍，並更名為《個人資料保護法》，雖然後續也因應環境變化有幾次修訂，但修法內容、目的均圍繞「避免人格權受侵害，並促進個人資料之合理利用」之立法立意進行，也就是個資法第 1 條揭示「為規範個人資料之蒐集、處理及利用，以避免人格權受侵害，並促進個人資料之合理利用，特制定本法」原意。而且個資法第 2 條於 2010 年與 2015 年修正之修法理由更再次申明，明顯彰示個資法是要在「人格權保護」與「個人資料之合理利用」之間取得平衡，不能偏執「人格權保護」與「個人資料之合理利用」其中一端。

由於個資法明確限制個人資料的蒐集、處理及利用，「應於執行法定職務必要範圍內爲之，並與蒐集之特定目的相符」，所以政府機關即使爲了便民，在非法定職掌下想要主動從其他機關取得民眾資料是不可能的。例如：學校爲了幫助低收入戶學生辦理學雜費金額減免，就不能主動請社福機關提供學生中低收入戶證明，必須由學生取得相關證明文件後來申請。雖然個資法規範資料蒐集、處理、利用上的限制，但在各項限制條文中也都加上一項「經當事人同意」的排除條款，只要當事人同意，服務提供的機關就可以去其他機關取得相關資料，減化作業程序。MyData 就是在這個合乎法規的概念下設計出來的機制，讓當事人同意、服務機關透過網路取用資料變得簡化。

除了個資法對個人資料保護內涵、程序有完整規範外，《政府資訊公開法》第 18 條第 1 項第 6 款也明確載明：政府資訊「公開或提供有侵害個人隱私、職業上秘密或著作權人之公開發表權者」應限制公開或不予提供之。這些規範都讓政府保有的民眾資料蒐集、處理及利用有了法規制度面的保障。

在實際的資料保護作爲上，2019 年 1 月開始施行的《資通安全管理法》，把原先在公務機關已推動多年的資安防護措施由行政命令位階提升到法律位階，也建立國家級聯合防護機制，目前政府重要機關都已有符合 ISO 27001 規範的資訊安全管理制度，使得個資保護更爲周全。

## 看看別的國家怎麼處理民眾資料再利用

民眾的資料由民眾決定如何再利用，已是世界各國推動國家資訊政策中重要的一環，早在 2010 年美國推動藍色按鈕計畫（Blue Button Plan），由美國退伍軍人事務部建立了下載、列印個人健康紀錄機制，讓退伍軍人可自主地將個人健康紀錄交與所信任的醫療單位分享，以利醫療溝通。其他如英國、新加坡、芬蘭、愛沙尼亞、澳洲等國也都建立操作方法及提供內容不同的個人資料分享機制，但其精神與運作方式皆源於 MyData 的概念。

㈠ 美國

美國的 **MyData** 服務，分別名為藍色按鈕（**Blue Button**）與綠色按鈕（**Green Button**）。藍色按鈕於 2010 年推出，原本服務對象為退伍軍人，後擴展至一般公民，使用者可以下載或列印個人健康紀錄，可以由個人提供給不同的醫療單位，以利醫療溝通。下載紀錄包含服用過的藥物清單、過敏症狀、醫院就診醫療紀錄、檢驗報告結果、疫苗注射種類與日期、健康保險索賠資訊等。2013 年推出升級版的 Blue Button+，提供標準化資料格式、增進使用者閱讀便利的健康資料剖析等服務。

接著加州公共事業公司於 2012 年發起綠色按鈕計畫，讓使用智慧電表的消費者可下載能源使用資訊，進行能源使用分析及管理。綠色按鈕計畫在 2015 年擴大成為綠色按鈕聯盟，包含美國能源部、美國國家標準與科技研究所、加拿大安大略省能源局、PG&E、conEdison 等數十間美國與加拿大公私機構加入。目前綠色按鈕機制提供資料使用者資料方式有兩種，一種為直接下載用戶能源使用描述資料，另一種為經使用者同意後由資料保管人自動傳輸給第三方的機制，兩者所提供的資料格式皆為符合綠色按鈕標準的 XML 格式資料。

㈡ 英國

英國商業創新技術部於 2013 年結合產業界、消費者團體、監管機構、貿易機構共同組成「Midata 創新實驗計畫平臺」，參與的業者與機構在消費者同意下，將所擁有該消費者的消費與交易資料，以電子形式與機器易讀形式提供在平臺上。第三方資料分析公司可以利用此資料，比較消費者各項支出，提供消費者更惠實的消費建議，或轉換到較有利的公司消費。

### ㈢ 新加坡

新加坡政府在 2015 年為提供公眾便利的資訊與服務管道，推出架構於 SingPass 基礎之上的資料共享 MyInfo 平臺。SingPass 是新加坡政府提供民眾使用的網路帳號，新加坡民眾可以用該帳號進入機關網站得到服務。而 MyInfo 將每個公民分散於各機關間的資料整合成單一資料檔案，並讓民眾可以上去增列額外的個人資訊，例如年收入、教育程度等。除了整合個人資料外，MyInfo 也提供包含申請嬰兒津貼、電子化駕照資料查詢、稅務用聯絡細節更新、申請組屋、申請臨時土地使用許可等服務，讓資料整合和服務內容可以連結在一起。

### ㈣ 芬蘭

芬蘭政府用 Suomi.fi 及 Kanta.fi 兩項服務組合成對芬蘭國民的 MyData 機制。在 Suomi.fi 上，民眾可以在該網站註冊帳號後，取得個人戶籍資料、車輛與駕照資訊、財產與公司註冊資訊等個人資料，同時 Suomi.fi 亦提供電子化同意系統，使用者可以透過該同意系統，進行跨機關個人資料傳輸，更便利取用相關公共服務。Kanta 則較專注在電子醫療紀錄，經由帳號註冊與身分驗證，使用者可以取得個人醫療紀錄，包含醫生證明、醫療證明、懷孕或產後檢查證明、電子處方箋等資料，並且經過同意提供給其他醫療服務單位閱覽。

芬蘭的電子化身分驗證機制（Suomi.fi e-Identification），提供芬蘭與歐盟公民安全的多元性電子化身分驗證，例如銀行帳戶、行動電話驗證等，並且受芬蘭共同電子支持服務管理法的規範與保障。

### ㈤ 愛沙尼亞

愛沙尼亞主要的個人化數位服務如電子居民（e-residency）、電子稅務（e-Tax）、電子健康紀錄（e-Health Record）、電子土地註冊（e-Land register）等，都是透過 X-Road 網路交換資料。以電子健康紀錄為例，使用者可以在電子病患入口網（e-Patient portal），憑藉電子身分證或手機驗證後取得個人、未成年子女健康醫療紀錄，或是同意他人取得自己醫療紀錄，而個人醫療資料是由不同的資料提供者依據電子健康紀錄資料標準儲存與匯集而成。



㈥ 澳洲

澳洲的重要數位服務個人化有兩項。一個是我的健康紀錄（My Health Record），該服務於 2018 年推出，由澳洲數位健康署主責。與他國做法稍有不同，該計畫預計在 2018 年年底，除非自主選擇退出，否則所有澳洲人民皆有一份自己的健康紀錄。使用者可以安全地線上閱覽個人與家庭醫療紀錄，也可以設定資料取得等級，讓全部或部分醫療機構在提供醫療服務時取得個人醫療紀錄，使用者若要分享醫療資料給其他第三方，也可經過個人權限設定分享。

另一個是澳洲的 myGov 服務，民眾可透過註冊帳號，利用 myGov 取得政府線上服務，包含就業搜尋、稅務資料、育兒津貼、老年照護、申請租用公宅、國家殘疾保險、退伍軍人福利以及前述之我的健康紀錄等服務。

表 10.1　數位服務個人化服務內容比較表

| 國家 | 服務名稱 | 服務內容 |
|---|---|---|
| 美國 | Blue Button/Blue Button+ | 下載個人健康紀錄：服用過的藥物清單、過敏症狀、醫院就診醫療紀錄、檢驗報告結果、疫苗注射與日期、健康保險索賠資訊等 |
| | Green Button | • 可下載十三個月之使用量資料（csv/xml）<br>• 分享個人能源資料至其他服務<br>• 數據共享標準開發（API），運用分享數據分析 |
| 英國 | Midata | • 要求合作機構提供個人消費紀錄下載<br>• 分享下載的資料給第三方服務提供單位，獲得個人化理財或消費服務 |
| 新加坡 | MyInfo | • 提供跨機關整合之個人資料<br>• 取得政府線上服務，例如：申請組屋、申請臨時土地使用許可、查看公積金帳戶資料等<br>• 使用者可以自行增列相關欄位之個人資料 |

表 10.1 數位服務個人化服務內容比較表（續）

| 國家 | 服務名稱 | 服務內容 |
|---|---|---|
| 芬蘭 | Suomi.fi | • 提供整合式電子帳號<br>• 提供跨機關個人資料與同意跨機關個人資料傳輸<br>• 電子化身分驗證機制 |
| | Kanta.fi | • 使用者驗證後可取得個人醫療紀錄，包含醫生證明、醫療證明、懷孕或產後檢查證明、電子處方箋等<br>• 使用者同意後可提供個人醫療紀錄給予醫療服務機構 |
| 愛沙尼亞 | e-Health Record/ e-Patient portal | • 使用者經驗證後取得個人、未成年子女健康醫療紀錄<br>• 同意他人取得自己醫療紀錄<br>• 個人健康帳戶提供基因組分析、健康預測、個人化健康諮詢等加值服務 |
| | e-resident/ e-residency | 提供創立公司、金融轉帳、商業管理與納稅申報等個人化服務。 |
| | e-Tax | • 線上檢閱稅務資料，修改必要的變更資訊<br>• 個人線上繳稅與退稅<br>• 企業納稅與扣除額申報<br>• 菸、酒、燃料等退稅申請 |
| 澳洲 | My Health Record | • 提供使用者安全地線上閱覽個人與家庭醫療紀錄<br>• 使用者可以設定資料取得等級，設定全部或部分醫療機構取得個人醫療紀錄<br>• 使用者可經個人同意設定分享醫療資料給其他第三方 |
| | myGov | • 提供一站式公共服務整合帳號<br>• 取得政府線上服務，包含就業搜尋、稅務資料、育兒津貼、老年照護、申請租用公宅、國家殘疾保險、退伍軍人福利以及健康紀錄等服務 |

資料來源：筆者自行整理。

綜觀各國推動 MyData 機制，會因應不同國情制度而設計出不同做法及參與範圍，但都含有個人資料自主運用的精神，符合全球 MyData 組織 2017 年發表的「MyData 原則宣言」。該宣言認為 MyData 的目標在於個人依據自我目標使用個人資料的賦權，重塑個人與保有個人資料組織或機構間的權力平衡，導向以人爲本的個人資料願景。

那麼，我國的 MyData 推動情形如何呢？



## 我的資料怎樣可以跨機關使用

我國 MyData 機制特點是：資料提供者都是政府機關及公營公共事業，目前尚未考慮加入私部門資料，而且爲了符合法規，也設計了不同身分驗證等級機制。在應用情境上可分爲三類：

### ㈠ 個人資料自行下載後自行運用

MyData 平臺上把可以下載的資料種類分門別類標示出來，民眾用適當身分登錄驗證後，就可以點選下載到指定的儲存位置，下載的資料可自主交予任何第三方加值分析運用。

目前已有戶政司、地政司、健保署、國教署、勞保局、高速公路局、商業司、衛福部等多個機關提供個人（或全戶）戶籍資料、個人地籍與實價登錄歷程、高中學籍資料、低收入戶生活補助證明文件等 105 項電子紀錄下載。

### ㈡ 個人電子資料供臨櫃核驗或繳交

民眾在櫃臺辦理申請業務時如需要其他機關證明文件，可以先在 MyData 平臺經適當身分驗證後，把所需要的證明文件儲存在 MyData 的暫存區中，在櫃臺辦理時就出示專屬的條碼讓承辦人員掃碼，承辦人員可以看到證明文件的內容，如果承辦單位需要儲存證明文件電子檔，則可以從暫存區下載。

### ㈢ 全程線上服務的查驗或繳交

民眾使用服務機關所開發出的系統申辦業務時，當系統需要證明文件時，經由 MyData 平臺適當身分驗證，就至資料提供機關系統中取得資料儲存於暫存區中，並通知服務機關系統取用，過程中均由系統與系統溝通，達到全程線上服務目標。依照我國推動 MyData 期程，將首先由高中學校之低收及中低收入戶學生減免學雜費作業開始，試辦全程線上服務，日後經由當事人同意，無需跑到社福機關申請中低收入證明文件即可辦理學雜費減免，目前平臺已提供 180 項線上服務。

圖 10.2　MyData 平臺服務情境

在 MyData 平臺中，除了各項資訊系統介接規範外，最重要的是設計多種身分驗證機制，包含健保外觀卡號搭配戶口名簿戶號，也有需要驗證實體卡片的插入健保卡、工商憑證、自然人憑證、晶片金融卡、硬體金融憑證等驗證方式，依照資料提供機關對資料安全性考量而有不同。

比較國際發展趨勢，MyData 服務內容多從醫療、能源、金融與社會福利申辦應用開始，英、美等國家則強調私部門的參與，我國推動的內容也相差不遠，未來網路身分識別以及行動識別機制更完善後，各項應用應該會蓬勃開展。



## 結論與展望

MyData 機制雖然對公共治理甚至數位經濟應該會有很大助益，但是目前推動上仍有幾點要注意。首先是資訊安全，鑑於個人資料保護是全民關注焦點，因此除了技術上應用現行已知各項加密與傳輸技術，提供較爲安全的個人化數位服務外，也要強化民衆認知，審慎提供同意、利用、分享功能。

另一方面，隨著資訊技術不斷發展，對於個人資料應用方式也產生影響。例如區塊鏈以分散式加密記帳技術，具有確保機敏性資料紀錄安全取得的潛能。未來個人資料如何上區塊鏈並保有隱私性、自主性，將會是一個重要議題。而動態許可（dynamic consent）技術讓當事人可利用數位介面決定其個人資料如何被使用，例如英國骨骼、關節、血管罕見疾病研究計畫已提供合作病患動態許可的個人資料分享機制；再來是智慧合約（smart contracts）的發展讓資料取得更爲自動化；最後是多元化身分驗證的整合式個人資料登入帳號的建立，個人資料帳號無須集中儲存，但後續資料分享與傳輸隨該帳號進行即可。

> **動態許可**
>
> 當事人可利用個人化與數位介面決定其個人資料如何被使用，目前較多利用於醫療服務與研究，當事人被告知個人資料利用目的轉換，與通知個人資料未來研究利用，研究過程中可以選擇隨時退出研究，提供合作病患動態許可的個人資料分享機制。

我們在規劃推動 MyData 機制，提供國人更便利的政府服務之際，也希望未來能將各項服務領域擴展到公私部門，達到資料「一次輸入，隨處可用」的理想境界。

## 參考文獻


1. 蕭乃沂、陳恭、郭昱瑩（2017）。第五階段電子化政府服務精進——國際趨勢與民眾需求探勘。國家發展委員會委託研究報告 NDC-MIS-105-003。
2. 顧振豪（2016）。完備資料開放與自主管理機制，建構數位國家發展基礎。國土與公共治理季刊，4（4），67-79。
3. 張瓊之（2017）。淺談美國能源開放資料發展與應用——美國資料逐步邁向公開法制的位階，已有綠色按鈕、能源之星等應用案例。取自：https://km.twenergy.org.tw/ReadFile/?p=Reference&n=20171127164935.pdf。
4. 勞動部勞工保險局網站，https://www.bli.gov.tw/0100604.html。
5. 國家發展委員會，https://www.ndc.gov.tw/cp.aspx?n=8B6C9C324E6BF233&s=460617D071481C4B。
6. Declaration of Mydata Principles 2017, https://mydata.org/declaration/.
7. MyData 2019, https://mydata2019.org/.
8. SingPass - Singapore Personal Access, https://www.singpass.gov.sg/spauth/login/loginpage?URL=%2F&TAM_OP=login.
9. e-Estonia, https://e-estonia.com/.
10. The Green Button, http://www.greenbuttondata.org/.
11. HealthIT (Blue Button), https://www.healthit.gov/topic/health-it-initiatives/blue-button.

Chapter 11

# 數位跨域治理服務

曾冠球

## 前言

「數位跨域治理服務」是指從公共服務的使用者角度出發，對公共服務項目進行整合。它允許公民、企業和其他政府當局二十四小時使用不同的存取裝置，從家裡、辦公室甚至在移動過程中，順利獲取公共服務。更重要的是，此一概念要求行政部門彼此之間是互通的、鏈結的，使用者能夠輕易透過某一站點，獲取完整之公共服務、完成申辦事項，即使這些服務實際上是由不同的政府層級共同提供的。反之，如果缺乏這種「一站式服務」設計的理念，使用者勢必得在不同的行政機關網站上「進進出出」，事前也要清楚辨別特定申辦事項涉及到哪些機關，及其收件的先後順序，這不僅十分浪費時間，申辦過程也可能掛一漏萬，因而怨言百出。從政府角度出發，一站式政府需要重新設計行政部門，使之邁向更完整的線上公共服務流程。幸運的是，當今拜資通科技之賜，這樣的公共服務目標是可以被實現的。

## 基本精神：一處收件、全程服務

我國自 1998 年開始推動以網際網路爲基礎之電子化政府，陸續完成多項電子化政府計畫，刻正執行第五階段電子化政府計畫，亦即「服務型智慧政府推動計畫」，其優先以政府施政核心議題及民眾關切議題，運用新興科技來持續精進數位服務（國家發展委員會，2018）。本章「數位跨域治理服務」，指涉政府應以民眾生活需求爲出發點，整合既有資通科技系統，提供更爲便捷之數位服務。

我國推動電子化政府的核心理念之一即「善用網路，少用馬路」，其試圖將民眾與政府打交道的管道，從傳統臨櫃辦理逐步移轉到網路申辦途徑。迄今爲止，儘管我國政府機關業務電子化程度相當高、世界評比更不落人後，然根據國家發展委員會調查發現，行政院所屬機關以數位化方式提供全程式線上申辦的業務比例僅有三成（國家發展委員會，2019）。究實而論，政府既有的數位服務多以業務導向進行功能設計，欠缺使用者角度思考，致使跨機關的數位服務未能大幅整合。政府提供之數位服務，亦未充分考量民眾的多元偏好與使用習慣，如拓展網站、社群媒體、行動載具、物聯網感測器、超商資訊站、櫃臺服務等管道以提供公共服務（國家發展委員會，2018）。這意味著政府資訊整合仍未充分掌握「顧客導向」的眞諦，大多僅提供民眾單元式的線上服務。

由此可知，數位跨域治理服務的推動關鍵在於，行政機關應擴大單一窗口全功能服務櫃臺，持續以使用者角度檢討機關內、外部及上、下游服務流程，主動尋求跨部門及跨機關合作，整合或再造相關服務流程。一站式服務是政府提供民眾一種受理電子化服務的集中平臺，也就是不同政府當局提供電子化服務和資訊之單一存取點（Wimmer, 2002: 94）。為了滿足民眾一站式服務需求，前述第五階段電子化政府計畫，致力於發展前臺一致、後臺整合的數位服務，盤點及整合政府部門資源，透過一站式政府服務入口網，提供民眾更為便捷及優質的服務流程（國家發展委員會，2018）。2017 年國家發展委員會啓動「服務型智慧政府推動計畫」，設計更符合民眾需求的服務流程、發展整合式數位服務，包含：跨區申辦戶政業務整合服務、支援長照政策的社政福利整合服務、優化企業經營效率的商工一站式服務等，並持續發展跨領域的政府數位服務（國家發展委員會資訊管理處，2018）。以上作為已為「服務型智慧政府計畫」的推動打下了堅實基礎，本章將介紹當前政府推動數位跨域治理服務的代表性成果。

**數位跨域治理服務**

強調行政機關應擴大單一窗口的概念，持續以使用者角度，主動尋求跨部門及跨機關合作，透過資通科技的運用，整合或再造相關服務流程。

## 應用服務

### (一) 社會福利一站式服務

過往弱勢族群於申請社福補助前，需準備多項證明文件，容易造成民眾因不清楚規定而漏帶需要提供的相關證件，導致來回奔波的情形，尤其偏鄉民眾更為辛苦，往往延宕了補助審查及撥款的作業時間。自 2017 年起，衛生福利部逐年與地方政府合作，整合並改善福利服務的申辦系統，由中央延伸至地方政府，再擴及民間團體的平行及垂直整合服務資源資訊，為弱勢族群民眾提供更適切的服務，達到一站式服務之目標（莊堯竣，2018）。

衛生福利部的計畫期望以「民眾線上自主查詢服務資源」、「民眾至區公所／社會局處尋求服務」及「到宅服務」三種模式提供公共服務，合作之地方政府可依地區屬性選擇服務提供方式。另爲顧及不便出門或無法操作系統之民眾，運用在地行動服務之特性，由第一線服務人員主動依民眾情況提供個人化服務及諮詢，以一站式概念，統一服務窗口，進行福利服務資源資訊整合，以提供民眾全面性關懷服務（莊堯竣，2018）。明顯地，這是依據使用情境的不同，而發展的一站式數位服務系統。

**一站式服務**

政府提供民眾一種受理電子化服務的集中平臺，也就是不同政府當局提供電子化服務和資訊之單一存取點。為了滿足民眾一站式服務需求，政府當局必須致力於發展前臺一致、後臺整合的數位服務，盤點及整合政府部門資源，以提供民眾更為優質的服務流程。

舉例來說，在衛生福利部與地方政府合作，共同推動在地行動服務後，藉由當地的村、里幹事主動到宅評估可申請的服務，協助申辦低收入戶生活補助，申請過程中，民眾不需親臨公所，也不需奔波取得相關證明文件（莊堯竣，2018）。服務人員將攜帶行動載具，直接前往案主府上，掃描相關證件並上傳雲端，透過網路連接政府稅務、戶政等相關系統，進行資料的勾稽比對，迅速獲知案主是否符合特定申請資格，行政流程因此大幅縮短，節省民眾洽公及等待審查結果的時間（朱美珍，2018）。

中央與地方政府合作擴充福利服務資源整合平臺，提供基層完善的資訊環境與作業效率。爲此，政府逐年提供社政相關共通津貼補助申辦系統（如低收入戶生活輔助、身心障礙生活輔助等），提供跨系統、跨部會介接民眾資料（如戶籍資料、親等關聯資料、財稅資料等），減少民眾證明文件之檢附。舉例來說，衛生福利部爲簡化民眾申請中低收入戶等社會福利補助流程，介接內政部戶籍資料、財政資訊中心稅務資料與勞保局勞保資料，省去民眾自行前往各機關取得的麻煩與不便。此外，前述計畫也結合地方政府福利資源盤點，彙集至中央之福利服務資源整合平臺，有效掌握各地方政府所提供之資源及弱勢族群之資訊，提高資料取得速度及資料正確性（莊堯竣，2018）。

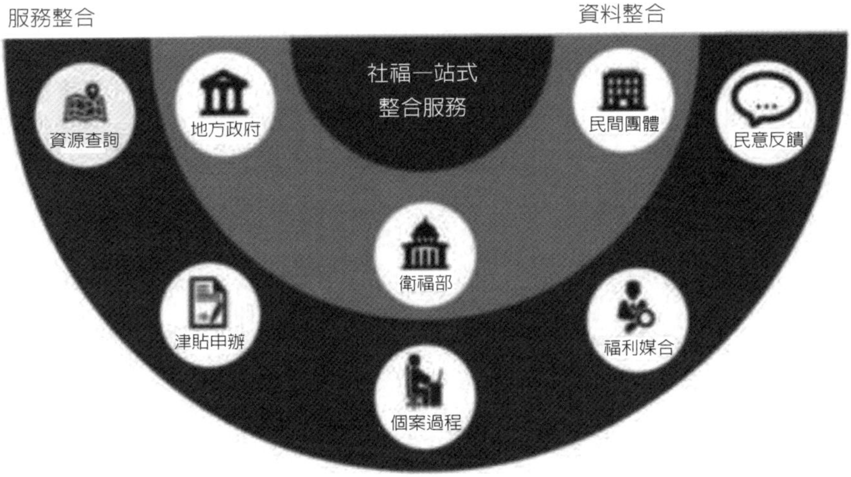


圖 11.1　為社會福利一站式整合服務

資料來源：https://www.mohwlas.tw/rc_images/108regulations.pdf。

儘管如此，礙於各縣市政府資料建置的完整度不一，前述服務人員運用行動載具來掃描儲存當事人資料以進行查核比對的工作，實際上並不如預期般順利。渠等可能要同時執行新、舊兩種工作流程——相同工作須重複兩次，因而產生工作怨言。其次，儘管政府致力於提供民眾多元福利資源資訊取得的管道及跨域需求服務，但已完成建置的社會福利服務系統仍相對有限，且偏向經濟扶助，諸如兒少關懷、婦女協助、老人照顧等項目，尚未規劃完整或未予以整合（朱美珍，2018）。因此，未來應持續整合福利服務內容，以強化一站式數位服務的功能。

㈡ 工商登記一站式服務

過往申請開辦企業程序十分繁複，民眾不僅要分頭至各機關辦理業務，且須經公司核准後方能辦理；此外，有意創業的民眾更得重複檢附相同證明文件，舟車往返不僅勞頓且費時。爲改革我國「開辦企業」登記程序，2011 年經濟部建置了「公司與商業及有限合夥一站式線上申請作業網站」，係跨部會整合型服務網站，蓋其將經濟部公司名稱預查及設立、縣（市）政府商業名稱預查及設立、財政部的營業（稅籍）登記、勞保局健保署的勞健保投保單位設立，以及縣（市）政府勞工局的工作規則核備等跨部會機關之申辦業務，整合於同一網站，便利創業民眾以線上申請的方式完成「企業開辦」之所有申請程序（蔡群儀，2018）。

儘管政府已經提供便利的線上服務，但是，爲什麼公司登記線上申請之比例仍偏低呢？原來是因爲要登記成爲公司需要準備十多項的申請文件。針對案件線上申請不僅要上傳附件，且要補送蓋有公司大小印章的紙本申請書及登記表給公司登記機關，造成申請人不小的困擾（蔡群儀，2018）。爲此，經濟部進一步以使用者的角度，持續調整前述網站的申辦流程，亦即試圖將「業務導向型一站式服務」擴增爲「全程服務導向型一站式服務」。

「公司與商業及有限合夥一站式線上申請作業網站」已整合國稅局、國貿局、勞保局、健保署等多項跨機關的遞送流程。舉例而言，商業司透過一站式網站可將相關資料拋轉給國稅局進行稅籍登記，有經營出進口業者亦可同步通報國貿局進行「英文名稱預查」與「出進口廠商登記」，並可通知勞保局及健保署進行設立投保單位。透過國家發展委員會 MyData 平臺，經濟部得以介接內政部地政司地政整合資訊共享平臺，推動試辦免書證服務；也與內政部戶政司合作，即時取得董事更名、遷址、禁治產及死亡等戶政資訊；跨機關整合籌設許可機關的許可函，未來企業在辦理公司登記之際，毋庸再檢附許可函影本。結合國家發展委員會資訊授權平臺，申請人能將存放於經濟部商業司公司登記資料庫中的公司登記資料，授權給需要的政府機關使用（國家發展委員會，2018）。

整體而言，透過經濟部平臺網站與相關部會間資料銜接及流程整合，省去現行逐一到各機關臨櫃申請辦理手續之麻煩。儘管經濟部推動線上申請無紙化作業，以工商憑證或自然人憑證簽章送件全程線上辦理，但弔詭的是，實務上多數機關業務仍依賴印鑑證明，作爲辨識當事人別及確認眞意之依據。此外，公司辦理相關業務檢送電子申請後自行列印之登記表，該類文件是否被其他機關所採信，是未來線上申請能否大幅成長的關鍵（蔡群儀，2018），這些問題都是未來有待精進的重點。

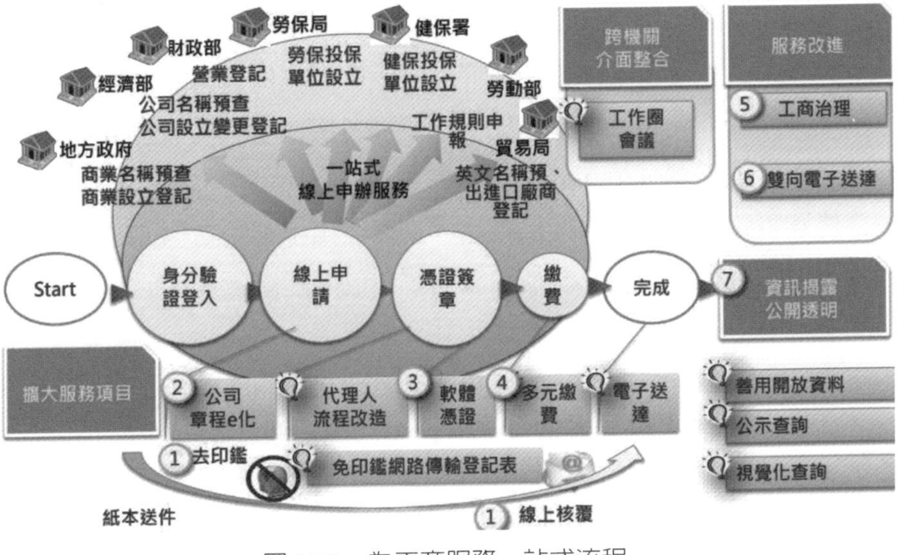


圖 11.2　為工商服務一站式流程

資料來源：https://ws.ndc.gov.tw/Download.ashx?u=LzAwMS9hZG1pbmlzdHJhdG9yLzEwL3JlbGZpbGUvNTU2Ni84ODQwLzI0ZjliNDg0LWUxZmUtNDZiNi1hNzJkLTUyOGFjZjRiMjk1YS5wZGY%3d&n=MTA2MDnmnI3li5nlnovmmbrmhafmlL%2flupzmjqjli5XoqIjnlavmlbTpq5Topo%2flioMucGRm&icon=..pdf。

㈢ 臺灣登山申請一站式服務

臺灣山林資源豐沛，政府在 2019 年 10 月底宣布山林解禁政策，試圖打造一更友善的山岳旅遊環境。行政院通盤檢討內政部、農委會、國防部等相關單位的山林管制措施，在保護生態的前提下大幅鬆綁，同時規劃「臺灣登山申請一站式服務網」作爲一站式入山登記網站，對喜好登山的民眾而言，入山證、入園證與山屋等皆可在該網站一併申請。

「臺灣登山申請一站式服務網」上線，用意在於讓山友申請入山程序簡化。臺灣山林眾多，不同山脈卻分屬不同的管轄機構，過往爬山，民眾往往要自行去各個對應的管轄區域申請。舉例而言，爬嘉明湖該是去營建署「臺灣國家公園入園入山線上申請服務網」申請，抑或是林務局的「自然保護留區進入申請系統」申請？是否也要去警政署「入山案件申請系統」辦理入山證？此外，可能尙得去林務局「臺灣山林悠遊網」申請山屋及營地。對山友們而言，甫燃起對山林的熱情可能早已灰飛煙滅（今周刊，2019）？簡言之，因各山區或山屋分屬不同單位管轄，民眾登山手續可謂十分繁雜。

儘管內政部營建署先前已推出「臺灣登山申請整合網」，但其僅整合各單位的申請連結——置放各管轄單位的超連結，並未眞正整合登山申請問題。前述「臺灣登山申請一站式服務網」上線後，無論是要申請入山證、入園證或是山屋，皆可藉此網站一次搞定（中央社，2019）。新版的一站式服務網不僅將所有申請入口都集中在一起、簡化操作介面，尤有甚者，該網站將國家公園入園、入山證申請整合，線上送出申請後，會自動投件至警政單位系統申請入山證，不用額外步驟（新頭殼，2019）。簡言之，舉凡入山證、入園證與山屋，民眾只要透過該網站一併申請即可。整體而言，此一申請平臺整合了現行國家公園入山入園線上申請系統、林務局山屋申請系統，以及警政署入山管制區申請系統，並可隨時查閱申請情形，達到作業簡化、訊息公開及便民的目標。

圖 11.3　臺灣登山申請一站式服務網

資料來源：https://hike.taiwan.gov.tw/。

## 一站式服務的執行挑戰與精進

透過前述案例可知，過往民眾申辦某項政府服務，事前可能得跑若干機關以獲取相關書證、謄本，此易引起民怨，而在推動一站式服務之後，透過跨機關及跨部門的合作，結合電子查驗機制，民眾申辦這類服務的過程，將毋庸往返不同機關便可順利完成線上申辦。

儘管如此，實施一站式電子化政府卻面臨著某種挑戰，包括與不同部門的個別政府資訊系統整合有關的問題，此等系統傳統上起著「穀倉」（silos）的作用——系統之間分門別類地存在而無法有效地串接在一起。由於政府部門與生俱來之特點，如對課責的高度要求、法令、預算，以及由形形色色支持者所構成之政治脈絡，因此，組織問題的緩解其實深具挑戰；加以政府機關可以獨立

> **穀倉效應**
>
> 政府部門之間各自為政，只有垂直的指揮系統，並沒有水平的協力機制，就像一座座高聳封閉的「穀倉」，各自擁有獨立的進出系統，但是，彼此之間缺少互通性。由此可知，當資訊系統彼此間不相容，或未與其他資訊系統進行整合時，就會出現資訊穀倉效應。

行動，彼此之間協調性可能飽受批評。

一站式服務的組織障礙可分爲人員、流程和科技，並體現在組織和組織間兩大層面。人員、流程和科技之間的相互作用而產生的組織問題，往往是電子化政府實施中最具挑戰性的問題。就多個政府部門透過一站式電子化政府提供一籃子服務而言，必須整合傳統上充當「穀倉」的個別政府機關資訊系統。在此情形下，整合後端辦公室的流程（the integration of back-office processes）對於一站式電子化政府的成功至關重要。電子化政府系統之間的資料互通性（data interoperability），對於一站式服務的重要性不可等閒視之。Wimmer（2002）建議，主政機關應調整傳統流程以適應科技，調整內部組織元素如工作流、資料庫等，包括調整通訊以適應服務的需求者，同時，還要確保安全性、眞實性和隱私足以達到應有之水平。整體而言，實施一站式服務，需要解決與整合資訊科技的流程適應相關之組織變革議題，也會觸及調整官僚組織結構的改革及更新多個機關之間的法律議題。

一站式服務要求政府部門透過單一入口網站，提供一籃子的線上公共服務。値得注意的是，縱使政府當局實行了一站式服務，民衆對線上服務仍可能有所怨言，他們或許會質疑這類政府服務經常是「被動」和「重複」的。的確，現行政府服務多是由民衆提出的，並要求其爲每次參與提供新的資料，然而，民衆或許更期望政府能積極主動地提供與其自身和當前情況相關的服務和資訊。換言之，儘管一站式服務合理地改進了形式設計並建立了單一的存取點，但民衆在使用上多少認爲該形式仍然十分繁瑣；如有可能的話，甚至期望政府能主動採取行動，自行啓動適當的政府服務，而非依賴民衆的服務請求。在此情形下，對政府當局而言，未來這類線上服務或應思考一項議題：公民能否在接受政府服務之際，毋庸採取任何行動或塡寫任何表格（Scholta et al., 2019）？

## 結語

對於公共服務，民眾的期待不外乎是能夠獲得簡單而便捷的服務，而資通科技是推動跨域治理服務很好的應用工具。我國數位政府的發展，應以使用者、需求導向，以及「全人」服務爲依歸，在應用層面上積極深化跨機關、跨流程、跨資料的服務整合。歸納前述三大案例可知，欲達到跨機關主動服務的關鍵成功因素，當局首要推動跨機關電子查驗的工作，即一般所謂的免書證、免謄本服務。其次，當局得透過數位化及標準化之資料介接方式發展政府一站式數位服務，簡化民眾對政府的申辦流程，並整合分散於各機關之個人資料，甚至開發使用者需求導向的相關服務資訊。至於跨機關數位服務鏈結，指在民眾同意授權的基礎下，取得民眾存於政府機關的業務資料，這背後牽涉業務領域資料標準的訂定，以及應用程式介面文件標準化等細節（國家發展委員會，2018）。一旦克服這類技術問題，將可大幅提升政府資料跨機關的流通效率，節省民眾奔波時間，朝向既「便民」也「便官」的目標邁進。

## 參考文獻

1. 今周刊（2019）。「登山申請一站式平臺」終於上線了！政院推山林解禁，簡化入山流程。2019 年 11 月 9 日，取自：https://www.businesstoday.com.tw/article/category/80730/post/201911020007/%E3%80%8C%E7%99%BB%E5%B1%B1%E7%94%B3%E8%AB%8B%E4%B8%80%E7%AB%99%E5%BC%8F%E5%B9%B3%E5%8F%B0%E3%80%8D%E7%B5%82%E6%96%BC%E4%B8%8A%E7%B7%9A%E4%BA%86%EF%BC%81%E6%94%BF%E9%99%A2%E6%8E%A8%E5%B1%B1%E6%9E%97%E8%A7%A3%E7%A6%81%EF%BC%8C%E7%B0%A1%E5%8C%96%E5%85%A5%E5%B1%B1%E6%B5%81%E7%A8%8B。
2. 中央社（2019）。政院推山林解禁 登山一站式申請網站 11 月上線。2019 年 11 月 9 日，取自：https://www.cna.com.tw/news/aipl/201909220071.aspx。

3. 朱美珍（2018）。資訊科技對社會福利服務躍升助益之探討。社區發展季刊，161，4-19。

4. 莊堯竣（2018）。社福申辦一站化，提供民眾便捷數位服務。政府機關資訊通報，354，1-5。

5. 新頭殼（2019）。登山申請大整合！臺灣登山申請一站式服務網 4 大功能解析。2019 年 11 月 9 日，取自：https://newtalk.tw/news/view/2019-11-07/321335。

6. 蔡群儀（2018）。商工登記一站式服務經驗分享。政府機關資訊通報，354，1-7。

7. 國家發展委員會（2019）。智慧政府推動策略計畫。2019 年 11 月 9 日，取自：https://ws.ndc.gov.tw/Download.ashx?u=LzAwMS9hZG1pbmlzdHJhdG9yLzEwL3JlbGZpbGUvMC8xMjI2OS85Yjk4ZjJjZC01ZmNmLTQ3ZDAtYjFkNS05NmJhMWIxZGM0ZWYucGRm&n=5pm65oWn5pS%2F5bqc5o6o5YuV562W55Wl6KiI55WrX%2BaguOWumi5wZGY%3D&icon=..pdf。

8. 國家發展委員會（2018）。服務型智慧政府推動計畫：第五階段電子化政府計畫。2019 年 11 月 9 日，取自：https://ws.ndc.gov.tw/Download.ashx?u=LzAwMS9hZG1pbmlzdHJhdG9yLzEwL3JlbGZpbGUvNTU2Ni84ODQwL2U1ZjE0OWZhLThmYmQtNGFkYi1hM2Q1LTBmMTY3MmU3ZDU3Yi5wZGY%3d&n=5pyN5YuZ5Z6L5pm65oWn5pS%2f5bqc5o6o5YuV6KiI55WrX%2baguOWumueJiC5wZGY%3d&icon=..pdf。

9. 國家發展委員會資訊管理處（2018）。發展一站式整合服務，邁入服務型智慧政府。政府機關資訊通報，354，1-4。

10. Scholta, H., Mertens, W., Kowalkiewicz, M. & Becker, J. (2019). "From one-stop shop to no-stop shop: An e-government stage model." *Government Information Quarterly*, 36(1), 11-26.

11. Wimmer, M. A. (2002). "A European perspective towards online one-stop government: The eGOV project." *Electronic Commerce Research and Applications*, 1(1), 92-103.

Chapter 12

# 集合眾人知識與經驗的數位科技——人工智慧

謝翠娟、楊耿瑜

## 前言：智能的關鍵要素是合宜的資料

2021 年 11 月，臺大醫院發表「骨髓抹片 AI 分類計數 aetherAI Hema」系統，可將以往需耗時二十分鐘以上的影像判讀，變成只要五分鐘即可完成，且有高達 90% 吻合專家分析的正確度，更獲衛福部與歐盟 CE 核准認證的人工智慧（以下簡稱 AI）醫材。而探究 aetherAI Hema 養成，是使用臺大將近四十年累積的 60 萬個細胞資料進行訓練，加上逾 2 萬 6,000 個歷史細胞玻片的測試，逐案經過二名資深醫師及 AI 標註後相互驗證，才達到理想的分析正確度，也才能取得我國與歐盟 AI 醫材認證。所以我們可以瞭解，AI 發光發熱的基礎，植基於合宜資料的蒐集、清理與累積，再整合加值領域專業人士的知識與經驗，讓資料可以更正確有效的應用，才能打造形塑優質的 AI 系統。

自 2020 年起因爲新冠疫情衝擊，使個人的生活習慣劇烈轉變，也促使企業、組織以及政府加速數位轉型。國際數據資訊有限公司（International Data Corporation, IDC）於 2021 年 12 月 3 日公布「臺灣 2022 年 ICT 市場十大科技關鍵趨勢預測」，推測未來虛實整合科技以及跨多領域融合人工智慧應用等，將成爲重點技術趨勢，企業未來將以數位優先（digital first）策略爲主。調查資料也顯示臺灣越來越多企業開始導入 AI，甚至把該技術視爲加速轉型的關鍵，也反應在逐年提高的投資上。根據 IDC 預測，臺灣整體 AI 技術的投資，2022 年可望上看 100 億元，甚至到 2024 年更將突破達到 5.62 億美元，相當於 155 億新臺幣。在 AI 技術演進上，IDC 以 omnipresent AI（無所不在 AI）來形容 AI 應用型態的改變，AI 發展將從原本被動分析 AI，發展成能主動預測 AI，應用場景也將逐步朝向跨多場域和虛實融合 AI 應用來發展。IDC 預估到 2024 年，50% 的結構化可重複性的事務，將可實現全面自動化，並且在未來十年內，達到人類僅需在旁監督，不用直接下指令，機器便能自行進行動作並能決定事務執行方式。



## 人工智慧與你我的生活已經緊密關聯

人工智慧一詞自 1957 年被學者 John McCarthy 提出之後，迄今已經歷第一階段的符號邏輯（領域專家寫決策邏輯）、第二階段的專家系統，一直到 2017 年 Google 發表 DeepMind AlphaGo 人工智慧圍棋程式進入第三階段機器學習時代，不同於前兩波人工智慧技術僅局限應用於專業領域，現在人工智慧已從科技、製造、商業等面向，進入你我的生活。

電視影集 Humans（僞人）曾有句令人深思的對白「機器人對人類的威脅不是它讓人類懶惰，也不是搶走人類的工作，而是賦予它人性」，我國的數位政委唐鳳也曾經公開表示「AI 是輔助人類的智慧，可以幫忙處理人類不適合做或不想做的事情」。

此外，安侯建業（KPMG）與 Ketchum Analytics 於《蓬勃發展的人工智慧世界》報告，針對美國關鍵產業包括科技業、醫療業、生技業、金融業、零售業、工業以及政府部門的高階主管進行調查顯示，高階主管們均認爲 COVID-19 疫情促使企業對於 AI 技術的應用急劇增長，以科技業、零售業和工業製造業處於領先地位，並有超過 50% 決策者表示 AI 已對其組織發揮重要作用。

你準備好與 AI 共同開創新生活嗎？人工智慧發展迄今，號稱會思考回答問題的 AI 機器人 Sophia 已經準備量產。儘管各界對 AI 的定義仍存有歧異，如美國加州大柏克萊分校教授 Stuart Russell 認爲，AI 是感測實際環境而做出合理回應，以獲致最大效益的電腦程式；而美國麻省理工院教授 Patrick Winston 則認爲，AI 是研究讓電腦去做過去只能由人類做的智能工作之科學。但不可否認的是 AI 應用早已融進人類的生活中，幾乎無所不在。請拋開 AI 等於機器人的偏見，開啓您手邊的智慧型手機，裡面就有 AI 的蹤影，例如 Siri、Alexa 等智慧助理準確回應人類要求；Google 相簿自動辨識圖片內的人物、地點、動物；語言翻譯軟體自動辨識語言類型並且準確翻譯；美肌相機軟體自動進行圖片人形美化。太多讓我們感覺便利，容易上手，新奇有趣的程式，都有 AI 的蹤跡。從上述舉例可知，AI 已經不知不覺融入你我的日常生活應用。

## 人工智慧的技術

目前 AI 技術在「認知」和「預測」方面技術已經漸成熟，而「決策」和「整體解決方案」方面之技術仍處於研發階段。人工智慧應用已逐步形成機器學習、自然語言處理、圖像識別以及人機互動等四大類型。

1. 機器學習技術：電腦使用大量、具規則之資料學習、分析特定領域之問題，建立預測判斷能力，如深度學習、類神經網路等，最有名的案例即 Google DeepMind AlphaGo。

2. 自然語言技術：電腦讀取人類語言後轉化爲程式可以處理的形式，再轉化爲人類自然語言，如訊息檢索、資訊萃取、語言處理、語音識別等，最有名的案例即 Apple iPhone Siri。
3. 影像處理技術：電腦讀取影像內容，並處理、分析及理解影音多樣態資料，如影像提取、調整、特徵過濾等，最有名的案例爲 Facebook 自動標示照片人物。
4. 人機互動技術：電腦與人類透過人機介面交流互動，如電腦圖像學、互動介面設計、虛擬實境等，最有名的案例爲換臉軟體 FaceAPP。

從 AI 發展歷程及相對技術進展可知，單純的邏輯推演、知識規則之應用不足以滿足實務應用，需要資料、演算法與硬體相輔相成。因此，機器學習演算法有效的基礎，仍然是必須取得正確的大量資料，加上高效率分析，才能即時且正確回應外部環境。

## 國際間的人工智慧發展計畫

人工智慧已經廣泛應用於各領域，例如語音助理、圖形辨識、人臉辨識、自動駕駛車輛等，各國政府自 2016 年起陸續提出 AI 政策，本文以下將摘要說明美國、歐盟、韓國、中國，以及我國的 AI 策略。

### ㈠ 美國人工智慧倡議（**American AI Initiative**）

白宮 2016 年提出「爲 AI 的未來準備」（Preparing for the Future of Artificial Intelligence）報告，對人工智能法規、公共研發、自動化、道德與公平以及安全提出了相對的建議。2019 年美國總統川普簽署「美國人工智慧倡議」之行政命令，以維持美國人工智慧領域之領導地位爲最終目標，聚焦帶動 AI 技術在各領域突破發展、發展技術標準、培養美國勞動力具備 AI 從業技能、促進社會對 AI 技術信賴，且認定 AI 屬境內產業爲必須保護關鍵技術。該行政命令由美國「國家科學技術委員會」（National Science and Technology Council）轄下之人工智慧專責委員會負責推動，相關措施則由各業務領域之政府機關執行技術研究、產品開發、應用部署及提供教育補助等工作。

**㈡ 歐盟人工智慧白皮書（White Paper: On Artificial Intelligence - A European Approach to Excellence and Trust）**

歐盟執行委員會 2020 年提出人工智慧行動方案，規劃透過政策引導成員國建立發展 AI 生態系統，主要重點有二項，包括建構可信賴的 AI 機制，讓歐洲能以 AI 及資料成爲全球的創新領導者。

其中，發展 AI 生態系統，提出成員國建立 AI 之協調機制，並建立卓越測試中心，連結高教機構吸引專家提供專業教育課程；各會員國建立創新中心，補助並整合中小企業之人 AI 研發能力；公務部門訂定行動方案，將人工智慧優先應用於健康照護、公共服務、內部行政等工作；建立獲取與運算資料之基礎建設，並訂定法規及標準。另外，建構可信賴的 AI 機制，主要爲避免產生濫用個人資料、侵犯民眾隱私與歧視特定族群等疑慮，各會員國需及時調整現行法規，並針對高風險、高機敏領域（如醫療、能源、交通）制定相關管理法規，用來訓練 AI 系統的資料必須是安全、不帶歧視，AI 推演結果之準確性必須由人類把關。

**㈢ 韓國人工智慧國家戰略（Korea National Strategy for Artificial Intelligence）**

韓國於2019年底提出「人工智慧國家戰略」，設定2030年達成「超越 IT 朝向 AI 世界領導者」的願景，期許韓國從資通訊科技強國升級爲人工智慧強國。該項戰略提出三項策略，包括加強 AI 創新力、擴大 AI 應用及社會發展與 AI 共存等。

加強 AI 創新力方面，優先提升資料、運算、網路之基礎建設，擴大支持 AI 基礎研究與關鍵技術，並營造有利發展之法制環境。在擴大 AI 智慧應用方面，優先培育相關技術高階人才，推動應用於各層面及各領域，並運用 AI 建立高效能智慧政府。在社會發展與 AI 共存方面，目標爲實現以人爲本的人工智慧社會，透過職業訓練培養勞工具備相關技能以緩解衝擊力，並建立 AI 道德規範，降低廣泛應用而衍生之負面威脅。



㈣ 中國「新一代人工智能發展規劃」

2017 年中國國務院提出「新一代人工智能發展規劃」，以 2030 年爲目標提出人工智慧發展政策、推動策略及重點工作，期望發展中國 AI 產業，加速建設中國創新型科技強國。復於 2019 年發布「新一代人工智能治理原則——發展負責任的人工智能」，提出人工智慧治理框架與行動指引，強調和諧友好、公平公正、包容共享、尊重隱私、開放協作、敏捷治理、安全可控及責任承擔等八項原則，打破傳統從技術驅動 AI 技術發展模式，加數治理、倫理的角度構思 AI 技術發展策略，期確保 AI 對人類與社會有益。

㈤ 臺灣人工智慧行動計畫

行政院核定智慧國家方案（2021-2025 年），宣示政府將積極推動 5G、資安、物聯網（internet of things, IoT）與人工智慧（AI）等數位科技，期可進一步促進臺灣製造業轉型，打造臺灣成爲全球 AI、智慧製造等全球供應基地。其中「臺灣人工智慧行動方案」提出五項主軸任務，包括培育智慧科技菁英人才及智慧應用實務人才，推動人工智慧晶片與系統軟硬整合，協助國內企業與國際大廠合作建立產業生態系統，打造實驗場域及法制規範，期將人工智慧導入產業，提升產業競爭力。同時「服務型智慧政府 2.0 推動計畫」（2021-2025 年），也訂定「開放資料透明，極大化加值應用」、「鏈結治理網路，優化決策品質」及「整合服務功能，創新智慧服務」三大目標，期發展資料爲核心之政府決策環境與能力，並整備法制與信賴環境，以提升社會參與意願，進一步促進公私協力優化服務的友善環境。2022 年行政院賡續規劃新一代「臺灣人工智慧 2.0 行動方案」草案，除延續人才培育、產業發展及技術研發持續扎根 AI 發展基礎外，配合世界各國重視資料治理與 AI 倫理法制之趨勢，行動方案將納入國際合作交流、技術標準研發、法規調適以及回應人文社會議題等，期望發展強韌、可解釋以及負責任的 AI 應用。

### ㈥ 小結：AI 影響各個層面，各國均積極整備相關環境

從上述國家級 AI 計畫的重點工作可發現，人工智慧對於各國不僅是科技發展議題，其影響範圍更是涵括國家各層面、各領域，爲經濟及社會帶來正、反兩面的衝擊。各國推動戰略均聚焦於厚植基礎環境、研發關鍵技術、制定技術標準、培育頂尖人才與基礎技能、營造有利的法制環境，及建立倫理道德準則。

## 我國政府人工智慧應用案例

我國智慧政府扣合國際趨勢並積極運用 AI 技術創新爲民服務，目前在醫療、防疫、交通、治安等領域均具相當成果，以下簡單介紹幾項應用案例。

### ㈠ 醫療影像應用

醫生進行非侵入式診斷大多透過 X 光、電腦斷層掃描、核磁共振掃描等醫療儀器產生數十張甚至數百張醫療影像，再由醫師目視影像判斷病灶與病情。依賴人力判讀影像，造成醫師負擔，比較容易衍生誤判情形。2019 年科技部推動「醫療影像專案計畫」，結合臺大醫院、臺北醫學大學醫院、臺北榮民醫院之醫療團隊開發 AI 演算法，針對心血管、肺癌、腦瘤、聽神經瘤等重大疾病，建立 15 項醫療影像共 5.9 萬個案例的醫療影像，其中含 2.9 萬個案例具高品質的疾病標註之臨床資

訊，用於評估心血管疾病風險、診斷肺癌早期病灶、加速腦瘤影像辨識效率等，判讀時間可由原二十至三十分鐘大幅縮短至數秒內。另外，在前言中所提到「骨髓抹片 AI 分類計數 aetherAI Hema」個案，也屬於影像判讀的應用，引入 AI 以縮短判讀時間，還能擁有高達 90% 吻合度，更成爲獲衛福部與歐盟 CE 核准認證的 AI 醫材，在提升了工作效率的同時也創造了商機。



### ㈡ 新冠病毒防疫應用

COVID-19 病毒自 2020 年在全球蔓延，至今全球疫情仍持續延燒，科技部、教育部、國家衛生研究院、陽明交通大學合作，運用人工智慧與資料分析技術，模擬病人受到 COVID-19 病毒感染後細胞變化，並比對全球以公開之 COVID-19 蛋白酶 3D 圖像，發現病毒入侵人體細胞的動態結構，鎖定蛋白酶的弱點，三個月內找到出巴色匹韋（Boceprevir）、特拉匹韋（Telaprevir）、奈非那韋（Nelfinavir）等三項傳統抗病毒藥物具有抑制 COVID-19 活性效果的潛力藥物。

### ㈢ 交通號誌控制應用

傳統路口交通號誌多數設定固定秒數以控管車流，然而針對尖峰與離峰時間車流量差距較大的交通樞紐，固定秒數的路口號誌可能嚴重影響交通順暢程度。2020 年交通部與桃園市交通局合作，桃園高鐵站周圍推動智慧號誌控制計畫，在重要交通路口使用 AI 偵測車流量，依據車流隨時調整秒數，降低停等延滯時間，讓各路口號誌秒數能達最佳化，用以因應青埔特區多處大型開發案營運後產生的龐大交通需求。

### ㈣ 機場出境管制應用

人臉辨識是 AI 的成熟技術之一，各國機場陸續採用人臉辨識打造 One ID 機制，出境旅客報到時，以護照結合人臉影像識別身分，作爲旅客進入管制區及登機前的身分識別依據，無須再出示護照、登機證。松山機場自 2021 年起試辦於管制區、登機門設置人臉辨識系統，亦規劃應用於免稅店，當旅客結帳時透過人臉辨識感應確認身分後即可付款購買免稅品。

㈤ 校園場域安控應用

鑑於校園人力長期無法負擔安全管理工作，應用科技降低人力需求已經是治安管理方面必要的措施。科技部國家高速網路與計算中心就此議題，與業界合作發展場域安全控制之影像辨識應用，透過 AI 模型隨時分析攝影機捕獲之影像，針對畫面內人物動態辨識異常行為，只要有人做出翻牆動作，或在不對的時間或地點出沒，網路攝影機就會立即提報訊息，提示入侵者的精確位置。

## 人工智慧需要關注人文社會層面的影響

AI 技術與運用快速發展，帶來便利與效率，創造經濟成長契機，也大幅改變人類生活方式，甚至讓許多人感到威脅。除了科學與技術方面的突破，社會科學家也關注於 AI 與人類的關係。機器可以思想，具有思考能力嗎？AI 執行的行為該怎樣負責？這些都是推展 AI 需要思考的核心問題。有名的人工智慧難題：自駕車若在不得已的情況下，必須在老人或者小孩二者之間選擇撞擊的對象時，自駕車要如何選擇？現實社會中，道德規範或價值衝突同時，總是掀起正反兩面的爭論。當 AI 面對人類道德議題時，其演算法當中應該適用何種倫理規範呢？以下幾項是各國推動 AI 技術時，也會同步思考的議題。

㈠ 個人隱私保護

AI 仰賴大量資料進行運算推論與預測，AI 系統透過人機互動過程大量蒐集資料，可能衍生個資保管與使用權的議題。儘管各國多已訂定個人資料保護相關法令，但 AI 即時蒐集、立刻分析學習，甚至是快速回應的特性，使得傳統的個資保護方式面臨新的衝擊。例如，大家習以為常使用生物特徵辨識個人身分打開手機或數位錢包、消費者瀏覽拍賣網站的數位軌跡、民眾在社群媒體平臺上傳的照片等，都可能遇到誤用或濫用的威脅。所以個資保護或隱私保護，成爲推展 AI 應用時必須同時納入考量的重要議題。

㈡ 假新聞與不實言論

AI 技術讓使用者便利地對影像、圖片或聲音加工，例如部分 APP 可以自動辨識照片內人類的輪廓，並可讓相片自然套疊成另一張臉孔，類似的功能如遭有心人士以虛構或移花接木方式，編造不實新聞，大肆於數位媒體上散布，也可能造成社會安全議題。社會學者也發現，如果應用 AI 技術蒐集選民對政治人物偏好，掌握了選民政治傾向、媒體閱聽習慣與社交網路拓樸，刻意「餵養」選民偏好或偏誤的資訊，可能會深化其對政治人物之好惡，最終影響選情。所幸，反制不實新聞也可以善用 AI，目前已有研究單位採用 AI 快速篩選可疑的網路社群資料，針對疑似假新聞內容比對、查證歷史資料，以加速進行判斷網路新聞的眞實性，如我國民間廠商研發的「AI 鑑識技術與臺灣不實訊息聯防體系技術」就曾經以此技術獲得美國 R&D 100 全球百大科技研發獎。

㈢ 工作權保障

AI 技術普遍使用之後，無人便利商店、自駕車、線上銀行等自動化服務日增，是否衝擊工作機會。此類工作權的探討，早在 18 世紀工業革命時期，以機器代替人工勞動的時代就曾經被熱議。參考工業革命時代的經驗，雖然設備取代傳統勞力工作，但同時產生器械設計、機器維護、設備操作等新型態工作機會。人類工作技能會隨著科技發展而不斷精進。社會學家觀察，當 AI 普及應用於商業、工業環境時，傳統勞動力將移往需要花腦筋的工作。另外，數位科技所創造的高度自動化環境，將使手工製作或營造人際間互動交流的產業更受歡迎，李開復博士大膽提出未來依賴人類社交技能的工作將蓬勃發展，例如健身教練、長照工作者、運動員、保母、導遊等。

### ㈣ 偏見與歧視

科技始終來自於人性，但偏見與歧視，會不會也不小心帶入數位產品。2014 年亞馬遜嘗試使用 AI 篩選求職者履歷，遭路透社 2018 年揭露其 AI 程式篩選結果嚴重偏好男性，促使亞馬遜宣布終止使用 AI 篩選求職者履歷。AI 演算法預測或決策的偏差，多肇因於訓練的資料本身就有取向偏誤的情形。因爲 AI 系統的訓練資料，是影響 AI 可用性的重要關鍵，愼選訓練資料，仔細驗證，也是 AI 系統可否發揮效益的重要關鍵。所以本文一開始就強調，AI 發展的關鍵要素是找到合宜的資料。換句話說，倘若要發展的是與目前現實世界不同的系統，應該不宜以現有資料進行訓練。

同樣的道理，拿人類駕駛的紀錄來訓練自駕車系統，是否也會發生上述演算法偏誤？甚至發生人類駕駛行爲的紀錄，並不適合當成是未來自駕車情境的訓練資料的情況，試想紅綠燈的判讀，人類需要靠眼睛分辨燈號顏色後反應，但自駕車應可以直接接取道路系統管理訊號（由路控中心系統發出），而不需靠顏色感應就可以做出適當的反應。AI 訓練的基礎，在於合宜資料的蒐集與分析，所以愼選合宜的訓練資料也是避免發生演算法偏誤的重要關鍵。

## 人工智慧道德

隨著全球 AI 技術與應用的發展，帶動醫療、交通、能源、農業、金融與服務業等領域破壞式創新，也能應用於治安、網路安全等業務，讓執法人員更精準的打擊犯罪。然而 AI 也帶來法律與道德層面的議題。現任歐洲議會議員 Andrus Ansip 表示：「道德與倫理不是 AI 的附屬品，唯有獲得全民信賴，社會才能充分受益於技術」。

行政院 2019 年開始啓動臺灣人工智慧行動計畫，除了積極研發關鍵技術、培養專業人才、創造新型態應用之外，亦重視道德與倫理議題。科技部更進一步訂定「人工智慧科研發展指引」，提出共榮共利、公平性與非歧視性、自主權與控制權、安全性、個人隱私與數據治理、透明性與可追溯性、可解釋性及問責與溝通等八項指引，作爲我國發展 AI 之可遵循方向，期望科研人員正視人工智慧衍生之負面影響，適時與利害關係人對話，開創符合普世價值、安全的人工智慧社會，有助於人工智慧研究成果被全民接納與正確擴散應用。

## 未來將怎樣

人工智慧是繼網際網路、個人電腦與行動載具之後，再一次翻轉人類生活習慣的數位科技，它爲全球帶來機會，亦產生正、反兩面的衝擊。未來，AI 應用的情境，應該會賦予其具備促進產品創新能力，提升企業經營效率，爲人類分憂解勞。AI 發展的結果是好是壞，取決於我們使用的方法以及能不能找到合宜的系統訓練資料。有鑑於 AI 技術之複雜與專業，當它大量被使用於解決民生議題時，則需要建構管理體制，需由政府、產業、民衆協力研定 AI 的發展與限制共識。AI 與資料應用的新世界，是集合衆人知識與經驗，並能讓服務需求者也變成是服務的協力者，共創優質的數位科技應用。所以需要各方利害關係人協作，研訂各領域相應政策，讓科技協助國家發展、促進創新產業發展，建立高效率的市場環境與國家體制，期能享受 AI 的好處，減緩其衍生之衝擊。

## 參考文獻

1. 李開復、陳楸帆（2021）。AI 2041：預見 10 個未來新世界。臺北：天下文化。
2. 科技部（2019）。人工智慧科研發展指引。2021 年 11 月 24 日，取自：https://www.most.gov.tw/most/attachments/53491881-eb0d-443f-9169-1f434f7d33c7。
3. 科技新報 TechNews（2021）。判讀僅 5 分鐘！臺大與雲象開發「骨髓抹片 AI 系統」獲歐盟核准。2021 年 11 月 24 日，取自：https://technews.

tw/2021/11/24/aetherai-hema/。

4. 行政院智慧國家推動小組（2021）。智慧國家方案（2021-2025 年）。2021 年 11 月 24 日，取自：https://digi.ey.gov.tw/File/E8BE929F910C30CA。

5. 國家發展委員會（2020）。服務型智慧政府 2.0 推動計畫（2021-2025 年）。2021 年 11 月 24 日，取自：https://ws.ndc.gov.tw/Download.ashx?u=LzAwMS9hZG1pbmlzdHJhdG9yLzEwL3JlbGZpbGUvMC8xMzcwMy9iYzJhZWM5MS03MjNjLTRmNjEtYjYyMC01ZWUxYzg4Mzc1NTkucGRm&n=MDgwNuacjeWLmeWei%2baZuuaFp%2baUv%2bW6nDIuMOaOqOWLleioiOeVq1%2fooYzmlL%2fpmaLmoLjlrprniYgucGRm&icon=..pdf。

6. 國際數據資訊有限公司（2021），2022 年臺灣 ICT 市場 10 大趨勢。2021 年 12 月 3 日，取自：https://www.ithome.com.tw/news/148189。

7. Carole Cadwalladr (May 7, 2017). "The great British Brexit robbery: How our democracy was hijacked." *The Guardian*, Retrieved December 3, 2021, from https://www.theguardian.com/technology/2017/may/07/the-great-british-brexit-robbery-hijacked-democracy.

8. Chris Smith, Brian McGuire, Ting Huang & Gary Yang (2006). "The History of Artificial Intelligence." Retrieved December 3, 2021, from https://courses.cs.washington.edu/courses/csep590/06au/projects/history-ai.pdf.

9. Jeffrey Dastin (October 11, 2018). "Amazon scraps secret AI recruiting tool that showed bias against women." *Reuters*, Retrieved December 3, 2021, from https://www.reuters.com/article/us-amazon-com-jobs-automation-insight-idUSKCN1MK08G.

10. Stephen Hawking (December 1, 2019). "This is the dangerous time for our planet." *The Guardian*, Retrieved December 3, 2021, from https://www.theguardian.com/commentisfree/2016/dec/01/stephen-hawking-dangerous-time-planet-inequality.

# PART 3

# E化行政

## 篇前引介

「E 化行政」篇在本書中扮演了「內功」的角色，也就是當政府企圖善用數位科技（如人工智慧、物聯網、區塊鏈等）提升本書各篇所說的優質服務、基礎建設、民主與社會等面向的同時，也更應善用數位科技於政府組織內部的管理營運。或更進一步來說，如果政府連本身的行政管理都無法善用數位科技，我們如何期待前述的優質數位治理面向可能被妥善地規劃與實踐？

人力與財務向來為最基礎的資源，本篇第十三章首先針對組織與人力資源管理，探討政府內部主責數位科技管理的資訊部門如何轉換其角色，又如何與其他業務部門相互分工與整合，跨世代的資訊人員需要哪些核心能力，來與推動政府數位轉型的所有公務人力妥善合作。而以預算及採購為主題的第十四章，也觸及所有組織運作的最根本元素，探討政府的預算與採購制度如何影響數位治理，以及數位科技如何可能改善政府預算及採購制度的運作，以及隨著科技與制度如何得以適度演進。

如同企業與非營利組織的專業工作者，公務人力也深受數位科技發展的影響，除了更為彈性的工作型態、更需要專業互動的工作情境，兩年多來的新冠疫情也同時作為挑戰與機會，第十五章即企圖突顯公務人員如何善用科技優勢而且周延地管理其風險。此外，這些數位時代的工作特質，也促成第十六章聚焦於政府與民間組織如何善用數位科技來互惠互補且風險共擔地協力運作，包括各專業領域民間高手如何與公共問題知識的公務人員在跨領域專業、資料、與數位平臺上共同創新實踐公共利益。

除了傳統的土地、人力與資本，作為本篇第十七章主題的「資料」（包括數字、文字、聲音、影像等多媒體形式）則為數位時代不可或缺的生產要素，如果政府不知如何妥善管理無所不在的數位資料，本書各章對於數位治理的期待皆為空中樓閣。

最後，新興科技應用與導入免不了必須面臨創新所需的實驗，但是當科技創新可能立即違背現有法規時，政府就必須營造實驗場域以利於蒐集分析創新可能導致風險的實證資料，本書因此於第二版特別新增第十八章「創新實驗機制」專章，來突顯政府數位轉型在行政管理面向的另一重要元素。本篇共六章的主題，即為打通「政府數位轉型任督二脈」的關鍵環節。

# Chapter 13

# 政府數位轉型的幕後英雄：資訊人力與資訊部門

蔣麗君、蕭乃沂

## 前言：數位時代公務人員需要哪些核心能力？

依據數位政府職能調查（蕭乃沂、李蔡彥，2018），我國政府資訊人力最需要「策略規劃」與「專案管理」的管理類型能力，以及「資訊安全與倫理」與「資料管理及數據分析」的技術類型能力。即將正式成立的數位發展部，在推動數位科技應用與創新人才培育的同時，也將負責政府資訊與資安人才的職能管理與培訓，並與中央政府、地方政府、與民間，協力提升跨世代資訊專業人力與所有公務人力的數位能力，以共同推展我國政府的數位轉型。

## 政府數位轉型需以跨世代資訊人力為後盾

資訊通訊科技（information and communication technology, ICT，或可簡稱爲 IT、數位科技）正以前所未有的速度改變我們的生活方式，當然也包括政府部門提供服務與民主參與的管道與型態，而這些公共服務的背後都是由具備數位科技知識技能的公務人員所規劃與執行的，政府善用數位科技軟硬體並搭配行政流程來更優質地服務民眾並提升施政品質，已成爲當前世界各國政府的必然發展與常態。

對政府部門的組織而言，透過數位科技轉換政府體質已成爲當今政府重要任務之一，而協助政府數位轉型（digital transformation）的「轉骨師」除了高階領導人，例如民選首長（如總統、縣市長）與高階政務官（如部長、局處長）之外，主要由分布在政府內部負責業務流程與公共服務數位化的「政府資訊人力」所組成，這些人力具備了數位科技軟硬體知識技能，大部分服務於各政府組織中的「資訊單位」（例如資訊管理處、資訊中心、資訊室等），少部分則分散於所有業務單位並負責其資訊化職責。更重要的是，這些負責數位化的公務人力對於其所屬組織的專業領域（例如交通、環保、社會福利等）都能精準掌握其內涵、流程與法規，可說是數位時代政府的核心資產之一。

> **數位轉型**
> 善用資訊通訊科技於民主政治、公共政策與服務，藉以提升政府的多元面向績效，包括效率、效能、民主與公平正義等。

> **政府資訊人力**
> 政府組織中的資訊專業公務人員，大部分任職於資訊部門且與業務部門密切協作，負責規劃執行如何善用資訊通訊科技於公共政策與公共服務。

政府在推動數位轉型時，從人力資源方面也須考量到公部門「i 世代」成員，與其他世代在科技運用能力之異同。依《i 世代報告》作者特溫格（Twenge）指出，「i 世代」（林哲安、程道民譯，2020）（或稱爲「Z 世代」）爲 1995 年出生的新興世代，這群在網際網路、手機與平板降臨時，即開始運用網際網路於生活中的數位原生族群且已進入職場。依據 2020 年天下雜誌分析提出（陳建銘，2019），Z 世代個性是務實精明的數位原生族群，溝通方式偏重圖像表達，並利用視覺語言來「說故事」的群組；而工作態度屬「反骨自信派」，最不認同的職場價值觀，首推「主動扛起超出職務範圍外的工作」等當前資深主管們常用的說法。整體來說，Z 世代屬於重視自我與公平正義之數位原生族群，依銓敘部「全國公務人員」人數按年齡分布統計，民國 109 年 Z 世代公務人員從 18 歲至 25 歲共計 1 萬 3,224 人，從 26 歲至 30 歲 3 萬 4,202 人，Z 世代族群終將成爲公務人員主力，因此政府在數位轉型時需瞭解其世代特質，關注跨世代公務人力的差異。

## 持續演進的智慧政府與資訊部門

爲了善用數位科技於公共治理發展，我國自民國 87 年即開始推動全國性數位政府計畫，目前已演進至「服務型智慧政府 2.0 推動計畫」（如圖 13.1），以「擁抱數位未來，打造開放與創新智慧政府」爲整體目標，並界定三個分項目標，包括 1. 加速資料釋出，驅動資料再利用；2. 活用民生資料，開創施政新視野；與 3. 連結科技應用，創新服務新紀元。期待以兩項數位基礎環境爲基磐，包括 1. 厚植高安全之資通設施；與 2. 完備數位轉型配套措施，亦即善用民間企業與非營利社群力量及群眾智慧，並推動法規調適以促成政府服務轉型與數位人才培訓等工作。

由於資訊人力必然任職於特定的政府資訊部門，因此政府數位轉型也必須關注組織與制度的變革。數位科技本身即跨越了工作流程、專業領域、甚至公私部門界限，傳統的垂直層級結構運作模式，已不足以因應公共服務與管理的數位化需求與衝擊，勢必逐漸擴展爲水平網絡（network）的跨界交互運作模式。緣此，數位政府的領導與人力管理必須打造跨界知識技能與心態的人力資本密集型的政府，以利於各政策

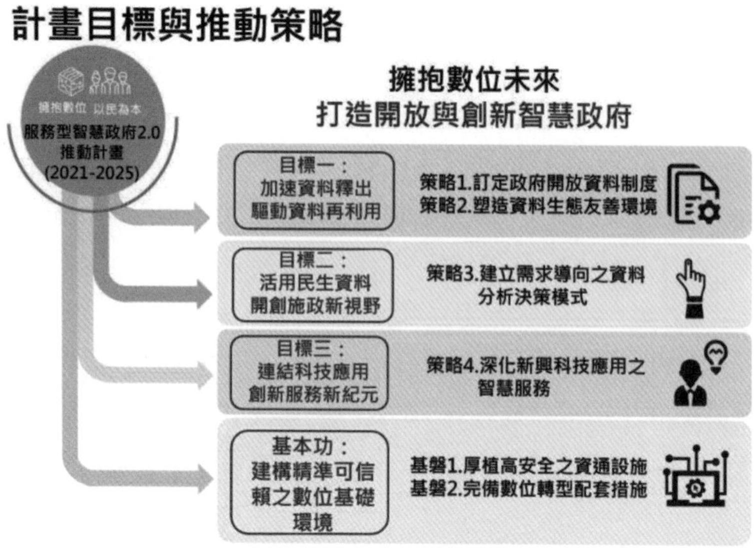


圖 13.1　服務型智慧政府 2.0 推動計畫（110-114 年）

領域中（例如國防、社會福利、交通、文化等）的公務人力，得以善用數位科技於其專業職能中，因此勢必得重新規劃執行目前數位科技與管理職能的培訓內容與機制，以培育足以勝任政府數位轉型的公務人力資源。

另一值得期待的進展是：我國於 110 年底立法通過行政院下設立「數位發展部」，掌理「全國通訊、資訊、資通安全、網路與傳播等數位產業發展、統籌數位治理與數位基礎建設及協助公私部門數位轉型等相關業務」，[1] 上述「服務型智慧政府 2.0 推動計畫」（圖 13.1）的各項目標與推動策略，也將由數位發展部予以統籌推動，並且「政府資訊、資安人才職能基準之規劃、推動及管理」也將成爲其主責職務之一。由於中央政府各部會原本即有其資訊部門（例如勞動部資訊處），大部分

[1] 數位發展部組織法，取自：https://law.moj.gov.tw/LawClass/LawAll.aspx?pcode=A0010120。

地方政府也有其資訊部門（例如臺北市政府資訊局），雖然層級或許有不同（例如金門縣政府行政處資訊管理科），但是我國未來政府資訊人才的職能與培訓，勢必由數位發展部與其他中央與地方政府資訊部門形成協力網絡予以推動。另一方面，提升這些資訊人才的核心能力，最終仍在於促進其個別政策或業務領域（如勞動政策）的數位或智慧化，因此這些任職於各政策業務領域資訊人力所需的核心能力，除了共通性的數位科技與管理相關的知識技能，也必須連結其任職且各有獨特性的政策業務或相關公共服務，才能勝任其數位轉型的目標。

## 資訊人力與業務數位化人力所需的核心職能

管理大師杜拉克（Peter Drucker）指出：「在新社會眞正有支配性與決定性的生產要素，既不是資本、土地，也不是勞動力，而是知識。在後資本主義社會中，社會主導階級不是資本家，也不是無產階級，而是『知識工作者』與『服務工作者』。」所以，數位時代公務人員的數位「知識」與「智慧」才是政府數位轉骨的重要資本。數十年來隨著數位科技演進也使得政府也歷經不斷數位化的歷程，此數位轉骨所需的人力培育皆脫離不了智慧資本（intellectual capital）的理念，即是指「能夠妥善運用數位科技來創造價值的知識、資訊、技術、智慧財產、經驗、組織學習能力、團隊溝通機制、顧客關係等項目做爲智慧資本的素材」，這在各國都是持續進行中的數位人力培訓目標。另一方面，政府部門的數位人力養成也必須從政府內部不同功能部門的行政組織人力結構著手；尤其內部對 Z 世代數位人力培訓內容，更需瞭解其資訊科技需求面因應新興科技發展，如零信任、元宇宙等新 IT 知識，並規劃有助於政府數位轉型的資訊人力培訓與世代交替傳承之方式，包括資訊人力培訓與核心素養的整合，以利於銜接不同世代與組織功能的行政流程轉型，並提供民眾更好的公共服務品質。

由於數位政府各項便民服務的設計，除了必須善用數位科技外，更重要的是資訊人力能從各政策業務或公共服務使用者的角度，重新調整作業流程及服務傳遞模式，以設計民眾方便有感的使用體驗。為此，資訊人力的專業態度、人際關係、技術與歷練非常重要，分為高階與中階資訊人員在此四面向皆有不同培訓（如圖 13.2 所示）（蔣麗君、傅凱若，2017），資訊人力須具溝通能量與技術專業和歷練。除傳統各單位的資訊人員需要具備與時俱進的資訊技能，及創新的資訊服務思維外，更需與資訊服務相關的業務承辦人員，一起進行作業流程的重新設計，方能提供良好的使用者體驗，進而提高政府效能。



一般而言，組織內部由以下五種類型的人力所組成：

1. 策略與決策人員：高階管理人員，決定各核心業務（包括 IT）的發展方向。
2. 中層管理人員：承接組織重要策略之管理人員。
3. 技術官僚：負責管理與工作之標準化，例如制訂業務與 IT 的輸入輸出規格。
4. 作業核心人員：執行組織基本業務，例如將業務與 IT 輸入轉換為服務輸出。
5. 支援人員：對不屬於 IT 作業核心人員作業流程範疇之工作提出支援。

傳統政府組織的資訊人力強調技術能力，然而隨著數位科技的快速發展與資訊應用的多元普及，政府資訊人力的定義範疇與職能要求勢必因應調整；而數位政府的成功推展，除了資訊部門人力本身的賦能，關鍵更在於與其他業務部門的跨域合作，以利增進政府透明化與民眾參與度。公務人員應具備之核心能力分共通、管理及專業等三類，資訊人力職能發展轉型可分為下數項目（如圖 13.2）：

1.「專業職能」，惟針對部分在政府資訊職務中重要的共通／管理職

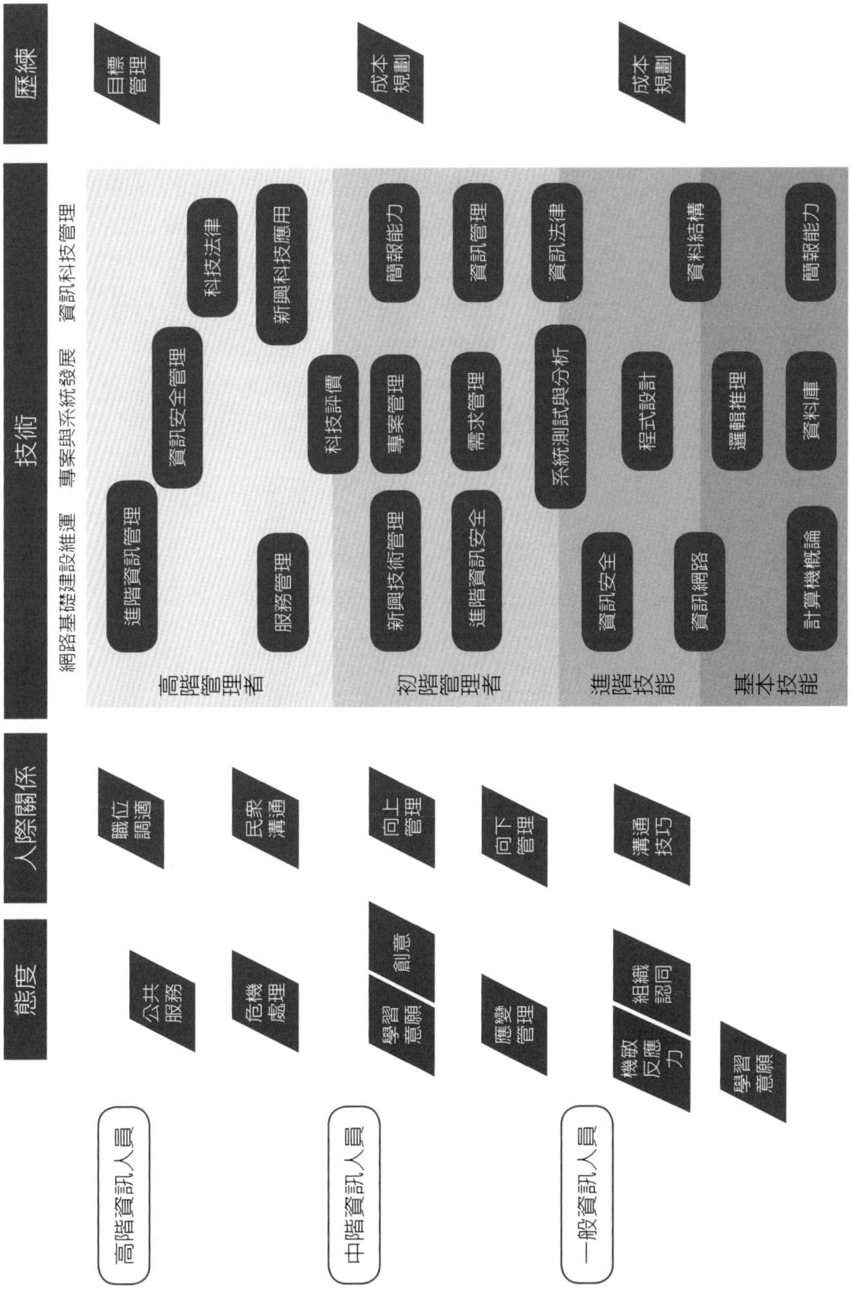


圖 13.2　政府資訊人力所需核心職能

能，或跨界於管理與專業重疊區塊的職能（例如資訊安全管理）。除此，政府 IT 人力著重提升資訊素養、經驗傳承、溝通與建立價值觀。

2. 在態度面向注重「主動學習」、「易地而處」、「組織目標認同」、「負責任的態度」、「公共服務動機」；在經驗面向注重「實務經驗」、「資訊人才的業務及行政能力」、「教育訓練」、「師徒制傳承」、「激勵制度的考量」、「工作環境」；在背景面向注重「基礎能力」。
3. 在技術面向注重「專業知識」、「未來科技趨勢」、「法規依循」。
4. 在溝通面向重視「資訊人員溝通能力」、「跨部門問題（業務部門）」、「對外溝通（廠商、民眾、媒體、民意代表）」。



因此，政府資訊人員所需提升的資訊素養，首重在個人的態度與組織的溝通，再則爲組織層面的技術與經驗。態度方面，資訊人員要能主動學習、隨時接受新知、正面思考等事項，而中高階資訊主管可適當激勵提升服務動力。溝通方面，則須政府跨單位瞭解業務內容及運作流程，也須訓練良好的溝通能力以促進跨部會合作協調。技術方面，要具備基礎的專業知識，以便加強業務所需領域的知識。

依上述可知資訊部門的基本必備條件與因應轉型之新 IT 職能，資訊人員除個人專精於本身專業技術（如衛福、國防等）外，可藉由部門輪調機會參與業務執行，培養多方面的管理經驗與業務行政能力，像是成本預算規劃及問題解決的實務經驗，皆非一朝一夕就可習得。再則，資訊管理者的價值觀更應能瞭解組織目標與具備公共服務之動機，作爲承上啓下的重要角色。

## 結論：追求跨世代人才的精準培訓與訓用連結

綜言之，搭配「服務型智慧政府 2.0 推動計畫」（如圖 13.1），我國政府的資訊人力結構與專業仍持續演進，未來必須能兼顧不同世代民眾與公務人員的特質與需求，考量經驗老到的嬰兒潮世代、熱切的千禧世代、來自新興Z世代的民眾或專業人士等差異性。在啓動新數位政府機制時，面臨傳統的政府資訊人力思維，以及管理支援業務之轉型。數位科技的角色已不再是取代人工作業或者是提供更多的管理資訊而已，而是朝向更進一層的數位轉型與策略創新。

數位時代的政府爲了民眾建構二十四小時的不間斷服務，使民眾與企業等可於便利地點快捷取得整合性的資訊與服務，其目標在於提升政府組織的反應能力及決策品質、簡化行政程序、有效運用人力資源、創新便民服務措施，促使數位轉型以達成更爲良善的公共治理。因此，不論是對於資訊部門人力或分散於各業務部門負責業務數位化的公務人力，研究創新、績效管理與數據分析的重要性隨職務層級之由上而下或由下而上，未來政府在進行相關職能培訓時，應設計連貫性的技術與行政等課程（如「溝通行銷」），持續深化此類職能培職。尤其「業務流程改造」、「研究創新」、「顧問諮詢」、「數據分析」、及「網路規劃」對高階資訊人力特別重要，也應是共通重要職能之外可供培訓的項目。

再則，政府連結各機關跨領域重點專案與數位治理，職能的培訓機制須透過跨業務與資訊單位的專案，以前述的關鍵職能連結其任務內涵，並透過專案需求導向的培訓活動（project-based learning, PBL），同時調訓這些專案中的跨領域公務人力，相信更能有效地訓練跨域合作與管理能力。

最後，提升培訓在職務陞遷發展的重要性，不論對於資訊人力或數位治理人力而言，尤其是資訊或業務單位的中高階（如八或九職等以上）主管，實應具備專案管理、資訊安全與倫理、企業架構等關鍵的數位治理職能，可考量在公務人員陞遷、或訓練進修相關法規中有更爲明確的界定，相信必能增強在職訓練與生涯發展間的良性循環。

## 參考文獻

1. 林哲安、程道民譯（Jean M. Twenge 原著）（2020）。i 世代報告：更包容、沒有叛逆期，卻也更憂鬱不安，且遲遲無法長大的一代。大家出版社。
2. 陳建銘（2019.11.19）。25 歲以下「Z 世代」大軍進職場 你真的懂他們嗎？天下雜誌，686。
3. 蔣麗君、傅凱若（2017）。數位治理的核心素養——公務資訊職能培力。國家發展委員會委託臺灣數位治理研究中心研究報告。
4. 蕭乃沂、李蔡彥（2018）。數位治理人力資本與職能策略研析調查。國家發展委員會委託臺灣數位治理研究中心研究報告。

Chapter 14

# 破解搓圓仔湯——政府採購與預算電子化

許雲翔

## ▶▶▶ 前言：為何搓圓仔湯？怎麼搓？

我們對於政府如何花納稅人的錢有著各種想像，「搓圓仔湯」是其中一種想像，其所構想的關係，更生動的勾勒出政府採購及預算所面臨的問題。此一詞彙是由外來語演變而來，日語將業者投標時在場外協調的行爲，稱爲「談合」，意指搓掉（挲掉），從教育部的教育百科查到的意思爲透過投標者間協商、利誘或威逼等手段，要求他人放棄權利。日後逐漸發展成常見詞彙，更特別的是我國還在「搓圓仔」後加一「湯」字，乃因見者有分，人人可以分一杯羹，暗指透過協商瓜分利益的行爲，並擴及至標案以外，如政黨間的預算或密室協商。然而分杯羹的標的物，就是採購標案或預算編列，少數人或因訊息不透明，或因黨政關係良好，就此朋分公共資源。也就是說，這些人可以透過「圍標」，來避開競爭，確保取得政府工程，獲得超額利潤。

此一弊病一直是推動行政革新的重點所在，[1] 電子化所能發揮的資訊透明及擴大參與效果，相當程度能回應問題，對症下藥。本文先簡要談論搓圓仔湯的相關類型，再提出目前電子採購及預算程序的做法（蕭乃沂，2003），最後再談還有什麼可以改善的地方。

**搓圓仔湯**

業者在參與政府採購投標時在場外協調的行為，其透過利誘或威逼等手段，要求其他投標者放棄權利，或在投標者間協商瓜分利益，以交換取得政府採購標案。

## 搓圓仔湯的類型

在工程投標案開標前，某些競標廠商會以金錢利益或是威脅的「搓圓仔湯」手段，使對手退出競爭，也就是我們慣常聽到的「圍標」。實際上有什麼類型呢？根據鄭榮龍（2002）的整理，我們可以在過去政府採購案中看到下列型態：

### ㈠ 取得採購案發包底價（探知與控制底價）

串通相關承辦人員洩漏底價或關說探聽底價，或以招標公告之押標金金額推估發包工程金額（前者一般約發包金額 5%），同時串通單位未實際將招標公告予以公告，也就是在張貼照相後即撕下，造成僅有少數人知道領標及投標。

### ㈡ 取得投標廠商名單

透過管道取得投標名單，再由有力人士出面邀集廠商或借營造廠牌照進行圍標以高價（或接近底價）得標再轉包牟利。

[1] 如政府採購法於 2016 年 1 月 6 日的修正版本加入「搓圓仔湯條款」，其第 87 條規定：「意圖使廠商不為投標、違反其本意投標，或使得標廠商放棄得標、得標後轉包或分包，而施強暴、脅迫、藥劑或催眠術者，處一年以上七年以下有期徒刑，得併科新臺幣三百萬元以下罰金。」或「意圖影響採購結果或獲取不當利益，而借用他人名義或證件投標者，處三年以下有期徒刑，得併科新臺幣一百萬元以下罰金。容許他人借用本人名義或證件參加投標者，亦同。」

### ㈢ 逼迫威脅手段

有力人士邀集預定投標廠商先行開小標，或逼迫設計單位採用特殊、專利工法或材料，藉以減少可能參加投標的廠商，或脅迫發包單位訂定不合理的規格審查辦法，淘汰部分廠商，以達控制投標廠商家數的目的。

搓圓仔湯的直接結果，就是造成政府採購的商品或服務普遍有著「高造價低品質」的問題，不是規格不符原先的公告，品質低落，就是公共工程未達期限即不堪使用，日後需要更多的資源投入填補，像是路平專案。更嚴重的，就是形成地方廠商到中央民代的利益共生結構，在源頭的立法預算編列階段，即綁定特定採購規格，進入肉桶政治（pork-barrel politics）的負面循環。

**肉桶政治**

意指民意代表將預算等政策利益分配給選區內的利益團體，如「地方基層建設經費」，在政策採購規格上量身定做，或指定承包者，只能由該團體得標，以爭取競選經費及選票上的支持，其結果就是在預算至採購的過程中，將公共利益轉為政治酬庸。

## 資訊透明的電子採購（e-procurement）

過往公共採購爲人詬病之處，在於採購資訊的透明及有限的參與投標廠商，電子採購能透過電子公告讓資訊更加透明，電子領標則能排除名單洩露及開小標問題，降低現場領標圍標的可能性，減少利益交換。進一步則行政機關可以減少採購所需人力，降低採購成本，提升採購效率。作業上主要是將原有的行政流程改爲電子化（如圖 14.1），方便讓廠商取得採購資訊。幾個關鍵組成如下：[2]

---

2 https://reurl.cc/WWaGL。

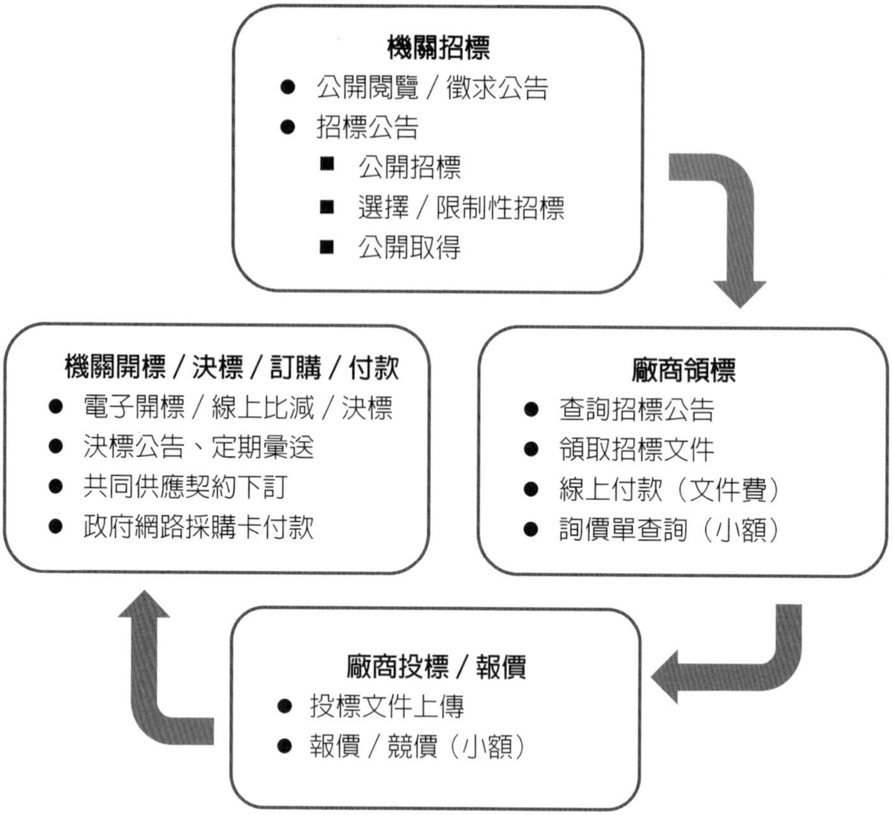


圖 14.1　電子採購流程

資料來源：林姿琰（2015）。

㈠ 單一入口網站

如政府電子採購網站及共同契約平臺。

㈡ 供應商自助登錄

廠商申請電子憑證後，政府電子採購網帳號申請與個人資料維護，同時搭配電子信用狀、公司登記等。

㈢ 採購清單集中化

如共同供應契約、政府採購公報（電子報）或主管機關資訊網路。

㈣ 採購網路公開作業

如發送領標資訊給潛在廠商、電子領標、廠商線上報價、招標機關電子開標、刊登決標公告、線上簽約。

從美國的經驗來看，根據全國公共採購人員協會（National Association of State Procurement Officials, NASPO）的統計，2018 年全美各州政府幾乎都建置了電子採購或企業資源系統，與我國略微不同的是，各州自行發展系統的結果，不一定是由政府買單，有州政府統一支應預算成立（28 個州政府），也有個別需求機關預算支應（14 個州政府），更有廠商自己發展企業對政府（B to G）[3]的模式（八個州政府）。電子化確實提升了公共採購的透明度，也讓行政部門更容易稽核廠商履約，更是推動電子化政府的一大亮點。就我國而言，在 2012 年國家建設計畫中，已提出合理務實且符合國際規範的優質政府採購環境，其中主要執行事項爲政府採購電子化、招標決標資訊公告網路化、查詢資訊行動化，提供廠商二十四小時網路領標，節省作業時間人力；政府採購公報電子化，推動共同供應契約電子採購，以網路取代傳統訂購流程，降低政府支出，提升採購效率。

## 知情及擴大參與的電子預算（e-budgeting）

而地方團體到中央民代的利益共生結構，在源頭的立法預算編列階段，即進入肉桶政治的質疑，我們有什麼好的做法？政府運作確實容易衍生黑箱的質疑，代議民主使得民衆在預算程序相對低度參與，預算書內的經費編列也不容易解讀，這些都讓我們有所質疑，預算流程是否是

---

3 B2G 模式即企業與政府之間以網路進行交易活動的運作模式，比如電子通關、電子報稅等，概念是商業和政府機關能使用網站來交換資訊，完成交易。參見：MBA 智庫百科，https://wiki.mbalib.com/zh-tw/B2G。

一個更大的「圓仔湯」，經費是不是可以用在更好的地方。

如同電子採購，電子化同樣為預算制度帶來改變契機，數位平臺的可及性、參與及透明等特性，能更為即時的揭露資訊，讓預算資訊正確、容易取得及易於瞭解。除了預算資訊揭露外，徐仁輝（2014：190-226）進一步指出，公民參與預算決策更是這一波革新的主軸之一。綜合言之，電子化在兩個面向上回應我們對於預算過程的質疑：其一，是預算視覺化，方便公民建立預算知識，理解關鍵議題的資源配置；其二，透過數位參與工具或平臺進行參與式預算，強化公民在預算分配上的影響力：



### ㈠ 預算視覺化

一般非專業、外行的民眾對於厚厚的預算書常會望而卻步，視覺化的目的，就是透過數位工具的線上即時互動及情境模擬功能，強化民眾對預算的認知及參與感（Cropf, 2016: 107-109），一如我國行政院主計總處在「人民看得懂」的訴求下，設立視覺化查詢專區（如圖 14.2）。預算視覺化是結合政府及民間資訊社群力量，經過資料整理、程式撰寫、介接視覺化系統完成，讓總預算轉為開放資料再予以視覺化，最後將預算資料製成視覺化網站上網公開。進而供民眾分析，轉化成有用的資訊，才能真正發揮資料的價值。專區即是以開放資料方式呈現預算數字，由民間、政府、社群、公務員協力編撰製圖，讓民眾有充足的資料，檢驗政府施政效率，重新建構政府與公民的夥伴關係，共同找出資源配置問題。

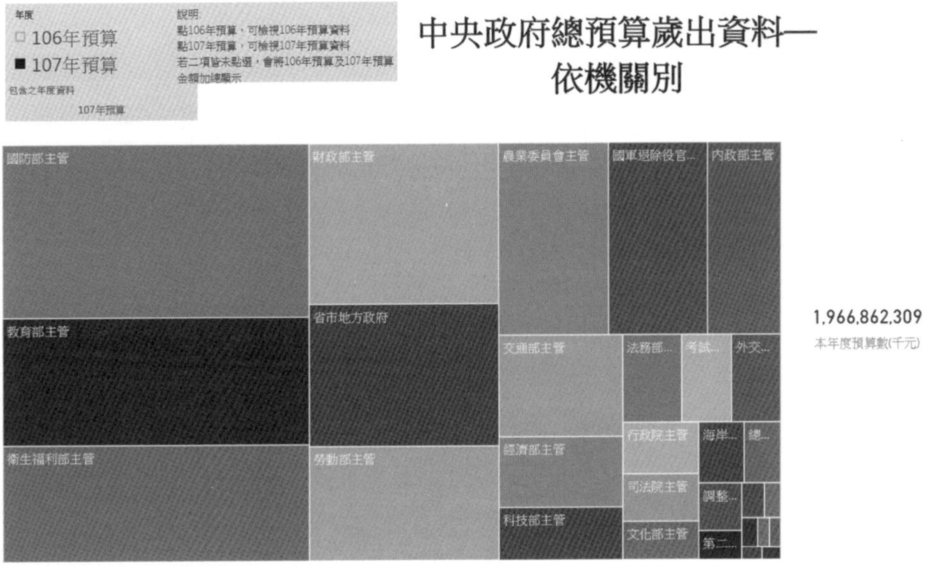


圖 14.2　中央政府總預算歲出資料—按機關別

資料來源：行政院主計總處，https://reurl.cc/23MWO。

㈡ 預算電子參與

我們可以發現，即便知道預算的組成，或參與了預算數字的編撰仍有所不足，若要回應「圓仔湯」的質疑，勢必朝公民參與預算決策的方向發展，其他國家的經驗則是與已推動近三十年的參與式預算合流的方向（Nelson Dias, 2018: 58），如在西班牙馬德里，市政府開發出 CONSUL 這套軟體平臺，分享、討論與表決參與式預算的提案；紐約市則可同時透過實體（社區集會）及虛擬（線上提案）兩種管道來提案；法國巴黎參與式預算讓市民得以決定 5% 的資本門投資經費，約占總預算的 1%，各行政區上限則為 30%，預計在 2014 年至 2020 年間由 200 萬巴黎市民分配 4 億 2,600 萬歐元的預算，而自 2015 年起即進行數位化。

我國則發展出 i-Voting 參與式預算數位平臺（如圖 14.3），用以落實「開放政府全民參與」理念，從提案、討論、形成選項到投票，運用網路科技廣為蒐集民意，促進市民參與市政討論及推動。目的在於藉由數位工具無遠弗屆的特性，擴大原本的實體參與機制，特別是針對青年，平常忙於工作往往是無法參與的主要原因。就此而言，線上平臺能夠納入更多有意願參與的民眾，也促成了參與式預算在提案討論、展示至投票等方面的流程改變。

| 排名 | 投票類別 | 得票數 |
|---|---|---|
| | 呂祖風華再現（指南宮） | 8434 |
| 2 | 興隆市場增掛電梯以便民案 | 7622 |
| 3 | 景美一定行 | 7427 |
| 4 | 綠屋頂改造 - 從市政府做起 | 7415 |
| 5 | 閃亮文山．越夜越美麗 | 7411 |
| 6 | 興豐熊讚親子主題公園改造計畫 | 7391 |
| 7 | 動出專注力．玩出好能力（景行、萬慶公園改造） | 7384 |

圖 14.3　臺北市政府參與式預算 i-Voting 提案
資料來源：臺北市政府（2017），https://reurl.cc/WWLay。

## 結論：持續改革方向

發生於 2021 年的北迴線太魯閣號列車出軌事故，再次提醒我們政府採購與預算所面臨的問題。承包商多年來持續違反政府採購法，亦被判刑在案，卻還是能取得臺鐵工程標案，若非出現此一重大事件，我們實難有所警覺，官商合謀分配採購預算的結果，將危害全民的公共安全。

顯而易見的，無論是採購或預算都面臨「搓圓仔湯」的質疑，也積累了相當多問題，採購資訊的透明及標案後續執行成效、預算的易讀性、公民在預算過程的低度參與，均爲人所詬病。我們的期待是政府把錢花在刀口上，也希望政府按照我們的需求編列預算，政府採購與預算電子化就是在回應這樣的期待與希望。但電子化作爲一種工具，有推行上的限制，組織或文化因素常是解決問題最大的障礙。也就是說，電子化確實能在技術層面有所改善，諸如系統開發（曾冠球等人，2009）、行政內部效能與效率提升，及本文所提及的電子採購，但更爲根本、組織層面的數位治理機制往往付之闕如。本文進一步整理如下：

### ㈠ 電子採購的工具性定位

與電子預算相較下，電子採購最能直接回應「搓圓仔湯」的質疑，因爲政府的貪腐行爲往往容易表現在採購行爲中，設立單一網站公開政府採購資訊的確有助反制貪腐，然期待電子採購就是萬靈丹，實高估此一工具的能力，若不連帶處理公部門文化等治理層面的問題，並無法有效阻扼「搓圓仔湯」現象（黃暖婷，2015：8-9）。再者，在執行層面，包含系統設計是否與採購人員充分溝通、與實體採購程序的整合程度等（Engström, Wallström & Salehi-Sangari, 2009; McCue & Roman, 2012），電子採購皆有持續改善空間。

### ㈡ 預算的政治性限制電子工具的作用

儘管電子預算的立意甚佳，但預算爲政治性過程，視覺化或預算參與的工作僅是表面功夫，並沒有實質參與行政部門預算編制或立法部門運作。也就是說，資訊方便取得，或夥伴關係的建立，不代表民眾就自動參與了預算決策，成爲決策圈的一份子。



### ㈢ 預算視覺化目的僅在資訊透明

預算必然會觸及治理的根本議題，一如 Wildavsky（1986）所言，預算絕不如表面所見，看似是技術性問題，包含行政部門編列、立法部門評估、行政部門執行再到立法及審計部門控制，事實上，前述整個過程是複雜的政治協商。也就是說，預算的高度政治性與各預算機構，包含立法、行政及監察審計部門的專業性，讓預算視覺化的努力，至多只能達到提高公民認知、瞭解議題複雜性、主動參與預算討論的效果。波士頓市政府即清楚明白地指出，其開發預算數位工具，也就是 Open Budget 的目的，只在於讓民眾更爲知道市政府的財務資訊，瞭解歷年財政狀況、比較預算與實際支出（Cropf, 2016: 110）。

### ㈣ 電子預算參與空間有限

預算電子化確實能發揮工具作用，達到數位參與的效果，卻因預算涉及更爲深層的治理，即便參與，能分配的比例在各國或各城市間僅有 1% 至 5% 之間，並不具備太大的實質意義。也就是說，電子工具強化了行政流程的透明度，也擴大了民眾參與空間，在特定面向上，改善了過去預算與採購所出現的問題。不過，複雜的政府預算行爲還是在一定程度上限制了數位工具的發揮空間。

> **政府預算**
>
> 政府預算以提供政府於一定期間完成作業所需經費為目的，行政、立法機關及利益團體等行為者參與其中，有不同的權力層次，並提出不同的偏好與優先順序，在過程中為預算法規所拘束。

綜合言之，電子化的推展必須把組織內外因素考量進來。採購及預算過程有相當多的機構參與，各扮演不同功能角色，也各持不同觀點，彼此箝制的結果阻礙預算活動進行，使得系統失能，限制了數位轉型的推展。也就是說，我們在推動採購及預算電子化時，不能僅看技術層面的流程改善，而是需要瞭解組織與制度因素會如何影響技術的採用。資訊通訊科技確實有提升效率、更加透明的潛力，但也一如其他的公共管理工具，或許局部的改善了若干問題，也或許強化主計單位的預算管理能力，但更爲重要的是，我們必須深入瞭解促成成功的條件爲何，根據這些條件，調整組織與法規制度。基於此，我們必須更全面的思考下列幾個問題：

1. 公民及社會各自在不同文化支持下參與治理過程，在設計採購服務、預算系統及政策時，各該扮演什麼角色？
2. 非政府成員在電子預算的過程，如 i-Voting 中更深入的參與預算過程，其決策亦影響了公衆，這些成員該負起什麼樣的責任？
3. 已發展成熟的做法如電子採購，如何持續在系統設計是否與採購人員充分溝通、與實體採購程序的整合程度有所改善？

本文建議需從上述問題，思考電子化在政府預算及採購上的意義。若僅從工具的角度推動數位轉型，資訊通訊科技確實提升透明度及效率，但也一如其他的公共管理工具，僅是局部的改善若干問題，沒辦法發揮數位轉型的全部潛力。

## 參考文獻

1. 林姿琰（2015）。電子採購實務。政府採購專業人員基礎訓練。
2. 徐仁輝（2014）。公共財務管理，第六版。臺北：智勝。
3. 曾冠球、陳敦源、胡龍騰（2009）。推展公民導向的電子化政府：願景或幻想？公共行政學報，33，1-43。
4. 黃暖婷（2015）。APEC 架構下之電子化政府與反貪腐初探。臺灣經濟研究月刊，193，7-10。
5. 臺北市政府（2017）。參與式預算成果報告專書。
6. 鄭榮龍（2002）。圍標行爲的刑事責任與防制之道。澎湖縣政府網站。
7. 蕭乃沂（2003）。政府採購電子化的成效評估：透明化觀點的指標建立。空大行政學報，13，161-184。
8. Cropf, Robert A. (2016). "E-Budgeting." In *E-Government for Public Managers: Administering the Virtual Public Sphere*. Rowman & Littlefield.
9. Engström, A., Wallstrom, Å. & Salehi-Sangari, E. (October 2009). Implementation of public e-procurement in Swedish government entities. In 2009 International Multiconference on Computer Science and Information Technology (pp. 315-319). IEEE.
10. McCue, Clifford & Alexandru V. Roman (2012). "E-Procurement: Myth or Reality." *Journal of Public Procurement*, 12(2), 221-248.
11. Nelson Dias (2018). *Hope for Democracy: 30 Years of Participatory Budgeting Worldwide.*
12. Rubin, Irene S. (2010). *The Politics of Public Budgeting: Getting and Spending, Borrowing and Balancing.*
13. Wildavsky, Aaron B. (1986). *Budgeting: A Comparative Theory of the Budgeting Process*. Transaction Publishers.

Chapter 15

# 智能工作——讓你工作無設限

潘競恒

## ▶▶▶ 前言：自由工作者上班去！

小樊是一名程式設計師，但他並不屬於某一家特定的公司，而是以獨立的個人到處接案；此外，小樊也會寫一些手機 APP 並在手機應用程式商店中上架。

有一段時間，小樊嘗試在家裡工作，但是總會被一些生活瑣事打亂了工作的進度；而家中過於舒適的環境，有時也讓小樊無法順利的進入工作狀態。後來，小樊將工作地點改至咖啡廳，優美的音樂與燈光所打造的的氣氛讓小樊有了工作的感覺；雖然耳邊不時傳來用餐以及聊天聲，但正是在這樣與人同在的空間中，讓小樊能更專注在工作上。但即使咖啡廳擁有讓小樊滿意的環境，卻有個很大的問題——那就是爲數稀少的充電插座與緩慢的 wifi 網路；這是讓一名與電子設備密不可分的程式設計師最爲困擾的事情。

轉換了幾個工作場所後，在朋友的推薦下，小樊踏進了共同工作空間；在這裡工作後，小樊便完全地愛上這裡。不僅是多了咖啡廳沒有的插座與高速網路，在共同工作空間裡有許多像小樊的自由接案工作者，這給了小樊有更多的機會認識同業或是類似領域的人，除了拓展人脈，也能交換資源，甚至能夠因此開發新的客戶；更棒的是，這裡不只提供空間，還提供新創公司需要的財務、稅制、法律服務呢。小樊在這裡結識了一起創業的夥伴們，進軍擴增實境（augmented reality）產業。

不料，席捲全球的 COVID-19 疫情，打亂了小樊與夥伴們的工作步調，不得不大量採用線上互動。儘管需要一些調適，但相較於其他產業的工作者，他們算是可以順利轉型的一群。而這場疫情也讓虛實整合的科技需求更高，無疑對小樊的新創公司是個好消息。

隨著資訊通信科技（information and communications technologies, ICTs）的快速發展，工作方式也產生新的可能性；就如同案例中的共同工作中心一般，藉由 ICTs 能夠產生新的工作場域與新的工作方式。無論是在商業上或是政府部門的營運管理，ICTs 加速了作業流程與整個勞務活動的進行，也爲智能工作（smart work）的發展奠定了技術基礎。

**智能工作**

運用資訊科技讓工作的場域更加有彈性，以此提升員工的工作效率。

## 什麼是智能工作：讓你工作無設限

微軟（Microsoft, 2011）從人員、技術與空間三個面向描述智能工作內涵與目標，人員的面向在於提高員工的生產力與創造力，讓員工能更聰明地工作（work smart）而非埋頭努力工作（work hard）而已，並且增進其生活品質；技術的層面在於有效運用 ICTs 來提升員工的生產力與協同工作能力；而空間方面，則是要打造出能讓員工舒適又有效率的工作環境設計與安排。因此智能工作主要是借助電子通訊、行動裝置、電腦與寬頻網路等設備，讓工作上的人際互動、資料傳輸、訊息分享等活動，即使離開傳統的辦公室空間也能執行工作，突破時間與空間的限制，即所謂運用科技以更智慧的方式工作，提高人力資源的運用效率。

智能工作包含三種主要概念，分別是遠距辦公（telecommuting）、行動辦公（mobile office），以及智能工作中心。遠距辦公主要是指員工在家中或遠處地點透過 ICTs 處理公事。行動辦公是指辦公需要的相關應用程式或軟體安裝在可攜式電子設備（如手機、平板電腦或筆記型電腦等），員工可以隨時隨地處理公事，例如外出訪查

**遠距辦公**

人員能夠突破空間的限制，在不同的場域進行協同工作；如透過視訊開會等。

**行動辦公**

人員辦公不再局限於辦公室裡，而是能在任意地點進行工作。

之時可即時完成公務處理，無須將各式資料文件攜回辦公室後辦理。而智能工作中心（smart work centers, SWC）則是設置在大都會區外圍較靠近住宅區的工作站，員工可就近至工作站辦公，工作站多配置有較高效能的 ICT 設備協助員工遠距互動以及工作流程支援，讓員工的工作地點與空間有更多樣、彈性的選擇。

> **智能工作中心**
> 工作站裡有充分的資訊通訊科技裝置，此外位置分配靈活，打破傳統辦公室座位安排明顯的階級界線。

## 聰明管理你的組織

智能工作主要在三個管理層面展現聰明或智慧，即空間管理、時間管理和任務管理。空間管理是指讓工作環境變得更有彈性與非權威性，若選擇在家遠距辦公，當然是個人熟悉的空間；若選擇到 SWC 工作，則是離家不遠但與家庭生活有較清楚的空間區隔，而 SWC 通常同時配置有個人化空間與共同空間，員工可衡量隱密性或協同性的工作需求選擇空間，而且許多 SWC 通常採開放預約的方式管理，不固定的席位則降低了威權管理意味，相信人員在更舒適、符合人性與彈性的空間選擇下更可發揮潛力並負起自我管理責任。在時間管理方面，以符合總工時與工作成果爲前提，彈性的工作時間讓員工可以自行調配適當或最有效率的工作時段，例如安排可專注工作而不被打斷的時段，與家庭照顧時段錯開，降低工作與非工作之間的角色衝突所產生的壓力。任務管理則是指離開傳統集中辦公空間的相應管理，例如擬定詳細的個人任務清單，員工雖在遠處辦公仍有明確的執行事項與任務要求；爲因應共事者分散在不同工作地點與多方、遠距的溝通形式，必須建立更有效率的會議文化，也須善用社群網絡服務（social network services）進行互動或協作來創造集體智慧，而新的組織溝通媒介需要發展適當的規範、準則或習慣，業務流程也就需重新調整或創新；這些任務流程與資訊均可以透過清楚記錄的傳輸方式完成，留下更加客觀與具體的數位資料，使組織績效評估系統能更加明確詳實（Koo & Lee, 2014: 167-168）。

## 智能工作好處多

智能工作可以降低時間與空間對工作者的限制。職場通常對行動不便者（例如肢體障礙、孕婦、年長者等）較不友善，雖然無障礙設施與相關法律保障日益普及，但彈性的工作時間與空間可以減少通勤的必要與通勤過程帶來的困擾，實質提高方便性，而就工作權的保障而言，也有助改善求職障礙，相對也提升了社會的工作平權。此外，對於日趨少子化、高齡化的社會而言，更彈性工作型態可降低工作與生活在時間空間上的互斥性，若工作內容是允許在家進行的，則過去必須在家庭照顧與外出工作之間取捨的人，智能工作提供了兼顧二者的可能性，使工作與生活之間取得更佳平衡。無論是遠距工作或智能工作中心，都可望降低通勤量，有助於減少交通過程所需的能源以及所產生的溫室氣體，對於追求環境永續的目標有正面效應。概括來說，智能工作的好處包括降低通勤需求、提升工作效率與增進生活品質（Eom et al., 2014; 2016）。此外，智能工作中心所營造的軟硬體工作環境也有助於員工創意的發揮，因為 SWC 開放式與隱密式空間設計可靈活適用於個人或團隊工作需求，高效能資通設備有利於即時的溝通與協作，遠距工作可培養自主、信任、賦能的組織文化，這些對於員工創意均可能帶來正面效益（Errichiello & Pianese, 2018）。最近一份韓國研究顯示組織採取智能工作後的績效表現有顯著提升，但效果會受到組織文化影響（Jung, 2018）。除了對組織或員工的潛在益處之外，發展智能工作還有產業面的經濟價值。換言之，藉由布建 SWC 可同時培植所需之軟硬體技術與產業供應鏈，對於國內外市場均有正面價值。

## 韓國的智能工作計畫

智能工作的概念始於美國 1990 年代，2000 年代開始在韓國引起討論。韓國為因應低出生率、低生產力、城市交通擁堵所產生的社會成本，以及 2009 年韓國 IT 產業競爭力排名的急劇下滑，韓國公共行政與安全部（MOPAS）[1] 與直屬總統的傳播通訊委員會（Korea Communications Commission, KCC）於 2010 年聯合推動「智能工作啓動計畫」，並同時進行資訊通信基礎建設的改善與普及，而 MOPAS 負責公部門推展，KCC 負責私部門。「智能工作倡議」成爲 2010 年韓國建立「世界最佳智能政府」的主要政策計畫之一，與其他改革計畫同爲公共部門更大創新戰略的一部分。「智能工作啓動計畫」採取公私部門同步進行的策略，公部門致力於建立完整的智能產業生態系統，私部門強化投資與發展市場。共提出三大領域 10 項任務，第一是將智能工作文化推廣至全國，並支援產業進入海外市場；第二是支持女性、老年人和小型企業，加速實施智能工作系統；第三是建置安全與方便的智能環境。相關計畫任務如表 15.1。

智能工作啓動計畫第四項任務的具體工作即是以建置 SWC 爲重點，初期設置二個試點，努力的目標是設立 50 個公立、450 個私立智能工作中心，並將所有智能工作的勞動人口達到總勞動人口的 30%。智能工作從 2010 年被提出後，公部門以彈性方式工作的人數有逐年上升的趨勢；從 2011 年 2,740 人、2012 年 5,860 人、2013 年 1 萬 1,144 人、2014 年 1 萬 6,443 人，到 2015 年時則到達 2 萬 2,563 人，占了全體公部門的 21.3%。[2] 截至 2018 年全國共有 15 個智能工作中心，[3] 每年的使用人次約在 10 萬左右。

---

1　業務主管機關原屬 2008 年整併設立之公共行政與安全部（Ministry of Public Administration and Security, MOPAS），後更名為安全行政部（MOSPA）。2014 年拆分為三個機關，相關業務回歸政府行政與內政部（Ministry of Government Administration and Home Affairs, MOGAHA），2017 年再次組織重整，目前相關政策業務應隸屬於新設立的行政安全部（Ministry of Interior and Safety, MOIS）。

2　http://www.seoul.co.kr/news/newsView.php?id=20160511500005。

3　SWC 的地點、座位、日期、時間可於行政安全部提供的智能工作網站預約，https://www.smartwork.go.kr。

表 15.1　韓國傳播通訊委員會智能工作啓動計畫：三大領域與十項任務

| 一、全國推廣智能工作文化，支援產業進入海外市場 | 二、藉支援職場女性、老年人和小企業，加速智能工作導入 | 三、落實資訊安全與用戶便利的智能環境 |
|---|---|---|
| 1. 擴散智能工作文化：政策制定會議、倡議活動和獎勵標竿案例來挖掘領導者。<br>2. 制定智能工作促進法案：稅法支援、工人權利保護和通信安全相關的法律制度。<br>3. 促進產業並支持進入海外市場：藉由支持小型韓國企業進行宣傳和進入全球市場，發展明星公司並提高國內技術的品牌影響力。 | 4. 發展智能工作擴散模型：以漣漪效應較大的項目優先試點計畫，開發低成本高質量的模型以提高採納。<br>5. 支持小企業和弱勢族群：支持小企業採智能工作環境僱用社會弱勢，如女性、老人和殘障人士。<br>6. 建立視訊通信的遠距合作模式：將遠距溝通模式從語音轉化為影像。 | 7. 加強資訊安全和用戶便利性：製發智能工作導入指南、智能工作資訊安全指南，採用安全認證和品質評比系統。<br>8. 開發標準化核心技術：開發技術和實施全球工作環境測試平臺，以滿足用戶需求與社會網絡為基礎的合作。<br>9. 改善網絡基礎設施：推進網絡基礎設施，例如在早期階段引入Giga Internet系統和WiFi / WiBro / LTE實施，以便隨時隨地實現智能工作。<br>10. 建立智能工作環境：倡導雲端服務和M2M（機器對機器或物聯網）通信的工作環境。 |

資料來源：韓國傳播通訊委員會。

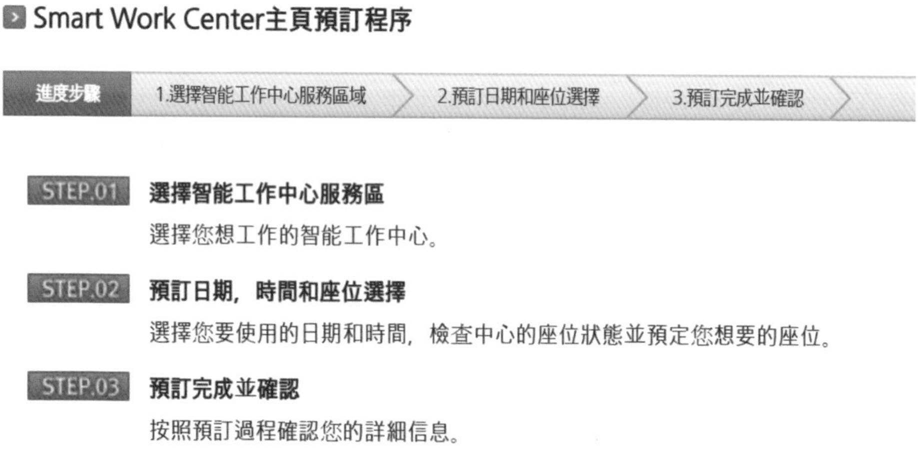
Smart Work Center主頁預訂程序
進度步驟
1.選擇智能工作中心服務區域
2.預訂日期和座位選擇
3.預訂完成並確認
STEP.01
選擇智能工作中心服務區
選擇您想工作的智能工作中心。
STEP.02
預訂日期, 時間和座位選擇
選擇您要使用的日期和時間, 檢查中心的座位狀態並預定您想要的座位。
STEP.03
預訂完成並確認
按照預訂過程確認您的詳細信息。

圖 15.1　韓國智能工作中心預定流程

資料來源：https://www.smartwork.go.kr。

韓國政府從 2003 年開始遷都計畫，陸續將諸多政府機關從首爾南遷至 120 公里外的行政新都世宗市（Sejong）與其他 10 個新創城市，除了青瓦臺（總統府）、國會、國防等中樞機構仍留在首爾外，包括總理辦公室在內，從 2012 年 7 月世宗特別自治市正式掛牌迄今已有 40 多個中央機關、15 個政府研究機構進駐；共有 1 萬 1,707 名公務人員及

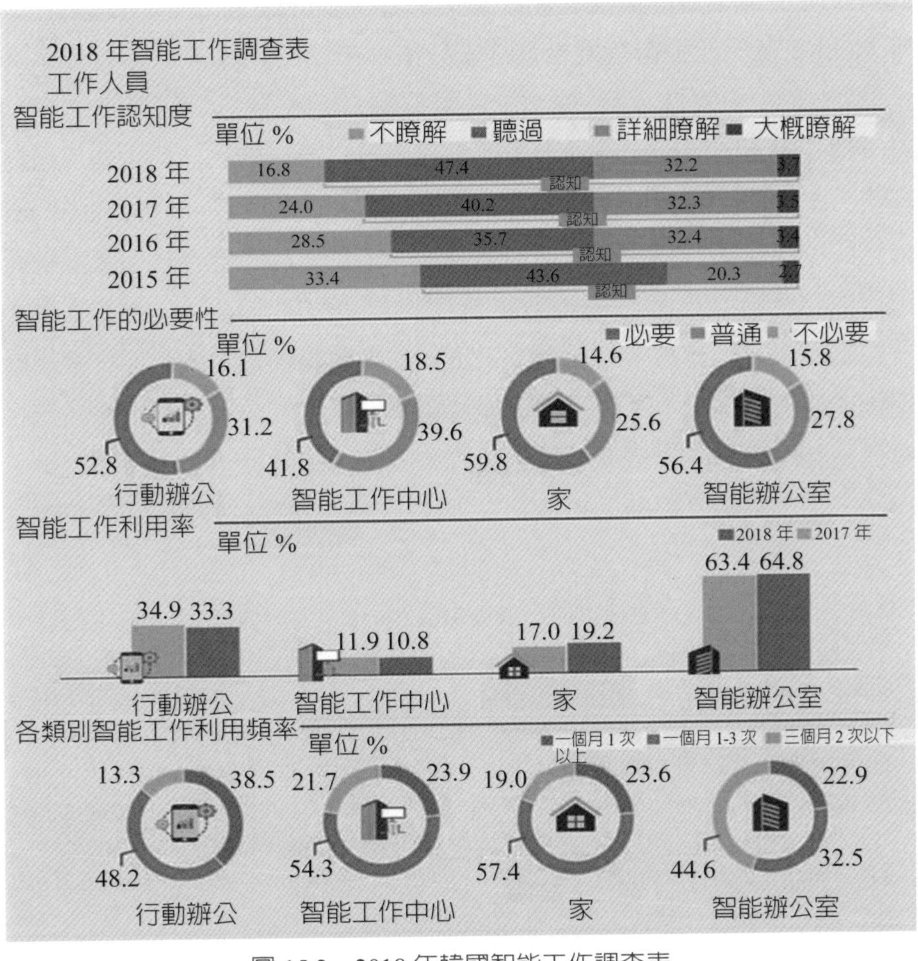


圖 15.2 2018 年韓國智能工作調查表

資料來源：http://www.etnews.com/20190307000173。

3,594名研究人員在此工作，常住人口則約15萬人。[4]但諸多中樞重要集會仍在首爾舉行，這種雙行政首都的特殊情況也爲首都地區公部門的智能工作帶來了額外的需求（Eom et al., 2016）。

隨著雲端運算與延展實境（extended reality）技術的發展，「元宇宙」（metaverse）成爲下一個結合線上線下世界的科技應用里程碑。韓國首爾市政府於2021年11月宣布「元宇宙首爾推進基本計畫」，企圖成爲第一個進入元宇宙的大型都會政府，預計用五年時間創建線上虛擬世界，建立自己的公部門生態系，在經濟、文化、旅遊、教育、市政領域提供創新公共服務，[5]例如在虛擬辦公空間中以本人或者虛擬分身（avatar）提供民衆遠距洽公；虛擬智能工作中心透過延展實境技術讓員工有更加沉浸式的體驗，彷彿與同事在一起工作；人工智慧（AI）機器人可以成爲聽得懂指令的工作秘書、助理員或聊天的對象，甚至成爲處理特定對外業務的公務人員。雖然元宇宙仍是發展中的熱門概念，穿戴裝置等硬體設備效能也需要持續克服，但諸多產業資源已經投入其中。[6]人們可以想像其對於智能工作在時間、

> **元宇宙**
>
> 是線上的虛擬世界，透過涵蓋擴增實境（AR）、虛擬實境（VR）、混合實境（MR）等延展實境技術與行動裝置實現人際互動。

---

4 譚淑珍（2016.10.31）。首爾到世宗，韓國遷都的喜與憂。工商時報，2019年5月25日，取自：https://m.ctee.com.tw/dailynews/20161031/a04aa4/758474/65c59ae5dbd993b0c039e2b20edac097。

5 Natalia Wu（2021.11.5）。首爾市政府宣布推出「元宇宙首爾」平台、耗資39億韓圓推進，打造虛擬市政生態。BlockTempo，2022年2月7日，取自：https://www.blocktempo.com/seoul-to-offer-new-concept-administrative-services-via-metaverse-platform/。euronews.com (November 11, 2021). “Seoul to become the first city to enter the metaverse. What will it look like?” Retrieved February 7, 2022, from https://www.euronews.com/next/2021/11/10/seoul-to-become-the-first-city-to-enter-the-metaverse-what-will-it-look-like.

6 張庭銉（2022.1.7）。如何打造元宇宙辦公室？從百變環境到智慧型代理，在虛擬空間迎接工作未來式。數位時代，2022年2月9日，取自：https://www.bnext.com.tw/article/67202/metaverse-work。

空間與任務的組織管理面向，將帶來更爲多樣化與整合性的使用體驗。

## 韓國推行智能工作的挑戰

Eom 等人（2016）根據 2013 年《公部門智能工作調查》發現，實施二年後只有少部分的公務人員曾經使用過智能工作，且使用者大多職位較低、工作任期較短且年紀較輕；而比起公部門，準政府部門的工作者在智能工作方面則有較多的使用經驗。根據 MOGAHA 在 2015 年底的報告，全國共有 15 個智能工作中心，共 406 個席位，2014 全年使用率比 2013 年大幅增加 76%，總數達 10 萬 750 人，並認爲增長原因與官署遷移世宗市有高度關係。[7] 目前全國公部門智能工作中心仍維持 15 個，達成率與 2010 年所設定之目標仍有相當差距，雖顯示韓國智能工作的推展程度不如預期，但並非否定智能工作的願景，亦非否定日後智能工作在韓國更加普及化的可能性，更重要的應是此番政策經驗對未來發展的啓發與意義。

Eom 等人（2016）認爲推廣策略上，重點對象應是資訊密集類的工作、需搬遷的機構、對新科技接受度高的年輕人、常需出外勤的人員，全面無差別強力推動將事倍功半。而且主管應設法緩和因同事間缺乏實體互動所造成的孤立感，例如安排固定的實體會議。又上司因爲無法直接監督工作情況，可能降低對於員工的信任，產生組織管理方面資訊不對稱與提高監督成本的難題。此外尤其重要的是，鼓勵智能工作發展的制度環境，韓國《智能工作推廣法草案》[8] 從 2012 年進入國民議會至今仍擱置，是制度面的努力未盡人意之處，韓國推動智能工作的計畫已

---

7 Korea Bizwire (October 5, 2015). "The Sejong Effect: Increased Use of Smart Work Centers." Retrieved May 13, 2019, from http://koreabizwire.com/the-sejong-effect-increased-use-of-smart-work-centers/44331.

8 草案編號 1901948，2012-2016 會期。韓國國民議會網站，http://likms.assembly.go.kr/bill/FinishBill.do。

進入第四位民選總統任期，主管事權也在組織重組中幾度更迭，政治性與組織性的支持是影響計畫進程的重要因素之一，若缺少一致且足夠的支持，進程不如預期或許也不意外。

智能工作期待的重要效益之一在於降低通勤時的交通需求與改善空氣污染，但交通工具卻也可能因此移做非通勤使用，未必有總使用量減少的效果（Kim, Choo & Mokhtarian, 2015）。而另外因爲智能工作打破了生活與工作原有的界線，理想上雖有兼顧兩者的可能性，但也需要個人在時間管理上的紀律，否則可能反而造成失去工作與家庭空間的清楚區隔而相互干擾，使得智能工作原本期望提升效率同時提高員工生活品質的目標無法達成。




## 臺灣的智能工作發展

新冠肺炎的持續威脅促使遠距辦公逐漸成爲許多人的工作常態。行政院國家發展委員會在 2019 年 9 月頒布實施「國家發展委員會遠距辦公實施方案」，成爲國內第一個將遠距工作邁向法制化的標竿機關。在行動辦公方面，行政院早在 2012 年即頒定「行政院及所屬各機關行動化服務發展作業原則」。內政部 2016 年開始推動戶政行動服務，符合資格民眾可以預約到府服務。花蓮縣政府利用雲端建立了健康美食暨食品優良衛生（good hygiene practice, GHP）認證的導覽地圖系統；這套系統讓外出的稽查員能夠以 BYOD（bring your own device，自攜設備）的方式進行工作。稽查員能夠透過稽查系統即時回報、更新稽查狀況，也能當場讓業者進行電子簽名、完成稽查手續；而藉此雲端稽查回報，也能避免因資訊不及時而重複稽查的情況。此外，這個雲端系統也提供一般民眾使用，使其能夠隨時查詢店家資訊、位置與推薦商品等。[9]

---

9 花蓮縣使用雲端科技成功提升食品衛生優良 GHP 認證家數及食品衛生安全之經驗分享，https://ws.ndc.gov.tw/Download.ashx?u=LzAwMS9hZG1pbmlzdHJhdG9yLzEwL1JlbEZpbGUvNTU2Ni83Mjc2LzAwNTUxNDIucGRm&n=cGFydDEucGRm&icon=..pdf.

在臺灣雖然沒有類似韓國智能工作中心的設立，但卻也有利用雲端系統、共同工作空間（co-working space）等與智能工作相似概念的工作方式。臺北市政府資訊局推動的智能工作空間，也許是我國公部門最早落地實施共同工作空間的機關。共同工作中心目前多屬於商業經營，有些地方政府則是藉此與創業育成的輔導工作結合。目前的地理分布多數集中在臺北。許多共同工作空間會有明確的收費機制，提供工作空間給個人或是團隊。有些共同工作中心會提供印表機、筆、印泥、插座孔、投影機等工作需要的用品，甚至還有淋浴間、咖啡機、點心等提供休憩的設施。甚至有提供創業者財務、稅制、法律諮詢的服務。使用共同空間的族群包含出差族、創業者、非生產型企業、國際貿易、自由創作者以及個人工作室；因爲擁有開放且自由的空間，讓人們也能夠在這裡認識人、交流及交換資源。[10]

## 結語

科技的發展總是爲人們帶來許多對未來的想像，智能工作是以資訊通信科技爲基礎的工作型態新發展，而這場對抗 COVID-19 疫情的全球戰役，更進一步推升智能工作的需求。無論在公部門或私部門，有些效益已逐步落實，有些仍在期待甚至想像中，而其挑戰或困難也在世界各地先驅經驗中逐漸浮現。本文簡介智能工作與韓國政府的推動經驗，說明落實願景有賴妥善的準備與配套措施。科技面向常是推動者最先關注的焦點，但經驗顯示非科技因素往往才是推動成效不確定性的來源。因此，若希望能有效地推展並受益於智能工作，除了在技術面確保軟硬體與資安的可靠性，組織面需要正視組織文化對創新措施的抗力，管理者應調整控制型的管考與領導思維，轉向重視員工異質與成果導向，強化溝通、授權、信任。法規面則需針對智能工作選項予以制度化，甚至導

---

[10] 簡單創，【共享辦公室、共同工作中心】。2022 年 2 月 9 日，取自：https://ezstartup.cc/coworking-space.html。

入爲營運持續計畫（business continuity plan）之一部分，而非僅止於過渡性質的應變措施。此外，推動過程中宜用更多循證研究爲基礎進行滾動式修正，智能工作的願景方能更實際與可期。



## 參考文獻

1. Eun Byol Koh, Joohyung Oh & Chaete Im (2014). A Study on Security Threats and Dynamic Access Control Technology for BYOD, Smart-work Environment. Proceedings of the International MultiConference of Engineers and Computer Scientists 2014 Vol II, IMECS 2014, March 12-14, 2014, Hong Kong.
2. Jung, Byeongho（2018）。智能工作投資的就業生產率研究：關注組織變革阻力與溝通。管理與信息研究，37（3），83-113。
3. Kim, S. N., Choo, S. & Mokhtarian, P. L. (2015). "Home-based telecommuting and intra-household interactions in work and non-work travel: A seemingly unrelated censored regression approach." *Transportation Research Part A: Policy and Practice*, 80, 197-214.
4. Min He Lee & Zoonky Lee, Smart Work Research: Review and Agenda for Future Research, Informatization Policy, National Information Society Agency, *2011 Microsoft, New way of working, White Paper, Microsoft, 2012*.
5. Sanghoe Koo & Hyunhee Lee (2014). "A Study on the Spatial Characteristics of Smart Work Centers in Korea." *Architectural Research*, 16(4), 167-174.
6. Seok-Jin Eom, Nak-bum Choi & Wookjoon Sung (2014). The Use of Smart Work in Korea: Who and for What? *Proceeding dg.o '14 Proceedings of the 15th Annual International Conference on Digital Government Research*, 253-262.
7. Seok-Jin Eom, Nakbum Choi & Wookjoon Sung (2016). "The use of smart work in government: Empirical analysis of Korean experiences." *Government Information Quarterly*, 33, 562-571.

# Chapter 16
# 數位政府的公私協作

曾憲立

## 前言：鍵盤救災開啓了公私協作的新模式

2015 年 6 月「八仙塵爆」發生時，大量傷患家屬的查詢電話湧入北部各大醫院，同時因爲眾多傷患分屬不同醫院，造成資訊紊亂。當時臺北市社會局與資訊局，希望能迅速打造一個傷患查詢系統，舒緩瞬間大量電話客服的壓力。但在既有行政框架與採購限制之下，無法在晚間辦理採購發包，幸而民間開發者社群的能量，將政府各局處要到的傷患名單做成「開放資料」，並透過民間開發者社群內的線上支援，大量的程式開發與寫作能量在一小時內完成首個傷患查詢系統，兩小時內更有 10 個查詢系統陸續上線，達到分散查詢流量與資料正確性的目的（彭盛韶，2016）。

## 緒論

隨資通訊科技（information and communications technologies, ICTs）越發便利所帶來的進步，民眾對政府施政與政策規劃「知」的需求、公民社會蓬勃發展而對各類政治活動的參與，以及政府所處理與面對的社會與公共問題越加複雜。學者一般認爲政府缺乏民間企業所擁有的彈性與效率，因而提出企業型政府的概念，開始與民間有更多的合作，例如契約外包、委外經營等。政府經歷過多次 E 化轉型，及至近年開放政府（open government）的概念與相關行動和作爲相繼提出，鼓勵政府多讓大眾參與，強調公眾參與可以強化政府運作的效能與決策的品質，在此「開放」風潮下，開放資料（open data）、公民科技（civic tech）、公私協作（public-private collaboration）等行動與措施一時方興未艾。

> **公私協作**
>
> Emerson、Nabatchi 與 Balogh 三位學者對公私協作的廣義定義是：為了公共目的（public purpose）跨越原有機關行政疆界、政府層級，廣納公、私部門乃至一般公民，而影響公共政策決策制定與管理的結構化行為。

聯合國將電子參與定義爲：「在政策、決策制定以及服務設計運用 ICTs 來連結民眾的過程，以便讓這些事情能更有參與性（participatory）、涵容性（inclusive）與審議性（deliberative）。」並在 2016 年電子化政府調查報告中呼籲世界各國，設法擴大公民參與的機會，以促進聯合國永續發展目標的推動（Sustainable Development Goals, SDGs）（United Nations, 2016）。然而，如何妥善應用民間力量以彌補官僚體系因爲缺乏彈性及在科層節制之下，組織迴轉縱身的不足，不管從民間參與的正當性（施能傑、李宗勳，2003）、參與的制度設計、績效管考追蹤，乃至於公私協作成果如何納編到政府常規業務爲同仁所接受等眾多議題。本文僅就公私協作定義與範圍、個案成果、未來發展的願景等面向分別介紹。

## 公私協作是什麼

早期在談公私協力、公私夥伴關係（public-private partnership）多從長期契約合作模式以租賃、BOT（build-operate-transfer）、合資等方式進行，常見於硬體建造與經營，例如臺北 101、臺灣高速鐵路（高鐵），都是 BOT 的成果。但本文一開始的「八仙塵爆」，顯然不是長期契約合作，而是短期的合作關係，在緊急危難情況，如高雄氣爆、八仙塵爆、普悠瑪翻覆事件、新冠肺炎時由民間工程師發起的口罩地圖，民間力量投入「鍵盤救災」的行列，主動彙整各方資訊、提供查詢平臺。要能做到這些事，需要政府將開放政府公私協作的重要支持元素「資料」（data）釋出，如圖 16.1，想參與的民眾、民間的各方高手才能加入，否則巧婦難爲無米之炊，要打造這樣的多元協作環境，需要考量協作治理機制、公民參與、如何提供服務等環節，最終達到良善治理的遠大目標。

**鍵盤救災**

第一版的口罩地圖由好想工作室的吳展瑋（Howard）製作開發了「超商口罩現況回報地圖」，隨後由政府和社群協力開發第二版的「藥局口罩採購地圖」，而原本的程式碼則透過開放授權，協助日本、韓國發展各自的版本。

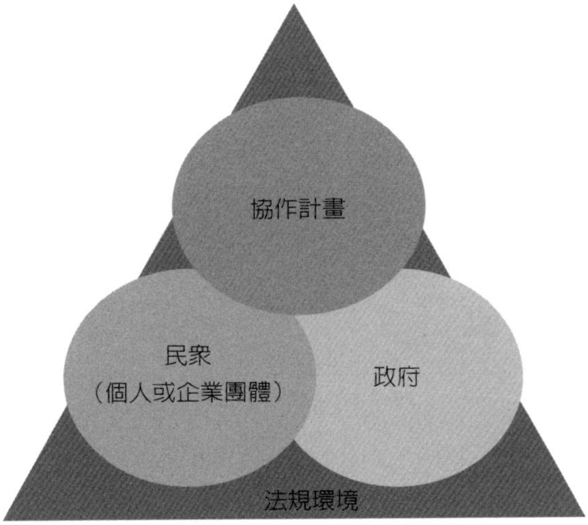


圖 16.1　公私協作示意圖

㈠ 從長期夥伴關係到短期協作模式

早期對夥伴關係的界定以考慮私部門參與程度及是否掌握所有權與經營權的關係（World Bank, 2016）或長期契約關係為主，圖 16.2 世界銀行的公私夥伴關係光譜最左邊是公部門的再造（utility restructuring）、公司化（corporatization）與分權化（decentralization），適用於具有明確定義誘因、管理報告結構以及獨立預算制度的組織當中，成功的公部門再造具備以下幾個特點，營運自主性、財政自主性及明確可靠的資金來源、可課責性、顧客導向、市場導向、透明；光譜中段的租賃，也就是由私部門對公用事業進行營運及維護，但不負責融資，廠商不會收到公部門支付的固定費用，而是自行向消費者收取，且會面臨一定程度上的資產績效風險，期間通常為八年至十五年；以及最常見的 BOT 模式，指公部門授予廠商在一段期間中開發和營運設施或系統的權利，項目期間廠商的收益一般是向公部門收取費用，期滿之後再將設施或系統移轉給公部門（World Bank, 2016）。國內學者則依業務委外項目是否需要執行公權力的高低程度做類別區分。

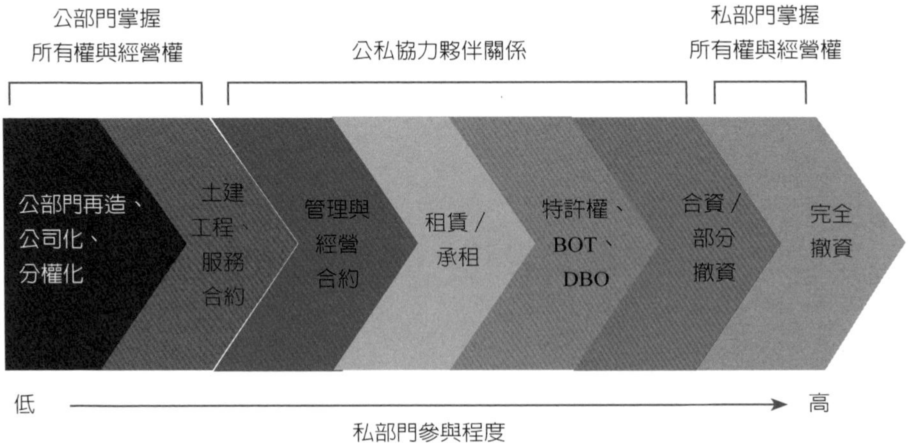


圖 16.2　公私夥伴關係光譜

資料來源：World Bank (2016).

近年因政府所面對的政策環境與政策問題越加複雜，公民不能再被單純認爲是政府的顧客角色，而應該提升爲能和政府協作合作的夥伴，才能建立更爲民主且具有效能的民主治理（Kim & Lee, 2012）。在推動政府業務委外的公私協力過程，應該養塑相互信靠、彼此互惠的信任關聯，公部門需要從私部門的立場與需求考量，並在規劃過程徵詢民間的意願與意見，以凝聚彼此接納的共識與目標，包含更爲複雜的公民參與管道、組織間協作關係，特別是開放政府因公民科技（civic tech）所帶動的參與熱潮，類似的參與單位國外有非營利組織「Code for America」致力與地方政府合作，共同針對開放資料進行協力合作，解決政府問題以及提高施政透明度；國內社群如零時政府（g0v）、開放文化基金會（Open Culture Foundation, OCF）、開放資料聯盟等。

### ㈡ 公私協作的啓動與管理

雖然以資料爲本的公私協作有著更多彈性，但也意味著對公部門來說有更多不確定性與課責議題需要釐清，協作治理是在民主系統中進行統治的新典範（new paradigm）（Emerson et al., 2012），開放政府所推崇的治理概念幾乎等同於協作所推崇的治理概念，國家在此模式中擔任平臺的角色，提供必要的資源、法令以及技能，以促進網絡中各種參與者能形成網絡關係。

OECD（2016）提出協作治理的制度設計、執行與績效評估，有賴多元利害關係人的投入與參與，是民衆或公民社會主動參與政府，或是在政府決策或執行過程中，提出意見並發揮一定影響力，而過程中，政府也應公開各項執行權利所需資訊，並提供相關協助。由於協作或協作治理的概念與範圍十分廣泛，除涉及政府內部的基礎法制改革、設立協調整合機制、鼓勵一般公務同仁配合，及最重要的編列所需執行經費外，更需民間多方利害關係人的參與，如企業、非營利／非政府組織，以及一般公民（OECD, 2016）。

由於公私部門之間本質存在著衝突，私部門以利益為目標，向股東負責；公部門以服務為目的，以全民為依歸。協作重視公私之間的互信，短期合作下，政府機關針對資料在組織管理環節的問題改善，例如人員訓練、法制授權、業務調整以及資源配置，故政府因應開放政府下所帶來的公私協作、資訊透明，乃至於促進民間參與目標要求，必定在組織人事管理、策略規劃以及組織文化帶來一定程度的改變，接受風險分擔（risk sharing），相較於過往官僚組織的管理思維，將有更多的挑戰與阻礙（UNECE, 2008）。例如外部團體的抵制與不配合、外部輿論壓力。若協作過程中，公私部門間在權威分享、技術資源共享、對願景目標不一致、不願共同承擔責任與風險又缺乏溝通，事前宣稱的合作目標難免與期待有所落差。尤其，政府內科層節制的傳統官僚文化與政策制定過程，未必能積極因應新的治理模式導入而調整。

### ㈢ 公私協作案例

公私協作方式是多元的，有以公開招標等評選機制的、有和民間機構或學術單位進行次級資料分析、活化應用。本文特別要介紹的是**解決特定政策議題或需求，以政府內部資料或開放資料為素材，用獎勵、競賽、提案等方式，蒐集民間社群或公司群眾智慧與方案的「黑客松」與「資料英雄計畫」**，這些競賽或專案以鼓勵性質較重，希望透過短期的腦力激盪，應用政府資料找出可供政府或民間延續應用的專案，如：

1. 資料英雄計畫是由公共服務性質組織主動投遞提案申請書，資料顧問將會媒合民間熱血有參與意願的資料英雄，以三個月的專案期程完成計畫，知名的專案包括：家暴預警與風險管理（第一屆）、未被滿足的法律扶助需求（第四屆），後續更參與總統盃黑客松並獲獎。
2. 2018 年我國舉辦的第一屆總統盃社福黑客松，決選出醫療、永續、社福等五個獲獎團隊，如：臺灣自來水公司等 11 位專家學者組成的「搶救水寶寶」團隊，以大數據與機器學習建構漏水偵測輔助系統，過去查找漏水的範圍由 90 平方公里，縮少爲 1 至 2 平方公里，過去漏水要發生二個月才有可能發現，現在可縮短爲一至二天，甚至再提早十五分鐘預警（吳其勳，2018）。

3. 公部門黑客松，如勞動部爲改善勞工就職就業問題，在 2018 年以「台灣就業通」的開放資料（open data）舉辦「勞動黑客松」，整合原「全國就業 e 網」、「職訓 e 網」、「身心障礙者就業開門網」、「微型創業鳳凰網」以及「技能檢定中心」等五大網站，期許透過民間的創意，提升平臺的使用流量、方便求職者在就業通網站上獲得更豐富的職缺相關資訊、利用該網站使用者行爲的紀錄、更親善的使用者介面等，讓更多求職者及雇主增加使用「台灣就業通」網站頻率，優化服務品質（勞動部，2018），網站中雖然未公布報名組數，不過有 26 組進入決賽，顯見民間的參與踴躍。

在上述計畫中，2018 年的資料英雄計畫就有一組是由臺北市社會局社會救助科所提「脫貧就業」協助具有工作意願及工作能力但經濟弱勢者重回勞動市場，地方政府每月定期會將轄區低收入戶及中低收入戶具有工作能力者，轉介並列冊（含電子檔）送當地就業服務機構，以利推介就業或參加職業訓練，轉介部分則由臺北市社會局社會救助科，自 2014 年起每月提供委外執行的基金會聯繫名單，以進行後續聯繫與輔導，受輔導的對象在穩定工作滿三個月後，得申請職能培育金，穩定工作六個月始得結案。由於穩定工作六個月始得結案，服務個案的服務期程長、有限資源和人力投注，希望能在政策規劃端找出適合的評量就業工具，在業務執行端找到和輔導個案接觸的適切方法與時機。在臺北市社會局社會救助科、資料英雄、基金會協作三個月後，透過數字資料和文字資料（如社工訪談紀錄）的整理和分析，優化了市府推薦至基金會的名單，藉以提高成功率；另外，透過個案訪視報告的文字分析，找出容易就業的個案特性，提高社工的工作效率，提供了比原本轉介方式更好的評選建議。



## 協作未來願景

資通訊科技的進步與普及影響民眾的生活與溝通方式，對原本就複雜的社會與公共問題，越加複雜化，進一步地影響了政府如何在此新型態溝通關係的建立上，提供各種公共資訊與服務以滿足民眾的需求，公共政策議題的複雜性，以及各議題跨域合作的蓬勃發展，由政府業務單位自身專業，加上民間對政治參與有興趣的資料科學家開始合作，而且政府部門逐漸脫離原本完全仰賴外包廠商的思考模式，主動尋求社群協助，透過提案、意見徵集等方式引進民間協作動能，公私協作即是希望妥善應用民間力量，以彌補官僚體系因為缺乏彈性與效率、科層節制而回應度不佳、創意不足等問題，目前已經在社福、消防、交通等領域取得豐碩成果。

協作過程如要順利，有賴事前的彼此互信，合作過程中足夠的主管支持與同仁協助，經驗上告訴我們，民間社群要進入政府協作的最大障礙，在於對繁雜業務的不瞭解，及法規定義的模糊解釋與釐清。為打造多元順暢的協作環境與制度，政府有必要重新思考協作治理模式以及各種政府開放資料的正確性、即時性，以及目的性，用更便捷的方式，從資料的蒐集、流通、服務、回饋等層面，將之與政策問題、開放協作機制、公民參與等共同考量與規劃，才有可能真正達到良善治理的長期目標。

## 參考文獻

1. 吳其勳（2018）。首屆總統盃黑客松五強，憑什麼得獎？2018 年 12 月 15 日，取自：https://www.ithome.com.tw/news/123595。

2. 施能傑、李宗勳（2003）。政府業務委託外包之決策模式、標準化作業程序及契約訂定之研究。行政院人事行政局委託研究報告。
3. 勞動部（2018）。勞動黑客松。2018 年 12 月 15 日，取自：https://www.labor-hackathon.tw/。
4. 彭盛韶（2016）。公私協力，台灣黑客改造政府。2018年12月15日，取自：https://theinitium.com/article/20160602-opinion-g0v1/?utm_medium=copy。
5. Emerson, k., Nabatchi, T. & Balogh, S. (2012). "An Integrative Framework for Collaborative Governance." *Journal of Public Administration Research and Theory*, 22, 1-29.
6. Kim, S. & Lee, J. (2012). "E-Participation, Transparency, and Trust in Local Government." *Public Administration Review*, 72(6), 819-828.
7. OECD (2016). *Open Government: Global Context and the Way Forward.* OECD Secretariat.
8. UNECE (2008). *Guidebook on Promoting Good Governance in Public-Private Partnerships*. The United Nations Economic Commission for Europe. Retrieved April 15, 2018, from http://www.unece.org/index.php?id=2147.
9. United Nations (2016). *UN e-Government Survey 2016: e-Government in Support of Sustainable Development*. Retrieved December 15, 2018, from https://goo.gl/JwXpZB.
10. World Bank (2016). *Types of Public-Private Partnership Agreements*. Retrieved December 15, 2018, from https://ppp.worldbank.org/public-private-partnership/agreements?fbclid=IwAR0aB8oGT31awyI4uL7wFRyDlIaZTTZqjWiiC0f8TtUkxzmtD1vO14I07f4.

Chapter 17

# 看不見的幕後英雄——淺談政府資料治理

朱斌妤、李洛維

## ▶▶▶ 前言：在斷裂的橋梁之外，你還看見了什麼？

交通部運輸研究所於 2001 年建立「臺灣地區橋梁管理資訊系統」，整合 GIS（地理資訊系統）、GPS（全球定位系統）及各類網路系統，期望透過系統方法提供整合分析資料，以最經濟有效的方式執行國內橋梁管理工作。2019 年 10 月 1 日發生南方澳大橋斷裂，造成漁船被毀與漁工罹難的不幸事件後，交通部緊急發文函請各橋梁管理單位全面清查高風險橋梁，卻出現上述系統內被中央列管爲 U4（緊急處理維護）等級的橋梁，與地方政府列管的橋梁的紀錄不一致的現象。交通部公布南投縣有七座橋梁未完成派修，但南投縣工務處則說全縣待修復橋梁只有五座，會發生這種狀況，應該是資料庫沒有即時更新，資料發布前也沒有再次確認之緣故。這種現象在政府部門都時有所聞，顯示政府在資料治理上的不足，尤其在涉及公共利益與社會安全時，政府應付出更大的努力。在這個案例中，除了南方澳大橋之外，我們還能看見，政府機關的資料鏈接也發生了斷裂的現象。

## 資料即證據

世界先進國家數位治理（digital governance）趨勢有二，一是開放政府資料（**open government data, OGD**），結合民間的力量，讓資料有更多的加值應用；一是大數據分析（**big data analysis**），例如日本2013年將巨量資料列為「科學技術創新總合戰略」，以及新加坡2014年公布的「智慧國度2025計畫」，都在強調政策與為民服務應有所本，也就是資料導向（data-driven）的循證（evidence-based）施政。然而要能享受循證的美好成果，良善資料蒐集、分析、交換、應用以及資料品質，乃至於資訊公開與安全等工作就非常重要。

㈠ 資料品質

在2015年經濟部工業局 open data 應用服務計畫中，有民間業者整合 OGD，改善過往落點分析的準確性，可協助家長與考生於大學學測後，面對在兩千多個科系中，選出六個理想志願這個令人頭痛的問題。如果政府釋出的資料品質堪慮，同學們的落點分析可能從原本的外太空落到了鄉下殺豬公。再以地方政府資料為例，過去消防機關在各區域平均配置消防設備，目前則是根據火警發生次數與巷道地圖資料，針對火災高風險區域配置適當設備與合理數量（參見圖17.1）。如果上述決策所依據的火警紀錄不正確或地圖資料品質不佳，甚或在一開始就沒有設想好需要蒐集的資料有哪些，以及如何有效的分析、處理與保存這些資料，那麼可能會有消防設備被配置在火災發生率較低的地點，導致政府預算執行效率不佳，影響災害防救的能量，更將民眾的生命與財產安全暴露在風險環境中。

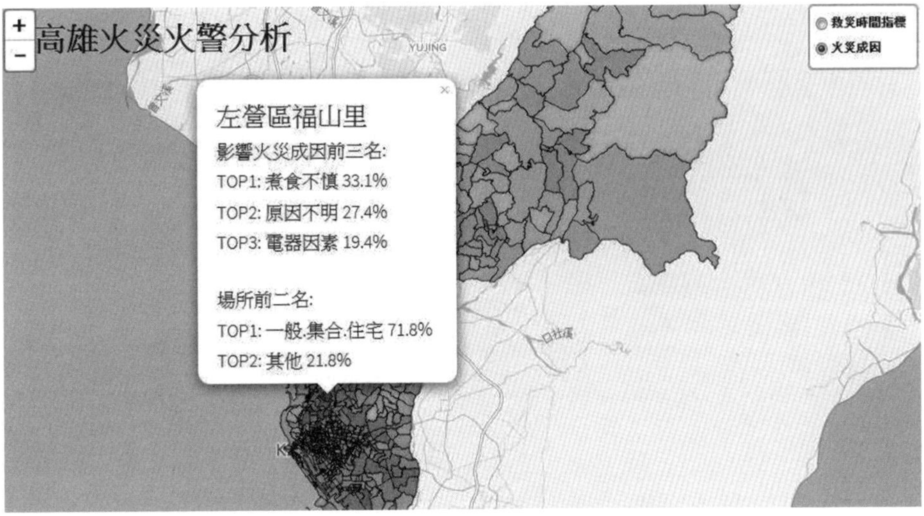


圖 17.1　高雄市火災火警大數據分析

資料來源：https://d4sg.org/fire-risk-map/。

## ㈡ 資訊公開

除了資料品質之外，政府機關資訊公開也非常重要。舉例來說，司法院釋字第 748 號解釋文指出，有關機關應於 2019 年 5 月 24 日前完成相關法律之修正或制定，且 2018 年全國性公民投票通過第 12 案「是否同意以民法婚姻規定以外形式保障同性別二人經營永久共同生活的權益？」因此，立法院於 5 月 9 日針對同婚專法進行併案朝野協商，草案包括行政院版《司法院釋字第 748 號解釋施行法草案》、國民黨立委賴士葆版的《公投第 12 案施行法草案》，以及民進黨立委林岱樺版的《司法院釋字第 748 號解釋暨公投第 12 案施行法草案》。按理說在立法院議事及發言系統（https://lis.ly.gov.tw/lylgmeetc/lgmeetkm）上（參見圖 17.2），應該都可以找到這些版本，然而我們於

> **政府機關資訊公開**
>
> 政府資訊公開法第 7 條規定：「政府應主動公開資訊包括：條約、政府機關之組織、職掌、施政計畫、支付或接受之補助等。」

圖 17.2　立法院議事及發言系統

資料來源：https://lis.ly.gov.tw/lylgmeetc/lgmeetkm。

協商當日運用「同性婚姻」當關鍵字搜尋，卻只能搜尋到行政院及國民黨的版本。

爲什麼會這樣呢？

其實，立法院另外還有一個議案整合暨綜合查詢系統，可以查詢委員法律提案與審查進度的功能，雖同是立法院的網站，立法院議案整合暨綜合查詢系統歸議事處管理，立法院議事及發言系統是國會圖書館管理，資料處理是分開作業，各系統間資料鏈結沒有即時同步，因而造成較晚提案的民進黨版本沒有出現在前述系統中，也就是時常發生議案狀態的更新沒有同步的現象，以 2019 年 5 月 10 日搜尋「勞動基準法增訂第六十三條之一條文草案」的結果爲例，在立法院議案整合暨綜合查詢系統的結果是「排入院會」，但在立法院議事及發言系統則已出現「付委審查」的結果。這些結果將使得民眾查詢產生偏誤，引發不必要的誤解。不論是單一機關內部資料整合或跨機關間的資料交換問題，乃至於 MyData 的管理問題，在政府部門中屢見不鮮，政府資料治理不當，造成民眾不便甚至導致不必要的猜疑，都不是好事。

上面例子讓我們瞭解，政府「治理」資料的重要性，接下來讓我們瞭解資料治理的基本觀念。

## 資料治理的定義

### (一) 什麼是資料治理？

全球知名的科技公司 IBM 指出，資料治理是對組織所擁有資料的可用性（availability）、關聯性（relevancy）、易用性（usability）、完整性（integrity）及安全性（security）進行整體性的管理，目的在協助組織瞭解資料特性，提升資訊生產力並滿足合規（compliance）需求。美國聯邦公路管理局（Federal Highway Administration, FHWA）指出，資料治理是組織針對所有業務進行的跨部門協作行動，但聚焦資料蒐集、儲存、分析、報告。Data Governance Institute（DGI）更擴大資料治理的範圍，指其是組織針對資料相關事務的決策和權責，包括什麼人在什麼情況下，可針對資料使用什麼分析處理方法與採取什麼行動（散布、保存、刪除等）。

> **合規**
>
> 在資料治理談到合規指的通常是希望透過資料治理計畫或架構，使得組織內部與資料有關的標準與程序符合資料品質、隱私保護、資訊安全等相關規定。

你可能會說，太抽象了，資料治理到底要做什麼？

### (二) 從生命週期看資料治理

以美國地質調查局（United States Geological Survey, USGS）為例，USGS 強調資料是組織資產，從資料生命週期（data life cycle, DLC）的概念出發，發展出資料規劃（plan）、獲取（acquire）、處理（process）、分析（analyze）、保存（preserve）到發布與分享（publish/share）這六個階段，所對應的資料治理作為，以及貫穿 DLC 的四個關鍵行動：資訊安全、隱私保護、資料品質管理與資料處理紀錄。圖 17.3 同步呈現每個流程相對應的 IT 技術，例如在資料獲取階段運用 Python pip 套件可快速大量的將網頁上的資料複製下載；在資料分享階段設計網頁時，運用響應式網頁設計（responsive web design），使各種裝置（如電腦、平板、手機等）的使用者都能夠得到最佳的視覺效果。

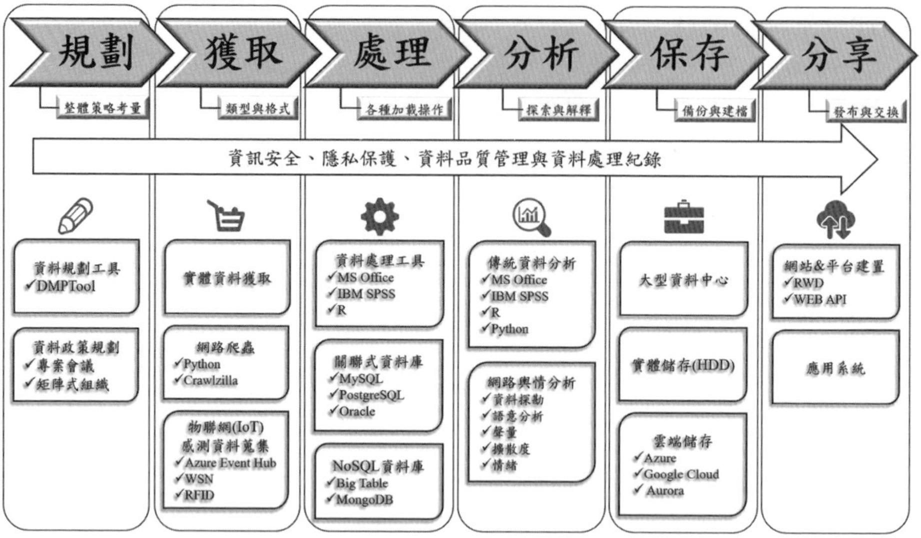


圖 17.3　對應資料生命週期的資料治理工作

資料來源：筆者自繪。

換句話說，DLC 將資料視爲人的一生，資料治理是資料從生（創造、蒐集）到死（儲存、銷毀）之間一系列的活動。若以先前查詢同性婚姻的立法院議事及發言系統爲例，立法院必須逐步思考以下問題：

1. 首先必須思考其組織目標，針對 DLC 各階段進行瞭解，並盤點整個立法院資訊系統間的資料輸入、輸出及整合的狀況，並確定資料使用客群（內部、外部）爲何？
2. 接著必須思考此系統所要提供的資料（如議案審議、施政質詢內容等）如何產生或蒐集？是人工輸入或感測儀器蒐集？蒐集來的資料依格式（如文件檔、影像檔等）需要如何存取、整合、操作與轉換成可用形式？

3. 在資料回收後，應該如何進行分析、解釋與視覺化及產製出新的分析後資訊（如提案與質詢次數報表）？
4. 爲了資料的長期使用與可得性，在資料處理分析過程中必須隨時進行資料備份，事後也必須考慮這些資料要以何種形式建檔儲存（如傳統硬碟或雲端硬碟）？
5. 最後，這些在各週期經過仔細「治理」且符合資安、隱私、品質相關法規與國際規範的資料，可以不同但適切的形式供使用者進行加值應用。

## 運用適當的組織結構推動資料治理

FHWA 爲成功推動資料治理制定了一個完整計畫，內容包括政策宣示、訂定資料標準與資料程序。爲了達到資料治理目標，FHWA 更發展了資料治理的組織機制，最核心部分包括（參見圖 17.4）：

㈠ 資料治理諮議委員會（**data governance advisory council**）

負責發展資料治理的架構與計畫，作爲制定資料治理方案步驟與流程的基礎。

㈡ 資料治理各部門協作場域（**data governance regimes & coordinators**）

由 12 個 FHWA 內部單位各自負責協調單位內的資料計畫，並確保該資料計畫符合整體架構。

㈢ 個別的資料專家（**data stewards**）

負責各自監管的資料計畫。

㈣ 技術顧問（**data governance technical advisors**）

負責提供相關的專業建議。

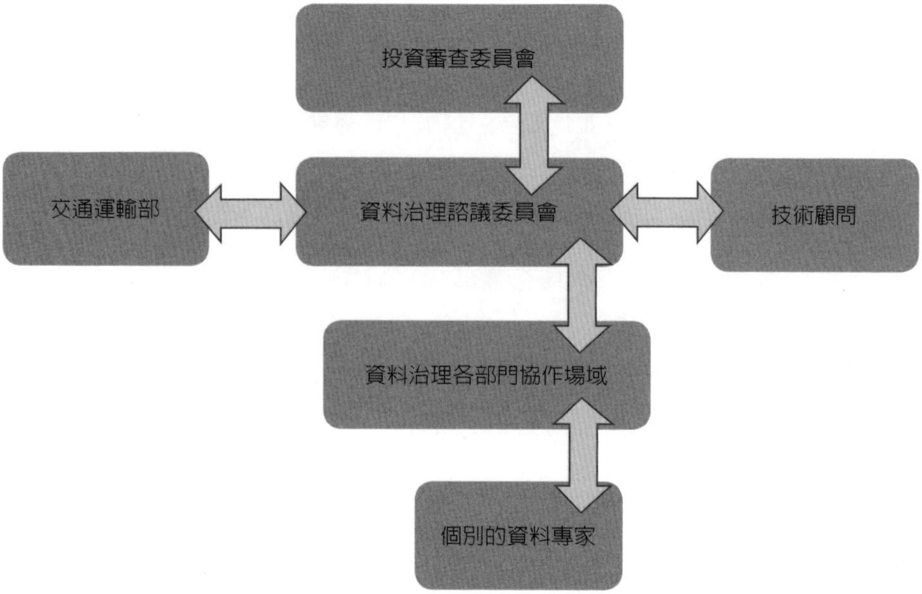


圖 17.4　FHWA 資料治理組織機制

資料來源：修改自 https://www.fhwa.dot.gov/datagov/dgpvolume%201.pdf。

我國政府機關目前還看不到像美國這樣專責推動資料治理的機制，不過少數中央部會或地方局處已體認到資料治理的重要性，開始嘗試以不同的方式推動。舉例來說，臺北市政府藉由專案會議的形式，以社會局爲主責單位召集市府內各相關單位成立了「土地緊盯小組」，透過資訊系統進行全市社會福利設施是否布建、布建位置、類型與數量等決策輔助。此外，民間智庫以社會企業的理念推動「資料力做公益」計畫，透過資料科學團隊協助公益性質組織（非營利、政府或其他）發揮資料價値，如 2018 年衛福部保護司藉由 D4SG 資料英雄計畫的協助，分析全國資料以建立兒少保護案件開案預測模型，透過通報表資訊預測該案開案與否，提供兒少保社工進入調查階段前案件優先順序參考（資料英雄計畫，2018）。

## 資料治理的挑戰

資料的類型與數量在新式科技的進步下，確實帶來突破性的應用，掌控資料的政府宣稱透過資訊科技的輔助，可提升社會安全、治理績效與公共利益，然而政府在倡議資料經濟帶來正面效益的同時，資料治理更應重視隱私保障、侵犯人權與資安風險等問題。

### ㈠ 新式科技對個資與隱私的侵犯

舉例來說，我國即曾發生員警濫用 M-Police 系統偷查同事個資的案例，2019 年也發生員警因在社交軟體 Instagram 看到一名正妹驚為天人，便運用職權進入戶役政資訊系統查詢其個資的狀況（張達智，2018）。此外，更有許多政府藉管理之名行監控之實的例子，像是中國在 2014 年透過《社會信用體系建設規劃綱要（2014-2020 年）》建構一個社會信用系統，透過科技對個人資料進行全面蒐集，包括個人身分、網路發言、所在位置、財務狀況、消費行為、網頁瀏覽紀錄、健康與教育的紀錄、交友對象及約會行為等，對一個人的「可信任度」打分數，便於政府進行「分級治理」（鄭舒筠，2018），而其「一體化聯合作戰平臺」APP 更是結合了 AI 與數位監控技術，透過所蒐集的大數據來強化管制，可說是以生物辨識數據和數位足跡進行政治監控的代表性案例（謝樹寬，2019）。2018 年美國特勤局公布一項有關在白宮周圍部署臉部辨識監控的測試計畫，透過對特定區域錄下的閉路影片與影像資料庫比對，以達到監控與追蹤的目的（雷鋒網，2019）。然曾經有人權團體以 Amazon 知名 AI 人臉辨識程式 Amazon Rekognition 來掃描美國國會議員，卻將不少位議員誤認為罪犯，且其中大部分為黑人議員，此即涉及了種族歧視的相關議題。

是以，政府推動資料治理時，應進一步擬具相關規範來節制政府與公務同仁在運用資料上的權力，除針對數位倫理、數位人權的保障進行政策宣示甚至入法外，更應落實我國《個人資料保護法》所明定的「查詢、複本、更正、停止、刪除」五項基本權的保障，並可參酌歐盟一般資料保護規則（General Data Protection Regulation, GDPR）針對個資的處理、傳輸與基本權保護的精神，在建立資料治理機制的同時也可考慮引入資料保護長（data protection officer, DPO）的設計，加上透過各級機關內部行政規則或作業規定，使公務人員在日常推行業務時有所依據，也可藉由宣導強化他們在個人資料保護上的意識，以免讓政府成為一頭無法控制權力的怪獸。

**數位人權**

依據世界經濟論壇和維基百科的定義，數位人權是指個人在使用、創造、發布數位媒體資訊時，或使用電腦、其他電子設備以及網路時所享有的基本人權和法律權利，簡單來說是網路時代的人權。例如，網路隱私權和言論自由權實際上是聯合國《世界人權宣言》中規定的平等和不可剝奪權利的延伸。

**資料保護長**

依據 GDPR 的規範，DPO 應該是資料保護的法律與實務方面的專家，其責任在確保組織內部實施相關資料保護法規，並應保存由組織處理資料過程之操作紀錄，以免個人資料主體（data subjects）受到不利影響。

### ㈡ 新式科技下的資安風險

除了上述資料濫用引發的數位倫理、數位人權問題外，政府推動資料治理時，資安更是不可忽視的重點。資安問題可簡單分為內部防護意識不足與外來的惡意攻擊兩方面來討論。前者如我國某政府法規會把民眾申請國賠的資料，全都開放提供檢索，當市民想申請國賠而進入該市政府法規會網站時，在全文檢索中隨意輸入查詢字眼，就會出現一筆筆民眾的案例資料，不只是文字陳述，就連車禍照片、當事人的就醫紀錄，全都一覽無疑（國軍退除役官兵輔導委員會高雄市榮民服務處，2018）；後者如美國聯邦政府在 2015 年爆發的駭客竊取政府資料事件，被影響的政府員工資料數高達 2,100 萬名，被竊取資料包含個人的社會安全號碼、地址、姓名等（楊晨欣，2015）；印度曾於 2017 年發生 1.35 億名印度公民的身分與個人資料從 Aadhaar 生物辨識卡及連結金融帳戶的 PAN 卡所登錄在政府資料庫中的資料外洩，以及 2019 年再度發生國營

圖 17.5　首次府會資安週

資料來源：https://reurl.cc/31Xr49。

瓦斯公司 Indane 旗下 1 萬 1,000 家經銷商終端消費者 670 萬人的個資遭到曝光等事件（財團法人台灣網路資訊中心，2019）；臺北市政府也曾於 2018 年發生公共衛生資訊管理系統的個人資料遭到外洩，並且在暗網中對外販售的事件（黃彥棻，2018）。由此可知，如果無法強化公務體系對個資保護與資訊安全的意識與技術，資料治理的推動將非常困難。

㈢ 從不同面向來面對挑戰

隨著資訊科技不斷進步，雖然政府能藉由資料應用提升治理績效，但資料治理仍面臨許多挑戰。以組織面來看，資料治理牽涉到機關內部組織設計與作業流程的改變，從最初就必須思考需要蒐集什麼樣的資料，以及如何加值應用，然而政府機關仍較僵化，對資料運用的長遠規劃也明顯不足；再者，資料治理是一項跨業務／跨機關協力工作，業務單位與資訊單位或不同部會／局處間須要有深度的互動甚至整合，然而囿於本位主義，單位間的瞭解與溝通不足，或是有決策權的高層不一定有資訊專業，也是資料治理在推動時的阻礙；在人員面上，資料治理要能順利推動，公務人員應有足夠資訊素養，然而目前公務人員在資料處理的技術及能力較為不足，在本職業務外要騰出多餘的時間與人力來學習執行資料治理相關技能，對機關來說是額外的負擔；在法制面上，資料的處理與散布都會與個人資料保護的隱私問題（去識別化）有關，這些涉及到政府跨單位甚至跨機關資料交換的問題，在權責難以釐清的情況下也會造成公務人員的保守心態。最後，在技術層面上，資料治理非常講究資料的品質，包括資料的蒐集與儲存形式、資料交換與介接方式、正確性與即時性以及資訊安全問題，這些都是目前我國政府機關要推動資料治理的挑戰。



## 參考文獻

1. 楊晨欣（2015）。美國政府資安風暴失控了嗎？指紋遭竊數飆升 560 萬名。2015 年 9 月 24 日，取自：https://www.bnext.com.tw/article/37475/BN-2015-09-24-023930-81。
2. 國軍退除役官兵輔導委員會高雄市榮民服務處（2018）。個人資料保護法及其缺失樣態。2018 年 3 月 16 日，取自：https://www.vac.gov.tw/vac_service/kaohsiung/cp-1588-14667-114.html。
3. 黃彥棻（2017）。快速入門，專家解讀 GDPR 十大重點。2017 年 9 月 21 日，取自：https://www.ithome.com.tw/news/116876。
4. 黃彥棻（2018）。北市府紅隊演練發現衛生局公衛系統市民個資於地下網站兜售，檢調發動調查。2018 年 9 月 13 日，取自：https://www.ithome.com.tw/news/125877。
5. 鄭舒筠（2018）。中國「社會信用體系」來襲！大數據的威權陰影。

2018 年 9 月 23 日，取自：https://opinion.cw.com.tw/blog/profile/52/article/7302。

6. 資料英雄計畫（2018）。兒少保護案件之精準派案。2018 年 11 月 21 日，取自：http://d4sg.org/precise-assignment-of-child-protection-cases/。
7. 張達智（2018）。賠 50 萬寫悔過書員警查 IG 正妹個資內情不單純。2018 年 11 月 29 日，取自：https://www.chinatimes.com/realtimenews/20181129000004-260402?chdtv。
8. 雷鋒網（2019）。臉部辨識技術走到十字路口？ 2019 年 1 月 21 日，取自：http://technews.tw/2019/01/21/the-future-of-face-recognition/。
9. 財團法人台灣網路資訊中心（2019）。印度國營瓦斯公司遭爆資安漏洞，近七百萬用戶個資可用 Google 搜尋取得。2019 年 3 月 12 日，取自：https://blog.twnic.net.tw/2019/03/12/2923/。
10. 謝樹寬（2019）。【監控發大財（上）】「我被 AI 抓了」百萬維吾爾人成了數據庫的囚犯。2019 年 5 月 3 日，取自：https://www.mirrormedia.mg/story/20190416intuighuraisurveillanceone。

Chapter 18

# 讓政府決策有所根據——談創新實驗「沙盒」機制

張濱璿

## 前言

隨著科技快速發展，許多國家積極推動數位轉型與破壞式創新應用，期望藉此提供給人民更好、更快速、更正確的公共服務。但相較於過去規範「人」的法規制度現狀，新型的數位服務可能早已超出原先制訂法律時可能的想像。政府管制方法可透過經立法程序的法令、個別案件的裁量、以及行政指導層次的準則，依不同風險，在層級化法律保留原則下，進行法規制度設計。

促進創新難免挑戰現有法令限制，但創新可能引發的風險又需控管，在選擇之間，實驗機制可提供政策決定與治理的實證基礎。各國政府嘗試以俗稱「監理沙盒」（regulatory sandbox）作爲一種數位轉型的創新策略工具，透過公私協力模式，以先期的實驗機制進行創新，以面對法制調適問題。

本文將從沙盒的本質與應用出發，說明沙盒機制運作現況以及可能應用領域，並討論政府若擬採用沙盒機制作爲政策方法時，法規制度應考量因素，協助政府突破傳統決定政策發展途徑與策略，在法制面選擇適合的之管制方式，達到兼顧創新與權益保障。

## 什麼是沙盒？

數位科技對人類生活帶來了過去難以想像的便利，也催生了許多創新思維。在應用數位科技的同時，除了會使用大量的個人資料分析，科技也會介入並改變每一個人的生活，這種改變可能早已超越原先法規或制度制訂時對於人們生活形態的想像，造成政府不知如何監理。若對於科技創新過度開放，卻造成社會或個人的未預期傷害時，政府公務員必須為其決策負責，因而政府或許寧可對創新者進行限制。從創新業者的角度，面臨現有制度對於數位創新監理方式不明確的情況下，將可能造成難以吸引所需的資金和資源，限制了創新的發展；也可能因陌生的數位服務模式，造成服務接受者或市場面臨過多不確定性因素，也因而抑制了數位服務的創新空間。

從政府的角度而言，因為數位科技的進步，數位化以及創新產品和商業模式，均與傳統市場的產品和服務模式不同，在某些情況下，也無法適用於現有的監理框架，而必須面對與傳統治理方式不同的巨大挑戰。單純由人腦所做的決定以及由人力處理事務，與藉由數位化科技執行的事務，其創新思維必須與傳統有所不同，數位化處理可能減少人力所可能發生的錯誤並增加效率，但數位化又可能忽略人類社會所需的人倫溫度。現有僅對人的行為進行規制的監理框架，未來是否必須因應數位科技而對於機器人進行監管、或是要監管設計機器人的人類，改變了現有人與人之間的互動方式與思維。因此，數位科技導入人類社會，或可視為人類的一種新工具，使人類的創新可以有更多元不同的面向。

也因此，世界各地的政策制定者，已經意識到與數位轉型相關的監理挑戰，期待並規劃以各種方式做出回應。藉由實驗進行學習並進一步制訂政策，會是許多政策決定者與立法者所採取的方法，「監理沙盒」也就成為應運而生的一種治理方式。「沙盒」一詞靈感來自在公園或學校中，讓兒童可安全遊玩與發揮創意的沙坑。在兒童心理學的互動參與實驗中，常應用遊戲的「沙盒」讓小朋友表達自己內心的想法。而監理沙盒就是在此概念下，希望建立一種彈性監管機制，在監理機構的管理下，使選定的實驗者能夠以比現有規範強度更低的監管要求，在特定風險範圍中進行創新產品或服務的測試實驗。因應科技應用於公共服務而產生的「監理沙盒」，有被定義爲：「一個可以發掘關於新產品、科技、或是創新商業模式是否堪用，以及觀察其後果的（政策）工具，從這個工具所產出的證據，可以協助管制者確認創新的影響是不用擔心的，最終讓有益無害的產品可以上市。」

## 為什麼需要沙盒？

對商業組織來說，進行任何創新「實驗」（experimentation）策略，往往需要先考量這個活動之成本、影響與風險是否可控且可行的。這樣有範圍框限的「先導試作」（piloting），除了可以降低創新產品直接商轉可能面臨的失敗風險（risk），還可以蒐集寶貴的第一手資料，回饋給研發部門進行循證（evidence-based）管理與學習，希望能創造出更好的產品。對於政府部門而言，面對外部環境變動越來越劇烈的時代，特別是在公部門應用資訊通訊科技進行公共服務的創新改革，一直都是政府行政革新的重點項目與手段，但是又必須承載依法行政傳統現狀維繫的既有功能，若能應用「沙盒」這個概念來平衡前述從外在鉅變與傳統思維所產生的雙重壓力，或可使創新動能植入公共服務的思維中。

沙盒概念在理論與實務上的應用很廣，透過實驗與蒐集證據，並依照證據推論進行方案的設計或變革。後來延伸至電腦科學領域中，用沙盒稱呼一個封閉且可安全進行測試、兼具彈性與仿眞的實驗與思考環境，讓新創的想法可以進行初步可用性測試與系統除錯的功能。在政府公共服務領域，最早爲人所知的是 2015 年由英國「金融監理局」（The United Kingdom's Financial Conduct Authority, UK FCA）所創立，當時針對高度監理的金融領域，基於推動創新金融科技（fintech）的目的，由政府設計制度框架，提供業者對創新金融產品的實驗場域，讓新科技、產品與商業模式可以在管理者（政府）的監督下進行實驗，期待鞏固英國在全球的金融地位。名為實驗，它一方面嘗試放寬因原有管制政策而受限的創新，另一方面又能控制鬆綁使其不致於產生不可承受的公共危害。因此，「監理沙盒」可說是以實驗進行一種政府創新治理的政策工具（regulatory policy tool），也能夠提供創新政策的論證基礎。

後續各國對於沙盒機制的應用越來越廣泛。英國負責個人資料與隱私保護的「資訊專員辦公室」（Information Commissioner's Office, ICO）以沙盒實驗方式，支持正在開發創新且安全地使用個人數據的產品或服務、並可帶來潛在公共利益的業者，例如應用在機場通關的人臉辨識、自助登機、行李托運等需事先蒐集個人資料並進行判斷而具有個資侵害風險的工作，在符合歐盟「一般資料保護規則」（General Data Protection Regulation, GDPR，即歐盟之個資法）的規範前提下，進而探討是否有其他法規修正的必要性。新加坡也應用在能源領域，鼓勵能源產業在沙盒內進行關鍵技術之測試，有助能源領域業者更快速測試各種能源創新產品與服務，並事先訂定相關守則供業者遵循，獲得批准的業者可以暫時獲得監管豁免，以測試其創新解決方案。其他鄰近國家如日本、韓國，也都為沙盒實驗機制訂定了相關具體的法規建立制度。臺灣則分別公布施行「金融科技發展與創新實驗條例」、「無人載具科技創新實驗條例」，就金融與無人機開發領域制訂沙盒實驗機制，期待可以加速相關領域的創新。

## 什麼領域需要沙盒？需考慮的法律問題？

「監理沙盒」近幾年來已經成為了產業流行名詞，但監理沙盒制度是否適用於所有領域，是值得思考的問題。從世界主要國家的監理沙盒制度經驗可知，考量採取監理沙盒制度之服務或行業，多屬涉及人民公共福祉有密切關係，但例如金融業可能造成人民財產損失、無人載具可能發生交通事故、大量個人資訊使用的服務（邊境管制、社會福利資源的提供等）可能造成個人資料被濫用的風險，以及可能造成歧視或涉及公共資源的稀有性。這些領域原始制度設計，都是由政府依據法律進行高度管制、限制資格的特許行業，採取管制之目的即在增進公共利益並避免人民權利遭受損害的風險，由政府爲人民把關。

對於各種行業領域，有些低風險行業，政府僅採取登記制度而不予限制，甚至可免申請登記，例如一般攤販或家庭手工業等依據商業登記法都不須登記；但有些職業可能涉及較大公共利益以及社會風險而必須取得許可或執照，例如司法院釋字 584 號解釋認定營業小客車駕駛人的工作與乘客生命、身體及財產安全及確保社會治安相關；或釋字 612 號解釋對於廢棄物清理業者許可，是爲預防環境污染及生態等危害國民健康事件；各種專業證照考試也都有其公共利益與不同的專業領域。這種依據不同風險進行不同程度管制的想法，符合了法律中的「層級化法律保留」的原則。若屬於可能侵害人民憲法保障的基本權利或對人民課加義務或負擔，進一步限制人民的「干涉行政」，其規範強度應該最強，必須經由有民意基礎的立法程序，訂定明確法律才能進行限制，若此類型事項希望進行鬆綁，也必須再制訂同位階的法律才能放寬原有限制，當有科技創新的需求。若能以法律訂定沙盒方式進行創新實驗，可將風險限縮於可控的範圍中。至於在對人民權利侵害較小、服務自由度較高、又或屬於提供人民利益「給付行政」，可由行政機關依其職權，以授權命令方式採取「試辦計畫」進行即可。但由於仍屬於試行措施，對民眾仍有一定程度之風險，因此該試辦計畫所依據的法律授權仍應符合具體明確之原則，只是可能無須另行以立法程序制訂法律進行實驗。

另外一個考量是沙盒的本質——實驗。創新服務的開發者，爲了確認創新構想的可行，因此希望能先有一個風險可控的場域進行測試，這種實驗概念早在生醫領域的人體研究使用許久。生醫產業是一個高度管制的特許行業，無論從人員的資格（需取得醫事人員證照）、廠商的資格（也需取得藥商或醫療器材商的許可）、甚至是所有可進行的業務與收費都需要核准。在此重重管制下，無論從開發新藥品或新醫療器材、或是想提出創新醫療服務方式，都是在打破現有限制之下，由研究者設定一個可控風險、人數、方法，以實驗方式進行現有法規原不允許進行的行為。因此，生醫領域的實驗規範相對於其他特許行業來的成熟，雖未有所謂沙盒制度，但其實驗法規範已有完整思維及運作，審查機制也相當完善，實際上可為沙盒實驗制度設計的範例，則生醫領域似較無建立沙盒制度之急迫需求，否則很可能造成額外的監理負擔。

而需要沙盒機制的領域，便是其他僅有管制規範卻無實驗機制，且又有急迫創新需求的行業。藉由建立創新實驗的沙盒機制，使其服務或產品的發展在小範圍且風險可控的領域中，可以有更多獲取測試資料的機會，進一步擴大到提供予更多數人使用的服務或產品；而主管機關也可以透過制度下的監管，確保業者實驗的風險不致於造成大眾的危害；投資者也可以在實驗過程中，確保投資風險，促進產業的活動。例如英國即參考了醫藥產業臨床試驗期間的規劃，使金融沙盒可以在實驗中得知創新想法進行概念驗證（proof of concept, POC）的成果，因此可縮短產品的上市時間且期程可控，進而獲取更多的融資。

## 政府沙盒機制的建立與應用

由於沙盒機制是為了突破現有法規框架所建立的例外規定，因此在進行公部門的創新，仍應先以體制內的運作進行考量。若創新服務的構想為現有法規所允許的、或屬於行政機關裁量空間內可進行政策選擇時，政府本可直接以政策執行之方式或採行試辦計畫，小規模辦理或發布命令，並可獲取政策所需之參考實證數據，進一步評估政策擴大施行之可行性，以確保施行後之風險可控。例如政府曾嘗試推動全面換發的數位身分證（eID），是在戶籍法並未限制身分證只能採紙本形式的前提下，經評估各種效益後，行政部門做成決定即可施行，由政務官負責其政策成敗之政治責任。但由於此新政策中，可能涉及較嚴重的個人資訊權利侵害，以及國家賠償議題，因此政府在法規允許之下，先選擇部分地區小規模方式試行換發作業，以獲得換發程序的經驗並評估效益。而若創新構想是現行法規並未禁止之情形下，體系解釋上亦可直接執行。但爲保障人民相關權益，使參與實驗者所承擔之風險明確或爲爭取補助預算，仍可透過試辦計畫方式進行實驗；但若考量法律不明確，而實驗計畫仍可能造成人民權益較大侵害風險時，則可直接採取立法或修法方式，訂定明確之法規，並由接受服務者有限度的承擔部分風險，可符合法律保留原則的精神。

至於若屬於現有法規未能允許甚至禁止，是否就需要在公部門建立沙盒制度？其實，若有可行的創新提案存在法規適用之障礙或缺乏依據時，行政機關實可以透過直接立法、修法或是訂定法規命令之方式進行。而公部門創新實驗對於沙盒機制的需求，應是該創新計畫之風險已經超出現有科技及專業能力的想像範圍，使行政機關與首長不願直接施行政策或是修法解決，而要求下級公務員必須透過沙盒實驗方式，取得更多可供信賴的資料，作爲支持後續政策形成的依據，也有助於說服立法機關。例如臺北市政府曾以深夜封閉道路的方式，使無人巴士在實際道路上的測試行駛，也才發現到都市中建築對於無線網路訊號的干擾極強，再進一步改善。而 2021 年 5 月起臺灣爆發嚴重新型冠狀病毒肺炎（COVID-19）疫情經逐步控制後，原中央流行疫情指揮中心擬對於風險較低的縣市採取餐廳內用適度開放之「微解封」，卻因地方政府顧慮疫情再次擴大而不予配合；若能以小範圍之實驗方式試行「微解封」以獲得實證資料，或可提供政策擴大鬆綁之參考依據。因此公部門進行創新政策，相對於不具公權力的私部門有更多的優勢，沙盒制度的需求，預期可能會侷限於風險較高、與現狀改變較大的政策。

就上開政策執行的方式，整理如下圖 18.1。

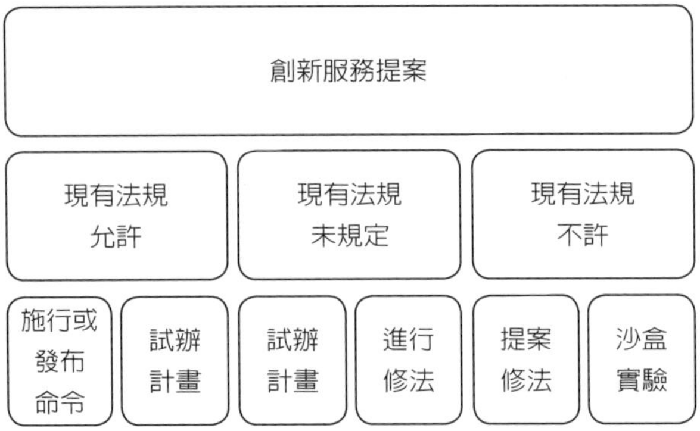


圖 18.1　政府沙盒機制的建立與應用

資料來源：筆者自繪。

由上可知，政府進行公共服務監理沙盒機制，流程上首先需釐清該產業是否受到高度管制而使創新實驗受限，以及原規範所擬保護的人民權利與預防風險爲何，進而判斷是否有導入沙盒實驗機制促進服務創新的可行性；同時也要思考擬建立沙盒制度的公共服務性質與範圍爲何。例如一般人民生活所需的外送平臺、多元計程車等等究竟屬於公共服務或是商業服務，還是應僅限於政府可提供之人民服務例如晶片身分證、1999 專線等等。另外，主管機關需進行各項法規以及產業需求之盤點，法規鬆綁範圍除涵蓋整體產業在實驗環境中所可能遇到的法規限制以外，亦需依據實驗的需求進行個案的法規鬆綁。最後，尚需進一步檢視申請業者以及計畫內容是否有資格進入沙盒。因此，在沙盒機制的處理原則中，雖然各國經驗對於監理沙盒的處理方式都不同，但仍有一些共同關注的特徵：

1. 是否爲眞正的創新？
2. 可否釐清個人與社會利益？
3. 是否確有使用沙盒機制的需求與完整計畫？

4. 對於時間、參與部門或地域的界定？
5. 對於風險的保護機制？

實驗期限屆滿後，對於具有價值的創新服務，政府也需思考如何協助取得市場融資、媒合現有特許行業業者以及進行必要的法規調適，讓創新服務的構想具體落地，開發公私部門共享的學習空間，以瞭解將新技術應用於新服務模式的風險和潛力，並學習、指導業者提出的特定服務並提供修正意見，成為實際的公共服務項目。但如何定義實驗成功、如何迅速進行法規調適、如何媒合現有業者合作、如何降低新進業者進入市場障礙、以及協助取得市場融資等等問題，仍是沙盒實驗結果具體落地的最重要挑戰。因此，除了業者獲得構想測試所需的實驗證據外，透過監理沙盒的實驗過程，也使政府機關有了很好的學習機會，瞭解新興技術最新發展與相關風險，學習如何去監理相關創新的過程與結果，以推動未來相關規範修正，使創新科技發展與法規能相輔相成。

依現有的沙盒實驗機制的概念發展，公共服務數位沙盒的設計，事實上是為公私協力另闢蹊徑。公私協力目的是在結合公、私部門各自優勢，藉由特定的制度安排（例如契約或協議），以促進雙方資源分享與風險分擔，創造政府與民間夥伴關係之「共同附加價值」。民間參與公共服務已逐漸成為新型態公共服務的創新發想源頭及落實推動的主力，如何營造一個由下而上的創新環境，實踐良善及永續的公共治理，成為亟待政府解決的重要課題。此一暫時豁免法規限制的「決定」，往往涉及跨部會議題，對傳統公部門思維本身就是一種創新挑戰。但由於法規制度監理因素，是產業創新發展是否能吸引人才和投資的關鍵甚至是障礙。監理沙盒可以使目前無法律規範與缺乏監理機制的新型商業模式，有一個合法的實作場域。這些過去所未有的技術改造，政府機關必須從政策面促進產業的創新，藉由實驗結果學習創新政策擬定或治理，並確認如何整合公私部門所有的知識與能力，避免被以過去觀念為基礎的立法受限，以建立有別於傳統的監理框架，進一步可避免直接核准時所可能帶來的公眾風險。

## 結語



目前國內外沙盒實驗機制的設計，大多針對單一特定領域發展，設立專法或制訂制度，此一發展策略主要肇因於不同產業的發展速度、與背景需求不一。因此若要極大化整體數位轉型成功機率，現階段可以針對最迫切、須仰賴新興科技發展、且無任何實驗機制的公共服務領域，建立沙盒機制較為可行。

在數位轉型的過程中，公部門必須兼顧政府運作的穩定性以及社會變遷的創新潮流趨勢，因此公共服務的沙盒實驗機制事實上提供了新型態的公私協力形式，希望由公（公務員）、私（業者）部門發起具創新服務的實驗計畫，再由公部門（監理機構）提供測試區域，可與私部門（企業和消費者）合作，以求在過度的監管、技術的創新和新商業模式之間可以取得適當的平衡，並達到實驗治理模式中公部門對新型態治理學習目的。

從公共服務沙盒制度設立的法制思維，以及沙盒制度在公共服務的角色與運作模式，面對法令不合時宜或不足之政府運作現況，期望全面檢討並改變當前法令的「缺失」與「不足」，以期破除現有法令對新興科技應用所產生之阻擾。

## 參考資料

1. Attrey, A., Lesher, M. & Lomax, C. (2020). “The role of sandboxes in promoting flexibility and innovation in the digital age.” *OECD Going Digital Toolkit Policy Note*, 2. https://goingdigital.oecd.org/toolkitnotes/the-role-of-sandboxes-in-promoting-flexibility-and-innovation-in-the-digital-age.pdf.

2. Jeník, I. & Duff, S. (2020). "How to Build a Regulatory Sandbox: A Practical Guide for Policy Makers." *Technical Guide*. Washington, DC: CGAP. https://www.cgap.org/sites/default/files/publications/2020_09_Technical_Guide_How_To_Build_Regulatory_Sandbox.pdf.
3. Lesher, M. (2020). "Bringing new digitally enabled products and services to market: Sandboxes and the role of policy experimentation." *VOX, CEPR Policy Portal*. https://voxeu.org/article/sandboxes-and-role-policy-experimentation.
4. Mannay, D., Staples, E. & Edwards, V. (2017). "Visual Methodologies, Sand and Psychoanalysis: Employing Creative Participatory Techniques to Explore the Educational Experiences of Mature Students and Children in Care." *Visual Studies*, 32(4), 345-358.
5. OECD (2019). "Going Digital: Shaping Policies, Improving Lives." Paris: OECD. https://doi.org/10.1787/9789264312012-en.
6. Pelkmans, J. & Renda, A. (2014). "How can EU legislation enable and/or disable innovation?" European Commission Paper. https://ec.europa.eu/futurium/en/system/files/ged/39-how_can_eu_legislation_enable_and-or_disable_innovation.pdf.
7. Singapore Energy Market Authority (2017). "Framework for a Regulatory Sandbox for the Energy Sector in Singapore." Final Determination Paper. Singapore: Singapore Energy Market Authority.
8. UK Financial Conduct Authority (FCA) (2015). "Regulatory Sandbox." https://www.fca.org.uk/publication/research/regulatory-sandbox.pdf.
9. Wright, W. et al. (2006). "The Sandbox for Analysis: Concepts and Methods." CHI '06.ACM conference paper, 801-810.
10. Zetzsche, D. et al. (2017). "Regulating a Revolution: From Regulatory Sandboxes to Smart Regulation." *Fordham Journal of Corporate and Financial Law*, 23(1), 31-103.

# PART 4

# 數位建設

## 篇前引介

本篇的主題為數位建設，編輯群規劃的內容重點，在於概念性地介紹可應用於公共治理的新興數位科技、具體的應用案例以及應用過程所遭遇的挑戰和未來發展趨勢。為此，經由本書的編輯群充分討論各章的核心主題後，分別邀請六位在相關領域有卓越研究貢獻的學者們共同參與撰寫。

本篇共收錄六篇文章，各章內容涵蓋大數據、資料視覺化、人工智慧、區塊鏈、物聯網以及量子電腦等新興數位科技的概念性介紹，並討論這些科技應用於公共政策分析、行政革新與城市治理等公共治理領域的實際案例，各種可能或正在遭遇的挑戰，以及這些技術在未來應用於公共治理各面向所應持續關注的重要議題。由於在可預見的未來，運用新興數位科技促進政府數位轉型是一個不可逆轉的趨勢，因此本篇各章的作者不約而同地提醒讀者除了思考政府數位轉型帶來的種種好處之外，更不應忽略轉型過程中伴隨的各種技術應用挑戰，以及數位科技和人類互動過程產生的各種潛在價值衝突所伴隨的風險，如創新與課責、開放與安全、公平與效率、集權與民主等，畢竟如何讓新興數位科技於公共治理的應用能一方面符合良善治理的需要，另一方面又能同時控制轉型變革中各種潛在衝突所伴隨的風險，不僅是我們最應關切的課題，更應是我們共同追求的最終目的。

# Chapter 19

# 大數據與公共政策分析──以臺北市 1999 市民熱線為例

廖洲棚

## 前言：數位時代公務人員需要哪些核心能力？

公共政策制定後，能不能發揮預期的效果？經常是決策者、立法者以及政策標的人口所共同關心的問題。以 2016 年 1 月 6 日總統公告施行貨物稅條例第 12 條之 5 規定爲例，立法授權財政部減徵新車貨物稅五年，以鼓勵民眾加速汽機車的汰舊換新。但這個政策到底有沒有發揮預期的政策效果？爲此，政府主管機關在減徵新車貨物稅五年的期限到期後，必須舉出實際的數據說明此一政策是否符合原訂的政策目標，如節能減碳、綠色消費、改善空污等，才能作爲未來立法機關選擇持續、修正或終止減徵新車貨物稅政策的依據。從經濟部工業局於 2018 年 7 月 2 日製作的「貨物稅條例第 12 條之 5 實施成效說明」[1] 可知，本項政策實施兩年後，不論在政府稅收效益、產業經濟效益以及公共環境效益等三面向上皆帶來正面的成果，僅對於中古車市場帶來若干衝擊，故建議未來投入一些新的措施來降低民眾購置新車後對中古車業者造成的影響。

---

1 引自經濟部工業局網站：https://www.moeaidb.gov.tw/ctlr?PRO=filepath.DownloadFile&f=executive&t=f&id=12436。

## 公共政策的內涵

公共政策（public policy）是政府爲了解決某項公共問題，或爲了滿足某項民衆需求，而選擇作爲或不作爲的一連串活動。從這個定義來看，公共政策必然涉及政府的決策（making decision），也唯有能眞正解決公共問題或滿足民衆需求的決策，才稱得上是好的公共政策，但政府該怎麼做出「好」的公共政策？一個好的公共政策決策，通常會融合三個條件，包括政治的意志（political will）、社會的基礎設施（social infrastructure）以及科學的證據（scientific evidence）。

### ㈠ 政治的意志

政治學者 David Easton 將政治定義爲社會價值的權威性分配，亦即對於社會該如何運作以及資源該如何運用以支持社會的運作，有一套完整的想法，且政治權力讓這套想法成爲權威性決定，不管你喜歡或不喜歡，都必須接受它。

### ㈡ 社會的基礎設施

意指能夠支援與維護社會所需服務的設施，且往往會依據一個社會的發展狀態而呈現不同的樣態，例如健康照護（醫院）、教育（學校與大學）、國宅、監獄、交通設施（機場、鐵路與公路）等。

### ㈢ 科學的證據

即運用科學方法蒐集到的數據。用科學方法蒐集到的數據來輔助決策，是理性的決策者主要採用的決策方法。例如，每當颱風來臨，各地方政府最頭痛的問題是，明天該不該放假？這時氣象局提供的氣象預報數據，就是縣市長們最仰賴的決策參考依據。

從前言所提及的減徵新車貨物稅的案例可知，我們的生活處處會受到公共政策所影響，而評估一個公共政策的實行成效，則往往需要有正確的數據才能進行理性的分析。因此，握有權力的政府決策者，能否以及是否運用科學的數據來輔助做出好的決策，就成爲關心公共政策的研究者以及一般大衆最關切的核心問題之一。

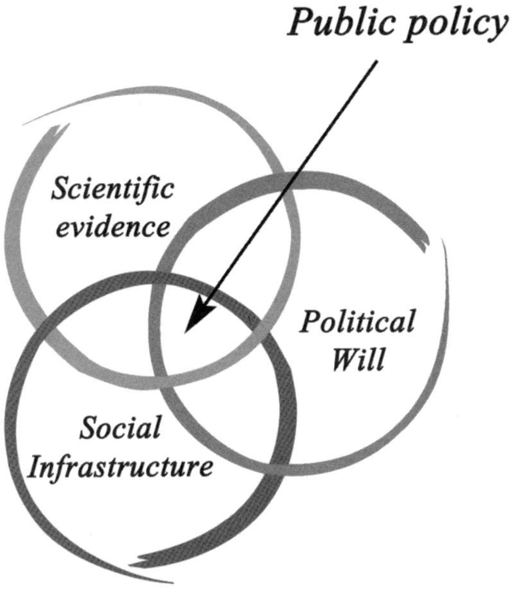


## 大數據如何幫助政府決策

> **大數據**
> 那些大小已經超出了傳統關聯式資料庫系統可容納規模的數位資料，亦即傳統的軟體分析工具難以捕捉、儲存、管理和分析的數據。

數據是形成理性決策所需資訊的基礎，近年來隨著資通訊科技設備和應用的普及，特別是在人手一臺智慧型手機和幾乎人人都會使用網路和社群媒體的情況下，人類社會累積的總數據量，正倍數地飛快成長中。嚴格說來，大數據（big data）一詞從出現到廣爲人知，還不到十年的時間，但對於何種數據才叫做大數據，截至目前仍未有一個明確的定義。爲說明何謂大數據，我們先從大數據和非大數據在分析工具的差異、數據樣態的差異以及分析成效的差異等三個面向分別介紹之。

(一) 分析工具的差異

截至目前為止，最多人引用來區辨大數據和非大數據的說法，是根據數據分析工具的差異來定義的。由於大數據所累積的資料量、資料格式和資料積累速度，已非傳統關聯式資料庫（relational database）能夠處理的範圍，需要開發新的資料分析工具（程式或系統）才能加以分析處理，故將需要新一代資料分析工具才能處理的數據稱之為大數據，用傳統數據分析工具就能處理的數據稱為非大數據或小數據。

(二) 數據樣態的差異

另一種說法則是直接從數據累積的速度、數量以及型態等特色來定義大數據，採用這種說法者認為，所謂的大數據意指同時具有量大（volume）、質雜（variety）、速快（velocity）等 3V 特性的資料。知名的電腦資訊廠商 IBM，更進一步主張任何號稱能分析大數據的工具，都需要加上分析的眞實性（veracity）特性，才能協助決策者有效運用分析結果，故在 3V 之外再加上第四個 V 來定義大數據，甚至是再加上第五個 V——價值（value）來定義，意謂大數據分析須為決策帶來眞正價值。不過有論者主張，研究者若不斷在定義上增加 V（新的面向）來定義大數據，只是使得大數據的定義更加地複雜，對於理解何謂大數據並沒有任何實質幫助，因為多大的數據量、多雜的數據格式、多快的積累速度才稱得上是大數據依然沒有絕對的標準，而以正確數據帶來對決策有價的資訊，更是循證式政策分析（evidence-based policy analysis）自始即追求的目的並未有特別之處。

(三) 分析成效的差異

由於大數據工具太新，短時間內會使用新工具的人並不多，故對於大數據究竟能為決策帶來什麼幫助，在過去一段不算短的時間裡更是衆說紛紜，許多盛及一時的流行案例，似乎只是重新炒熱那些早在大數據名詞出現之前就已經流行過的資料科學應用概念，如商業智慧

（business intelligence）或資料探勘（data mining），而這些應用所產生的最著名案例，大概非啤酒與尿布（beer and diapers）的故事莫屬了。[2] 如果大數據分析爲決策帶來的成效和過去差不多，那其實大數據分析也就沒有什麼好討論的了。有別於多數研究者嘗試從前述兩種角度來定義大數據的做法，《大數據》[3] 一書作者 Viktor Mayer-Schönberger 和 Kenneth Cukier 認爲，若要說大數據眞正的貢獻在哪，應該是大數據分析是以母體數據（也就是所有的數據）進行分析，而不是受限於過去資料取得的困難而採用抽樣數據（也就是部分的數據）分析，使得大數據分析可以

**資料探勘**

嘗試從大量數據中探索出數據變項的類別、關聯、因果關係模式的一種分析技術。

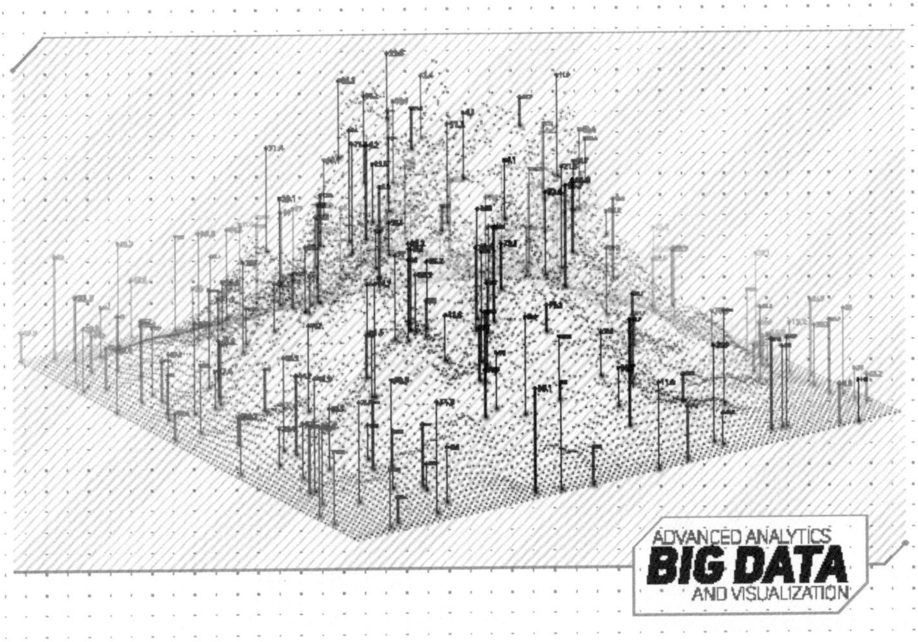


2 有關這個故事的具體內容，坊間有許多不同的版本，有興趣的讀者可自行在網路搜尋閱讀。

3 詳細內容請參閱原著，臺灣的天下文化有中譯本，譯者為林俊宏。

得到的分析結果，會比只運用抽樣分析得到的分析結果，獲得更豐富且更完整的資訊。換言之，大數據分析的好處，在於擺脫傳統分析工具處理數據量及數據格式（如文字、聲音、影像等非結構化數據）的限制，而使用多元格式的母體資料將有助於研究者發現前所未知的變項相關性，甚至是發現未知的潛在因果關係。

從目前的發展來看，即使大數據的定義仍不明確，卻一點都沒有妨礙到資料科學家積極發展大數據分析工具的腳步。資料科學家深信大數據帶來的洞見（insights），可以更貼近眞實並形成更有價值的應用。不過，大數據分析既要能克服資料量大、格式雜、積累快的問題，又要能確保資料品質的眞確性，才能爲決策者提供眞正有價值的資訊。事實上，隨著工具的日新月異，眞正應用大數據分析來提高決策品質的應用案例，也如雨後春筍般地陸續出現。

在公共政策領域中，首次能眞正吸引衆人目光的大數據分析案例，應該是網路巨擘谷歌（Google）旗下幾位工程師，在 2009 年於著名的《自然》（Nature）科學期刊中，聯合發表「使用搜尋引擎搜尋資料來偵測流感流行」（Detecting influenza epidemics using search engine query data）一文[4]所討論的案例。該篇論文解釋了谷歌工程師如何運用使用者的搜尋關鍵字，成功預測流感將在何時爆發流行，甚至還能精準定位到是發生在哪些州。可以想見，當負責疫情控制的公共衛生機構，能事先得到這種寶貴的資訊時，對於控制流感疫情的幫助有多大。谷歌雖然在後續出現了模型預測失靈的情況後終止了研究流感趨勢（flu trends）的計畫，但該計畫一度出現的高準確度預測，卻足以振奮了大家對大數據分析來輔助決策的信心。值得注意的是，谷歌計畫的失敗，亦提醒從事數據分析的研究者，必須更加注意資料的來龍去脈（包括對資料發生背景的瞭解），才有可能產生正確的預測，僅以有限的過去資

---

4 本篇文章的全文內容，可參考網址：https://www.nature.com/articles/nature07634。

料來預測未來，未必能得到最好的答案。此外，大數據分析在分析過程遭遇到的挑戰還有兩項值得注意，首要是資料清理的挑戰，因爲大數據充斥著大量的非結構化資料，這往往需要投入較多的心力清理才能確保資料的眞實性；其次是資料視覺化（**data visualization**）的挑戰，因爲決策者往往未必具有大數據分析的專業，如何以更爲直覺的視覺化方式呈現從大數據淬取出多維度（**multi-dimension**）複雜資訊，需要更爲專業的資料分析技術以及圖表呈現的創意構想與設計方得爲之。這使得以大數據爲基礎的循證式政策分析成爲一種需要融合多種專業知識的工作，亦即政策分析者至少需同時具備一種以上的公共政策領域專業知識以及跨越統計與資訊科技領域之資料科學（data science）專業才足以勝任。

> **資料視覺化**
>
> 利用各式統計報表、多維立體模型等圖像化呈現形式，使複雜的數據分析結果，變成為易於閱讀、理解的資訊。

## 運用大數據改善政府決策的案例

近年來隨著大數據分析技術的漸趨成熟與普及，政府運用大數據分析來改善決策的案例或宣稱即將導入大數據分析的案例，亦如雨後春筍般出現。爲說明大數據分析於政府決策應用的優點以及可能遭遇的挑戰，筆者選擇個人曾參與建置及營運的臺北市 1999 市民熱線作爲本文主要討論的個案。

臺北市政府於 2008 年 7 月推出改版後的 1999 市民熱線，是全國第一個推出語音式便民服務單一窗口兼馬上辦中心的地方政府，其提供完整的免費電話轉接、各項市政業務諮詢、受理民眾電話陳情以及限時完成的派工服務，使得服務甫推出不久，就成爲最受市民青睞的市政服務之一，更在 2011 年榮獲行政院第四屆政府服務品質獎（現已改名爲政府服務獎）的殊榮。依據臺北市政府研究發展考核委員會（簡稱市府研考會）的統計，從 2008 年 7 月至 2019 年 4 月爲止，累計已服務了 2,156 萬 8,846 通電話，受理 155 萬 4,095 件陳情案件，與 269 萬 3,913 件派工案件，平均每月服務 16 萬 5,914 通電話，受理 1 萬 1,955 件陳情案件與 2 萬 722 件派工案件。[5]

隨著臺北市 1999 市民熱線服務量的持續攀升，累積的數據量也極為可觀。數位治理研究中心的研究團隊（以下簡稱 TEG 團隊），很早即預見 1999 大數據應用於城市治理中的價值，故早在 2012 年「回應性政府的最後一哩路：政府公民關係管理資料加值應用之研究」[6] 中，TEG 團隊就曾主動向市府研考會申請使用三個月的 1999 派工案件資料，並透過地理資訊的分析，找到臺北市最常出現無主垃圾和違規停車案件的派工熱點。另外，TEG 團隊在 2014 年「政府應用巨量資料精進公共服務與政策分析之可行性研究」中，亦再一次和市府研考會合作，運用文字探勘（text mining）和決策樹（decision tree）分析技術 [7] 分析三個月的陳情案件資料，並找到警察局等 13 個局處的 1999 陳情案件的分文規則。TEG 團隊依據這兩份報告，具體向市府研考會提出可運用大數據分析方法的兩項建議，其一是運用分析找到民眾通報違停及亂丟垃圾的派工熱點，以便能進一步探索造成違規的結構性因素，並設計適當的解決方案杜絕大量違停或亂丟垃圾的情勢發生；其二是依據決策樹的邏輯，導入案件的自動分文機制，以降低公文分案人力。

**文字探勘**

嘗試從大量非結構化的文字資料，探索出具意義的字詞和相關詞彙，以協助進行大量文字語義判斷的分析技術。

**決策樹**

為常見且受歡迎的資料探勘技術之一，主要是使用樹狀分枝的概念將決策點分群分類，以協助決策者根據樹狀路徑分析結果，做出快速且理性的判斷。

隨著大數據應用的普及，臺北市政府也逐漸意識到，充分運用

---

5 統計資料來源為「臺北市民當家熱線 1999」官網。2019 年 5 月 31 日，取自：https://1999.gov.taipei/，統計數據引自 1999 簡介與大事紀頁面。

6 詳細報告內容請至臺灣數位治理研究中心網站下載，網址：https://www.teg.org.tw。

7 同前註。

1999 累積的大數據，將能有效找出可徹底解決民怨的根本原因（root causes）。因此自 2015 年起，市府更嘗試將龐大的 1999 數據庫透過市府開放資料平臺公開，俾讓一般民眾或民間的技術團隊也有機會能貢獻自己的大數據分析專長，協助市府找到城市治理的問題或提供更好的服務。事實上，臺北市政府透過公私協力或是鼓勵員工自行研究的方式進行大數據分析，已取得了不少具體可行的研究成果。首先是智慧客服的運用，在市府資訊局的協助下，市府研考會開始將民眾來電最常詢問的 FAQ 內容整理成適合給聊天機器人（chatbot）使用的純文字檔，期望讓民間運用市府資料以及大數據分析技術開發出能協助降低 1999 來電量的聊天機器人。

**聊天機器人**

指可以文字或語音和人類進行交談的電腦程式，是電腦人工智慧運用的成果之一，目前被廣泛運用在傳統電話客服領域，以取代或協助原有的客服人力。

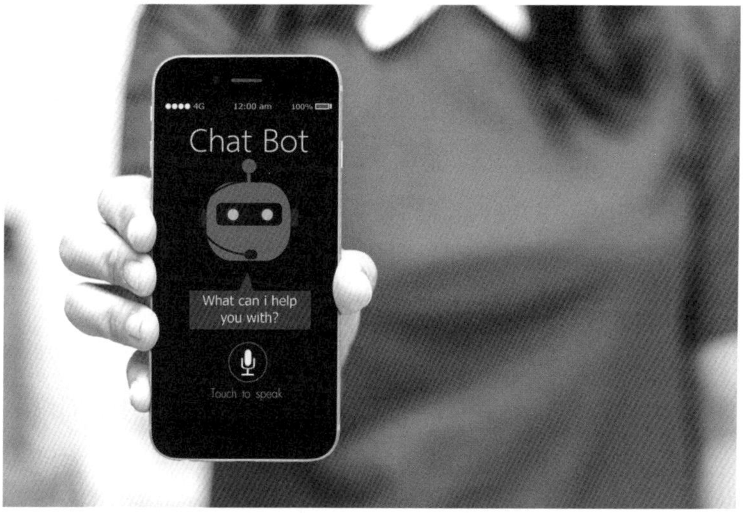


為鼓勵民間技術團隊的投入，市府資訊局更在 2017 年舉辦第一屆市政聊天機器人競賽，參賽者必須運用臺北市政府「市政網站整合平臺之常見問答」建置市政 chatbot，再透過票選公民參與方式，開放市民

線上實測的參賽作品，除了透過市民參與，讓競賽內容更貼近民眾外，也可以經由蒐集民眾想法，使後續的系統建置及服務規劃可以更加完善。

圖 19.1　臺北市舉辦第一屆市政 CHATBOT 大賽文宣

資料來源：臺北市政府資訊局。

其次是強化發現公共問題能力的運用，市府研考會同仁自行運用 2018 年派工資料以及臺北市政府大數據平臺，發現在民眾通報路燈或設施故障次數最多的前三個行政區中，包括內湖、北投、士林等三個行政區，通報故障地點多位於河濱公園或河濱公園籃球場，進一步連結氣象局降雨量資料後，更發現位於內湖區和士林區的路燈故障和該區的降雨量有顯著的相關性，研考會同仁推測「路燈故障或設施損壞」可能與雨量及濕氣有關，故建議市府公園處可針對山區及河畔之路燈加強防水措施以減低故障率。由此案例可知，透過多維度的整合數據分析，可以協助決策者發現公共問題的根本原因，進而有機會設計有效的對策來加以解決。

上述兩個近期應用大數據分析的案例，其實正是臺北市政府依據「臺北市 1999 市民熱線受理及處理作業流程」（如圖 19.2 所示），逐步地強化運用 1999 大數據來改善市政決策參考的廣度與深度的具體成果展現。

值得注意的是，臺北市政府在分析 1999 大數據的過程，也並非總是一帆風順，市府在過程中遭遇到的許多挑戰，也非常值得我們借鑑。[8]

## ㈠ 資料品質的挑戰

由於 1999 存有許多的文字資料，因此要將大量非結構化的文字資料，轉化成可分析的字詞庫，以及將文字敘述轉化成地理資訊（GIS）點位，往往需要耗費許多人力及時間，且成本往往所費不貲。

---

[8] 主要歸納自筆者於 2019 年 3 月 18 日對兩位市府研考會同仁的訪談內容而得。

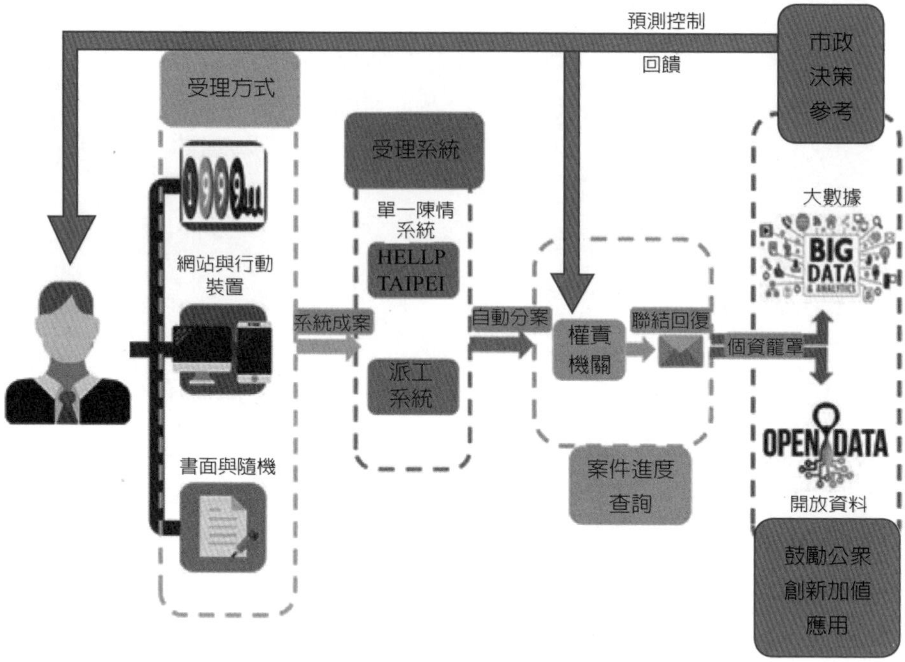


圖 19.2　運用民意資訊改善市政決策及鼓勵公衆創新加值應用架構圖

資料來源：臺北市政府研考會。

## ㈡ 資料可分析性的挑戰

嚴格說來，占據 1999 資料庫最大量的數據是民衆來電的聲音檔，但在民衆隱私的考量下，截至目前市府研考會都還在分析的可行性評估階段，主要的評估癥結在於委由廠商協助分析會不會造成個資外洩的問題，迄今仍未有具體的討論結果。

## ㈢ 公務員資料分析素養及分析意願的挑戰

由於大數據分析除需要分析者具有政策領域的專業，還需要具備數據敏銳度（如可以連結外部何種資料，以及需要透過什麼方法進行分析），且分析者往往還需要額外花時間學習新的技術，和無數次的試誤過程，才能找到有趣的分析結果。在缺乏足夠激勵的情況下，往往只有少數公務員願意基於自己的興趣，投入自己額外的時間來學習或從事資料分析，以至於分析的整體成效無法大幅顯現。

## 結語——大數據與政策企業家

大數據分析的目的是爲了幫助我們做出更好的決策，而以證據爲基礎的公共政策，更已證明可以改善政府的決策品質並提升政府施政績效。本文說明了應用大數據分析於改善公共政策品質的可能貢獻，更透過臺北市 1999 市民熱線案例的介紹，具體說明大數據分析在公共治理中的實際應用，以及在應用過程所遭遇的挑戰。依據筆者的觀察，近年來我國政府部門對於大數據分析的投資不遺餘力，除投資於設備及研究外，更透過大量的教育訓練，培養具備大數據思維及技術的內部人才。然而，相對於政府的投資，具體的成功案例卻寥寥可數，其中的原因除了政府蒐集數據的品質不佳，以及全面且完整的清理非結構化數據所費不貲外，更重要的是各機關自行建置的資訊系統所蒐集到的數據缺乏連結性，以及公務員的分析技術和分析意願都明顯不足等，在在都是大數據分析應用於公共政策的成果未能如預期樂觀的主因。

所幸，在部分政府首長的大力支持下，公部門還是有些政策企業家（policy entrepreneur），[9] 願意大膽跨出自己的舒適圈，致力於推動跨局處、民間技術團隊以及公民的合作，共同找出有感的公共生活痛點（pain point），並積極尋找以數據爲基礎的解決方案。除了前述的臺北市政府外，新北市政府社會局及相關團隊和公民團體，亦在兒童保護議題導入大數據分析，打造「高風險家庭整合型安全網大數據預警系統」，[10] 協助第一線工作人員預先找到需介入輔導的高風險家庭，主動

---

9 此處的政策企業家意指願意透過創新方法，為現況問題，找出解決方案，並引導政府變革的公務員。

10 本案例獲得 2019 年精誠集團 AI4SG 政府典範案例的頒獎肯定，詳請參閱 https://aiplus.systex.com/ai4sg-award/。

化解家庭及兒童保護的潛在危機。爲此，筆者樂觀預期，隨著政府運用大數據分析輔助決策的成功案例越來越多，在有越來越多政府內部的政策企業家投入的情況下，前述運用大數據於公共政策分析的挑戰終將能一一克服。不過，筆者仍要提醒大家莫忘了大數據分析並不是決策的萬靈丹，至少大數據分析無法用來解決公共政策的規範性面向問題，如動物該不該保護、同性婚姻可不可以等涉及政策的價值判斷與價值選擇的問題。這些問題仍只能透過社會的充分對話及慎思明辨（deliberation），才能在道德和思維邏輯上共同找出令不同價值立場者信服與接受之政府作爲或不作爲的理由。換言之，一個好的公共政策的形成與推動，不僅需要以證據爲基礎的大數據分析技術，也需要以社會對話與溝通爲基礎的論述分析，兩者同等重要，我們不該也不能偏廢之。

## 參考文獻

1. 陳敦源、蕭乃沂、廖洲棚（2015）邁向循證政府決策的關鍵變革：公部門巨量資料分析的理論與實務。國土及公共治理季刊，3（3）：33-44。
2. 廖洲棚、陳敦源、蕭乃沂、廖興中（2013）。運用巨量資料實踐良善治理：網路民意導入政府決策分析之可行性研究（行政院研究發展考核委員會委託研究報告 RDEC-MIS-102-003）。臺北：行政院研究發展考核委員會。
3. 蕭乃沂、陳敦源、廖洲棚（2015）。政府應用巨量資料精進公共服務與政策分析之可行性研究。臺北：國家發展委員會。
4. Desouza, K. (2014). *Realizing the Promise of Big Data: Implementing Big Data Projects*. IBM Center for the Business of Government.

# Chapter 20
# 社區長照可近性評量的好工具

廖興中

## ▶▶▶ 前言：爺爺奶奶長照行不行？

上午 9 點，在花蓮某個里的長青中心裡，幾位長者正在上日托課程，已經高齡 90 歲仍精神飽滿的廖奶奶，與五、六位白髮蒼蒼的「同學」，試著跟著臺上的老師一同活動肢體；輕微失智症的林爺爺則坐在一旁好奇觀看，偶爾擺動一下身體一同參與。陪同這些長輩來上課的移工，坐在教室後面低聲聊天或者滑手機，日托課程讓他們可以從全天候的陪伴照顧中，稍稍喘息。而這樣的畫面，實際上每天都在臺灣不同的角落持續上演著。以臺灣人口老化的速度與程度來看，這樣的場景會越來越頻繁地出現在你我的巷弄中了。然而這些資源的配置，是否就近於這些有需要的爺爺奶奶，現在透過地理資訊系統（GIS）的運算，政府與民間就能一目了然了。

## 臺灣長照 ABC

如同前面所提到花蓮爺爺奶奶的故事一樣，臺灣實際上在 1993 年時，全國 65 歲以上老人人口比率已經超過 7%，並正式進入高齡化社會。而老年人口占全國總人口的比例，在 2018 年也已經超過 14%，爲世界衛生組織「高齡化社會」衡量標準（7%）的兩倍（劉宜君等人，2014：46）。根據國家發展委員會在 2018 年的推估報告內容來看，臺灣預估在八年後（2026 年），老年人口的占比將超過 20%，進入所謂「超高齡社會」（hyper-aged society）的行列，高齡化的速度都比歐、美、日等國來得快速許多。預估到了 2065 年時，老年人口占總人口的比率將可能高達 41.2%。臺灣面對人口結構的迅速老化，所造成近在眼前的迫切危機，必須在各項政策做好即早的因應與準備。「長期照護／顧」（以下簡稱「長照」）政策，自然是政府當前與未來必須正視的重大課題。

> **長期照護／顧**
>
> 是針對因身體活動功能或認知受損而慢性失能，造成日常生活無法自理須依賴其他人的對象。長時間被提供包含醫療與生活照護，主要服務對象可居住於社區或機構中，目標在提升及維持其獨立功能。

在 2016 年通過的長照 2.0 計畫，延續長期照顧十年計畫的目標，開始把焦點放在服務網絡系統的建置上，而且服務對象擴增到 50 歲以上失智長者，服務項目也由原先的八項增加到了 17 項。目前長照 2.0 希望能「以社區爲基礎發展多目標的服務體系」，目前分爲 A 級（社區整合型服務中心，每一鄉鎮市區至少設立一處）、B 級（複合型日間服務中心，原則每一國中學區設置一處）、C 級（巷弄照顧站，原則每三個村里設置一處）。屬於 A 級的社區整合型服務中心可以稱爲「長照旗艦店」，一定會有「居家服務」與「日間照顧」兩個服務項目。而 B 級的複合型日間服務中心稱「長照專賣店」，則是原本就有提供居家照顧、社區照顧、機構照顧其中一項服務的單位。至於屬於 C 級的巷弄照顧站稱作「長照柑仔店」，失能長者可以在這裡得到共餐、臨時托顧、健康促進、延緩失能等服務。目的是希望讓需要長期照顧服務的民眾，可以在自己居住的村里獲得服務，落實「在地老化」的目標。

目前在衛生福利部的「長照政策專區」當中的資訊公開部分，已經建立了長照與失智照護服務資源地圖；民眾可以利用該地圖，瞭解其附近可利用的相關照護資源。目前這些資源，政府也不斷地積極建立，數量不斷地在增加成長。根據目前衛生福利部「長照政策專區」的資料顯示，A 級（社區整合型服務中心）有 472 處、B 級（複合型日間服務中心）有 2,922 處、C 級（巷弄照顧站）有 1,903 處；至於失智社區照護服務，衛生福利部希望建立失智社區服務據點 333 處、失智共照中心 72 個。然而以目前這些資源支持大量的長照可能需求，是否妥當？未來需要強化的地區在哪？都是接下來，持續建立資源必須參考的重要資訊。特別對鄉里中的爺爺奶奶而言，長照 C 級據點服務的便利性，對於他們每天的生活來說，變得十分重要。

## 政府如何知道爺爺奶奶的需求被滿足？

從地理空間研究領域發展出有關資源之潛在地理可近性的測量方法，大致可以區分為以下四個類型。

### ㈠ 最鄰近資源的最近距離

由於地理資訊系統，利用道路路網圖層，可以透過路徑分析（road network analysis）的工具，計算出個人所在的位置至最鄰近服務據點之距離或所需花費的交通時間。而此類方法的前提是假定每個人主要會選擇最鄰近的服務據點來取得服務，因此以最鄰近資源的空間距離與時間來代表民眾之於資源的潛在可近性。

以民眾選擇最鄰近資源為主的假定，對於偏鄉地區而言，由於資源較稀有，最鄰近距離的測量可能較符合實際使用資源的情形。但是都會區的資源較密集且選擇多元，這樣的測量方式往往可能較遠離眞實情形。而且在都會區中，許多的資源可能在地理距離上差異性不大，民眾可能會誤以爲自己所使用的資源是最近的，因此假定民眾都是使用最鄰近資源的測量方法在都會地區會與實際情況有很大的落差。

### ㈡ 平均距離

平均距離的方法，主要是以在同一個行政區內所有可被利用的服務據點與民眾之間的平均距離，來代表潛在可近性。但平均值十分容易受到極端值的影響，如果出現一個距離較遠且幾乎不可能使用的資源，就可能產生錯誤的評估結果。例如住在臺北市南邊的居民，使用最北邊資源的可能性十分地低，但是平均距離一旦包含這些實際上較遠，且不大可能被臺北市南邊居民使用的資源，平均距離就會被這些特別遙遠的資源產生扭曲失眞的情況。此外，該計算方式主要是以同一個行政區內的資源爲限，忽略了居住在行政區邊界附近民眾跨區域使用資源的可能選擇，所以過去的研究極少採用這類的方法。

### ㈢ 行政區供需比率

大量的研究都偏好以資源與人口數所產生的供需比率，作爲可近性的指標。國外通常以郡爲單位，而臺灣則以鄉鎮市區爲評估的行政單位，分子主要爲資源數量（如：病床數、醫師數、機構數），分母則爲行政區內之人口總數。臺灣的衛生福利部門，常常以這樣的供需比，來呈現資源可近的情形。

但這樣的測量方法，同樣忽略了民眾跨區使用資源的可能性。換言之，民眾可能跨越行政疆界去尋找服務，而服務機構也可能會接收其他行政區來的民眾，這是行政區供需比率較大的盲點。其次，該方法假定所有的人都有同等的能力取得資源，忽略了空間距離對資源取用所產生的阻隔影響。畢竟，當資源距離可能的使用者越遠時，其被使用的可能性往往也會降低。

### ㈣ 流動搜尋法

這類的方法，強調資源使用行爲在地理空間疆界中是流動的，在合理地理距離範圍內，所有服務據點都是民衆可利用的資源。而依照複雜的程度可區分爲「單向流動搜尋法」、「兩階段流動搜尋法」。

#### 1. 單向流動搜尋法

此類方法，僅由服務提供者或需求者的單向角度計算可近程度。例如由醫療資源提供者的位置向外延伸 15 公里的道路距離範圍，而後計算這個涵蓋範圍中所包含的服務人數，進而計算醫療資源與需求者比率。

#### 2. 兩階段流動搜尋法

爲了兼顧供給與需求兩端，Lou 與 Wang（2003）兩位學者則發展出了「兩階段流動搜尋法」。主要是透過兩個階段，分別從供給及需求兩端進行計算。第一階段從服務據點的合理服務範圍內，計算出資源與需求者的比率；第二階段則是從反向的角度，由每個可能需求者端的合理取得服務範圍中涵蓋的資源進行加總。換言之，在第一階段所計算出的供需比率會在第二階段被加總。該方法的優點在於資源的供需比率，是以某個地理空間距離的範圍來評估，跳脫了過去以行政區爲疆界的概念。

## 爺爺奶奶的附近有長照？

爲了眞實瞭解鄰里中爺爺奶奶們取得「長照柑仔店」的便利性，利用地理資訊系統的空間運算、作圖與分析的功能，以前面「兩階段流動搜尋法」的原則來評估，可以幫助我們瞭解花東各個區域長照 C 據點資源的可近性。分析的步驟有兩個部分：

### ㈠ 分析資料蒐集

在地圖資料方面，可以從內政部社會經濟資料庫取得臺灣 2018 年花蓮與臺東兩縣市的三段年齡組最小統計區地圖。另外，道路距離的計算需要臺灣路網地圖，可以由國土測繪中心取得。而長照資源C級（巷弄照顧站）的地址及經緯度資料，則取得自衛生福利部的長照政策專區。屬性資料則包括內政部社會經濟資料庫中2018年花東兩縣最小統計區的65歲以上人數。



### ㈡ 兩階段流動搜尋操作

在取得相關地圖與屬性資料之後，進行「兩階段流動搜尋法」的操作步驟說明，主要包括以下幾個部分：

1. C級（巷弄照顧站）的定位與資料整理：目前在衛生福利部的長照政策專區中，C級（巷弄照顧站）的資料中確實有地址或經緯度的欄位。如果有詳細經緯度的座標資料，本研究便能定位建立資源提供者的點位資料；但若沒有經緯度資料，則會利用地理資訊圖資雲服務平臺（TGOS）中的地址定位服務取得對應的座標值，再轉換成點位。
2. 需求人口點位建立：需求人口的點位主要是以最小統計區的中心點爲準，主要是透過ArcGIS中的功能（Feature to Point）產生，並以此點位代表每一個最小統計區的長照潛在需求位置，再將65歲以上人數資料與點位進行接合。
3. 道路距離的計算：利用國土測繪中心提供的臺灣路網地圖，透過ArcGIS的起點與終點矩陣運算功能（OD Matrix），計算出每個C級（巷弄照顧站）與可能需求點之間的道路距離組合。
4. 利用Select by Attributes將之前利用起點與終點矩陣運算功能，所計算出每個C級（巷弄照顧站）與可能需求點之間的道路距離組合的結果，將道路距離設定在老人步行3公里的範圍。
5. 第一階段以每個C級（巷弄照顧站）爲單位，計算其3公里範圍內所有可能服務到的老年人口總數。並計算出每千人可取得之機構數的服務比率。從圖 20.1 來看，從 B 這個據點往外 3 公里搜尋，可能服務到四位老年人（4,5,8,11 四個黑點），因此其資源比為四分之一；A 據點則可能服務到八位老年人（1,2,3,4,6,7,9,10 八個黑點），因此資源比為八分之一。

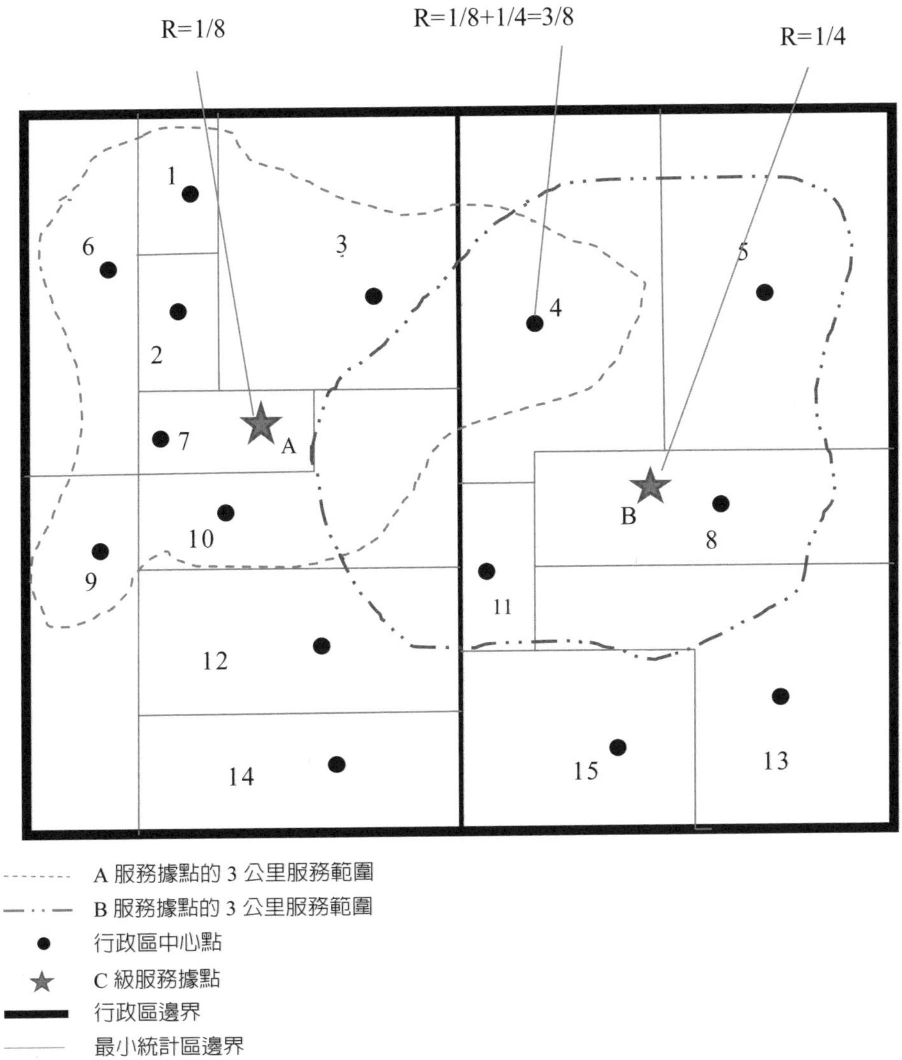


圖 20.1　兩階段流動搜尋法示意圖

6. 第二階段則是以每個最小統計區中心點向外延展道路距離 3 公里，搜尋可取得的 C 級（巷弄照顧站），並將所有可取得據點之服務比率加總。由圖 20.1 中 4 號的老年人來看，這位爺爺奶奶可以往右走取得 B 據點的服務，也可以往左走取得 C 據點的服務，因此其可能的資源比是 1/8+1/4=3/8。
7. 將前一步驟取得的服務比率製作成地圖〔3 公里道路距離內之每千名老年人口可取得之 C 級（巷弄照顧站）數量〕。

## 花東長照柑仔店在旁邊？

根據這些組合所進行的分析結果來看（參見圖 20.2），我們發現：

1. 具有 C 級（巷弄照顧站）可近性的最小統計區，大多主要散布在花東公路（臺 9 線）沿線。
2. 山區與沿海的可近性都相對較差，在 C 級（巷弄照顧站）的可近性評估上，幾乎為 0（圖 20.2 白色的區域）。
3. 從北到南來看，新城鄉、花蓮市、吉安鄉、光復鄉、瑞穗鄉、玉里鎮、池上鄉、關山鎮、鹿野鄉、卑南鄉及臺東市，有較密集的 C 級（巷弄照顧站），但是因為可能需求人數較高，因此可近性大多小於每千名老人 4.6 個據點數這樣的比率（圖 20.2 中淺灰色的區塊）。
4. 大於每千名老人 4.6 個據點數這樣比率的最小統計區不多（圖 20.2 中深灰色的區塊）。
5. 花蓮縣萬榮鄉、臺東縣金峰鄉雖然有設置據點，但是可能因為附近 3 公里範圍內沒有年長者，或是距離需求點超過 3 公里，因此附近的可近性評估為 0。

若從實際的統計資料來看，各鄉鎮目前在評估結果下的空間可近性表現，花蓮縣的部分，要特別留意鳳林鎮（74.27）、豐濱鄉（78.9）、

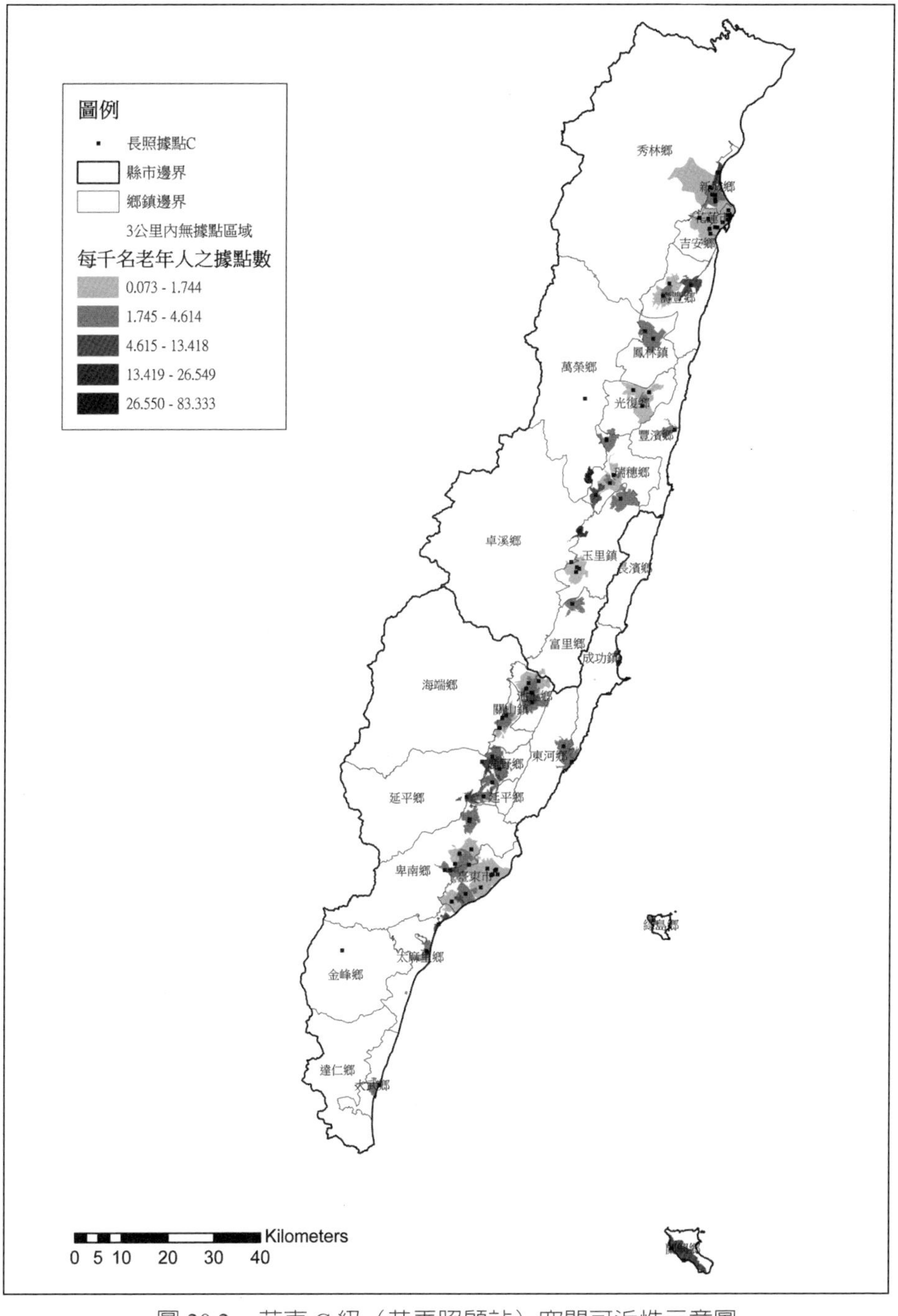


圖 20.2 花東 C 級（巷弄照顧站）空間可近性示意圖

富里鄉（81.93）、秀林鄉（77.68）、萬榮鄉（84.73）及卓溪鄉（73.27），都有超過 50% 以上的老年人口，在 3 公里的範圍內找不到 C 級（巷弄照顧站）的服務。另外像壽豐鄉也有 47.88% 的老年人口 C 級（巷弄照顧站）服務 3 公里範圍內的可近性爲 0，也值得注意。花蓮市的可近性表現較佳，僅 0.23% 的老年人口無法取得 C 級（巷弄照顧站）服務。

在臺東縣的部分，C 級（巷弄照顧站）服務的可近性表現較花蓮縣更差。像成功鎮（90.8）、長濱鄉（100）、大武鄉（53.22）、海端鄉（90.15）、延平鄉（57.33）、金峰鄉（71.19）及達仁鄉（100），都有超過 50% 以上的老年人口，在 3 公里的範圍內找不到 C 級（巷弄照顧站）的服務。另外像是太麻里鄉、蘭嶼鄉，也都有超過 45% 以上的老年人口，無法在 3 公里的範圍內找到 C 級（巷弄照顧站）的服務。僅臺東市與鹿野鄉，低於 10% 的老年人口在 3 公里內找不到 C 級（巷弄照顧站）的服務。

表 20.1　花蓮縣各鄉鎮 C 級（巷弄照顧站）空間可近性結果

| 鄉鎮 | 最小統計區數 | 老年人口數 | 每千人無據點 |
|---|---|---|---|
| 花蓮市 | 778 | 15,413 | 0.23% |
| 鳳林鎮 | 443 | 2,666 | 74.27% |
| 玉里鎮 | 512 | 4,867 | 35.26% |
| 新城鄉 | 214 | 2,750 | 20.87% |
| 吉安鄉 | 760 | 11,948 | 20.97% |
| 壽豐鄉 | 529 | 3,448 | 47.88% |
| 光復鄉 | 365 | 2,785 | 20.36% |
| 豐濱鄉 | 86 | 2,640 | 78.90% |
| 瑞穗鄉 | 299 | 2,502 | 18.15% |
| 富里鄉 | 289 | 2,352 | 81.93% |

表 20.1　花蓮縣各鄉鎮 C 級（巷弄照顧站）空間可近性結果（續）

| 鄉鎮 | 最小統計區數 | 老年人口數 | 每千人無據點 |
|---|---|---|---|
| 秀林鄉 | 175 | 1,344 | 77.68% |
| 萬榮鄉 | 89 | 550 | 84.73% |
| 卓溪鄉 | 93 | 636 | 73.27% |

表 20.2　臺東縣各鄉鎮 C 級（巷弄照顧站）空間可近性結果

| 鄉鎮 | 最小統計區數 | 老年人口數 | 每千人無據點 |
|---|---|---|---|
| 臺東市 | 1261 | 15,403 | 9.09% |
| 成功鎮 | 326 | 2,760 | 90.80% |
| 關山鎮 | 230 | 1,652 | 24.15% |
| 卑南鄉 | 576 | 2,876 | 33.97% |
| 鹿野鄉 | 343 | 1,566 | 8.43% |
| 池上鄉 | 369 | 1,772 | 13.60% |
| 東河鄉 | 580 | 1,908 | 72.17% |
| 長濱鄉 | 278 | 1,678 | 100.00% |
| 太麻里鄉 | 220 | 2,042 | 48.87% |
| 大武鄉 | 154 | 902 | 53.22% |
| 綠島鄉 | 55 | 447 | 25.50% |
| 海端鄉 | 66 | 335 | 90.15% |
| 延平鄉 | 108 | 307 | 57.33% |
| 金峰鄉 | 56 | 354 | 71.19% |
| 達仁鄉 | 118 | 429 | 100.00% |
| 蘭嶼鄉 | 72 | 384 | 46.88% |

## 結論：臺灣長照資源評估未來怎麼辦？

> **地理資訊系統**
> 是設計用來蒐集、儲存、展示、分析具有地理位置特質事物與現象的資訊系統。

本章主要是透過地理資訊系統，利用政府的資料，針對花東地區C級（巷弄照顧站）服務，3公里的空間可近性進行評估。結果發現，臺東縣可近性缺乏的情形比花蓮縣更嚴重。其次，花東有許多的鄉鎮都有超過50%以上的老年人口，在其附近3公里的範圍內無法取得任何C級（巷弄照顧站）的服務。像長濱鄉與達仁鄉都是完全沒有可近性的地區，而成功鎮也有90%以上的老年人口無法取得相關的服務資源。未來政府可以考慮先就這些鄉鎮，依據實際人口的分布，設置相關的資源，以避免高比率的資源缺乏情形發生。另外，像花蓮縣萬榮鄉、臺東縣金峰鄉雖然有設置據點，但是可能因為附近並沒有老年人口，或是距離需求點過遠，因而導致完全沒有可能的使用情形，也需要進一步確認或改進，以避免資源的浪費閒置。

事實上，本研究在目前進行的規劃過程中，因著資料的限制或者概念操作化的方法上資料的不足，可能產生以下幾項可能的侷限性：

1. 本研究主要是以戶籍人口資料為主，而戶籍資料的限制在於可能出現籍在人不在的問題，換言之，民眾的戶籍位置並不一定是其實際的生活位置，也因此會產生評估結果與實際可能情況之間的落差。
2. 例如患有失智症的人口資料，在目前資料的取得上可能會有限制，本研究會儘可能透過申請的方式從衛生福利部相關單位（例如：健保署）來取得。
3. 長照服務機構的地理位置資料目前不難取得，但是在機構中與資源有關的屬性資料並不一定容易取得。例如：人力或相關設備數量等。本研究會盡可能透過申請的方式從衛生福利部相關單位來取得。
4. 目前臺灣道路路網地圖資料中並未有各路段速限的資料，在可近性的分析上，對於交通時間的推估便有其一定的難度，也使得本研究會先以道路距離爲評估的主要單位。

5. 長照服務可近性上合理的距離，在認定上確實有一定的難度，需要透過更多的研究與經驗累積，來瞭解長照資源其合理的可近距離。

總之，結合地理資訊所進行的可近性評估，確實有助於突破過去僅以行政區人口數與資源設施統計比率的問題。以流動跨區的兩階段流動搜尋法所產生的評估，考慮到跨區域使用的可能性，以及潛在使用率的可能評估，未來將有助於政府在更多其他資源配置時的評估正確性。

## 參考文獻

1. 劉宜君、陳敦源、林昭吟、廖興中（2014）。建構質優量足的照管專員人力之實證分析。人事月刊，352，46-56。
2. Luo, W. & Wang, F. (2003). “Measures of spatial accessibility to health care in a GIS environment: synthesis and a case study in the Chicago region.” *Environment and Planning B: Planning and Design*, 30(6), 865-884.

Chapter 21

# 區塊鏈與政府治理

陳恭

## ▶▶▶ 前言：數位文件的真偽，區塊鏈告訴你

文件造假早已不是新聞，紙本文件還可以憑紙質、鋼印來判斷眞僞，但要辨別數位文件的眞僞相當困難。因此，現在人們開始嘗試以新的科技工具——區塊鏈——協助辨認數位文件的眞僞。馬來西亞教育部將區塊鏈技術融入大學學位證書系統「e-Scroll System」；美國政府則是以區塊鏈追蹤藥品的生產履歷，避免藥品上的標示遭到竄改。各國政府都積極運用區塊鏈這項新科技來辨別資料的眞僞，但什麼是區塊鏈？

## 什麼是區塊鏈？

區塊鏈（blockchain）是由區塊（block）、鏈（chain）共同組成。兩者之間的關係，是由一個個的「區塊」被特殊的「鏈」串起來。這是軟體上的抽象概念，因此許多人會用比較具體的「帳本」來說明區塊鏈如何運作。如果將區塊鏈視爲一份帳本，那麼每個區塊就像是帳本上的一頁，而鏈則是串起所有帳本內頁的扣環。

> **區塊**
>
> 區塊是記錄交易的載體，記載每筆交易明細、製作區塊的時間、區塊的雜湊值以及前一個區塊的雜湊值，以此構成連接區塊的鏈。
>
> 若區塊記載的內容有所變動，區塊的雜湊值以及後續區塊的雜湊值都會隨之變動，形同打破連接彼此的鏈而被發現。



區塊鏈的概念是源自於比特幣（Bitcoin）這種虛擬貨幣。全球的比特幣轉帳交易紀錄，都會被寫在帳本（比特幣區塊鏈）上的某一頁（區塊），每頁大概都有數百到數千筆的比特幣交易紀錄。最後，再用扣環（鏈）將所有的內頁串起來，就是比特幣帳本了。

帳本不該被任意竄改，區塊鏈上的交易紀錄也是。實體的帳本可以靠原子筆、裝訂來避免竄改，但數位的區塊鏈就得靠技術幫忙。

## 重複備份和安全雜湊函數

區塊鏈以「備份機制」來確保區塊內容無法塗改。區塊鏈具有類似自動備份的功能，會將相同的帳本同時複寫到網路上的數千臺比特幣網路的電腦（節點）內。當有新的比特幣交易產生時，系統就會透過網路更新數千臺電腦內的帳本，讓所有的帳本內容保持一致。當網路上數千份的帳本內容完全一致，有人竄改其中一份帳本內容就很容易被識破。

那麼，要怎麼確保以鏈串起來先後順序無法調換呢？區塊鏈的做法是靠密碼學的「安全雜湊函數」（secure hash function, SHA）機制，可以將任意數位文件轉換成一串固定長度的雜湊值（hash）。安全雜湊函數類似身分證的編碼規則，而雜湊值則像是身分證號碼。無論人的高矮胖瘦，所有人的身分證號碼都是一個英文字母搭配九個數字。

> **安全雜湊函數**
>
> 安全雜湊函數能將數位文件轉換成一串固定長度的雜湊值，它具備兩大特性：一是不可逆性，無法從雜湊值回推出文件的原始內容；二是抗碰撞性，哪怕是兩份文件內容只差一個標點符號，兩份文件的雜湊值都截然不同。
> 安全雜湊函數常用於確認數位文件的一致性，只要保存原始文件的雜湊值，日後如文件遭到修改，所得出的雜湊值必然不同。只要比對原始文件的雜湊值，就可辨別文件的真實性。

人們無法光從一串身分證號碼辨認那個人的身高體重、收入和職業，這是不可逆性。此外，每個人的身分證號碼各不相同，這是抗碰撞性。即便是雙胞胎兄弟，任何人都無法光從身分證號碼就知道他們是雙胞胎兄弟，且身分證字號也完全不同。

同樣道理，雜湊值也具備不可逆性、抗碰撞性。即便兩份文件的內容只差一個字，它們的雜湊值也天差地遠。只要保存原始文件的雜湊值，即便文件遭到惡意竄改，所得出的雜湊值必然不同。簡單比對兩份文件的雜湊值，就可分辨文件的眞實性。區塊之間的「鏈」就是由區塊內容算出來的雜湊值所建構的，可以用來確保區塊的眞確性。

以下介紹眞實的應用案例。

## 電子文書存證

政府近年積極推動電子化，將紙本文書資料轉爲數位檔案儲存。紙本文書過去往往都有多份副本備份，避免唯一的那份紙本資料遭到有心人士竄改。現在若轉成數位檔案，也必須建立數位的備份機制。這時候就可以應用區塊鏈的自動備份特色，以區塊鏈替數位檔案留下證據。

只要將數位檔案經過雜湊運算並存放在區塊鏈上，就等同於替數位檔案存證。不僅任何發生在區塊鏈上的資料異動都會被記錄下來，也可以溯源追蹤過往的歷史資料。當民眾拿著電子文件向機構求證眞實性的時候，機構服務人員就可以將民眾提供的電子文件經過相同的雜湊運算，並比對區塊鏈上的雜湊值，就能辨別電子文書的眞僞。

這些電子文書可以是醫事人員、律師或會計師的專業證書。也就是說，未來發證機構可以不再需要核發紙本證書，並在證書上蓋章、蓋鋼印避免僞造，而是可以直接核發數位證書，只要將數位證書的雜湊值存放上區塊鏈，就等同替數位證書蓋上數位鋼印。大眾可以透過這樣的數位化服務，直接驗證數位證書的眞僞，進而簡化機構的查詢業務。

再進一步說，證書是紙本作業下的產物，用一紙證書代表完成多年的學業，否則要分別出示成績單、證書的紙本文件就太厚重了。但是，未來若資料可以透過數位方式存證。數位檔案沒有重量，也可以透過網路傳遞，那就可以將學習歷程中更細節的成就，如修課紀錄、自傳、課程學習成果和多元表現放上區塊鏈存證。過去每個人的畢業證書可能只有名字不同，但未來每個人的畢業證書都是由不同成就組成，各有特色。

運用區塊鏈將紙本作業數位化，不僅可以提升機關內部的作業效率，也有助於跨機關協作。

### 跨機關資訊共享互用

政府的各項業務都有各自主管機關負責。即便各個單位的資料都電子化了，卻可能因爲資料庫各自獨立，若要跨機關協作，最可靠的方法還是將電子資料列印出來，而民眾則要向公司請假，在多個政府機關之間奔波，若可以將個人的數位檔案帶著走，全程都在線上處理是最方便不過的了。

過去醫院之間的病歷資料互不相通，因此人們到不同醫院看病時，往往要再花時間和金錢重複檢驗。衛福部近年建置的電子病歷交換中心（EMR Exchange Center, EEC），就是要讓民眾跨院就診時也能調閱電子病歷。舉例來說，病人若在臺大醫院簽署好紙本授權書，就可授權醫生調閱自己在成大醫院留下的病歷資料。EEC 服務讓民眾可以調閱電子病歷，卻仍免不了要簽一張紙本授權書。若能將授權書電子化，就能進一步提升醫院的管理效率。

將授權書電子化的做法不難。只要在醫療機構間，建置一個區塊鏈平臺讓醫院上傳與查詢民眾的電子授權書。民眾只要在線上填寫完授權書，就能以電子簽章簽署授權書並存入區塊鏈備查。未來臺大醫院在向成大醫院調閱民眾病歷的時候，成大醫院就必須先在區塊鏈平臺上查詢是否有民眾的授權紀錄才能透過 EEC 服務傳遞電子病歷。區塊鏈在這個應用中是扮演電子授權書的數位鋼印用途，確保資料不可竄改。也透過區塊鏈自動備份的特性將授權書與相關醫院共享，兼顧授權書數位化、自動化與資訊安全的優點。

因此，區塊鏈可以提升政府機關資料治理品質、作業效率，改善不同組織間橫向的資料流通問題，發揮資料共享的最大效益。最後，還有國家將區塊鏈與個人數位身分結合，提升身分驗證的便利性。

## 數位身分識別

政府機關若想將臨櫃服務搬到網路上，首要之務就得確認民眾的網路身分。一般系統多採用帳號密碼來辨識使用者，只要成功登入就能享受政府服務。但若涉及金錢交易（例如網路報稅），就得透過安全層級較高的「自然人憑證」進行網路身分認證。

自然人憑證是將身分資訊（數位憑證）存放在一張實體的卡片裡，因此人們得事先準備電腦和讀卡機才能透過網路報稅，無法像帳號密碼一樣以純數位的方式進行身分認證。導致人們無法在通勤路上以手機完成報稅，這降低了民眾使用政府服務的便利性。

在國際上，瑞士的楚格市（Zug）市政府就率先實驗將網路識別憑證（包含民眾個資與公私鑰）儲存於民眾的手機內。民眾只要到政府機關臨櫃進行身分認證後，政府就會將民眾個資的雜湊值保存在區塊鏈中，並核發數位憑證到民眾的手機裡。

民眾未來就可以不需要攜帶實體的卡片、讀卡機，也可以透過手機 APP 進行認證使用特定的政府網路服務。此外，由於個資是存放於民眾的手機 APP 內，民眾可以選擇性揭露資訊。而不用像是出示卡片式身分證一樣，資料全被驗證者看光光。

基本個資只是數位身分識別的入門應用，政府轄下的各個機關也可以循同樣的方法，提供更多元的認證。例如交通部就可以在數位身分憑證內加註與駕照相關的訊息，並存證於區塊鏈。同樣道理，各政府機關都可以將原本以紙本核發的憑證，改以數位的方式將資料加註在數位身分中。民眾則可以自主管理，選擇性揭露適當訊息。

## 結語

區塊鏈技術的源頭雖然是與金融密不可分的比特幣，但它現在已逐步跳脫金融領域，成爲新型態的基礎設施型技術。相較於傳統中心化的集中管理模式，區塊鏈平臺提供的是分散式、集體協同運作的模式。

此一根本性的轉變，對數位時代的公共治理帶來了全然不同的機會與挑戰。透過區塊鏈提供的新型態資訊基礎設施，我們可以拉高視野，超越單一機構或主管機關的角度，從民眾或社會需求爲出發點，重新檢視跨機關服務整合的情境，發掘其中可運用區塊鏈建立共享資料管理的基礎設施、協助整合，從而提供跨機關與由下而上、具個人化的創新服務。

創新必定伴隨著全新的挑戰。首先，如何在享受便利的同時還能兼顧隱私，是最常被提及的技術問題。其次，政府組織如何從主管機關的中心化治理，逐步轉向善用區塊鏈技術促成跨機關共同協作與分權治理，則是組織文化與法規面的挑戰。區塊鏈的技術還在持續發展，目前仍遠遠稱不上成熟。

## 參考文獻

1. https://www.taipeiecon.taipei/article_cont.aspx?MmmID=1201&MSid=745576501150054077.
2. https://medium.com/uport/zug-id-exploring-the-first-publicly-verified-blockchain-identity-38bd0ee3702.

# Chapter 22

# AI 能讓政府變聰明嗎？

何宗武

## ▶▶▶ 前言：你的文件會說話嗎？

除了手機內的 AI 助理，你有用過微軟 Office 2019 嗎？這個版本最特殊的地方就是語音，可以幫你讀 Outlook 的郵件和 Word 文件。這些功能是用來協助身心障礙者使用軟體，而且是內嵌人工智能的，如此一來，以後開會讀會議紀錄、宣讀提案，都有語音助理了。上課朗讀文句時，也可以用。用過的話，歡迎來到人工智慧的世界！

人工智慧幾乎日常生活都會接觸到，看看迪士尼集團，從他的企業官網（https://disneyworld.disney.go.com/）就會知道這是怎麼一回事。迪士尼集團有一個人工智慧研究院（https://www.disneyresearch.com/），利用人體運動製作擬眞動畫和虛擬實境 VR，並透過影像進行模仿學習訓練。這項技術廣泛用於職業運動的攻擊和防守，例如：空手道訓練將對手動作拍攝下來，然後製作防守和攻擊的訓練法。電影《美國隊長3：英雄內戰》中，有一段鋼鐵人對打美國隊長一直不勝，後來啓動戰鬥模式計算美國隊長攻擊模式，一守一攻兩招就把美國隊長打敗。

只要家裡有小孩，迪士尼樂園幾乎是家庭旅遊休閒的必去之處，然而因爲入園的人太多，如何規劃行程和提前預約設施，減少排隊的時間浪費，就是園區很重要的規劃。迪士尼樂園爲了解決這類問題，首先就是蒐集數據，他們推出稱爲 MyMagic+ 的 AI 智慧手環計畫，配合手機 APP 讓入園前後需求都可以客制化（如圖 22.1）。

社會大眾對 AI 人工智慧充滿了好奇和不安，好奇在於它有多厲害，不安則在於它來勢洶洶的取代性。事實上，AI 不需要去定義強或弱，那是資訊專家判斷技術發展用的，我們只需從兩方面認識人工智慧：

### ㈠ 自動化

自動化的發展，從過去的執行既定規則，例如：自動開門關門，漸次智能化後，機器可以辨識環境、判斷危險，決定開門關門的時機。我們常常聽到捷運運輸設備夾傷人的新聞，因爲機器只會執行自動化指令，主人沒有下新指令，它不會停。

### ㈡ 認知學習

也就是會自動修改錯誤、自動產生新的指令繼續優化運作。目前最常見的使用是在電子郵件的垃圾信件過濾。

(A) 手機 APP

(B) 智慧手環 MyMagic+

圖 22.1　迪士尼的智慧園區

資料來源：(A) https://disneyworld.disney.go.com/plan/my-disney-experience/mobile-apps/。
(B) https://disneyparks.disney.go.com/blog/2013/01/taking-the-disney-guest-experience-to-the-next-level/?utm_source=datafloq&utm_medium=ref&utm_campaign=datafloq。

AI 發展迄今已達三次浪潮，約略來說，第一波是 1956 年至 1974 年，後來進入 1974 年至 1980 年的寒冬，後來有所謂第二波 1980 年至 1987 年的 AI 復興，之後就是 1987 年至 1993 年的第二次挫敗，人工智慧發展再度遇到瓶頸進入寒冬。1993 年至 2011 年是大演算（big computation）崛起的時期，網路與多媒體開始興盛（見圖 22.2）。雖然 ai 遇到挫折，但是，此時興起的物聯網架構，醞釀了第三波人工智慧的契機。2011 年到目前算是第三波，也就是由大數據機器學習（machine learning）的突破性發展與深層學習所帶來的新曙光，就是辨識技術的突破：文字、聲音和影像。簡單地說，就是意義萃取的進步。機器可以從與人互動被訓練，開始學習，解讀意義並做出反應。各家手機的語音助理，Google 發展的自駕車，透過環境辨識，做出車況最佳反應，Amazon 的無人商店等，正是這一波的代表。

**機器學習**

機器學習是透過資料訓練機器辨識出模式，而不用特定的程式設計。機器學習是一種弱人工智慧（narrow AI），它從資料中得到複雜的函數來創造規則，並利用它來做預測。

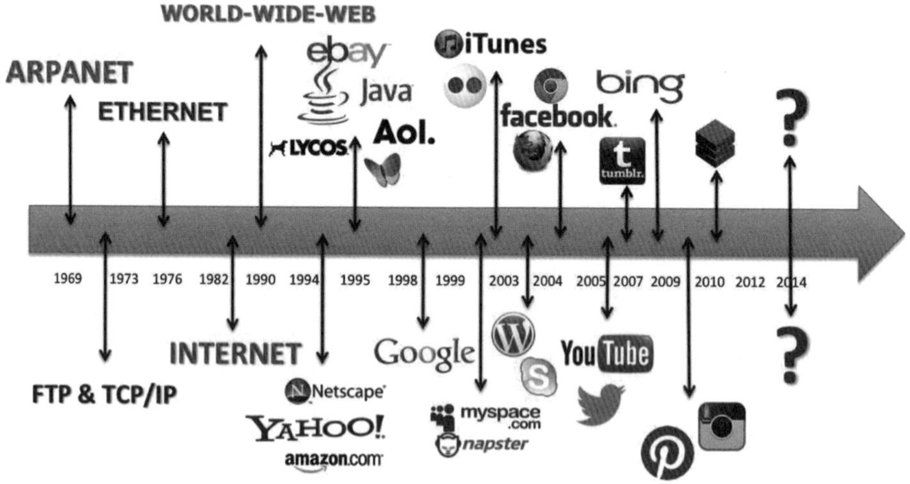


圖 22.2　物聯網發展史

資料來源：https://thoughtleaders.ng/evolution-of-the-internet-funny-stories-on-how-twitter-flickr-blogger-started/。

若用管家來比喻的話：前兩次的 AI，就是蝙蝠俠的管家阿福，第三次 AI 就是鋼鐵人的管家老賈。蝙蝠俠的工作室雖有高端的設備，但是還是需要透過阿福；老賈就不用，鋼鐵人 Tony 只給一個問題，他就會自動去優化，甚至主人落難到失蹤，他也會啓動保護與搜救機制。

Dan Brown 2018 年的小說《起源》，裡面有一個語音助手和老賈一樣，都是第三階段浪潮下的重點，也就是：「智能驅動的自動化」與「認知學習」。但是我們必須要指出：老賈和《起源》的語音助手是這波浪潮的期望目標，不是已實現的成果。這就是第三波人工智慧的方向！

電影和小說的布局離現實還很遠，要銜接下面介紹的智慧政府，我們先看看 IBM 和 Google 的例子。IBM 的人工智慧首推華生（Watson），華生在 2011 年問世，華生參加機智問答、醫療診斷和廚藝競賽等都展現了相當的智能。華生取用大量醫學研究論文和百萬份的臨床資料，可以參與醫師會議，爲癌症診斷提供意見。華生在讀取了大量食譜後，配出一道道的菜單，讓廚師實際做出一桌料理。

Google 最出名的就是由人工智慧研發團隊 DeepMind 開發的圍棋 AI AlphaGo，打敗了人類棋王震驚世界，接下來就是登上《科學》雜誌封面的 AlphaZero。AlphaZero 被認爲可能代表著深度學習 AI 的終極解答，根據 DeepMind 的介紹，AlphaZero 完全無需人工特徵、無需任何人類棋譜，甚至無需任何特定最佳化的通用強化學習演算法。AlphaZero 是一個「通用型」的自我學習型 AI，完全僅依靠深度神經網絡和蒙地卡羅模擬搜索的自我學習。在完全沒有輸入人類的棋譜、沒有輸入特別設計的專用計算程式的情況下，只藉著自我對弈的不斷學習。也就是說，AlphaZero 並不是去無限量的計算棋盤所有可能性，而是透過自己的深度神經網絡研判，專注於小範圍的計算。這樣的「思考模式」，其實正和人類無異：呈現出一種「感覺」、「洞察」和對局勢發展的直覺。

### 公僕機器人

> **自然語言處理**
> 自然語言處理是人工智慧和語言學領域的分支學科，探討如何處理及運用自然語言；包括對意義的認知、理解與生成等等。

隨著科技進步和民意高漲，政府的線上便民服務，越來越重要。以前是服務 E 化，老百姓透過 e-mail 或網頁留言，政府後臺有專人服務。現在隨著人工智慧的發展，利用自然語言處理（natural language generation, NLG）可以打造公僕機器人，就是即時與人民互動的介面。什麼是自然語言處理？看下面的實例 Quill。

Narrative Science（企業官網：https://narrativescience.com/）是一間自然語言處理的公司，設立於美國芝加哥（見圖 22.3）。早期 Narrative Science 比較像是新媒體業，主要透過演算法和 AI 自動產生新聞稿，從幫 10 大網路媒體產生運動新聞稿，迄今業務包含財經商業新聞。Narrative Science 的系統稱爲自然語言生成，由 NLG 開發的 Lexio 是一

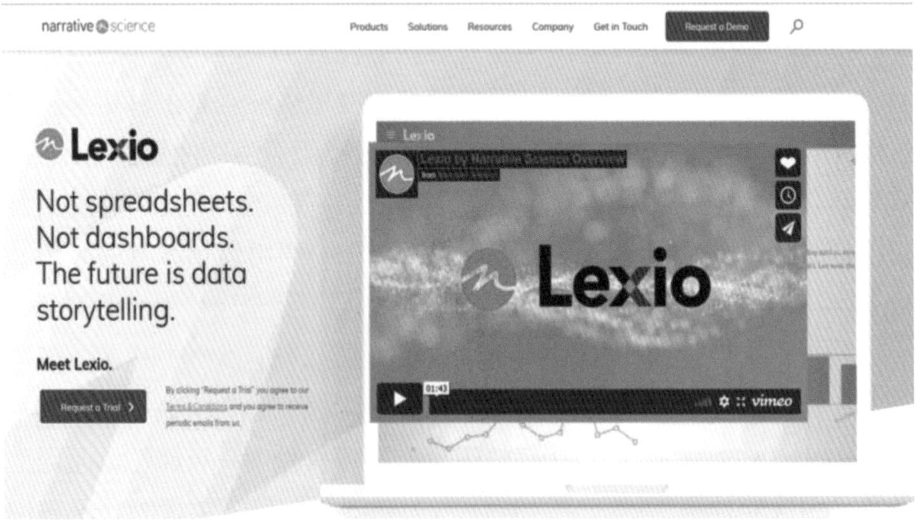


圖 22.3　Narrative Science 的說故事人工智能 Lexio

資料來源：https://narrativescience.com/products/lexio/。

種精密的機器學習，從資料庫中取出事件和數字，編寫成一篇一篇的故事，而這些故事的味道，和眞人寫的幾乎一樣。如果給他一些商業數據，Lexio 更能依照數據的特徵，解讀自動產生內容。

敘事這一行眞的不好幹，尤其在數據經濟的時代，任何調研的對象，都牽涉消化大量的專業數據圖表後，才能再完成撰文，而且撰文是要給不懂的讀者看；好比，近來麻煩纏身的 FB 股價直直落，要如何消化 FB 的財務報表資訊，再將圖表轉換成大衆能懂的科普文字，是一件不輕鬆的事。Narrative Science 開發的平臺稱爲 Quill—NLG Platform。Quill 是人工智慧，能夠從所給予的圖表和統計資料，轉化成文字故事，這就是他稱爲敘事（narratives）的原因。故事寫作用白話英文，目標讀者是能快速吸收消化的讀者。這一篇篇故事，正是媒體需要的內容。客戶只要對 Quill 餵統計和圖表資料，Quill 就會自動產生和圖表相關的故事。Quill 寫的文章有多好？可以透過連結（https://www.forbes.com/sites/narrativescience/），看看他們爲富比世寫的文章。但是，從網上看，以 Narrative Science 爲作者的文章，自 2015 年之後已經沒有了；事實如何不清楚，或許讀者不喜歡花錢看機器人寫的東西，Forbes 把整個 Narrative Science 撰寫轉到幕後，檯面上的都是活生生的人。

目前如 Airbnb 訂房系統和 Uber／Lyft 叫車，在線上及時對話和處理業務的，很多是稱作 Chatbot 的聊天機器人，有的時候電話客服就是 AI 在應答，而且可以根據口音，切換多種外語。

## 智慧政府——美國政府的 AI 防恐系統

智慧政府的最佳例子就是「美國政府的大數據防恐系統——阿凡達」。在 YouTube 上的介紹影片（https://youtu.be/QuFvNiBosM8），有興趣的讀者只要在 Google 搜尋關鍵字就可以看到許多相關報導。電影《倒數行動》有這麼一段情節，一位在倫敦任職的美國海關安檢專員（蜜拉喬娃維琪），因察覺一位由倫敦申請入境美國的案主和一場即將引爆的恐怖事件有關，不僅被恐怖分子栽贓，更遭深信的同僚背叛與誣陷。她被迫展開一場洗刷罪名的大逃亡，同時還得設法阻止這場危及全美國的恐怖攻擊。007 皮爾斯布洛斯南在此劇演大反派，一路追殺蜜拉喬娃維琪。

2001 年的 911 事件之後，在外地核發入境許可以及入境把關成爲國土安全的重要事項。因此，美國國家安全局（Department of Homeland Security, DHS）與 University of Arizon 合作開發了一套大數據系統 AVATAR（Automated Virtual Agent for Truth Assessments in Realtime）。因中譯饒舌，我們就稱之爲 AVATAR，是一個即時自動偵測眞假的機器人（見圖 22.4）。



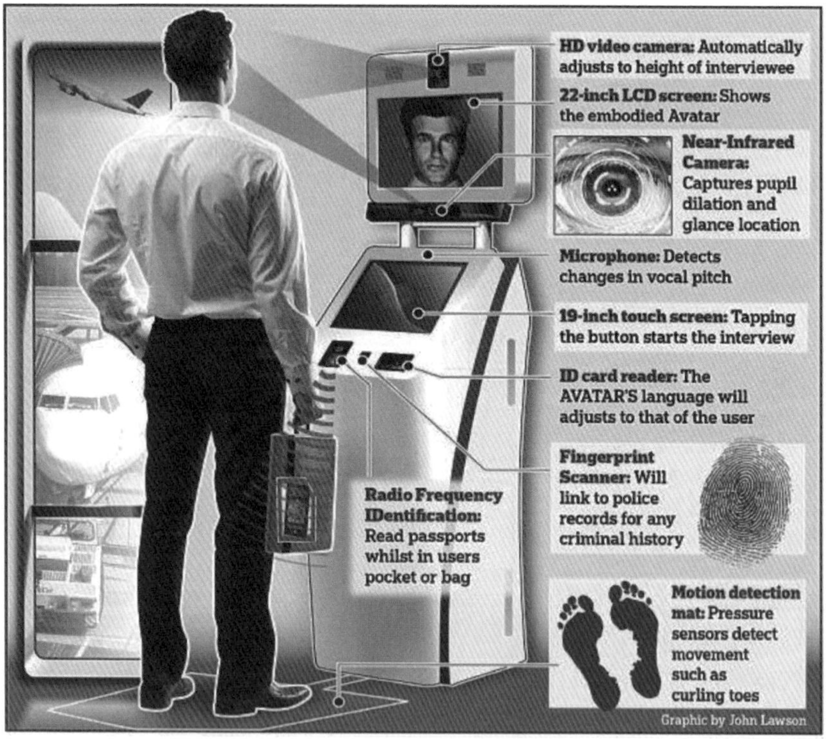


圖 22.4　AVATAR 系統

資料來源：https://www.dailymail.co.uk/sciencetech/article-5731925/Lie-detecting-computers-equipped-artificial-intelligence-future-border-security.html。

美國海關安檢過去是用孟子的方法：「聽其言也，觀其眸子，人焉廋哉」。經驗雖然寶貴，但是經驗的載體是人，在大量工作之下，人會疲勞，警覺性會下降，因此會犯錯。AVATAR 系統的工作，依靠三支感應器：紅外線掃描、影像記錄和聲紋麥克風。AVATAR 系統用感應器掃描記錄受檢人員的肢體語言和表情眼神，以及各種微細的動作，篩選出可疑人士後，由虛擬助手機器人以英文問幾個問題，透過聲音以及回答問題時的生理變化，據此判斷出高度可疑人士之後，再由有經驗的人員接手。

數據庫基本是過去案例的影像和對話內容。AVATAR 系統逐年增長，是一個標準的成長型大數據。這套系統除了在美墨邊境海關，歐洲機場的赴美出境站也採用，包括羅馬尼亞首府 Bucharest 的主要機場。傳統的測謊器須要人在旁邊解讀訊號，AVATAR 系統則利用了機器學習的模式，稱爲人工智能偵謊器（AI Kiosk），透過大量非結構化資料的訓練提高預測準確度。美國每年出入境上千萬人，隨著時間增長，這套系統也越訓練越靈光。

人臉辨識應用在臺灣較爲普及，勉強算是 AI 的應用。例如，只要事先註冊，機場通關就可以走快速通道。不少公部門的停車場已經採用車牌辨識系統，只要外賓的車事先登記，當日就可以自動比對放行。

進一步的 AI 應用是基於預測模式，必須要用類似《倒數行動》的演算法來推算各種決策可能性。基於人權和隱私，目前臺灣的公部門尚沒有往預測民眾動機的方向去布局 AI，大致只是一個升級版的 E 化。

## AI 取代？

布局 AI 之後，政府應在 AI 做不到的事上面，進行轉型。基本上有五件與富於人的質性有關的事，姑且稱之爲軟技術（soft skills），例如：人文溝通（humanistic communication）、創造力（creativity）、策略思考（strategic thinking）、提問（questioning）和築夢（dreaming）等。

在 AI 席捲職場後，這些能力的需求將會大增。用武俠小說的術語：AI 是外功，軟技術就是內功。一個完善的智能政府，必要內外雙修。

㈠ 人文溝通（**humanistic communication**）

如果你兒子被退學，你會希望接到 AI 打電話，還是系秘書？雖然 AI 在情感運算方面一直在進步，但是目前眞實模擬情感互動的科技，不但離應用還有一大段距離，包括社會接受程度也尙待評估。試想，一個酒駕噩耗，應該是由誰通知親人？機器人？還是社工？一個民怨應該由活人傾聽，還是由機器人應對？因此，在 AI 布局之後所節省的時間，很多由人完成的溝通工作，將可以透過細緻的學習做到更好。人文溝通的工作，無法科技外包。



㈡ 批判性思考（**critical thinking**）

過去的科幻小說常有這種場景：人類詢問電腦在某種可怕的情境之下，執行某種決策的成功率，電腦給的答案往往是錯的。最典型的例子就是鋼鐵人第三集，拯救從空軍一號墜落的人員有十多位，老賈說你只能救個位數，Tony 則採用手拉手的方式全救。這當然是電影，但是我喜歡這種人定勝天的譬喻。不論 AI 科技計算得多精確，我們依然需要人做最後的仲裁。在《機械公敵》中的主角 Will Smith 痛恨機械人經過計算，在一次車禍墜河的意外中，只救了他，放棄拯救落海的小女孩，因爲機械人無法判斷身強體壯的 Will Smith 在水底能夠撐比較久。在諸多人性抉擇的關頭，需要批判性思考的熊心豹子膽。當代有很多例子，律師事務所採用大量的 AI 處理法律文件，但是最後的仲裁者還是法官大人，而不是法官機器人。

㈢ 創造力（**creativity**）

電腦的特性是快，未來的量子電腦，計算速度將更勝現在千萬倍。AI 擅長於透過計算給出幾個選項，但是卻不擅於給予高品質的創意。在諸多場合，我們看到 AI 可以組合菜單，爲一幅圖上色。但是，

AI 本身永遠無法是激勵人心的原創，雖然它可以快速搜尋激勵人心的文句。未來，任何原創力的工作會越更需要人來從事，例如作家、音樂家、企業家、發明家和藝術家等，甚至競技的運動員，你不會想看機器人打 NBA 的。

### ㈣ 策略管理（**strategic management**）

在企業環境，我們漸漸看到很多自動化行銷的做法，例如自動發出電子郵件、Amazon 的推薦系統等，都是演算法在處理。但是別忘了，這只是執行命令的工具。像我們的口頭禪，「牛牽到北京還是牛」，工具就是工具。這些工具本身無法回答所執行工作的「意義」和「關聯」，你問 Siri：「你爲什麼給我這個訊息？」他只會千篇一律回答。任何需要策略思考的工作，會更屬於人類所有。在未來，策略管理將使你成爲系統規劃者，AI 則是最好的執行者。所以，大數據的趨勢之下，資料科學需要育成的是「資料策略師」（data strategist），而不是技術型的資料工程師。政府布局 AI，公務員則更需要培育做策略管理的 data strategist，而不是程式設計師，且 data strategist 則必須有科技管理的基礎素養。

### ㈤ 願景（**vision**）

爲何說有夢最美？人類社會之偉大，在於生命會綿延下去，然後一代帶著願景，迎接下一代。願景不是程式，也是科技無法超越人類的地方。AI 可以幫你當褓母，但是激勵子女或築夢，就需要真的父母來完成；AI 可以幫助學習，但是無法取代透過互動給予人生觀的老師。未來寫作文，應該還是「我的父母」、「我的老師」，而不是「我的robot」。

## 結論

本文以三點人類和 AI 平起平坐的地方做結論。

首先，人工智慧的未來世界，人類的角色在何處？人工智慧裡面有一個很有名的論述，稱爲**莫拉維克悖論（Morvarec's Paradox）**，意義大概是這樣：機器人做起來越簡單的事，人類做起來越困難，好比計算 54321.12345 的立方根；人類做起來越簡單的事，機器人做起來越困難，好比折衣服（機器可以在你把衣服鋪好之後，進行機械式折疊）。因此，人只要繼續發揮看似簡單，卻是人所擅長的工作。若教育學習只有 STEM 和技術，被 AI 取代只是早晚的問題。

其次，電影薩利機長最後聽證會上有這樣一句對白，飾演機長的湯姆漢克說：「既然要檢討人的錯誤（human errors），那就必須考慮人的因素（human factor）。」因而要求電腦模擬中必須要加入時間緊急的應變，模擬中的參數是計算過的，駕駛則練習了 17 次。必須讓模擬情境反應眞實，才能判斷機長當時在河上迫降的決定，是否犯了錯誤，而不是英雄。結果在調整參數之後，模擬的結果都是撞上都市建築物。

人工智能不管再厲害，訓練的數據再龐大，對於「首次」發生的問題，都會無從判斷，導致嚴重的決策偏誤。也就是說，對於「第一次」發生的問題，必須由人來應變。也就說，**我們應當培養對首次發生問題的應變能力，並學習制定策略與規劃執行**。人工智慧可以依照機率做最佳判斷，但是，卻無法宏觀未來，制定策略。

最後，自動化運行，追求的是「效率」，但是，公共事務往往需要的是「公平」。機器和人類的千年問題永遠是在「效率」與「公平」之間拉鋸，能夠在人類社會設計出公平的制度，還是人的思想與哲學。

以演算邏輯爲智能的社會正在醞釀成形，但是人的角色也越發吃重，除非自己放棄。採納人工智慧運作的政府，也應該在多方面做好準備。尤其是人民的問題，很多都是首次出現。對於如何判斷是否爲「首次」，須要有更多的經驗值才能圓滿。

## 參考文獻

1. https://disneyworld.disney.go.com/plan/my-disney-experience/mobile-apps/.
2. https://disneyparks.disney.go.com/blog/2013/01/taking-the-disney-guest-experience-to-the-next-level/?utm_source=datafloq&utm_medium=ref&utm_campaign=datafloq.
3. https://thoughtleaders.ng/evolution-of-the-internet-funny-stories-on-how-twitter-flickr-blogger-started/.
4. https://narrativescience.com/products/lexio/.
5. https://www.dailymail.co.uk/sciencetech/article-5731925/Lie-detecting-computers-equipped-artificial-intelligence-future-border-security.html.

# Chapter 23

# 智慧城市與物聯網的應用

張鎧如

## ▶▶▶ 前言：智慧洗衣機？！

未來家中的洗衣機可能變得很「智慧化」！智慧洗衣機一開始先透過無線射頻辨識讀取衣服上的電子標籤，取得衣服的類型、質料、建議洗滌方式等資料，後續自動注入適量的洗衣精並選擇合適的洗衣流程；同時透過網路取得天氣預報資料，調整後續洗衣機的脫水與烘衣的模式。洗衣機也能透過無線感測網路，連結智慧電網，判斷當下是否爲用電離峰時段，進而決定是否啓動洗衣程序。而洗衣機的無線感測網路，可藉由網際網路，與使用者的手機連結，啓動遠端控制回報的功能，讓使用者可透過手機 APP，設定洗衣機的洗衣時間與流程，洗衣機則回報目前洗衣精的用量還剩多少，讓使用者知道什麼時候該上網訂購新的洗衣精。這些「智慧」的功能都歸功於物聯網技術的發展與智慧城市基礎建設的建置！

## 智慧城市是蝦米？

> **智慧城市**
> 利用資通科技建置智慧化基礎環境設施，促使城市產業結構升級和人才聚集，並透過萬物互聯傳遞公共服務，提供企業和市民舒適便利的環境，提升城市競爭力與市民的生活品質，增進城市治理效能，創造永續城市生態環境（周天穎等人，2015）。

想像一下，你未來所居住的城市，高速網路隨處可得，手機、電腦、平板、穿戴裝置都能方便上網；手上戴的智慧手錶，可以告訴你今天天氣好壞、氣溫高低、已經走了幾步路；路上隨處可見自動駕駛的公車與小客車；路旁的智慧路燈可以自動調整明暗以及故障報修。如果你是公車族，公車亭可以自動顯示公車預定到站時間；如果你是擁車族，可以透過自動駕駛模式，擺脫駕車時的緊張，讓自己舒服地坐在乘客座位，上路前透過車上的智慧系統查詢道路交通狀況以及目的地，避開壅塞的路段，即將抵達目的地時，還可以先查詢附近路邊停車格或是停車場目前還剩多少停車位，省去繞停車場找車位的時間。這些廣義來說，都可算是智慧城市發展應用面向的一環。

根據學者 Meijer 等人（2016）的觀察，智慧城市的內涵可從以下三個重點來觀察：智慧技術、智慧人力和智慧協力。智慧技術（**smart technology**）強調資通科技、能源技術、交通運輸系統相關技術對於發展智慧城市的重要性；智慧人力（**smart people**）認爲人力資本和人力資源是智慧城市的關鍵特徵；智慧協力（**smart collaboration**）則是聚焦透過城市中各個行動者的協力合作，提升公共治理效能。換句話說，智慧城市的內涵，可視爲藉由利用資通科技建置智慧化的基礎環境設施，運用雲端運算（cloud computing）、巨量資料（big data）、物聯網（internet of things, IoT）、人工智慧（artificial intelligence, AI）等技術，促使城市產業結構升級和人才聚集，並透過萬物互聯

> **物聯網**
> 將具有各種資訊感測功能的裝置，例如無線射頻辨識、紅外線感測、全球定位系統、雷射掃描器等，與網際網路結合形成的一個巨大網絡，藉由讓所有物品都與網絡連結，以方便辨識和管理（曹永忠，2016）。

傳遞公共服務，提供企業和市民舒適便利的環境，提升城市競爭力與市民的生活品質，增進城市治理的效能，創造永續的城市生態環境（周天穎等人，2015）。

## 智慧城市的實例

目前，世界各國正在積極打造智慧城市。舉例來說，日本東京都提出智慧能源城市的想法，以打造爲氫能城市爲目標，發展氫燃料電池車與公車、氫能住宅、氫能補充站。韓國的「智慧首爾」計畫，則強調「永續」、「競爭力」與「進階ICT基礎建設」三大面向。新加坡的「智慧國家」，則從「智慧生活」、「智慧公共設施」、「智慧環境」、「智慧安全防災」、「智慧交通」等面向來體現智慧國家的理念，目標在於提供迅速回應的公共服務、提升公民參與機會，同時打造交通便利、長者友善環境，享受安全、乾淨、環保的城市生活。[1] 目前，我國的經濟部工業局也提出「智慧城鄉生活應用發展計畫」，以「交通」、「健康」、「安全」、「教育」、「農業」、「能源」、「零售」、「觀光」等八大領域示範應用服務爲重點，透過補助的方式，鼓勵業界廠商積極投入相關領域，且能與地方政府合作，在臺灣各地打造智慧城鄉。[2]

## 物物互聯：物聯網時代

隨著資通科技的進步，迎來了網際網路時代，當今社會，我們已經習慣透過網際網路作爲人與人溝通的管道。生活當中的食、衣、住、行、育、樂各面向的電子產品，也隨著資通科技的發展而變得更智慧

---

1 臺北智慧城市專案辦公室。研究分享。2019 年 4 月 30 日，取自：https://smartcity.taipei/topics?topic_category_id=3。

2 經濟部工業局。智慧城鄉。2019 年 4 月 30 日，取自：https://www.twsmartcity.org.tw/tw/about-tw/about-0-tw.html。

化，越來越多的日常生活用品開始植入嵌入式的感測器與無線通訊晶片，智慧手機便是一例，其他像是智慧手錶、智慧眼鏡、掃地機器人、聯網電視、智慧冰箱、智慧洗衣機等電子產品，也一一問世，甚至推陳出新。這些電子產品不只能與人溝通，也能與其他電子產品溝通，這些趨勢與技術的發展，促使我們步入物聯網的時代。

那麼，物聯網究竟是什麼？簡單來說，物聯網可被理解成「將具有各種資訊感測功能的裝置，例如無線射頻辨識、紅外線感測、全球定位系統（GPS）、雷射掃描器等，與網際網路結合形成的一個巨大網絡，藉由讓所有物品都與網絡連結，以方便辨識和管理」（曹永忠，2016）。而物聯網的基本運作架構，主要由感知層、網路層與應用層組成（見圖 23.1）。感知層爲最底層，用來感知數據資料，如同人類所擁

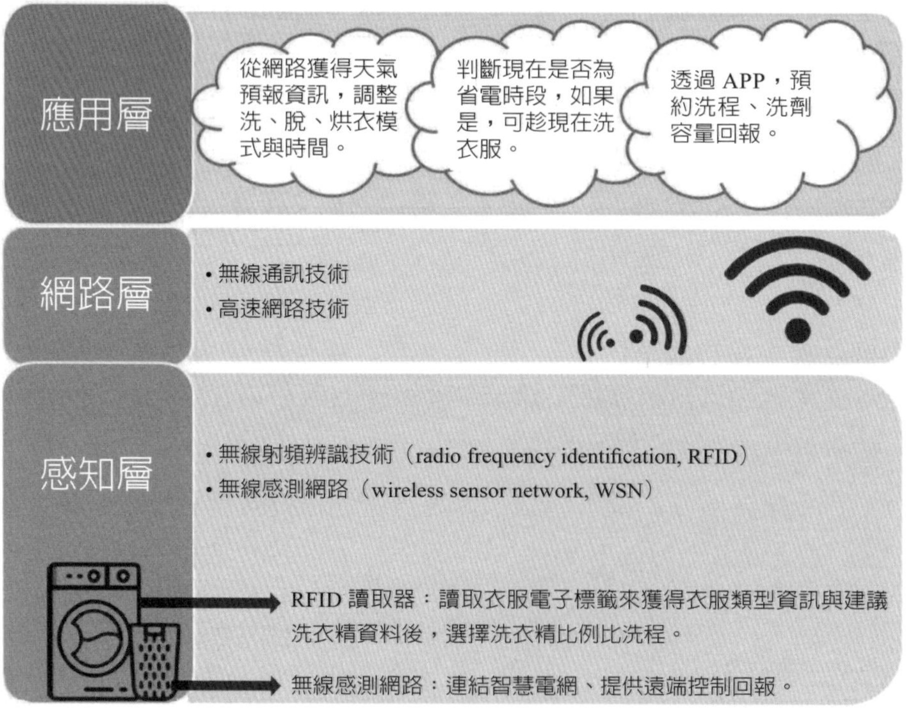


圖 23.1　物聯網的架構，以智慧洗衣機為例

資料來源：本章節。

有的五感。網路層則是用來接收感知層的數據資料，傳送到應用層，如同人類的神經系統。應用層則是運用接收到的數據資料，透過資料分析或是人工智慧做出反應來服務使用者，如同人類的大腦（廖文華等人，2018）。

關於物聯網概念的起源，微軟（Microsoft）創辦人比爾蓋茲（Bill Gates）在 1995 年出版的《擁抱未來》（The Road Ahead）一書，已提及物物互聯的想法，只是當時受限於技術與設備，並未引起重視。1999 年，麻省理工學院 Auto-ID 中心（現為 Auto-ID 實驗室）中的凱文艾許頓教授，首次使用「Internet of Things」一詞來描述物物互聯的概念，他透過開發無線射頻辨識技術（radio frequency identification, RFID），將微小的 RFID 晶片貼在商品上，晶片將所儲存的訊息，以無線電波方式傳送至接收器與電腦系統中，這套技術使得商家能對商品庫存進行智慧控管。而這套概念與技術，也成為現代物聯網技術發展的推手（周品均，2015）。爾後，國際電信聯盟於 2005 年發布了《ITU 互聯網報告 2005：物聯網》，將物聯網的概念推向了世界，各國也紛紛開始將物聯網視為國家發展的重要策略（曹永忠，2016；張志勇、陳正昌，2014）。物聯網相關技術雖還在發展中，但目前已應用到許多不同的領域，例如交通、能源、居家生活、醫療、環保、建築、物流與供應鏈管理等等，而其中的多項領域，則與各國正在積極推動智慧城市的發展重點不謀而合，由此可見，物聯網技術已成為智慧城市的重要推手之一。

## 當物聯網遇上智慧城市：智慧臺北城

臺北市作為我國的首善之都，推動智慧城市的發展也成為當前重要的施政方針。智慧臺北城的發展規劃，包含 5+N 六大重點。以資訊安全作為前提，涵蓋「智慧交通」、「智慧公宅」、「智慧健康照護」、「智慧教育」，以及「智慧支付」等五大面向。並藉由導入概念驗證實驗（proof of concept, PoC）機制，開放都市場域作為生活實驗室，以專案的形式，提供新創廠商實證機會，形成第六面向「智慧創新 N」（見圖 23.2）。而臺北市政府資訊局於 2016 年成立的「臺北智慧城市專案辦公室」（TPMO），乃是臺北市智慧城市相關規劃的重要推手，建置政府、產業、市民三者之間的媒合平臺，透過由上而下（top-down）與由下而上（bottom-up）兩種途徑，鼓勵市民參與和公私協力（見圖 23.3），廣泛開發與應用創新科技以及資料，針對市民日常生活上可能面臨的問題，提供創新的解決辦法。[3]

圖 23.2　臺北市智慧城市推動主軸

資料來源：臺北智慧城市專案辦公室。臺北智慧城市發展藍圖：以政府作爲平臺打造臺北智慧生活實驗室。2019 年 4 月 30 日，取自：https://drive.google.com/file/d/14UYCuGkfk25rkOlEUat99r5qIbZMR9qw/view。

---

3　臺北智慧城市專案辦公室。臺北智慧城市專案辦公室介紹簡報。2019 年 4 月 30 日，取自：https://smartcity.taipei/posts/27?locale=zh-TW。

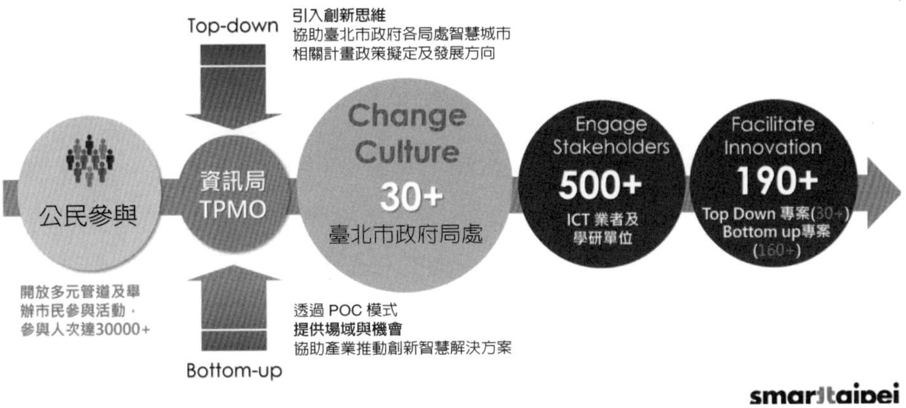


圖 23.3 臺北市智慧創新機制

資料來源：臺北智慧城市專案辦公室。臺北智慧城市專案辦公室介紹簡報。2019 年 12 月 28 日，取自：https://smartcity.taipei/posts/27?locale=zh-TW。

## 臺北市智慧城市案例介紹

### (一) iTrash 智慧城市垃圾資源回收整合系統試辦計畫[4]

「iTrash 智慧城市垃圾資源回收整合系統」，是一項提供二十四小時服務的智慧垃圾回收整合系統，一般垃圾、資源回收、廚餘皆能統一管理與清運。民眾可依個人方便的時段，按指示於桶內丟入一般垃圾、回收物品或廚餘，無須準備垃圾袋也無需配合垃圾車清運時間。同時 iTrash 內建冷藏壓縮技術與除臭功能，並設有垃圾滿位偵測裝置，透過物聯網技術與雲端服務，可即時將滿位資訊傳遞給清潔運送人員，提高垃圾清運的效率並節省管理成本。

此外，iTrash 結合悠遊卡等智慧支付功能，可直接透過悠遊卡支付垃圾收費，以及加值資源回收獲得的回饋金。一般垃圾收費以垃圾重量

---

4 臺北智慧城市專案辦公室。智慧城市專案——智慧城市垃圾回收整合系統（iTrash）。2019 年 4 月 30 日，取自：https://smartcity.taipei/project/30。

計費，每 0.5 公斤收費 4 元，未滿 0.5 公斤以 4 元計算；資源回收則是每 10 個寶特瓶或八個鐵鋁罐可獲得 1 元回饋，且可累計每次回收瓶罐的數量加值到悠遊卡中。

該系統在 2017 年由科技公司向資訊局、環保局，以及臺北智慧城市專案辦公室提出試辦申請，爾後在臺北市中正區臨沂街的永固便利停車場建置實驗站，民眾可至實驗站丟垃圾與資源回收，該實驗站自 2018 年 8 月開始試營，至 2019 年 2 月底結束，試營期間深受民眾好評，iTrash 系統同時也獲得 2019 年第六屆智慧城市創新應用獎的殊榮。



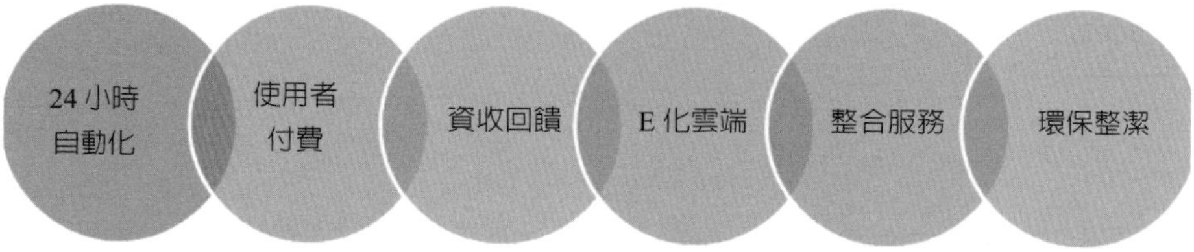


圖 23.4　iTrash 智慧城市垃圾資源回收整合系統特點

資料來源：iTrash 官網首頁，2019 年 4 月 30 日，取自：http://www.itrash.com.tw/front/bin/ptlist.phtml?Category=1。

㈡ 翡翠水庫智慧化管理實證計畫 [5]

翡翠水庫爲臺灣第二大水庫，集水區範圍涵蓋新北市坪林區、雙溪區、石碇區與新店區，其任務主要爲提供公共用水，並附帶發電效益，由臺北市政府設置直屬機構「臺北翡翠水庫管理局」負責管理。因水庫區占地廣大，且位於山區，如何在訊號不良、電力基礎設施不足，以及有限的人力下，進行有效的水質、邊坡的資訊蒐集，或是人、車、船管理，乃是一大挑戰。透過物聯網技術解決上述難題的想法，

5 臺北智慧城市專案辦公室。智慧城市專案——翡翠水庫智慧化管理實證計畫。2019 年 4 月 30 日，取自：https://smartcity.taipei/project/65。

促使「翡翠水庫智慧化管理實證計畫」應運而生。該計畫的特點，在於導入 LoRa 技術爲基礎的物聯網管理系統。LoRa 是一種低功耗廣域網路（low power wide area network, LPWAN），所謂的低功耗廣域網路，是一種具有低頻寬、低功耗、遠距離、可大量連接節點的網路，目前被廣泛利用在環境監測等領域（廖文華等人，2018：104）。

> **低功耗廣域網路**
> 一種具有低頻寬、低功耗、遠距離、可大量連接節點的網路，目前被廣泛利用在環境監測等領域（廖文華等人，2018）。

「翡翠水庫智慧化管理實證計畫」應用 LoRa 技術，在翡翠水庫區

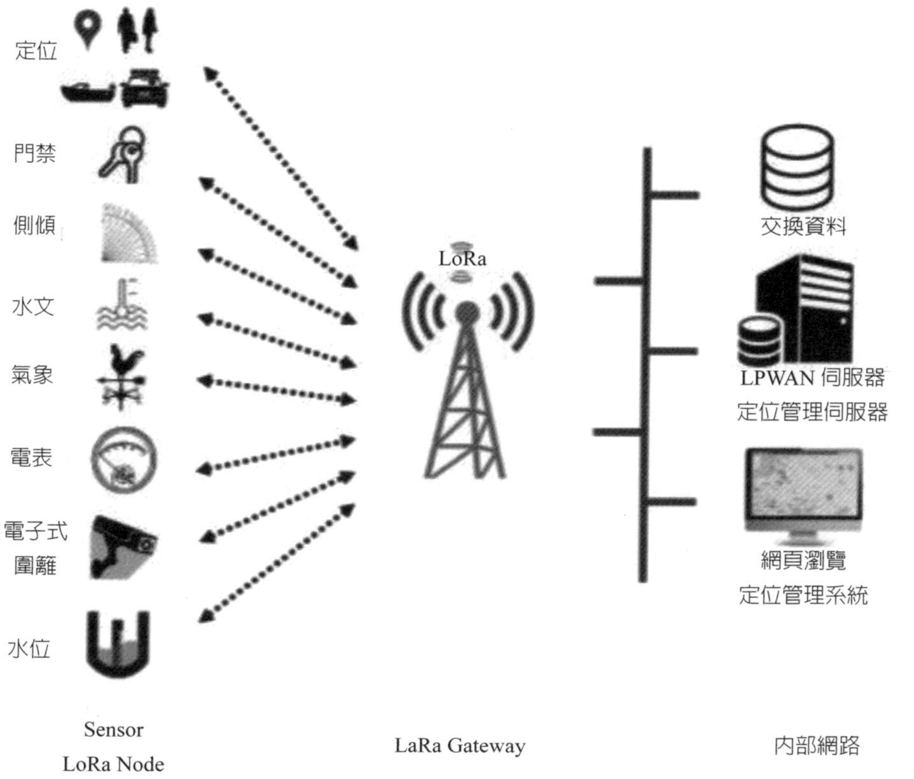


圖 23.5　LoRa 系統架構示意圖

資料來源：臺北智慧城市專案辦公室團隊、徐進壽（2018）。《封面故事》結合物聯網翡翠水庫智慧管理。營建知訊，430，4-9。

內設置 LoRa 閘道器、伺服器、節點等相關設備，改善水庫區內的無線網路的傳輸環境，並將該技術應用在環境監測、資料蒐集、定位與門禁管理項目上，方便主管機關進行智慧化管理，包括定位追蹤監控水庫區內的人、車、船動向；建置電子圍籬與門禁示警通報平臺，方便工作人員即時掌握水庫動態資訊；結合既有的水文站、氣象站，以及大壩測傾管、水位、電表等監測設備，同步上傳相關數據於管理平臺作爲備援資料。該項計畫也獲得 2018 智慧城市創新應用獎的肯定。



## 智慧城市與物聯網應用待解決的課題

智慧城市與物聯網的發展其實也正面臨許多挑戰，值得深思與待解決的課題包括（廖文華等人，2018；Li et al., 2016）：

### ㈠ 穩定供電課題

物聯網背後，仰賴兩大重要的基礎建設，分別爲電力與資料儲存中心，由於物聯網需要設備二十四小時進行資料的蒐集、傳遞與儲存，而這可能是相當耗電的工作，在全球各國普遍面臨電力吃緊的情況下，如何一方面維持供電穩定，一方面節能省降低用電成本，成爲物聯網能否成功發展的關鍵。

### ㈡ 資料儲存中心相關建置課題

透過物聯網蒐集到的大量資料，目前多半透過雲端技術，分散式儲存在世界各地的資料中心。因此，如何建置以及在何處建置數量足夠多、容量足夠大、安全無虞的資料中心，已是一大挑戰。

### ㈢ 各國法規與行政程序課題

上述提及的資料中心，其設置與維護本身，常常涉及各國不同法律規範與行政程序，這些複雜的行政與法規系統，也成爲各國發展物聯網背後需考量與負擔的成本。

### ㈣ 資料安全課題

由於物聯網能讓物件彼此透過網路連結，方便之餘卻也讓網路攻擊者有機可乘，產生更多的機會與管道，來攻擊、竊取或竄改資料。如何確保資料的蒐集、傳遞，以及儲存各個階段資料的安全性，成為發展物聯網所面臨的挑戰。

### ㈤ 個人資料的安全防護與合理使用課題

對於發展智慧城市來說，在物聯網結合人工智慧技術之下，市民許多個人的敏感資料可能在有意與無意之間，透過智慧物件，被蒐集、傳遞、儲存在某處，而後被加以分析與加值應用。究竟這些個人敏感資料，法律上能被允許在何時、何地、何處蒐集，以及能被允許用來分析或加值應用的範圍為何，才能確保個人隱私權受到保障，這些都是政府與企業在積極發展智慧城市與物聯網時，同時必須關切的面向。

## 未來與展望

日新月異的物聯網，伴隨著無線通訊與高速網路技術的進步，為智慧城市發展的遠景帶來了無限可能，引領市民走上更便利的生活。同時，物聯網也正結合人工智慧技術，形成人工智慧物聯網（AI+IoT, AIoT）。配合視覺辨識、語音辨識、自然語言處理，以及大數據分析等技術，人工智慧物聯網能讓城市中的基礎建設與硬體設備升級，而變得更為「智慧化」，智慧路燈、AI 電子圍籬、智慧道路監控攝影機都已是目前可見的案例（廖文華等人，2018）。然而，物聯網雖突顯了智慧技術層面的重要性，但尚需各種技術專才以及跨領域通才等智慧人才來加以支撐，同時搭配各級政府、產業界、第三部門、還有市民參與等多方協力合作，方能讓智慧城市持續成功發展，而這正是需要我們這一代與下一代，一起共同努力的方向。

## 參考文獻

1. 周天穎、賴玉眞、杜雅齡（2015）。國際智慧城市發展指標與評比機制。國土及公共治理季刊，3（2），8-18。
2. 周品均（2015）。物聯網之父對全球科技的三大預測。2019 年 4 月 30 日，取自：http://www.businesstoday.com.tw/article/category/80394/post/201504300012/%E7%89%A9%E8%81%AF%E7%B6%B2%E4%B9%8B%E7%88%B6%E5%B0%8D%E5%85%A8%E7%90%83%E7%A7%91%E6%8A%80%E7%9A%84%E4%B8%89%E5%A4%A7%E9%A0%90%E6%B8%AC?utm_source=%E4%BB%8A%E5%91%A8%E5%88%8A&utm_medium=autoPage。
3. 張志勇、陳正昌（2014）。物物相聯的龐大網路——物聯網。2019 年 4 月 30 日，取自：http://scimonth.blogspot.com/2014/05/blog-post_3117.html。
4. 曹永忠（2016）。物聯網的現況與未來。2019 年 4 月 30 日，取自：https://www.researchgate.net/publication/319954911_wulian wangdexian kuangyuweilai。
5. 麥浩禮（2018.5.18）。【UN 報告】2050 年全球 2/3 人口居住在城市 2028 年德里成爲人口最多城市。上報，2019 年 4 月 30 日，取自：https://www.upmedia.mg/news_info.php?SerialNo=41103。
6. 廖文華、張志勇、趙志民、劉雲輝（2018）。物聯網：智慧應用與實務。臺北：五南。
7. Li, Y., W. Dai, Z. Ming & M. Qiu (2016). “Privacy protection for preventing data over-collection in smart city.” *IEEE Transactions On Computers*, 65(5), 1339-1350.
8. Meijer, A. & M. P. R. Bolívar (2016). “Governing the smart city: A review of the literature on smart urban governance.” *International Review of Administrative Sciences*, 82(2), 392-408.

Chapter 24

# 量子電腦時代的發展與管理

王千文

## ▶▶▶ 前言

現今各國政府與資訊大廠，在量子電腦的發展上均投入了大量經費，與研擬及成立相關政策與研究中心，而量子電腦的發展也有助於人工智慧中深度學習與大數據分析的精進。然而何謂量子電腦，非理工科系背景者可以如何運用量子理論的思維邏輯？再者，量子電腦與人工智慧的關聯爲何？人工智慧在量子電腦的發展下可獲得哪些提升？各國資訊大廠在量子電腦的發展上又做了哪些努力？而各國政府目前在發展量子電腦之際提出了哪些政策作爲管理舉措？最後，究竟還存在著哪些需要克服的困境以至於量子電腦目前還無法做到商業化的應用？

## 從量子電腦到量子思維

究竟甚麼是量子電腦，跟現在電腦的差別在哪？或許我們可先試想一個問題，若今天我們想去 19 個國家旅遊並規劃出一條最短路徑，倘若用傳統 1GHz 的電腦，我們必須計算不同排列組合（19!=19*18*17⋯*3*2*1），才有辦法得到答案。但爲了這個答案，知道我們需要花多少時間嗎？這時間也許得花上數年。然而若使用量子電腦，由於「運算方式」的不同（$\sqrt{n!}$），現在花上數年的時間可能只需短短一分鐘內即可獲得解答（林昭正，2018）。

量子電腦的源起在 19 世紀初，當時科學家們開始發現舊有的理論無法精確詮釋微觀物質的行爲，爲了解微觀物質的運作，M. Planl、Erwin Schrödinger 與 Max Born 等物理學家共同努力創建了「量子力學」，此改變我們對微觀物質結構與彼此間交互行爲的認識。隨著我們對微觀物質系統深入的認知，量子力學開始跨展至其他科學與技術領域，促使電晶體、積體電路、雷射等的發明，當前的電腦、網路、行動裝置等電子設備，都是第一次的量子革命的產物。

1980 年科學家開始將量子力學與資訊理論整合，興起了第二次量子革命，發展方向大致可分成兩類，一是「量子計算」，包括量子電腦、量子模擬及量子演算法；另一爲「量子通訊」，包括量子傳輸、量子密碼等（林建甫，2018）。傳統電腦是用位元（bit）作爲運算單元，每個位元只能有 0 或 1 的狀態，資料的處理是循序性（sequential）的；量子電腦則以「量子位元」（qubit）爲運算單元，可以是 0、1 或 0 跟 1 同時存在，即所謂的「疊加」（superposition），在此狀態下 0 跟 1 可以不同比例的概率存在，加上兩個 qubit 可藉由量子效應相「糾結」（entanglement），這些特性讓量子電腦在處理變數數目成指數增加的問題，如化學反應的模擬、材料特性的研究、大型資料庫分析等，將比傳統電腦快得多（林來誠，2021）。量子電腦比起傳統電腦可透過量子運算以處理對傳統運算而言極度複雜的問題。而量子運算到底有多強大？《華爾街日報》曾比喻，傳統位元就像是靜止的硬幣，一次只能出現正面或反面，然而，量子位元就像旋轉中的硬幣，正反兩面可同時出現（黃亦筠，2017）。

然而，費曼（Richard Feynman）曾說過：「我想我可以肯定的告訴大家，沒有人眞正了解量子力學。」本文也並不是要從物理及數學運算角度與大家談論何謂量子電腦，而是我們可以如何從量子力學中萃取出可作爲社會科學，在進行科學研究時所運用的理論基礎（國家實驗研究院，2021；陳建銘，2019），茲分述如下：

### ㈠ 波粒二象性思維

波粒二象性係指物理世界中光或物質被指稱同時具備波及粒子的屬性，其取決於科學家觀測時所採用的測量方法或設備。此物理現象的思維運用，意指科學家對於所觀測對象所使用的測量方法與設計，在無形中會因著觀察者主觀意識下的觀察行動，將可能改變或影響觀察對象顯現的特質或屬性，形成了所謂的觀察者效應。

### ㈡ 機率特性思維

量子的本質狀態存在一種機率概念，向量疊加因爲多了方向元素，因此能承載的資訊遠大於現行二進位制，但隨之而來的是疊加態的高度複雜性與不確定性如何被正確探測。因此，微觀粒子的存在狀態，展現出其獨特性與非決定論特質。這樣的物理現象展現在思維邏輯上，正可說明我們所觀測的對象並非具有絕對的因果關係，每個可能的選項都有其存在的可能性，而我們觀測的方式將決定這些可能性所出現的機率。

### ㈢ 測不準原理思維

測不準原理認爲微觀粒子的位置與動量不可同時被確定，一個微觀粒子運動時具有共軛關係的物理量，當其中一個越確定，另一個則越不確定（諸如位置和動量、方位角度和動量矩，抑或時間和能量等）。此顚覆傳統牛頓思維的決定論與因果論觀點的主張，我們看待世界的方式不應再單純遵循物質因果關係的傳統思考邏輯。

### ㈣ 量子糾纏思維

量子糾纏是形容量子系統內兩個或兩個以上次系統或粒子相互糾結影響的現象，即使彼此間有一定的距離存在，但只要其中一次系統或粒子被測量而發生狀態上的變化，則另一個遙遠的次系統或粒子亦會受到震盪而即刻發生相應的狀態變化，形成一種「超距作用」。量子糾纏使各自原本擁有的屬性交融成爲一個整體性質，形成了「不可分性」，此不可分性不因空間距離而有所改變。因此，所觀測對象的整體性必須顧及組成整體的任一組成部分，而無法進行切割做局部的探究，從不可分割性上我們可以知道，組成部分間不因彼此的時空距離而產生不受影響的可能。




## 人工智慧透過量子電腦達到進化

量子電腦的運算能力對於目前各界極力開發的「人工智慧」（artificial intelligence, AI）的應用將產生如虎添翼之效益。我們可先從什麼是人工智慧談起，並描繪其對於我們生活上帶來哪些既有與未來效應；再者，嘗試解構讓人工智慧爲我們生活帶來諸多便利的背後兩大基石爲何？而這兩大基石與量子電腦有何關聯。

曾任蘋果、微軟、Google 等頂尖科技公司全球副總裁以及創新工場創辦人李開復曾爲人工智慧整理了五項定義，分別是 1. AI 就是令人覺得不可思議的電腦程式；2. AI 就是人類思考方式相似的電腦程式；3. AI 就是人類行爲相似的電腦程式；4. AI 就是會學習的電腦程式；5. AI 就是根據對環境的感知做出合理行動，獲致最大效益的電腦程式。李開復雖列舉整理過往至今具影響力的五項定義，但對其中前三項界定認爲較不可取，主要顧及的是這些定義主觀性太強甚或缺乏周密邏輯而較不認同，對於第四與第五兩項定義係認爲較可被接受的。第四項定義反映的是機器學習，特別是從深度學習之後，AI 的技術趨勢；而第五項定義則包含了前述幾項定義，具有實用主義的界定，也強調 AI 可以根據對環境動態的感知做出主動反應，強調 AI 的反應必須達成目標，同時不再強調 AI 對人類思維方式或人類總結的思維法則（邏輯學規律）的模仿（李開復、王詠剛，2017）。

AI 的技術包括影像處理、自然語言處理（natural language processing, NLP）、邏輯推理、推薦系統，這些技術的應用層面相當廣泛。舉凡在影像處理中透過機器代替人眼對目標進行辨識、跟蹤和測量的機器視覺，如人臉與車牌辨識；自然語言處理讓電腦和人類一樣具有聽說讀寫的能力，讓電腦具備認知與理解的能力，將輸入的語言轉化爲有意義的符號和關係，根據目的再將資料轉化爲自然語言，如機器翻譯、聊天機器人、個人助理（如 Siri）；由於電腦硬體的提升與大量數據分析，讓電腦能也能具備邏輯的推理能力，如下棋、寫詩、撰寫新聞稿等；另也包括推薦系統以及運用於疾病醫療的預測（張志勇等人，2021）。

AI 之所以能有今天的發展，「深度學習」技術可說居功厥偉。深度學習簡單來說，就是把電腦要學習的東西看成一大堆數據，把這些數據丟進一個包含多個層級的複雜數據處理網路（深度神經網路），然後檢查經過這個網路處理得到的結果數據，是不是符合要求，如果符合就保留這個網路作爲目標模型，如果不符合就在調整網路中的參數，直到輸出滿足要求爲止。而目前的深度學習主要建立在大數據的基礎上，及對大數據進行訓練，從中歸納出可被電腦運用在類似資料上的知識或規律（李開復、王詠剛，2017）。因此，不論是深度學習或者大數據分析的技術，硬體設備的提升將更能促使上述兩者的發展，AI 的應用層面將更爲廣泛且深入。而自 1980 年代開始，將量子力學與資訊理論結合後展開第二次量子革命，而量子電腦的超級演算能力，讓 AI 的發展有更進一步突破的可能。AI 透過深度學習的方式以彰顯其價值，而深度學習則必須奠基在大量的運算來支撐，而量子電腦的演算能力對於 AI 的發展，可謂具舉足輕重的地位。



## 量子電腦在市場上的的發展

2016 年，摩根士丹利（Morgan Stanley）曾預測未來十年，量子電腦將對許多產業產生重大影響，更預估量子電腦運算市場在 2025 年會達到 100 億美元的市場價值。而爲能朝向「量子霸權」（quantum supremacy）目標，[1] 各大科技企業投入大量資源，近幾年 IBM、Google、Microsoft、Intel 等均紛紛投入量子電腦領域的開發（高敬原，2018）：

### ㈠ IBM

IBM 曾於 1998 年即開發出第一個量子位元，2016 年開發出具 5 量子位元的量子電腦，2018 年即在消費電子展（CES）上正式宣布研發出第一臺具 50 量子位元的量子電腦。2021 年 IBM 在 IBM Quantum Summit 活動上，揭露了最新研發有 127 量子位元的量子晶片 Eagle，並宣稱將在 2022 年推出 433 量子位元的量子晶片「Osprey」，以及在 2023 年打造具 1,121 量子位元的「Condor」。而 IBM 研究主席 Jeffery Welse 曾表示，因量子位元會在噪音干擾下導致數據流失或不穩定，而爲了排除此干擾則必須在比太空還冷上 250 倍的低溫環境中運作，對此，量子穩定度仍爲目前量子電腦的最大挑戰（高敬原，2018；陳建

---

[1] 量子霸權一詞為 John Preskill 所提出的概念，主要是指可利用量子電腦來執行運算任務，且此任務是傳統電腦甚或是超級電腦，也沒有辦法在合理時間範圍內運算出來的（Preskill, 2012）。如今，其創造了另一個詞彙來指涉現在所發展的量子電腦現況，其稱之為 NISQ（noisy intermediate-scale quantum），亦即「具雜音的中等量子規模」，意指現在可用的量子電腦有足夠的潛力可以用來處理今日超級電腦所無法處理的運算任務。然而，吵雜的意思代表目前對於量子運算的穩定度仍無法有效控制，隨著運算時間的成長將會累積錯誤率（Preskill, 2019）。

鈞，2021）。

IBM 日本副總裁暨日本東京研究所所長森本典繁在 IBM think Summit Taipei 2019 論壇中指出，IBM 發展量子電腦的三大關鍵因素，分別是 1. 硬體：電子電腦的技術開發。2016 年 IBM 所開發的 5 量子位元電腦即免費開源分享給全世界，2019 年即推出全球第一個科學及商用的量子電腦「IBM Q System One」為 20 量子位元，以絕對零度的低溫維持量子位元的穩定度，朝商用化發展；2. 軟體：開放量子運算雲端平臺「IBM Q Experience」及量子運算開源軟體平臺「IBM QISKit」，廣邀科學界及廠商合作共同研究量子電腦；3. 生態系：建構量子運算商業應用研究社群「IBM Q Network」，QISKit 是開源的工具，讓產官學研有興趣者修改與探索量子運算在商業與科學應用的情境（天下雜誌，2019）。

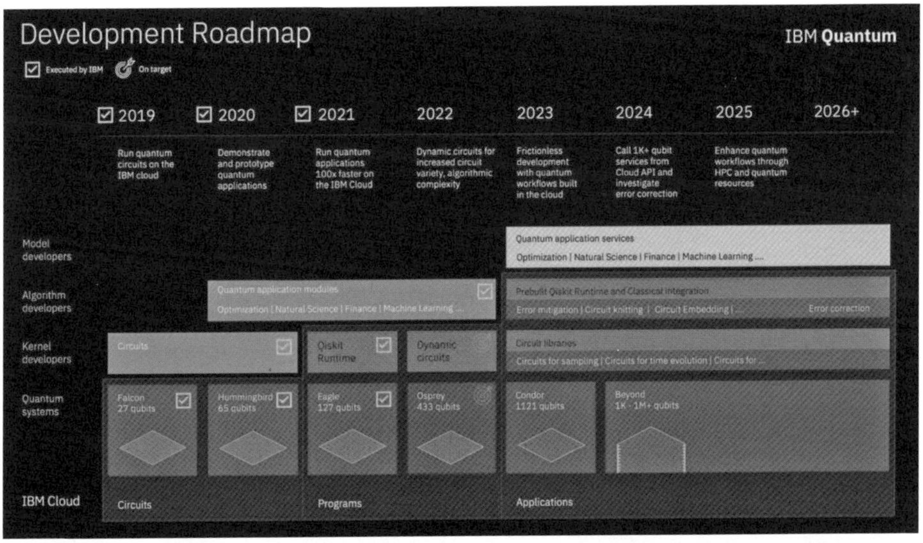


圖 24.1　IBM's roadmap for building an open quantum software ecosystem

資料來源：IBM (2021).

㈡ **Google**

Google 於 2021 年展示位於加州聖塔芭芭拉市的新量子 AI 園區 Quantum AI campus，內有 Google 第一座量子資料中心、量子硬體研究實驗室，以及量子處理器構建設施（Google, 2022）。相較於 IBM 的發展，Google 在 2018 年即公布了 72 量子位元的處理器「Bristlecone」，同時，Lucero（Google 量子 AI 首席工程師）曾指出，Google 目前正打造一房間大小且經過糾錯（error-corrected），並且內有 100 萬物理量子位元同時運作的量子電腦。爲此，Google 在其量子 AI 園區中將打造全球第一顆量子電晶體（quantum transistor），以兩顆經糾錯的「邏輯量子位元」（logical qubit）執行量子運算，並探究以數百到數千顆量子位元疊加成量子電腦。Google 的理想是透過量子糾錯技術，以 1,000 物理量子位元編碼成一個可長久存在、幾近完美的邏輯量子位元。長期

圖 24.2　Google Quantum AI campus

資料來源：Google (2022).

而言，Google 估計要有 1,000 邏輯量子位元，也就是 100 萬物理量子位元，才能執行解決複雜問題的運算需求。Lucero 表示，Google 計畫在 2029 年之前達到這樣的目標（高敬原，2018；林妍溱，2021）。

㈢ 微軟

2005 年，微軟當時就由數學家麥可．弗里德曼（Michael Freedman）領軍，成立研究拓撲量子運算的「Station Q」實驗室，2017 年公布兩款量子電腦模擬器，一款可在實際場域中運作，另一款能夠在微軟 Azure 雲端平臺上運作。同年所推出的一款程式語言「Q#」，可協助開發者爲量子電腦開發軟體，以及一臺整合在微軟開發工具套件系列 Visual Studio 中的量子電腦模擬器「Q# library」，提供個人用戶可模擬至多 30 個邏輯量子位能問題，企業用戶則可以模擬超過 40 個量子位能的計算問題，藉以提供開發者可以在一般電腦上利用 Azure 雲端服務測試量子電腦軟體。同時，在 2018 年 3 月，微軟研究員透過由半導體材料和超導材料製作的奈米線材，發現馬約拉納費米子（Majorana fermion）存在的證據，它是一種穩定量子訊息編碼方式，微軟希望可以將費米子轉化爲量子並提供商業使用（高敬原，2017；2018）。

2021 年微軟與量子運算系統商 Rigetti 合作，將 Rigetti 量子電腦引進微軟 Azure Quantum 雲端服務。Rigetti 量子電腦比現有其他已商用化的量子運算技術執行速度更快，擴充性更高，這些特性將可協助機器學習、藥物、能源、運籌供應鏈及金融模擬等運算難題。Krysta Svore 即指出，Rigetti 的可擴充量子電腦技術爲 Azure 雲開發社群開創新契機，雙方將合作量子與傳統運算混合的雲服務，提供過去無法實現的運算效能（林妍溱，2021；Rigetti, 2021）。

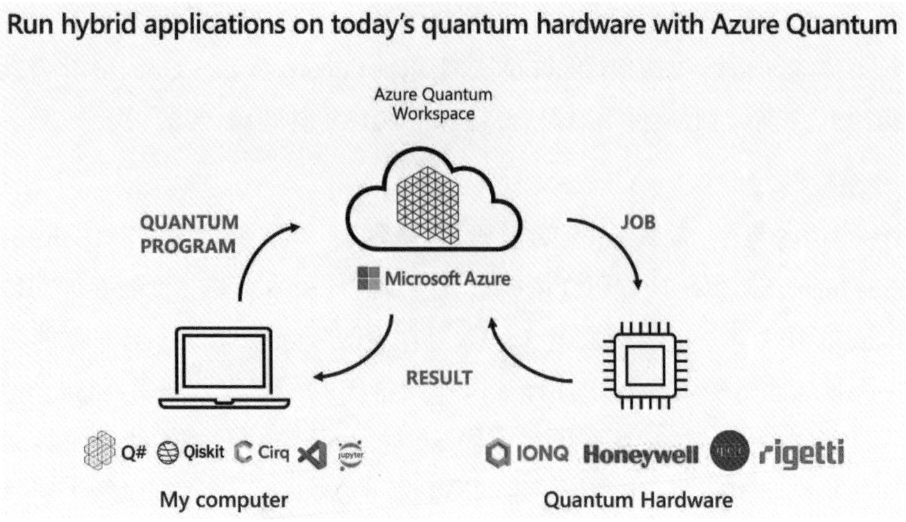


圖 24.3　微軟 Azure Quantum 雲端

## 各國對於量子電腦發展上的管理舉措

除產業界積極投入研發量子運算技術外，各國政府也透過立法、政策規劃與行動方案帶動國內量子研發的投入。各國的推動政策與行動，包含像歐盟、美國、英國、日本與中國等，都對政策與計畫進行了比較具體的布局投入，下圖即根據各國在上述三種量子科技政策推動類型所彙整而成（賴志遠，2021）。

2017 年美國科學基金會（National Science Foundation, NSF）在「十大構想」（10 Big Ideas）報告書中提出「量子飛躍」（quantum leap）研究，NSF 決定利用量子力學來操控在原子與亞原子尺度的粒子和能量行爲，並藉此發展感測、計算、建模與通訊的新技術。2018 年美國眾議院通過「國家量子計畫法」（National Quantum Initiative Act），希冀全面推動量子技術的發展，要求川普政府必須成立「國家量子倡議諮詢委員會」。2018 年 NSF 提出「量子軟體定制架構協同設計計畫」

| 立法 | 政策 | 行動方案 |
|---|---|---|
| 2018 美國眾議院通過《國家量子計畫法案》 | 2018 中國山東省科技局擬定《山東省量子技術創新發展規劃（2018-2025年）》 | 2018 歐盟啓動「量子科技旗艦計畫」 |
| | 2019 美國發布「美國未來工業發展規劃」 | 2018 德國提出「量子技術——從基礎到市場」框架計畫 |
| | 2020 美國白宮國家量子協調辦公室發布《量子技術創新策略》 | 2018 英國「國家量子技術計畫」（2014 年始）進入第二階段 |
| | 2020 澳洲 CSIRO 發布量子技術藍圖《成長中的澳大利亞量子技術產業：爭取 40 億澳元的產業發展機遇》 | 2018 日本文部省發布量子飛躍旗艦計畫（Q-LEAP） |
| | | 2020 美國能源部宣布建造二至五個量子資訊科研中心 |

圖 24.4　各國量子科技推動類型

資料來源：賴志遠（2020）。

（Software-Tailored Architecture for Quantum co-design (STAQ) project）以發展實用的量子電腦，同時，也提出「實現量子飛躍：量子構想孵化的系統性變革」（Enabling Quantum Leap: Quantum Idea Incubator for Transformational Advances in Quantum Systems）以及建構「量子飛耀挑戰研究院」計畫（Quantum Leap Challenge Institutes, QLCI），投入大量經費透過跨領域研究中心的籌組，針對量子通訊、量子計算、量子模擬與量子感測等領域進行挑戰。

中國在許多國家重要政策上，均顯示許多對量子科技研發投入的推動措施與行動方案，如《國家「十二五」科學和技術發展規劃》、《「十三五」國家科學創新規劃》、《「十三五」國家戰略性新興產業發展規劃》。其中如 2011 年所發布的《國家「十二五」科學和技術發展規劃》，主要聚焦在國家科技競爭力與創新能力的提升，量子科技及入選為關鍵的發展技術。量子調控研究被納入在「十二五」發展規劃設定下的國家重大科學研究計畫項目的重要課題。而在大型的科技計畫上，主要是中國科技部長期補助的專項型計畫《量子調控與量子信息》，其具體地投入方向包括關聯電子體系、小量子體系、人工帶隙體系、量子通訊等主題。

英國在 2013 年即設立專門的「量子電腦研究院」，進行量子課題的基礎研究及培育人才，並於同年制定五年期的國家型量子技術計畫。2015 年英國量子技術戰略諮詢委員會（Quantum Technologies Strategic Advisory Board, QTSAB）起草「國家量子科技發展策略」（National Strategy for Quantum Technologies）報告、2016 年英國科技辦公室發布《量子時代：技術的機遇》（The Quantum Age: Technological Opportunities）報告，建議英國政府應在技術研發、市場開發、人力資源開發與國際合作方面必須積極行動以確保量子科技的技術優勢地位，並以量子時鐘、量子誠向、量子感測與測量、量子技術與模擬、量子通訊等作為未來發展方向。並提出打造一個由公私協力合作的生態系已將量子科技產業化。

歐盟曾於 2016 年提出「量子宣言 —— 技術新紀元」（quantum manifesto: a new era of technology），推出研發經費 10 億歐元的量子旗艦計畫，呼籲歐盟會員國參與。該宣言分成四大類，包括通訊、感測、模擬與電腦，而在這四大類上又設定五年、十年及十年以上三階段發展的短中長程計畫目標。其中針對量子電腦這部分，短程計畫主要在於建構一能夠在原子或固態平臺上執行量子演算法及受到量子誤差修正保護下操作的邏輯量子位元的小型量子處理器，十年內利用建構超過 100 物理量子位元的特定用途型量子電腦在高速運行下解決化學與材料科學的問題，長程來看希冀整合量子電路和低溫傳統控制硬體，以建構泛用型量子電腦，解決目前傳統電腦需長時間運算才能解決的問題。

日本的量子科技發展策略主要由「統合創新戰略推進會議」所推動

完成。本報告的主要目的爲因應未來智慧化社會，社會 5.0 願景、實現「數據驅動型社會」的方向，在量子科技將影響未來計算、感測、通訊等諸多面向的前提下，所做的一個橫跨十年至二十年的量子技術發展規劃藍圖。該策略設定三大基本方針：量子技術創新的戰略發展；量子技術與現在傳統技術的整合與推廣；加強量子技術創新戰略、人工智慧戰略與生物技術的融合與協作。

從以上的討論我們可以知道，量子電腦雖然目前仍在發展起步，但對於它能在市場上量產是可期的，屆時對於 AI 的運用又將進入另一個階段，憑藉著它的運算能力將能促使深度學習有更完整的發揮。各個科技大廠投入資源以發展量子電腦可知第二次量子革命是不可擋，因此各國政府也紛紛制定相關政策或成立研究中心以協助市場發展與管理，並希冀能在這波變革中取得領先之姿。然而，量子電腦的發展與管理上也遇到一些挑戰，如量子電腦可能會產生相當程度的錯誤率，量子態極容易受到震動或電磁場，甚至一般熱擾動干擾，也因此目前量子電腦必須在超低溫下（接近絕對零度）操作，因此，如何讓量子維持在某個量子態時間（coherence time）夠長，足以完成運算工作並增加正確率將是目前的挑戰之一。再者，量子電腦的硬體主要來自於量子晶片、量子程式編碼、和量子演算法。此三個基本條件是實現量子計算的物理系統，亦即硬體的部分。另一方面即是確保電腦計算有可靠性的作業系統與提高運算速度的軟體也將是另一個挑戰重點（林明宜，2018；廖蓓瑩，2014）。由此可知，量子電腦未來將可能取代目前的傳統電腦，但因爲目前的發展仍有些必須突破的技術困境，因此，必須藉由公私部門投入相當的資源以突破，同時也必須藉由公部門相關政策舉措的管理方式，以協助量子電腦在市場上的發展，以及未來可能對社會所產生的衝擊。

## 參考文獻

1. 天下雜誌 IBM（2019）。從 AI 到量子，未來 5 年科技突破力。2021 年 10 月 18 日，取自：https://topic.cw.com.tw/event/2018ibm/article/index2/article7.html。
2. 李開復（2017）。人工智慧來了。臺北：天下文化。
3. 林妍溱（2021）。Google：在 2029 年前製造出實用的量子電腦。2021 年 12 月 20 日，取自：https://www.ithome.com.tw/news/144522。
4. 林來誠（2021）。光量子電腦漸露曙光。光連月刊，160，22-27。
5. 林明宜（2018）。量子電腦爲何比傳統電腦強大？量子運算的發展又有哪些挑戰呢？ 2021 年 12 月 13 日，取自：https://pansci.asia/archives/140036。
6. 林建甫（2018）。「量子電腦」發展，臺灣不能缺席。臺灣經濟研究月刊，41（4），8-9。
7. 林昭正（2018）。《蟻人與黃蜂女》中的「量子穿隧」是什麼？新世代量子電腦的打造全靠這原理！ 2021 年 10 月 4 日，取自：https://buzzorange.com/techorange/2018/12/13/ant-man-quantum-realm/。
8. 高敬原（2017）。搶先 Google、IBM 一步，微軟推出祕密武器「Q#」，要讓量子電腦遍地開花。2021 年 10 月 18 日，取自：https://www.bnext.com.tw/article/47393/microsoft-releases-quantum-computing-development-kit-preview。
9. 高敬原（2018）。搶奪「量子霸權」，科技巨頭把量子電腦帶出實驗室。2021 年 10 月 18 日，取自：https://www.bnext.com.tw/article/49064/companies-set-for-a-quantum-computing-leap。
10. 國家實踐研究院科普講堂（2021）。量子電腦是什麼？ 2021 年 10 月 4 日，取自：https://www.narlabs.org.tw/xcscience/cont?xsmsid=0I148638629329404252&sid=0J183508982724907379。
11. 張志勇、廖文華、石貴平、王勝石、游國忠（2021）。人工智慧：素養及未來趨勢。新北市：全華。
12. 陳建鈞（2021）。IBM 發表最新量子晶片「Eagle」！喊出兩年內超越傳統電腦、逼近量子霸權。2021 年 12 月 13 日，取自：https://www.bnext.com.tw/article/66213/ibm-quantum-chip-eagle。

13. 陳建銘（2019）。量子理論思維對學校組織經營與教育發展的啓示。教師天地，209，1-16。

14. 黃亦筠（2017）。量子電腦拚量產，解決全球暖化只要幾小時？天下雜誌，637，2022 年 5 月 23 日，取自：https://www.cw.com.tw/article/5086613。

15. 廖倍瑩（2014）。衝擊未來：量子電腦何時出現。禪天下，110，68-73。

16. 賴志遠（2020）。國際前沿科技研究計畫簡介：以人工智慧、資料科學及量子科技爲例。臺北：財團法人國家實驗研究院科技政策研究與資訊中心。

17. 賴志遠（2021）。國際量子科技發展策略研析。臺北：財團法人國家實驗研究院科技政策研究與資訊中心。

18. Google (2022). "Discover the Quantum AI campus." Retrieved November 1, 2021, from https://quantumai.google/learn/lab.

19. IBM (2021). "IBM's roadmap for building an open quantum software ecosystem." Retrieved November 8, 2021, from https://research.ibm.com/blog/quantum-development-roadmap.

20. Preskill, J. (2012). "Quantum Computing and Entanglement Frontier." Retrieved November 15, 2021, from https://arxiv.org/pdf/1203.5813.pdf.

21. Preskill, J. (2019). "Why I Called It 'Quantum Supremacy'." Retrieved February 5, 2022, from https://www.quantamagazine.org/john-preskill-explains-quantum-supremacy-20191002/.

22. Rigetti (2021). "Microsoft to Bring Rigetti Superconducting Quantum Computers to Azure Quantum." Retrieved Decemember 13, 2021, from https://www.rigetti.com/news/microsoft-to-bring-rigetti-superconducting-quantum-computers-to-azure-quantum.

# PART 5

# 數位社會

## 篇前引介

本篇涵蓋六章，第二十五章探討公共價值的類型與內涵，並闡述數位科技發展對於公共價值的影響，從而強調以公共價值來引導科技發展的必要性與原則。這些社會基礎價值如社會安全、福祉、個人自主權等貫穿其他章的內容。

第二十六章首先提到爭議訊息的類型，也探討國外對爭議訊息的處理經驗及對策，包括平臺業者、專責獨立機構、法院，及其他對抗爭議訊息的做法。結論也探討未來可能處理的方式，特別強調整合不同的處理方式及閱聽者資訊識讀能力的提升，來得到最大的效果。

第二十七章是個人資料保護，首先定義個人資料，並進而探討目前最先進完整的歐盟一般資料保護規則，以資料自主權為核心概念。此章並提供明確的方案，以人格尊重的立場來保護及善用個人資料。

第二十八章是網路安全防護。首先探討政府機關網路安全防護的現狀與挑戰，也介紹目前網路安全防護的策略，包括法令與政策面，特別在目前委外策略下探討網路安全防護的實務，並提供治安稽核及數位證據保全上的有效辦法。

第二十九章探討網路霸凌及網路成癮對社會造成的影響。此章系統性的分析網路霸凌及網路成癮的定義與型態、現況與防治。特別是針對青少年與兒童的防護治療。解決方案強調整合法令、政府、現有的醫療體系及民間企業團體。總體而言，本篇探討及評估網路對社會所造成的衝擊，並提供方案以創造一個增進個人及社會福祉的網路社會。

第三十章探討大型科技公司（BigTechs）所帶來便利的日常服務下，擁有龐大權力而對自由、選擇機會、甚至民主的影響，以近年幾個 BigTechs 的爭議出發，闡述目前政府管制的困境，和歐盟數位市場法草案，所帶來的革新的機會，期許對我國未來立法帶來啓發。

Chapter 25

# 數位科技發展與公共價值

陳聿哲

## ▶▶▶ 前言：數位科技發展，應該要以什麼為本？

科技設計有提到：「科技以人爲本」。談的是使用者的特性與喜好。從整個社會來說，數位科技發展應該以什麼爲本呢？這是一個值得深思的問題。是個人的喜好或慾望嗎？是大科技公司賺更多的錢嗎？或者以整個社會的福祉爲本，反映在倫理、平等、網路安全、個人隱私、公共服務效率、效益等公共價值？本文以本土出發，參考國外經驗。提出以公共價值爲數位科技發展的根本，才能促進數位社會下的大眾福祉。

## 我國智慧政府的展望與核心價值

我國智慧政府的展望是發展具有智慧的電子化政府，實施政府資料開放（open data）、成立區塊鏈聯盟、應用雲端應算（cloud computing）、巨量資料（big data）、物聯網（internet of things, IoT）及人工智慧等技術能夠將數位經濟、網路社會、數位政府、數位基礎、創新應用、智慧城鄉等元素加以串聯，進而實踐智慧治理的終極理想（如圖 25.1）。

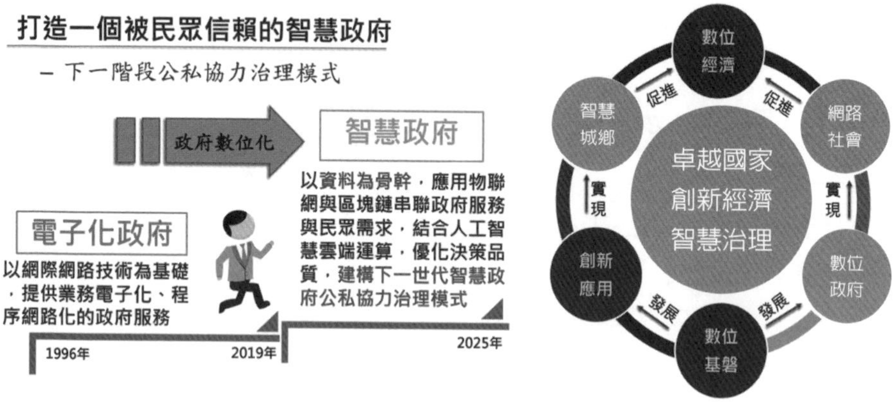


圖 25.1　智慧政府之核心要素

資料來源：國發會。

然而，如欲達成「有智慧的電子化政府」，除了仰賴 ICTs 的力量之外，更重要的是，如何選擇與設定所欲達成之公共價值的優先順序，以及透過公共價值的設立，進而影響數位政府之發展（Bannister & Connolly, 2014; Cordella & Bonina, 2012），以及引導最終數位社會之樣貌。舉例而言，我國最新的「智慧政府行動方案」中所提到的「智慧政府」，便是以「便利、有效率、全年無休」作爲其核心價值，進而引導出其三大目標，包括「開放資料透明，極大化加值應用」、「鏈結治理網絡，優化決策品質」及「整合服務功能，創新智慧服務」等（國發會，

2019）。

基於相同的邏輯，當前電子化政府所推動的各項政策與措施，也隱含著各自的公共價值，例如人格尊重的立場來保護及善用個人資料，提高「以民爲本」核心價值（相關討論請參見本書第三章內容）；又如網路安全防護，包括法令與政策面，特別在目前委外策略下探討網路安全防護的實務，並提供治安稽核及數位證據保全上的有效辦法電子採購與電子預算等數位資訊的公開，則是側重「社會安全」公共價值（相關討論請參見第二十八章內容）。此外，政府對於網路上各類爭議訊息的管理與澄清，涉及社會秩序的維護、避免民意被操弄及確保言論的自由等民主價值，這類因 ICTs 普遍應用後所衍生出的新興公共議題，對於政策推動與政府運作已產生的若干負面影響，而值得受到關注（相關討論請參見第二十六章內容）。探討網路霸凌及網路成癮對社會造成的影響，特別是針對青少年與兒童的防護治療（相關討論請參見第二十九章內容），這項對安全與社會福祉的需求，也與聯合國的永續發展目標如社會福利的增進有所連結。

## 數位公共價值的類型及內涵

關於公共價值的定義，迄今尚無具體的共識。但可以確定的是，若從不同的角度進行觀察，所得到的公共價值將會有所差異。舉例來說，Bonina 與 Cordella（2009: 4）就認爲，可以將各類的公共價值區分爲管理與民主兩大面向，前者如效率、效能與績效等；後者則如公平、公正與誠實等。基此，本文按照 ICTs 對於社會與政府的影響，依據社會、行政及聯合國永續發展等面向，逐一說明各類數位公共價值所涉及的相關內涵。

### (一) 數位社會面

從數位科技的角度來觀察公共價值，公共價值的社會面向，大致涉及以下的價值：

**1. 倫理（ethic）**

倫理價值在消極層面，以不傷害別人爲原則；在積極層面，則是強調遵守道德規範，並爲社會大衆謀求福利，舉例來說，以人工智慧爲人類謀福利基金會（AI for Good Foundation）就是一個很好的個案，該基金會強調透過跨地區、跨領域、跨部門的行動者之間的合作，應用人工智慧或機器學習（machine learning）來解決社會問題，如圖 25.2。[1]

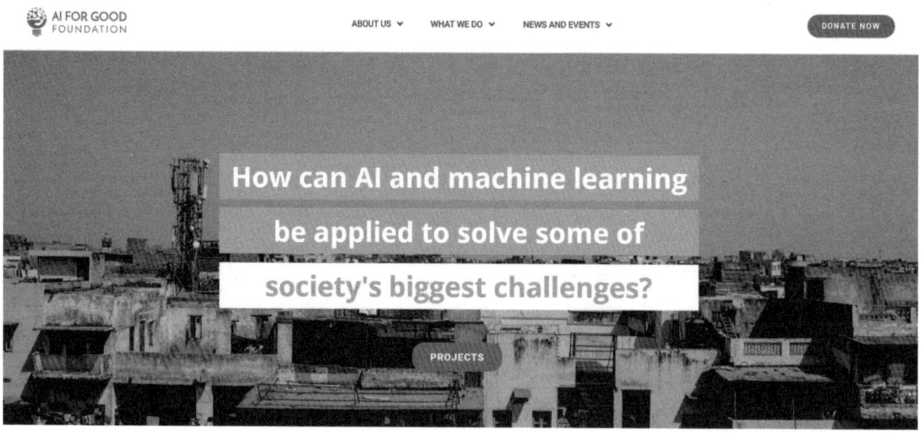


圖 25.2　AI for Good 網站

資料來源：AI for Good Foundation。

**2. 平等（equity）**

平等價值主要可以區分爲兩大部分，一是機會的平等，如接受教育機會的平等；另一則是平等的對待：如不針對種族、性別及經濟條件等的歧視。

**3. 隱私（privacy）**

隱私價值的內涵在於讓個人擁有一個私人發展的空間，而此私人空

1 AI for Good 網站。2019 年 5 月 10 日，取自：https://ai4good.org/。

間不應受到他人的侵犯。在許多國家的憲法或法律中都有保障這樣的權利。大抵而言，隱私大多涉及個人資料的保護，例如個人的基本資料、健保資料或稅務資料等。而如何在巨量資料的時代，保障個人資料隱私的問題，便顯得格外重要。

**4. 安全（security）**

安全價值之目的在於保障個人所屬領域的支配性，而此安全領域可類比於住宅所提供個人的安全環境。換句話說，在虛擬的數位空間中，安全所代表的是，個人可以在沒有任何顧慮的前提之下，自由決定誰可以進入該領域，及拒絕誰不可以進入。因此，需要社會及政府相關條件的配合與協助，才能實現安全的價值。

**㈡ 數位行政面**

從數位科技的角度來觀察公共價值，公共價值的行政面向，主要包括以下的價值：

**1. 效率（efficiency）**

效率價值是指在最短的時間或在最少的資源下，完成所設定的目標。通常大多以成本的角度來進行衡量。在數位政府服務部分，例如減少公文來往的時間，或是縮短服務提供的時間。

**2. 效能（effectiveness）**

效益價值是達成目標的程度，也是創造新的公共服務。例如醫療資訊的整合，可提供病人醫療訊息的管理及醫療服務的提升，具體的案例如「全民健保行動快易通」APP；[2] 又如交通資料的整合，可提供民眾各種大眾交通的時刻、價格與接駁的相關資訊，具體的案例如「臺北等公

---

[2] 衛生福利部中央健康保險署網站。2019 年 5 月 10 日，取自：https://www.nhi.gov.tw/Content_List.aspx?n=2B2E346936670280&topn=874605F03B8FDFBA。

車」、「雙鐵時刻表」APP 等，又如西雅圖的 ORCA 系統。[3]

**3. 課責（accountability）**

課責價值是指公共組織在其工作職責內需要對民眾負責，體現在公共政策的執行、執行結果的報告，以及行政責任的承擔。核心的邏輯是政府花費納稅人的錢來提供公共服務，故需對人民負起責任。

**4. 透明（transparency）**

透明價值之目的在於減少政府貪腐行爲的發生。其中，資訊的透明及責任的透明，將有助於民眾瞭解與監督政府的行爲，如公共預算的規劃、公共政策的執行等。藉由體現透明的價值，將助於強化政府施政透明度，同時提高民主的有效運作。



㈢ 聯合國永續發展的目標

此外，依據聯合國所提出的永續發展目標，其中多數的目標與前述的公共價值存在強烈的連結，諸如提高個人平等、保障個人安全、保護弱勢族群，以及促進資源有效分配與全球的社會福祉。

## 數位科技發展對公共價值的影響

ICTs 對於社會與政府的影響，猶如一把鋒利的雙面刃。以下內容就數位科技對公共價值之正、負面影響逐項說明。

㈠ 數位科技對公共價值的正面的影響

**1. 信任（trust）**

數位科技的使用有助於提升民眾對於政府的信任，進而改善政府與社會之間的關係，例如透過資訊公開可以強化政府透明度。具體而言，目前政府於線上所提供的全年無休服務，例如各項資訊公開與申辦進度

[3] ORCA 網站。2019 年 5 月 10 日，取自：https://orcacard.com/ERG-Seattle/p1_001.do。

查詢服務等，均已大幅提升行政流程的透明度，進而改善民眾對政府的評價。

**2. 滿意度（satisfaction）**

數位科技的應用有助於強化公部門工作效率與效能的提升，進而增加民眾對於政府的滿意度，例如透過工作流程創新及跨組織資料整合，讓提供主動性及客制化的服務成為可能性。在顧客導向的管理思維下，有助於反轉傳統政府高高在上的觀念及做法。

**3. 參與（participation）**

將數位科技導入行政流程，有助於增加民眾參與公共事務的機會，並降低民眾的參與成本。例如由國家發展委員會所營運的公共政策網路參與平臺（Join.gov），提供民眾直接參與並提出政策意見的機會，而此種正向、平等的公共參與機制是非常少見的，如圖 25.3。民眾可直接透過這個參與平臺，與其他民眾及政府合作，共同思索與討論出有創意及對社會有貢獻的政策點子。此外，社群媒體（social media）

圖 25.3　公共政策網路參與平臺

資料來源：公共政策網路參與平臺。

亦是值得關注的數位科技發展，而其最大的特點是可提供即時資訊、聯繫與動員的功能，各類使用者均可藉由該平臺進行聯絡、整合及資料的存取。

另外，幾個全球性的合作個案。前述所提的 AI for Good 平臺，目的便是整合世界不同的才能及創意，以增進社會的福利，例如提供難民流向的資料，以協助處理全球難民的問題；此外，在聯合國永續發展目標中，也提到促進不同領域行動者參與的重要性。

### ㈡ 數位科技對公共價值的負面影響

#### 1. 弱勢族群越弱勢

資料整合雖有助於提供更客製化的服務，但資料整合的同時，也代表著個人資料更容易被掌握，間接地導致弱勢及邊緣的族群受容易受到監控，因爲與這類族群的身分或補助相關的資料，都在政府的資料庫中有詳細的紀錄。在缺乏教育與科技訓練的前提下，這類族群幾乎沒有能力向政府詢問或質疑資料的正確性，更無法爲自己遭受的不平等對待提出抗議。在 Eubanks（2017）《自動化的不平等》（Automating Inequality）一書中，便特別提到自動化對於弱勢族群所造成的各種負面影響。

#### 2. 損害個人隱私

鑑於目前個人的線上活動越來越多，例如各類社交媒體的運用、電子郵件的服務，以及線上雲端的資料儲存。換句話說，這些大型科技公司對個人資料的掌握是無遠弗屆的，其規模往往超過個人記憶的數百數千倍。其中，一個非常巨大的潛在危險，便是個人資料變成這些科技公司牟利的基礎。例如，Google 運用客戶的資料，並提供相關服務來收取廣告費用。這些行爲會造成大公司對個人隱私的侵犯，進一步有曝露資料給第三方的風險。尤其在大數據的時代，個人消費行爲往往被這些大型公司所監控，美其名是做客製化的服務，但其負面的作用是會對你個人消費行爲的深度掌握。

**3. 造成網路成癮**

網路成癮是一個嚴重的社會問題，網路成癮是指個人花費大量的時間在使用網路，沉浸於網路的虛擬世界，而無法進行一般生活正常的功能與行爲，及負起應肩負的工作或家庭的責任。嚴重的網路成癮情況，甚至會在網路上犯罪或是賭博，進而導致對個人及家人的侵害。

**4. 促成網路霸凌**

在網路上也看到霸凌的現象，對於青少年而言，網路霸凌的影響更是巨大。因爲青少年在網路上被霸凌，可能會導致自我殘害或犯罪的行爲。另外，數位科技也可以被極端主義者或恐怖分子所運用，用以號召會員或互通有無，進行各種恐怖或破壞活動。

**5. 影響網路安全**

在網路安全的部分，可以從不同的層次來觀察：在個人層次，個人資料會被奪取；在團體層次，弱勢或邊緣族群的資料會被蒐集或被濫用，讓弱勢族群更弱勢；在社會層次，一個國家的選舉或經濟成長，也會受到影響。

## 以公共價值來引導的科技發展的原則

最高層次的指導原則是，採取主動、積極與全面的方式，來提升正面價值，並消弭負面影響。

### ㈠ 原則一：公共價值需要各界與政府主動、即時的參與

在於全球科技企業對於公共價值，如隱私、安全等價值存在嚴重的威脅之際，除了消極地趕上科技發展的速度之外，更需公共價值積極地引導社會發展。

### ㈡ 原則二：瞭解掌握及預測科技對公共價值的影響

例如美國史丹佛大學所對人工智慧對於未來社會影響的預測研究（Stone et al., 2016），又如美國聯邦審計署（GAO）科技對於社會影響的研究（U.S. Government Accountability Office, 2018）。另一個方式則是建立系統動態模型，進一步分析與預測數位科技對於公共價值的影響。

> **系統動態模型**
>
> 不同於傳統的思考模式，系統動態模型十分強調回饋與調整等機制，而這些機制將有助於進行動態式的思考與學習。

### ㈢ 原則三：全面性權衡價值之間的取捨並釐清複雜的相依關係

在公共行政領域，需要對於效率及公平之間的取捨進行充分的討論。然而，公平正義通常需要社會投注時間與資源來完成，故在有限資源的條件下，往往需要進行取捨。

## 公共價值引導數位科技的方法與策略

建立一個兼具創造公共價值與衡量科技衝擊的評估系統：

### ㈠ 系統設計原則

1. 主動邀請相關的專家與利害關係人（stakeholders）共同參與，對象包括政府、學術界、領域專家、產業、公民團體及公衆。同時，建立跨學科的研究與諮詢團隊，至少包括科學自然科學、社會科學、工程、資訊科學等領域。

> **利害關係人**
>
> 從公共政策或公共服務的角度，利害關係人是指與該項政策或服務有關的各類行動者，例如政策制定者或受影響者、服務提供者或接受者，以及相關的參與者等，而按照其涉及的程度，又可再區分為直接或間接利害關係人。

2. 此評量系統必須有助於瞭解、分析及價值間的關聯與評價。如透過課責，將可提升哪些效益？例如評量學習後的結果，以持續改善工作的流程。又如隱私的保護與客製化服務等價值之間的取捨。

3. 詳細列舉及預測公共價值可能會受到的科技的衝擊，例如人工智慧對個人隱私可能產生的各種影響，尤其是關於大型企業如果利用人工智慧私自蒐集個人資料所可能衍生的各類負面影響。

### ㈡ 評量系統執行及動態學習與調整

關於如何透過公共價值來引導數位科技發展的方法與策略，本研究認爲確保執行的順利以及建立動態學習與調整的能力至關重要。其中，動態學習與調整能力的建立必須注意以下所列的三項原則，以避免衍生出其他的問題。

1. 特別注意到弱勢族群的參與，並參考聯合國的永續發展目標，包括平等及弱勢族群的照顧，及健康衛生的條件的提升。
2. 如欲維持永續的運作，確保獨立的資金來源是相當重要的條件。一項可以參考的做法是在政府所提供的數位服務中，抽取少數的手續費，以作爲政府提供相關社會福利的基金。例如，在美國電信服務中就有抽收少許的費用，以作爲提供一般民衆網路服務的基金。
3. 由於科技的日益千里，故一套奠基於價值所引導的系統，特別需要注意的議題是，如何跟上科技變化的速度，並與時俱進。因此，需要建立一個即時的反饋機制，一方面，評估這套價值系統的評估效益；另一方面，並不斷改善評估的標準及項目，以趕上科技變化的幅度。同時，學習的機制也是相當的重要，例如定期的評估及持續的改善。

## 結論：公共價值作為數位科技發展的導引

本章在內容的安排上，首先，簡述我國電子化政府的發展與價值；其次，說明數位公共價值的類型與內涵；接著，闡述數位科技發展對公共價值的可能影響，正面影響如效益的提升、效率的改善等，而負面影響則如自動化所造成的不平等、個人隱私的侵害，同時，亦包括對社會安全的衝擊，如網路霸凌、網路色情，以及網路成癮等問題。

由於目前數位科技的發展，缺乏對於公共價值有深刻的體認，在缺乏一個全面性的評估與分析架構之下，往往容易產生顧此失彼的問題（Bannister & Connolly, 2014）。因此，本研究認為亟需一個以公共價值來引導科技發展的架構，如圖 25.4 所示。尤其在科技發展日新月異的現今社會，政府更需要主動的出擊，因為許多的負面影響，需要耗費相當程度的資源與能力才能克盡全功。此外，本研究進一步強調，如要充分地實踐與體現圖 25.4 架構的效果，則需要前瞻與系統兩項條件的配合，前者包括跨學科、跨領域的合作；後者則涉及多元利害關係人的參與。

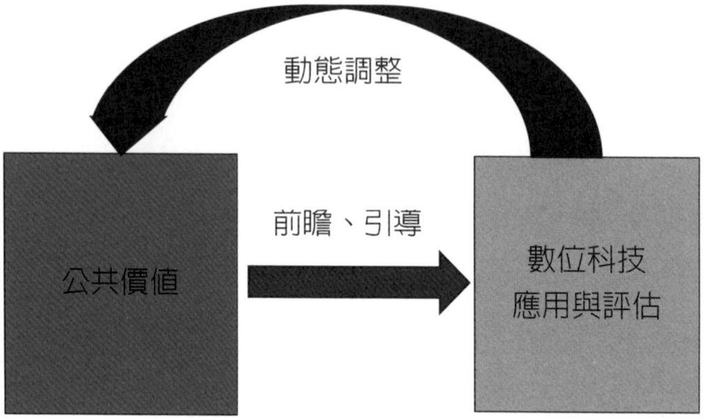


圖 25.4　以公共價值來引導科技發展

資料來源：本研究自繪。

## 參考文獻

1. 國發會，2019。智慧政府行動方案。臺北：國發會。
2. "A Special Report on Artificial Intelligence: March of the Machines." *The Economist*, 419(8995) (June 25- July 1st, 2016).

3. Bannister, Frank & Connolly, Regina (2014). "ICT, Public Values and Transformative Government: A framework and programme for research." *Government Information Quarterly*, 31(1), 119-128.
4. Bonina, Carla Marisa & Cordella, Antonio (2009). "Public Sector Reforms and the Notion of 'Public Value': Implications for eGovernment Deployment." In: 15th Americas Conference on Information Systems, 6th-9th August 2009, San Francisco, California. http://eprints.lse.ac.uk/43672/.
5. Cordella, Antonio & Bonina, Carla M. (2012). "A public value perspective for ICT enabled public sector reforms: A theoretical reflection." *Government Information Quarterly*, 29(4), 512-520.
6. Eubanks, Virginia (2017). *Automating Inequality*. New York: St. Martin's Press.
7. Nilsson, Nils J. (2009). *The Quest for Artificial Intelligence: A History of Ideas and Achievement*. Cambridge: Cambridge University Press.
8. Peter Stone, Rodney Brooks, Erik Brynjolfsson, Ryan Calo, Oren Etzioni, Greg Hager, Julia Hirschberg, Shivaram Kalyanakrishnan, Ece Kamar, Sarit Kraus, Kevin Leyton-Brown, David Parkes, William Press, AnnaLee Saxenian, Julie Shah, Milind Tambe & Astro Teller (2016). "*Artificial Intelligence and Life in 2030*." One Hundred Year Study on Artificial Intelligence: Report of the 2015-2016 Study Panel, Stanford University, Stanford, CA, September 2016. Doc: http://ai100.stanford.edu/2016-report. Retrieved September 6, 2016.
9. U.S. Government Accountability Office (2018). *Artificial Intelligence: Emerging Opportunities, Challenges, and Implications*. GAO-18-142SP.

# Chapter 26

# 真的？假的？ 爭議訊息該怎麼看待？

李天申

## 前言：假新聞？錯誤訊息？爭議訊息？

2018年9月4日，燕子颱風侵襲日本，班機無法起降，許多國人受困於關西機場。當時，一名大學生在PTT貼文，表示中國駐日大使館積極協助中國旅客離開關西機場，反觀他致電我國駐日代表處大阪辦事處，尋求住宿的協助，卻被接聽者不耐煩地拒絕。該名大學生所發布的訊息，在網路上迅速被傳開，網友群情激憤。雖然這則訊息被證明不符合事實，文字不久後就被刪除了，但因爲已經被廣泛轉貼，許多媒體也跟進報導，仍引發國人大肆抨擊駐外單位態度不佳、辦事不力。十日後，駐日代表處原擬召開檢討會議，大阪辦事處處長卻在當天上午，選擇以自己的方式來結束生命，釀成無法挽回的憾事。

與以上案例類似的不實訊息，有人稱之爲「假新聞」（fake news）。「假新聞」不是近代出現的產物，過往其主要依賴口耳相傳，媒體、出版物也會推波助瀾。到 20 世紀末，網際網路快速興起，部落格、電子布告欄、電子郵件開始成爲謠言的溫床。進入本世紀後，社群媒體蓬勃發展，加上行動裝置、即時通訊軟體普及，人們隨時隨地可以接收與轉發訊息，使「假新聞」的傳遞與影響力更是無遠弗屆，成爲各國政府推動數位治理的重要課題。

「假新聞」一詞眞正獲得關注，是在 2016 年美國總統大選期間。當時，美國新聞界、學界大量運用該詞彙，描述外來情治人員在美國境內散布不實訊息，企圖干擾選舉。後來，川普更是直接用「假新聞」一詞，不假辭色地批評所有對他進行不利報導的新聞媒體，尤其是立場偏向左派的主流媒體，如紐約時報、華盛頓郵報、CNN、MSNBC 等。

然而，聽在媒體工作者的耳中，「假新聞」一詞是非常刺耳的。首先，不實訊息的態樣與傳播管道非常多元，可能是網友在社群媒體公開貼文，也可能是有心人士透過口語的方式「下毒」，未必是以新聞報導的形式出現；第二，即使是新聞報導的內容有問題，也未必是刻意造假，而可能是媒體爲了爭取時效，在編輯作業上有所疏漏，或是查證不夠周延，是沒有惡意的「錯誤訊息」（misinformation），甚至可能只是因政治立場的差異，而導致解讀不同，若稱其爲「假」實在過於沉重；第三，「假新聞」已被過度濫用，甚至成爲打擊政敵的政治工具。

由於「假新聞」的內涵頗具爭議，爲避免其被過度濫用與詮釋，本文採用較中性的「爭議訊息」（disinformation）一詞。所謂的「爭議訊息」，是指內容不實，並且是刻意誤導大衆、傷害特定人士的資訊。換言之，爭議訊息是經過精心設計、刻意操作的不正確資訊，未必是（也常不是）新聞的形式，但必定帶有特定目的，如攻擊政敵。爭議訊息會影響民心，甚至衝擊政局，在網路時代的影響尤劇，人們該如何看待，是值得深刻思索與討論的課題。

> **爭議訊息**
>
> 所謂的「爭議訊息」，是指內容不實，而且是要刻意誤導大衆、傷害特定人士的資訊。

## 爭議訊息的類型

在資通訊發達的年代中，假訊息的類型非常多元，有些是刻意誤導大衆的「爭議訊息」，但也有些不是。美國新聞事實查核機構《初稿》（First Draft）的研究員 Claire Wardle，她提出經典的七種假訊息類型，包括：揶揄模仿、錯誤連結、誤導內容、錯誤情境、冒名內容、操縱內容、僞造內容。以下分別來介紹這七類假訊息：

### ㈠ 揶揄模仿（satire or parody）

此類訊息純粹是爲了嘲諷時事而產製，無意對當事人造成傷害，但有可能使讀者信以爲眞。我們在 Facebook 上就常見到，有些網友會借用當紅的「時事哏」發文，原本只是想吐槽政府與政客，但有些讀者不懂發文者的「幽默」，誤把反諷的訊息當眞，甚至加以轉發與評論。

## ㈡ 錯誤連結（false connection）

此類訊息是標題、影像、圖片的說明文字與內容不符，通常只是為了要吸引讀者的注意，在以衝高點閱率、賺取廣告收入為目標的「內容農場」（content farm），網站中尤其常見。譬如，小編為了增加網友點閱某篇文章的意願，於是下了一個既浮誇又聳動的標題——「網友看完都驚呆了！」但點進去之後就會發現，內文與標題根本一點關係也沒有。

## ㈢ 誤導內容（misleading content）

此類訊息是對報導對象的資訊誤用。例如，有民調的結果顯示，某候選人的支持率為 35%，但媒體不這樣報導，而是詮釋為「65% 的人不支持該候選人」。事實上，未在該民調中表達支持的那 65%，未必是不支持，也可能只是尚未決定，或是其實支持，只是不願表態。

## ㈣ 錯誤情境（false context）

此類訊息是提供眞實的素材，不過情境是錯誤、移花接木的，刻意要誤導大衆。舉例來說，川普競選總統時，有一支競選廣告的畫面，宣稱是墨西哥人非法越界，並搭配旁白說道：「他（川普）將在美國南方邊境築牆，終止非法入境的亂象，並讓墨西哥買單。」後來「政治眞相」（PolitiFact）網站踢爆，該廣告中出現的場景，根本不是美墨邊境，而是西班牙在摩洛哥境內的自治市梅利利亞（Melilla），而川普競選團隊事後也承認，這段影像是刻意挑選的。

## ㈤ 冒名內容（imposter content）

冒充其他新聞機構發布訊息，這種狀況在國內較不常見，但在 2016 年美國總統大選時曾發生。當時，美國廣播公司（ABC）新聞網的網址被仿冒，就連網站外觀也被模仿，使網友以為自己在瀏覽 ABC 新聞網，但其實所見的一切都是假的。

⑹ 操縱內容（**manipulated content**）

此類訊息多爲經過刻意變造的圖片或影像，目的就是要誤導視聽。隨著資訊數位化能力的提升，這種訊息越來越容易以假亂眞。譬如，有社會人士基於特殊意圖，利用電腦的修圖軟體，在他所拍攝的原始照片上加上光點，然後宣稱他拍到不明飛行物。

⑺ 僞造內容（**fabricated content**）

此類訊息的內容，無論是文字、圖片或影像，完完全全都是僞造的，其目的就是要欺騙讀者，試圖造成傷害。這是相當惡意的資訊，在競爭激烈的選舉過程中尤其常發生。其中，最常見的情況是，劣質的候選人與其支持者，自編、自導、自演，然後在網路上散播對競選對手不利的訊息。

嚴格來說，揶揄模仿、錯誤連結、誤導內容等三類假訊息，都沒有故意欺騙大衆的意圖，純粹是開玩笑，或是非惡意造成的錯誤。然而，錯誤情境、冒名內容、操縱內容、僞造內容等四種假訊息，都是有心人士爲了混淆視聽而產製，它們才是出自於故意的「爭議訊息」。

## 國外爭議訊息的處理經驗

透過網路散播爭議訊息，會造成社會動盪，因此有人主張政府必須管制，並課予罰則。然而，也有一派說法認爲，政府若管制爭議訊息，將會侵害人們的言論自由，所以重點應爲培養大衆判別訊息眞僞的能力，而非嚴格管制。因此，政府究竟該如何管理爭議訊息，以及尺度該如何拿捏，對於世界各國都是難題。關於各國針對爭議訊息所做的管制措施，在認定機制上，主要有三種做法，包括：由平臺業者決定、由專責獨立機構決定、由法院決定。

## ㈠ 由平臺業者決定

由平臺業者處理爭議訊息的國家，以德國最具代表性。德國在2018年訂定《社群網路強化執行法》（NetzDG），要求使用者超過200萬人的社群媒體，業者必須履行法定查核義務。只要民眾提出內容涉及侮辱、誹謗、煽動犯罪、煽動民族仇恨、辱罵信仰與宗教團體、散布兒童色情的申訴案件，平臺業者必須在二十四小時之內，刪除明顯不實或不當的言論；情節較複雜的案件，處理時間可放寬爲七日。違反法律的平臺業者，最高會面臨5,000萬歐元的罰款。此外，NetzDG也規定，網路平臺只要在單一年度受理100件以上的申訴案件，業者必須每半年提出透明度報告，說明處理不當內容的機制、標準、案件數量與種類、案件處理人員的培訓、處理時效等。

然而，德國各界並非一致認同NetzDG的管制規定。批評者認爲，平臺業者在法定處理時限短、罰款額度高的雙重壓力下，可能會直接刪除有違法之虞的言論，造成處置過當。其次，企業未必具有判斷訊息有無違法的能力，卻要其決定是否刪除，顯然不合理。再者，各平臺的檢舉表單不同，塡寫難易程度不一，使不同平臺的檢舉筆數差距頗大；根據2018年上半年的統計，Twitter、YouTube分別收到26.4萬、21.5萬筆申訴，但Facebook僅有886筆，相差懸殊。

## ㈡ 由專責獨立機構決定

韓國是成立專責機構認定爭議訊息的代表性國家。2016年，韓國制定《促進資通訊網路使用與資料保護法》，規定廣播通訊委員會（KCC）若發現網路訊息內容有違法之虞，包括猥褻、誹謗、誘發恐懼不安、對青少年有害、違反個資保護、製造槍砲火藥、違反國家安全，經放送通信審議委員會（KCSC）審議通過後，KCC得命令平臺業者拒絕、暫停或限制資訊的處理服務。另外，中央主管機關首長向KCC請求，經KCSC審議後判定內容違法，KCC也得對平臺業者做出相同的命令。

韓國以專責機構 KCSC 判定訊息內容是否違法，也引來撻伐。首先，KCSC 是在 KCC 之下，由九名委員組成的獨立委員會，類似我國的行政法人，但這些委員中，有六名是由執政黨提名，三名是由在野黨提名，難免會被質疑有政治力介入。另外，KCSC 於 2019 年初封鎖 895 個色情賭博網站，有數十萬韓國民眾以網路連署，抗議此一裁罰限制人們的言論自由。

㈢ 由法院決定

法國、紐西蘭是由法院認定網路傳播的爭議訊息。2018 年，法國通過《反資訊操縱法》，規定在競選期間內，當有人刻意以人爲或自動的方式，在網路上大量散布欺騙大眾或不正確的指控或引述，危害選舉的可靠性時，檢察官、候選人、政黨、政治團體或利害關係人可聲請緊急處分，而且法官必須於四十八小時之內做出裁決，以及命令平臺業者採取合於比例原則的措施，以停止爭議訊息的散布。

另外，紐西蘭在 2015 年制定《危害性數位通訊規制法》，管制對個人造成嚴重困擾的網路言論。該法的規範重點，爲透過法院的民事命令，要求相關訊息的發布者、網路平臺，將訊息移除或限制存取，以及登載更正聲明、提供法院平臺使用者資料、IP 位址等。若違反法院命令，會被課予刑事責任，處六個月以下有期徒刑或罰金。

由法院認定爭議訊息，似無不妥，但最大的問題是法院的工作量將會大增，司法人員能否妥善地處理每個案件，不無疑問。特別是在選舉期間，法院勢必更加忙碌。

## 對抗爭議訊息的其他做法

由國外的經驗可知，政府立法管制爭議訊息，無論是由平臺業者、專責獨立機構或法院認定，都不是完美的做法。我國曾有立法委員提案修正《社會秩序維護法》，規定未經查證在網路散播傳遞假新聞、假消息，足以影響公共之安寧秩序，違反者處以三日以下拘留或 3 萬元以下罰鍰。此案一提出，立即招來「回到威權時代」的批評。面對爭議訊息，除了立法管制，政府與民間還能做些什麼呢？

### ㈠ 政府官網設置澄清專區

政府爲因應不利於政府的爭議訊息，可在官方網站設置澄清專區，發布正確的資訊。例如，蔡英文總統主政時期，行政院官網設置

「即時新聞澄清」專區，[1]彙整各部會官網上的即時澄清新聞稿。以2019年5月13日爲例，即時新聞澄清專區連結兩篇澄清稿，分別是國防部的「說明媒體報導『爭取預算解凍，空軍唬弄立委會求償』乙情」，以及交通部的「『服務區餐點鐵板麵要價290元』之報導並非事實」。

(二) 媒體設置打假專區

媒體有極強的傳遞訊息功能，當然也可以協助澄清爭議訊息。例如，自由時報設有「謠言終結站」專區，[2]每天發布約一至五篇的澄清訊息，其內容多半與政府施政、民生、醫衛等議題相關。以2019年5月

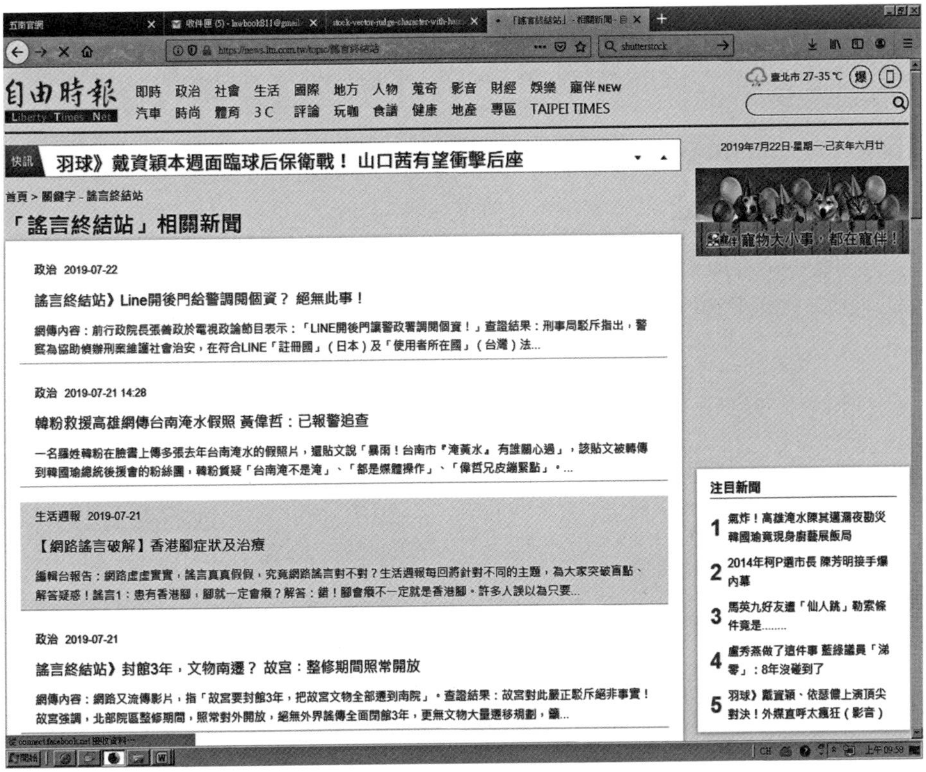


1 https://www.ey.gov.tw/Page/5519E969E8931E4E。

2 https://news.ltn.com.tw/topic/ 謠言終結站。

11 日、12 日爲例，謠言終結站在這兩日即發布「檢舉賣家逃漏稅，國稅局：無具體事證不會任意查核」、「徐斯儉飛索國救邦交？外交部斥假新聞」、「抽血可驗大腸癌？醫：腫瘤標記僅參考用」等訊息。

㈢ 由第三方機構進行查核

有越來越多的獨立團體、非營利組織設立第三方機構，協助媒體、網路平臺查核可疑訊息。例如，Facebook 即與 Poynter NGO 研究中心、ABC News、美聯社、FactCheck.org、Politifact.com、Snopes.com 等團隊合作查證事實。在國內，由網路社群組成的 g0v 零時政府，設置「新聞小幫手」、「眞的假的 LINE BOT」，藉由群衆的力量，共同查核事實、澄清錯誤。另外，2018 年 7 月，獨立民間機構——台灣事實查核中心正式成立，專責執行公共事務相關訊息的事實查核，並與國際相關機構接軌。



## 結論：未來怎麼辦？

這是「假新聞」無孔不入的年代。事實上，這並非新問題，只是隨著網際網路與社群媒體發達，使其嚴重性被彰顯。有學者提出警告，鎖定議題發布「假新聞」，發動非軍事力量的「資訊戰」，已成爲國與國之間的新型態戰爭。而且，境外人士可以組建「網軍」，干預他國政局，國人不可不愼。

面對有心人士不懷善意、刻意製造的爭議訊息，政府究竟該如何因應，才能既達到效果，又不會招致「箝制言論自由」的批評，各國莫不傷透腦筋。根據國內外的經驗，打擊爭議訊息沒有特效藥，必須採用多管齊下的「雞尾酒療法」，包括：立法管制（由誰來管、怎麼管、強度爲何是另一件事）、設置多元的訊息澄清管道、建立第三方查核機制等。然而，這些做法的效果仍然有限，而且公權力一旦介入太深，稍有不愼就會釀成政治風暴。

最後，想要殲滅爭議訊息，如同期待出現零犯罪的大同世界，這是緣木求魚的目標。我們該思考的問題，應是如何將爭議訊息的衝擊降到最低。對此，增強媒體與網路平臺業者的自律，以及提升閱聽者的資訊識讀能力，才是正本清源之道。至於該怎樣做才能朝這個境界邁進，仍有待眾人集思廣益，一起尋求更好的方法。

## 參考文獻


1. 何吉森（2018）。假新聞之監理與治理探討。傳播研究與實踐，8（2），1-41。
2. 廖昱涵（2019）。犯罪學者沈伯洋警告：中國啓動資訊戰，不用出兵就能併吞臺灣！2019 年 5 月 14 日，取自：https://musou.watchout.tw/read/ZA1PItoONEl4elSJbSWi。
3. 廖洲棚、曾憲立、李天申、陳敦源（2018）。循證式數位治理以及溝通策略研析，國家發展委員會委託研究計畫。
4. 羅世宏（2018）。假新聞氾濫政府與民間該如何作爲？清流雙月刊，17，4-9。
5. 羅秉承（2019）。因應假新聞的修法策略與作爲。2019 年 3 月 29 日，「假訊息之規範途徑及其爭議」座談會，臺灣法學會憲法行政法委員會、國立臺灣大學公法研究中心共同主辦。
6. Wardle, C. (2017). “Information Disorder: Toward an interdisciplinary framework for research and policymaking.” Retrieved May 11, 2019, from https://shorensteincenter.org/information-disorder-framework-for-research-and-policymaking/.

Chapter 27

# 可以幫活人寫傳記嗎？——淺談個人資料的保護與尊重

林誠夏

## ▶▶▶ 前言：可以幫活人寫傳記嗎？

不行！原則上我們只能幫死人寫傳記，還在世之人，除非他明白同意你幫他寫傳記，不然有違反個人資料保護的基本原則。與此相較，已歿之人就沒有這個問題，依民法第 6 條「人之權利能力，始於出生，終於死亡。」所以民法第 18 條保護的人格權、第 19 條保護的姓名權，原則上都會隨著人的去世，而不再受到保護。

但是，明明我們日常生活，就常看到報章雜誌、網路分享，是就仍在世之人的生平、正在進行的豐功偉業，或劣跡敗行來做記錄和品評的，這個現象又怎麼解釋？或者說，如果你是政府資料的提供者，或涉及他人事蹟的評論撰寫者，當引述的內容涉及他人個資時，該如何拿捏分寸？這一章我們要討論的，就是個資防護的基本原則及應用原則，特別是針對已公開的個人資料如何適法利用，進行案例講解。

## 什麼是個人資料？維基百科曾因為登錄活人生日而被告

要瞭解已公開的個人資料，能如何被尊重及應用，2015 年德國導演 Evelyn Schels 狀告維基百科，恰是一個能供參照佐證的好例子！個人資料的定義，依個資法第 2 條，舉凡「自然人之姓名、出生年月日……，及其他得以直接或間接方式識別該個人之資料」，都包括在內。這個定義的射程範圍非常得大，所以不可避免的，我們一般在網路上找資料、寫文章，發布部落格或心得，甚至只是零散的抒情筆記，都會涉及利用到他人的個人資料，當然，線上共筆一起參與維基百科的寫作，也在這個範圍中。

在 2015 年 5 月，德國導演 Evelyn Schels 在德國慕尼黑地方法院狀告維基百科，要求承審法官核發一紙禁令，移除德文維基百科上她個人頁面上的出生年分。這個訴訟案最後法律判定 Evelyn Schels 敗訴、維基百科勝訴，承審的慕尼黑地方法院的主要見解及論理是：

1. 每一個人的個人資料及隱私確實依法都是被保護的；
2. 然此案，Evelyn Schels 的出生資料已在別處公開，是已公開資料，除此之外，這些資料先前甚至明確被登載於 Evelyn Schels 自行出版的書籍裡；
3. 並不是說已公開的個人資料，就完全不再受到個人資料保護法令的保護，然而，當已公開的個人資料，與公眾知的權利及言論表達自由產生衝突時，原則上應以公眾知的權利爲優先保障，除非該個人資料持續被公開，損及資料當事人的核心權利狀態甚劇。
4. 原告 Evelyn Schels 雖然提出維基百科公開她的出生日期，會導致她的工作權受到歧視，然法官審理後認爲 Evelyn Schels 在 1987 年

> **已公開資料**
>
> 意指當事人自行公開之個人資料，或依法律或法律授權之法規命令所公示、公告之個人資料。已公開的個人資料並不是不受保護，但必須尊重社會其他公益價值，例如個案裡有時必須和言論自由折衷讓其保持公開。

即發布了她的第一部電影，實際年齡不難推知，並且電臺職員經庭訊證實，許久前就知道她的實際年紀，無待維基解密，再者 Evelyn Schels 也無法證明，其年長資訊被維基百科公開轉達後，到底受到哪些實質損害。

5. 基於前述的各項理由，法院判決 Evelyn Schels 敗訴，並應負擔訴訟相關資費。

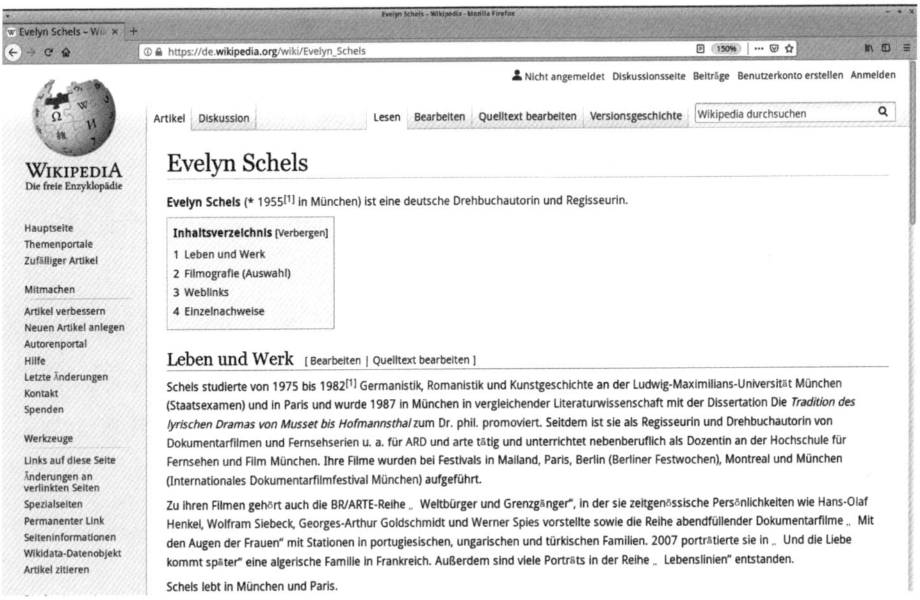


圖 27.1 德文維基百科的 Evelyn Schels 專頁，Evelyn Schels 的出生年至 2019 年仍被清楚登錄，並未下架。

資料來源：https://de.wikipedia.org/wiki/Evelyn_Schels。

這個訴訟案例最有趣的要點在於，其明白披露兩個觀點：1. 個人資料並不是被公開之後，就必然不再受到法律保護；然而，2. 相關個人資料既已被公開，後續被引用，就應該要衡量公眾利益，不應讓個人資料的保護訴求無限上綱，成為阻礙民眾「知的權利」的藉口。其後，Evelyn Schels 上訴到二級審，二級審仍維持初審見解，那就是維基百科對 Evelyn Schels 已公開個人資料的再披露，並沒有侵犯其隱私權及個人資料保護。

## 從歐盟的 GDPR 來學習個資保護的趨勢發展



個人資料的定義範圍很廣，而一旦被涵攝到個資的保護範圍，會受到什麼程度的法律保障呢？最早為了爭取加入 WTO 世界貿易組織，我國於 1995 年 8 月發布了《電腦處理個人資料保護法》（電資法），當時主要是適用於政府機關及八類行業，後又陸續追加指定的 13 個特定事業；然這樣的保護密度要與國際接軌仍有所不足，行政院法務部 2004 年開始，再參考亞太經濟合作會議（APEC）的隱私權保護原則，及各國的個資保護相關法令，於 2010 年 5 月發布更新的《個人資料保護法》，將個資的保護範圍擴大到非電腦處理的其他範圍，並讓任何人、任何機關都必須遵守相關規範。

而當前國際趨勢再有變更，近年歐盟施行了公認非常嚴謹的一般資料保護規則（General Data Protection Regulation, GDPR），國家發展委員會亦已於 2018 年 5 月率團前往歐盟，向歐方表達臺灣申請 GDPR 適足性認定的意願，並在同年的 12 月向歐盟遞交自我評估報告。從這個觀點出發，若能透過 GDPR 瞭解與學習個資保護的趨勢發展，將有助於實務上掌握個資保護的理絡與基礎原則，並兼顧國際脈動。

由於歐盟新修訂的 GDPR 篇幅與架構非常巨大，以下幾點是抽取出最具新意或影響一般民眾最為深遠的機制，來做重點表述：

1. 管轄範圍的擴大。GDPR 原則上是「在歐盟境內發生效力」，但亦明文規定，若「在歐盟境外提供歐盟住居民服務」，也會發生效力，所以依通說，只要服務是針對歐盟住居民進行提供，都會適用 GDPR 的規範。
2. 個人資料蒐集、處理，以及利用上的同意，若是透過網站或自動化、半自動化機制完成，當事人的「點擊同意」變成一個必須要完成的動作。基本上依照 GDPR，經營網站來取得個資的使用同意，不能採取「繼續使用就默視同意」這樣的態度，且相關約款必須採淺白易懂的方式表達，否則歐盟各國的資料管理機關會認定相關約款無效。

3. 個人資料的儲放期間與使用目的，以及去識別化或刪除的期程，皆須明確交代。回歸到核心概念，個資保護的至上原則，就是個人資料的自主權，也就是第二十五章就「數位科技與公共價值」討論時提出的提醒，不論科技如何進步，社會的公共價值仍必須強調人類自主性的重要，亦即人類應做自己的主人，而不應過度仰賴數位科技，讓科技替代人類去做決定。也就是因爲如此，我們使用他人的個人資料時，必須事先告知其使用範圍、傳遞範圍，以及隨時供當事人提出更正、刪除或轉移等需求。凡此種種，GDPR 都要求具規模的商業使用者，必須負責說明。
4. 加設解鎖金鑰等資安機制以提升防護安全。GDPR 強烈要求，與個人資料有關的資訊系統，必須做好安全防護（safeguard），涉及密碼資訊儲放者，原則上皆不得採明碼模式爲之。
5. 必須在合理期間具體回覆當事人提出更正、刪除或轉移個資的具體需求，過去他國對於個人資料自主權的最高實踐，僅進展到完整刪除的要求，GDPR 延伸要求當事人亦可進一步提出「移轉」要求，要求具相當規模的資訊服務業者，必須協助其進行結構式的個人資料移轉。

另外從結構來說，GDPR 與過往個資保護法令最大的差異在於，大幅度增加行政罰鍰的金額，對大型企業來說，違反 GDPR 最嚴重的懲罰，可課予 2,000 萬歐元或全球總營收 4% 取其高者的金額，然後一併賦予監管機關，許多行政查察及要求查驗、改善的地位；此外，要遵守 GDPR，個人資料的使用者並不是單單透過修改隱私政策與使用條款這

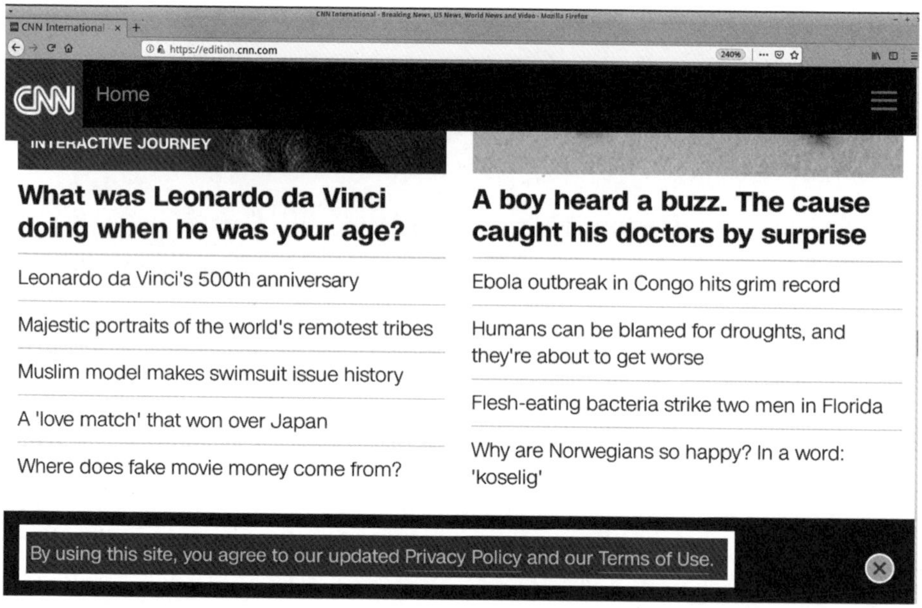


圖 27.2 GDPR 要求如涉及個人資料之蒐集、處理及利用，必須讓當事人明確同意，或僅在符合歐盟電子通訊隱私指令（Directive 2002/58/EC）第 5 條 (3) 中例外規定下，才能逕予蒐集。（https://edition.cnn.com/）。在 GDPR 實施後，基本上歐盟境內網站，不可再採取例圖中，美國 CNN 新聞網表達繼續使用網站就代表瀏覽者全盤同意其隱私權政策及使用條款的做法，這樣並不能符合當前 GDPR 在歐盟的規範。

些文件就能夠達到，它必須從「技術框架」來處理，例如前述資料的移轉權及被遺忘權的實踐，GDPR 要求個資的填報與刪除，必須是一樣的難度，所以，企業經營者及大型組織在蒐集個資時，並不能給當事人個資易給難刪的感受，理論上，若當初註冊時能一頁表單完成個資登錄，日後也要讓當事人能一鍵完成自己個資的下載或移轉。

## 如何正確蒐集、處理，及利用他人的個人資料？

從 GDPR 的側面觀察我們可以瞭解，個人資料保護真的是一件嚴肅，甚至繁複的工作，而組織或企業規模越大者，受到監管及要求的

> **資料自主權**
> 意指個人資料之當事人，對是否揭露其個人資料、及在何種範圍內、於何時、以何種方式、向何人揭露，具有決定地位，而必須依個人資料保護法或其他相關法律來受到尊重。

密度及細節會加大。從法規結構面來看，我國的個人資料保護法因爲立法的進程較晚，設立之初就學習了許多他國的做法，它和 GDPR 的要求架構是近似的，核心理念，就是扣緊「資料自主權、資訊自主權」這個概念。資料自主權依照大法官解釋第 603 號之意旨，就是：「個人得自主控制其個人資料之資訊隱私權，是基本權利隱私權的一部分，受憲法第 22 條保障，該保障及於人民決定是否揭露其個人資料、及在何種範圍內、於何時、以何種方式、向何人揭露之決定權；人民對其個人資料之使用有知悉與控制權及資料記載錯誤之更正權，亦應一併保障。」

以下三個要點，是最簡白解析個人資料保護法，就資料自主權爲基礎的理解架構：

1. 蒐集、處理，利用他人之個人資料，必須得到明確同意並預先告知其使用範圍。這個關鍵字在我國個人資料保護法的法條內容，就是「特定目的」這四個字。
2. 而爲了穩固資料自主權，能不在時間遞嬗後被沖刷掉，個資法第 3 條也規定了資料的當事人，對蒐集、處理，利用其個人資料的對象，具有相應的資料查察與更新地位。這些地位不得要求當事人預先拋棄，也不能以任何特約的方式去實質規避。
3. 最後，爲了讓被蒐集、處理的個人資料，能被有效防護、確立當事人能自主的地位，個資法亦要求蒐集者必須明確設置「安全措施」，以在資訊安全防護上提升，並就技術架構上，定期處理個資應更新或刪除的相關工作。

## 結論：從人格尊重的立場認識及活化應用個人資料

而要掃除個資保護迷霧的纏繞，依法的防護流程至爲重要，但實務上，我們也不能被繁複的流程，困惑到完全不敢進行個人資料的相關處理。回歸到隱私權的保護核心在於人格尊嚴，當蒐集、引述到他人的個人資料時，最重要的是從人格尊重的立場來處理及利用這些資料，也就是說，是否符合蒐集之初明確劃定「特定目的之必要範圍」。若不是，必要狀況下公務機關仍有機會依個資法第 16 條，維護國家安全或增進公共利益來做例外主張；非公務機關亦有機會依個資法第 20 條，主張為免除當事人之生命、身體、自由或財產上之危險來做例外處理。

然而，除此之外，有個基本操作要項，不論公務機關、非公務機關皆一體適用，那就是再「經當事人同意」者，得為特定目的外之利用，因為此時算是「追加同意」，擴充了相關個資「特定目的之使用範

圖 27.3　經濟部商業司——商工登記公示資料查詢服務，依照鴻海精密工業股份有限公司公告之統一編號 04541302，可進一步查詢公司依法須公告之董監事及經理人資料。此為已合法公開，其後無須再被遮蔽個人資料之示範例。

資料來源：https://findbiz.nat.gov.tw/。

圍」。國發會當前研議逐步推動到政府各機關構的「數位服務個人化」（MyData），即爲此種個資使用「追加同意」的彈性機制。於此之上，未來此類個資使用追加同意的輔助機制，亦有可能學習歐美，透過資料中介（data intermediary）或資料仲介（data broker）等模式，進入我國的法制管理布局裡。

但是，如果當事人不好聯絡、不易聯絡，洽當事人追加同意的門檻極高，以致無法施行呢？回到個資法對個人人格尊重的立場，大致得以從權透過個人資料保護法第 9 條及個人資料保護法施行細則第 13 條來就個案解套。大致是，當我們使用或轉引他人個資，應該要以尊重當事人人格的方式來處理，但不會是一種未經明示允許，就一定不得轉傳的狀態，個人資料是否應受到高度防護，其實是必須在個案裡，就實際狀況來做分析與釐清的。個人資料保護法第 9 條規定，當事人自行公開或其他已合法公開之個人資料，後續被處理或利用時，得免爲第 8 條的應告知事項，以圖 27.3 爲例，依照公司法及相關商業管理的法令，公司或商號負責人的資訊，依國家法令就是要對外公布以昭公信，這也就是個人資料保護法施行細則第 13 條所稱已合法公開之個人資料，所以在經濟部商業司的網站上，我們可以透過「商工登記公示資料查詢服務」來找到這些公司與商號的負責人。對於這樣的個人資料：

1. 確認是依法公開或當事人自行公開的狀態。
2. 已合法公開或自行公開的個人資料，其後的蒐集、處理，或利用，無須再向當事人告知；也就是說，依個資法相關規則，已公開個資其後的處理或利用，沒有必要再告知當事人一次並得到當事人利用允許。
3. 然而，個案上這些已公開個資的使用是否合宜，仍要看實際狀況，當爭議發生時，當事人必須明確說明，其個資保護爲何應優於公眾對此已公開資料知悉的地位。

4. 所以，蒐集、引用、轉載已公開的個人資料，不妨仍留下聯絡管道，讓特定個人資料的當事人，在極端狀態發生時，可以接觸到資料的轉發者，方便個資當事人有機會採取知會溝通的方式來做協調處理，會是較建議的處理態度。



也就是說，已經依法公開或自曝於公（make public）的個資，仍然受到法律所保護，但衡情酌理，是居於備位的位置。以圖 27.4，是說明依我國法制規定，網路或其他公開場域取得資訊內含個人資料時，應如何做適法性及適當性考量，以確保在尊重他人資料自主權的前提下，去引用這些資訊。

這樣的評估及考量基礎，實務上也能適用於與個資相關的被遺忘權（right to erasure/ right to be forgotten），GDPR 本文也明列，當事人要求其個人資料需被刪除時，個案上也必須與公眾權益（public interest）做合併考量，對於他人言論自由及公眾新聞自由等法定權利，也需與個人資料的保護進行綜合評估，並不必然悉依個資當事人一方的意見。本章引用 2015 年德國導演 Evelyn Schels 狀告維基百科的案例，承審法院就是做了這樣的評估處理。

總結本章節的要義，個人資料並不是一種一定能夠用，或一定不能夠用的標的，個案的使用情境，還是必須由利用人依其角色來進行細部評估。然實務上若我們能充分掌握：1. 資料自主權的意義及實踐方式；盡最大善意完備；2. 他人個資能被查閱、更正、刪除等及時回應機制；以及 3. 對所蒐集的個資進行資安防護及定期更新處理排程，這三大要點。一般民眾即可從人格尊重的立場，認識個人資料的合宜保護範圍，從而能夠在日常生活及研究、學習活動上，靈活但亦合法適分的，應用與個人資料有關的相關資訊。此外，若是公務上處理個人資料，除了當事人資料自主權的尊重外，有時亦必須就公共利益進行整體評估，方能實質符合個資法第 16 條第 1 項第 2 款所揭櫫，「增進公共利益所必要」

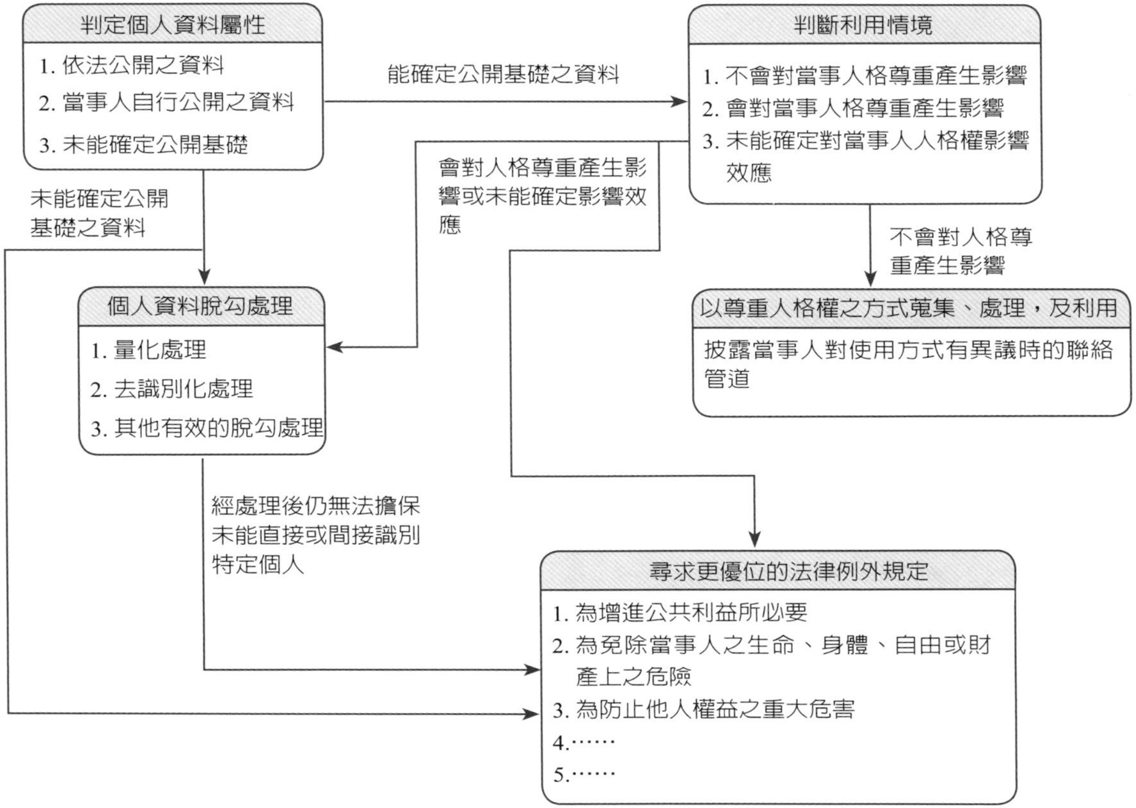


圖 27.4　蒐集、處理網路個資的權衡流程示意圖

說明：此示意圖爲依我國法制規定，網路或透過其他公示途徑，取得內含他人個人資料之資訊後，得否利用、能否利用的實務流程分析圖。

之權衡。舉例來說，2021年間，依「嚴重特殊傳染性肺炎（COVID-19）第三級疫情警戒標準及防疫措施裁罰規定」推出的簡訊實聯制，該等個資便曾發生用於犯罪偵查，是否涉及目的外利用之爭議。此爭議發生後，疫情指揮中心明確公開表達，要求警方辦案主動排除不用實聯制資訊，內政部警政署刑事警察局亦澄清，該等犯罪嫌疑人之實聯制蹤跡，為警務人員依通訊保障及監察法之規範，主動調查確認，並非直接洽任何實聯制資料託管機構，透過調取票取得。最後內政部警政署通令各警察單位，應排除使用實聯制的簡訊資料，來進行犯罪偵查。然依法論法、嚴格來說，現行通保法並未明文限制警政系統，主動依實聯制資訊進行犯罪調查，此案依公共利益必要性之綜合評估，也有其重要性，然於嚴重特殊傳染性肺炎蔓延期間，讓民眾能安心配合實聯機制主動回報，以有效防堵疫病擴大，就保障多數民眾生命、身體、健康權益之面向，應更具選擇上之優位性。此種公益必要性之高低權衡，公務執事人員應於個案處理上能夠理解並充分掌握，當得以更進一步，通暢處理個人資料實務應用上的合法性與適當性！

## 參考文獻


1. 大法官解釋釋字第603號（2005）。取自：https://law.moj.gov.tw/LawClass/ExContent.aspx?ty=C&CC=D&CNO=603&kw=%E6%86%B2%E6%B3%95%E6%B3%95%E5%BA%AD。
2. 法務部法律字第10303513040號（2014）。取自：https://mojlaw.moj.gov.tw/LawContentExShow.aspx?type=e&id=I00100%2C%E6%B3%95%E5%BE%8B%2C10303513040%2C20141117。
3. Amtsgericht München (2015). “Final Decision on Dr. Evelyn Schels v. Wikimedia Foundation, Inc.” Retrieved April 30, 2019, from https://foundation.wikimedia.org/wiki/File:Schels_v_Wikimedia_Foundation_(English_translation).pdf.

4. Jacob Rogers (2016). “Victory in Germany (part two): German court unanimously dismisses appeal.” Retrieved April 30, 2019, from https://blog.wikimedia.org/2016/08/09/victory-germany-appeal-dismissed/.
5. Regulation (EU) 2016/679 (General Data Protection Regulation). Retrieved April 30, 2019, from https://eur-lex.europa.eu/legal-content/EN/TXT/PDF/?uri=CELEX:32016R0679.

Chapter 28

# 駭客無所不在，政府機關的資料安全嗎？

陳泉錫、陳俊呈

## 前言：網路攻擊事件頻傳，資通安全防護是政府提供民眾服務的基礎

網路資訊科技的高度發展，伴隨而來的是駭客利用各種漏洞，運用病毒、木馬程式進行攻擊，攻擊目的從早期單純炫耀個人技術逐漸轉變爲有組織、有計畫的個資、財富竊取，甚至重大基礎建設的破壞。資訊人員早年業務主軸爲企業流程改善、效能提升之軟體系統開發，近年則爲防範惡意攻擊而投注大量的資源在資安防護上，其規模已漸與系統發展的資源比率接近。

近年國內外重大資安事件頻傳，如 2015 年美國人事管理局（OPM）接連遭到駭客攻擊，有近 2,150 萬筆個資外洩，導致 OPM 局長 Katherine Archuleta 下臺；2016 年第一銀行遭駭客入侵，致使 ATM 自動吐鈔，被盜領新臺幣 7,000 多萬元，這是臺灣地區銀行 ATM 感染惡意程式的首例。2017 年遠東國際商業銀行跨國匯款系統（SWIFT）遭受北韓駭客團體 lazarus 攻擊，被盜領 6,010 萬美元，分批匯往不同海外銀行（柬埔寨、斯里蘭卡、美國），雖嗣後追回多數款項，也顯示駭客攻擊手法日益精巧而難以防範。

為強化金融體系之資通安全防護，避免引起社會不安，我國金融監督管理委員會要求資產規模 1 兆元以上之銀行，需於資訊部門外另行設置獨立的資安部門，該會並委商建立「金融資安資訊分享與分析中心」（F-ISAC），強化銀行間資安事件之情資分享，降低相同事件在不同銀行間擴散。

行政院於民國 105 年成立資通安全處，推動「資通安全管理法」立法，並於 108 年元月正式施行，顯示政府對資訊與網路安全之重視。資通安全管理法納管對象以八大關鍵基礎設施為主軸，包括能源、水資源、通訊傳播、交通、銀行與金融、緊急救援與醫院、中央與地方政府機關、高科技園區等八大領域，避免關鍵基礎設施遭受攻擊，影響政府服務效能、社會秩序及民生經濟。



## 資訊業務該不該委外？政府機關資通安全防護之挑戰

### ㈠ 資訊委外政策下，政府機關面臨的挑戰

資通安全防護與資訊人力脣齒相依，無適足、有效的資訊人力就不能奢談資通安全。政府機關自民國 87 年起，大力推動資訊委外政策，此政策使政府機關資訊部門（或單位）之設置與資訊人力之配置受到極大的限制。而過度委外結果使政府機關失去技術主控能力，資訊人員之角色漸由資訊技術人員轉變為資訊採購行政人員，產生嚴重資安危機。

我國政府業務資訊化作業始於民國 50 年代，由台糖、中油及賦改會等機關率先引進電腦，進行政府業務自動化作業。當時設立之資訊部門皆有一定之規模，以當時財政部財稅資料處理及考核中心為例，員額達 600 人，角色分工明確，部門間制衡機制嚴謹，使資料安全管理機制得以有效落實。但民國 87 年起，政府頒布《行政院所屬各機關資訊業務委外作業實施辦法》，政府資訊部門（或單位）之設置因此受到極大的限制，資訊員額逐年遞減。近年來中央政府新成立機關，人事行政部門多數未核給資訊人力，機關不設資訊人力，所擁有之民眾隱私資料

其安全維護如何落實執行，但這些新機關的幕僚單位如主計、人事、政風則多數設置，資訊部門是否設置顯非員額不足問題，而係價值判斷問題。

美國在 1980 年代帶動資訊整體委外風潮，90 年代晚期該國學界對整體委外策略實施成效進行檢討研究，如 Ralph H. Sprague 及 Robert Klepper、Wendell Jones（Robert Klepper & Wendell Jones, 1998: 79）等學者多持保留看法，認爲整體委外風險太高，容易失去企業的核心能力與主控性，而率先施行整體委外策略的美國柯達公司亦已從市場消失。美國雖是資訊委外策略的先驅，但美國聯邦政府資訊人力比（資訊員額／機關總員額）仍維持在 3.1%（如圖 28.1），反觀我國政府在仿照美、

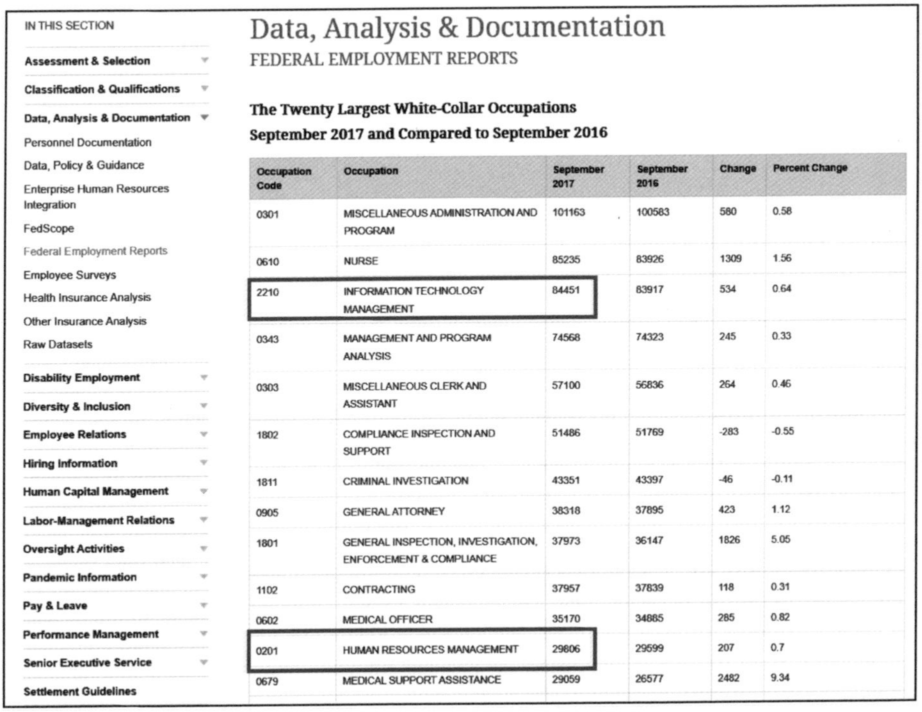

IN THIS SECTION

- Assessment & Selection
- Classification & Qualifications
- Data, Analysis & Documentation
  - Personnel Documentation
  - Data, Policy & Guidance
  - Enterprise Human Resources Integration
  - FedScope
  - Federal Employment Reports
  - Employee Surveys
  - Health Insurance Analysis
  - Other Insurance Analysis
  - Raw Datasets
- Disability Employment
- Diversity & Inclusion
- Employee Relations
- Hiring Information
- Human Capital Management
- Labor-Management Relations
- Oversight Activities
- Pandemic Information
- Pay & Leave
- Performance Management
- Senior Executive Service
- Settlement Guidelines

Data, Analysis & Documentation

FEDERAL EMPLOYMENT REPORTS

**The Twenty Largest White-Collar Occupations September 2017 and Compared to September 2016**

| Occupation Code | Occupation | September 2017 | September 2016 | Change | Percent Change |
|---|---|---|---|---|---|
| 0301 | MISCELLANEOUS ADMINISTRATION AND PROGRAM | 101163 | 100583 | 580 | 0.58 |
| 0610 | NURSE | 85235 | 83926 | 1309 | 1.56 |
| 2210 | INFORMATION TECHNOLOGY MANAGEMENT | 84451 | 83917 | 534 | 0.64 |
| 0343 | MANAGEMENT AND PROGRAM ANALYSIS | 74568 | 74323 | 245 | 0.33 |
| 0303 | MISCELLANEOUS CLERK AND ASSISTANT | 57100 | 56836 | 264 | 0.46 |
| 1802 | COMPLIANCE INSPECTION AND SUPPORT | 51486 | 51769 | -283 | -0.55 |
| 1811 | CRIMINAL INVESTIGATION | 43351 | 43397 | -46 | -0.11 |
| 0905 | GENERAL ATTORNEY | 38318 | 37895 | 423 | 1.12 |
| 1801 | GENERAL INSPECTION, INVESTIGATION, ENFORCEMENT & COMPLIANCE | 37973 | 36147 | 1826 | 5.05 |
| 1102 | CONTRACTING | 37957 | 37839 | 118 | 0.31 |
| 0602 | MEDICAL OFFICER | 35170 | 34885 | 285 | 0.82 |
| 0201 | HUMAN RESOURCES MANAGEMENT | 29806 | 29599 | 207 | 0.7 |
| 0679 | MEDICAL SUPPORT ASSISTANCE | 29059 | 26577 | 2482 | 9.34 |

圖 28.1　美國聯邦政府資訊人力（2017 年）

資料來源：美國人事管理局網站，https://www.opm.gov/policy-data-oversight/data-analysis-documentation/federal-employment-reports/reports-publications/the-twenty-largest-white-collar-occupations/。

澳大力推動資訊委外政策後，依據國家發展委員會統計，民國 101 年政府機關資訊人力 9,808 人，資訊人力比僅剩 1.5%，比率只有美國的二分之一，與主計處 98 年電腦應用概況報告之數據 1.49% 相近（行政院主計處電子處理資料中心編，2009）（如表 28.1）。

**資訊人力比**

資訊人員人數占全部員工人數的比例。以政府機關為例，即資訊處理職系人員人數占全國公務人員人數的比例。

表 28.1　98 年度政府及民營企業資訊經費及人力支用概況表

| | 年度經費總支出（百萬，M）（一） | 員工人數（二） | PC臺數（三） | 資訊人員數（四） | 每部PC年平均資訊經費（元）（五） | 每人年平資訊經費（元）（六） | 資訊人力比（以PC臺數計）（七） |
|---|---|---|---|---|---|---|---|
| 民營企業 | 149,137M | 5,957,475 | 3,157,462 | 77,471 | 47,233 | 25,034 | 2.45% |
| 民營企業 | 19,140M | 390,381 | 398,189 | 5,950 | 48,067 | 43,029 | 1.49% |
| 公營企業 | 9,275M | 198,066 | 146,569 | 2,653 | 63,280 | 45,828 | 1.81% |

資料來源：行政院主計處電子處理資料中心編（2009）。電腦應用概況報告民國 98 年。臺北：行政院主計處電子處理資料中心。表格數據由財政部財政資訊中心前主任陳泉錫整理。

2017 年美國聯邦政府資訊人力共 8 萬 4,451 人，聯邦總公務員人數爲 270 萬 533 人，資訊人力比爲 3.12%。聯邦政府資訊人力約爲人事管理人力的 2.8 倍，我國政府則恰相反。

爲維持機關之資通安全，資訊委外應有明確原則可循，而非肆意而爲，其基本原則（Robert Klepper & Wendell Jones, 1998: 79）如下：

1. 委外不能失去主控性。
2. 核心業務不應委外，應自辦。
3. 需有適格之廠商。

此三原則乃是資訊業務委外在安全衡量上之重要準則，資通安全政策及資訊業務委外政策應仔細斟酌，以與蔡英文總統宣示「資安即國安」政策相符。

### ㈡ 推動資訊專法，整合國家資訊、資安與產業政策

我國 IT 產業占資本（證券）市場比重為 47.9%，為世界之冠，美國 20.6%，日本 16.9%，韓國 28%（李述德，2014），足見臺灣經濟對於 IT 產業的高度倚重，但我國政府目前尚未設置整合國家 IT 發展策略的實體主管機關。鄰近國家韓國設有「科技、資訊與未來規劃部」，新加坡設有「通訊與資訊部」，中國亦設有「工業和訊息化部」，皆設置部會層級之資訊管理機關整合策劃國家資訊發展與產業扶植。我國資訊力在民國 70 年代為亞洲四小龍之冠，惟近十餘年來則顯不及韓國、新加坡，資通安全實力更落後中國大陸，顯示前揭體制性問題正嚴重影響我國資訊國力之消長。因此，學界與民間資訊業界於民國 105 年成立「資訊立法推動聯盟」，積極推動《資訊基本法》立法，期透過該法達到整合政府資訊系統發展、落實資通安全管理、策劃國家長程資訊發展策略、帶動民間資訊與資安產業發展。

## 資通安全防護的法規：資通安全管理法及個人資料保護法

為保護民眾個人資料隱私及確保國家資通訊環境安全，政府相繼訂定個人資料保護法及資通安全管理法。我國在《資通安全管理法》正式施行前並無資訊或資安之專屬法律，政府機關係以行政規則方式運作，其中最重要的行政規則為民國 88 年 9 月 15 日頒布之《行政院及所屬各機關資訊安全管理要點》，為各政府機關執行資通安全維護之根本

依據。民國 101 年 10 月 1 日《個人資料保護法》新法正式施行，其雖非資安專法，但由於該法在個人資料之蒐集、處理、利用均訂有嚴格規範，對於違犯者課以高額罰款，部分違法行爲並科以刑事處罰，因此對政府機關及民間企業形成嚴峻之壓力，公私部門無不謹慎以對。民國 108 年 1 月 1 日正式施行之《資通安全管理法》以原《行政院及所屬各機關資訊安全管理要點》爲主要內涵，但加入罰則強化其法遵力道，並將民間關鍵基礎設施提供者、政府捐助之財團法人納入規範範圍。上述二項資通安全防護之重要法案內容重點說明如下：

㈠ 資通安全管理法

資通安全管理法規範對象除公務機關外，亦將對人民生活、經濟活動或國家安全有重大影響之關鍵基礎設施提供者、公營事業及政府捐助之財團法人等特定非公務機關納爲管理對象。本法規定公務機關應設置資通安全長及資安專職人員以強化資通安全防護工作，並在資安風險管理上依資安事件發生時序，分爲事前、事中、事後三個階段，分別規範應辦理事項，如圖 28.2。

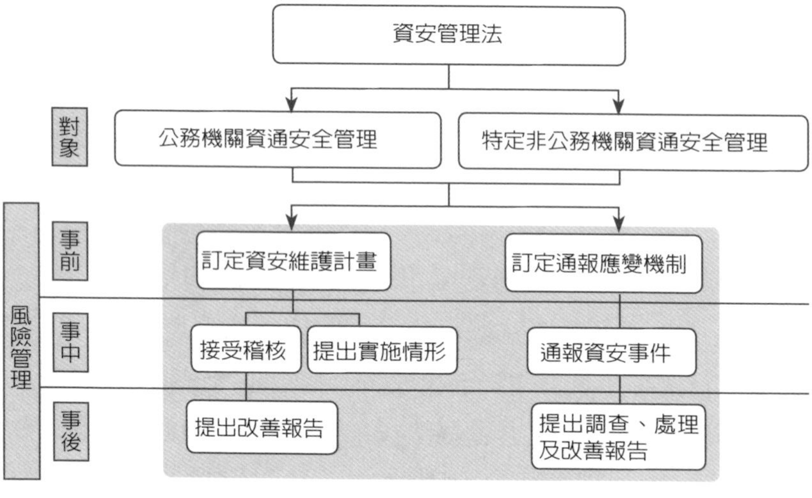


圖 28.2　資通安全管理法管理架構

資料來源：行政院資通安全處。

本法第四章對公務機關未遵守本法規定者訂有行政處罰，對特定非公務機關未遵守本法規定者亦訂有 10 萬至 500 萬元之罰鍰。資通安全管理法除本法外，另有《資通安全管理法施行細則》、《資通安全責任等級分級辦法》等六項子法，如圖 28.3。

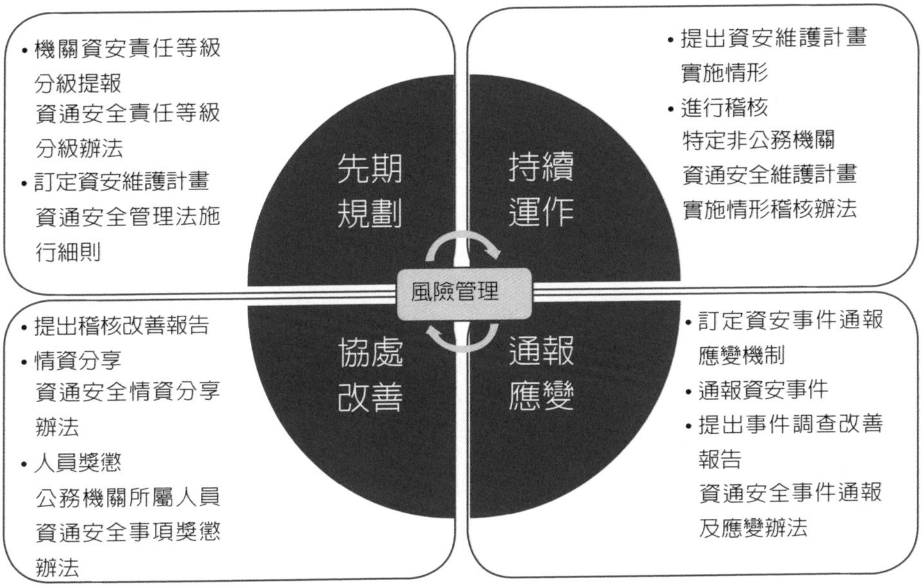
• 機關資安責任等級分級提報
資通安全責任等級分級辦法
• 訂定資安維護計畫
資通安全管理法施行細則
先期規劃
持續運作
• 提出資安維護計畫實施情形
• 進行稽核
特定非公務機關資通安全維護計畫實施情形稽核辦法
風險管理
• 提出稽核改善報告
• 情資分享
資通安全情資分享辦法
• 人員獎懲
公務機關所屬人員資通安全事項獎懲辦法
協處改善
通報應變
• 訂定資安事件通報應變機制
• 通報資安事件
• 提出事件調查改善報告
資通安全事件通報及應變辦法

圖 28.3　資通安全管理法子法架構

資料來源：行政院資通安全處。

### ㈡ 個人資料保護法

民國 101 年 10 月 1 日施行之個人資料保護法主要爲規範公務機關及非公務機關對個人資料之蒐集、處理及利用，相關損害賠償與罰則。其整體架構及各章主旨如圖 28.4 所示。

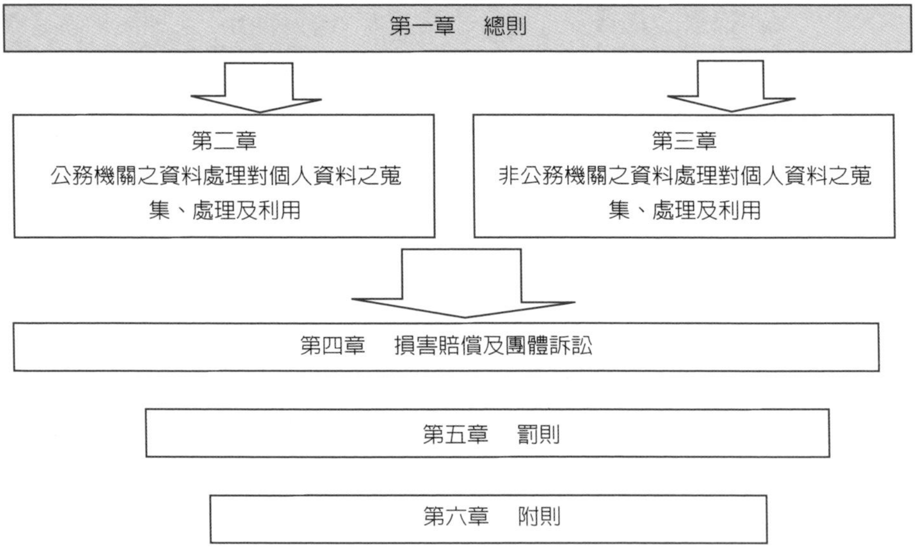


圖 28.4　個人資料保護法整體架構

個人資料保護法其適用範圍包含公務機關及非公務機關，但自然人爲單純個人或家庭活動之目的者，或於公開場合或公開活動蒐集則不適用本法。個人資料保護法保護的客體不以經電腦處理之個人資料爲限，紙本之個人資料亦涵蓋之。個人資料不以直接識別爲限，亦包含間接識別的個人資料，由於間接識別十分難以避免與界定，資料保有者對於資料之提供或開放趨於保守。

公務機關及非公務機關對於個人資料之直接或間接蒐集，均有告知當事人之義務。有關病歷、醫療、基因、性生活、健康檢查及犯罪前科等特種資料，不得蒐集、處理或利用，但法律明文規定者、公務機關執行法定職務或非公務機關履行法定義務所必要且有適當安全維護措施、當事人自行公開、公務機關或學術研究機構基於醫療衛生或犯罪預防之目的，所爲統計或學術研究者則不在此限。非公務機關利用個人資料進行行銷時，若當事人表示拒絕，即應停止利用其個人資料行銷，並應於首次行銷時，免費提供當事人表示拒絕之方式。

中央目的事業主管機關或直轄市、縣（市）政府爲維護個人資料安全，可視需要派員檢查，並命相關人員配合說明或提供資料。當發生資料外洩或被竊時，資料保有者應於查明後以適當方式通知當事人。如公務或非公務機關違反個人資料保護法規定，致個人資料遭不法侵害者，需負損害賠償責任。每人每一事件賠償金額新臺幣 500 元以上，2 萬元以下，同一事件最高 2 億元爲限，但能證明因該原因事實所涉利益超過新臺幣 2 億元者，以該所涉利益爲限。

爲了防止個人資料被竊取、竄改、毀損、滅失或洩漏，個人資料保護法第 6 條等提出個人資料須以「適當安全維護措施」保護，在個人資料保護法施行細則第 12 條明文規範個人資料安全維護方式。政府透過個人資料保護法規範民衆個人隱私資料之保護。

## 在資訊委外政策下，政府機關如何進行資通安全防護工作

政府機關中民衆服務業務資訊化、自動化需求頻繁，資訊人力不增反減，系統開發及維護管理負荷日益沉重，多數政府機關資訊系統採取委外開發及維護政策，機關內部資訊人員擔任專案管理角色，此乃現況下不得不然之策略。

在資訊委外政策下，爲降低政府機關資通安全風險，維持民衆服務品質，保護民衆個人隱私資料，下列關鍵事項值得採行：

1. 政府機關對委外開發（或維護）之軟硬體系統採取訂定「需求建議書（request for proposal, RFP）標準範本」，確保每個專案對委外廠商之資訊軟硬體規格及資通安全要求皆符合嚴謹且一致之規定。而於民衆服務資訊系統上線前，爲確保各業務系統之安全性，系統程式皆經過使用資安檢測工具進行嚴謹之安全性檢測，其中重要程式碼則再經人工檢測。對於民衆機敏資料之存取，則以分權機制建立機關內部操作管理制度，以避免機敏資料遭不當存取與濫用。

2. 於機關內部訂定資通安全基本認知（tips），將同仁應遵循事項以淺顯易懂文字，訂成範圍明確的基本認知，要求嚴格遵行，並輔以內部稽核，強化法遵。另對同仁進行宣導與教育訓練，建立良好網路使用習慣，於資通安全基本認知中明列同仁須遵守之網路使用規定，如應以純文字模式開啓郵件、不開來路不明之郵件、不隨便執行檔案、機密資料不放於網路、密碼不可太過簡單、防毒軟體須定期更新病毒定義檔等。此外，爲對抗進階持續性威脅（advanced persistent threat, APT）之攻擊，可採取東漢三國誌之堅壁清野戰略，意即要求對存於個人電腦之個資與機敏資料全數進行加密，縱使遭駭客入侵，因資料已加密，其將無所獲。

> **進階持續性威脅**
>
> 針對特定組織所作的複雜且多方位的攻擊，攻擊者通常是有組織的駭客集團，針對攻擊對象設計專屬的攻擊策略。APT 攻擊往往透過情報蒐集策劃進階攻擊手法，並進行長期、持續性的潛伏、監控，利用各種工具及手法，逐步掌握目標的人、事、物，竊取其鎖定的資料。

3. 以隔離加實體憑證方式進行特殊高權限帳號的存取控管，避免駭客透過遠端取得特殊高權限帳號，進行攻擊或竊取機敏性資料。

### 透過資通安全稽核手段，落實資通安全防護工作

政府機關爲確保資通安全防護政策的落實，透過嚴謹的稽核程序與獎懲規則進行成效評估。一個嚴謹的稽核作爲包含了遵行的準據、適格的團隊、稽核計畫與程序。

稽核形式通常分爲書面稽核與實地稽核。書面稽核爲要求受稽機關依規定項目與格式填報實施情形，並附佐證資料。實地稽核可依書面稽核結果篩選實地稽核機關，實地稽核包含技術稽核與資通安全管理制度稽核。技術稽核是以弱點掃描、滲透測試等技術檢測系統、主機或網路設備是否存在安全性漏洞，管理制度稽核則是依 ISO 27001 資訊安全管理制度規範進行稽核。

稽核的層次可分爲自行查核、內部稽核、外部稽核等三個層次。自行查核爲機關內各部門基於個資保護及資安考量，確認部門人員日常作爲符合規定，所爲之經常性自行檢查。內部稽核爲機關管理階層爲確保各部門之個資保護及資安作爲符合規定，由機關內部組成稽核團隊進行稽核。外部稽核爲上級機關爲確保所屬或所管機關其個資保護與資安防護作爲符合政府規範，由上級機關組成稽核團隊對所屬或所管機關進行稽核。政府機關透過自行查核、內部稽核、外部稽核等管控作爲，確保落實資通安全防護與民眾個人資料隱私保護。

## 當遭遇駭客攻擊時，如何保全數位證據，追查攻擊來源

即使已施行資通安全防護，但當駭客採取零時差攻擊時，仍可能遭受入侵。爲追查攻擊來源，保全數位證據，政府訂定「政府機關（構）資安事件數位證據保全標準作業程序」供各級政府機關（構）遵循。當發現遭受駭客攻擊或疑似入侵之跡象，除須立即依規定通報上級機關外，應依此作業程序保留數位證據，以追查攻擊來源，阻斷攻擊，並可作爲未來民、刑事訴訟之參據。

當各機關發現疑似資安事件時，可依前述作業程序依序進行數位證據識別、電腦設備或儲存媒體蒐集、揮發性與邏輯性資料擷取、證據封緘、證據運送等作業，完整保全數位證據，作爲調查及訴訟之依據，如圖28.5。

**數位證據**

「數位證據」是指在電腦、電子產品或網路設備中，以數位形式儲存可供在法庭上用以佐證待證事實的資料。數位證據需藉由數位證據保全作業程序取得及保存，完善的數位證據保全作業程序是為了讓數位證據具備「證據能力」，使其具有進入法庭作為證據的資格。

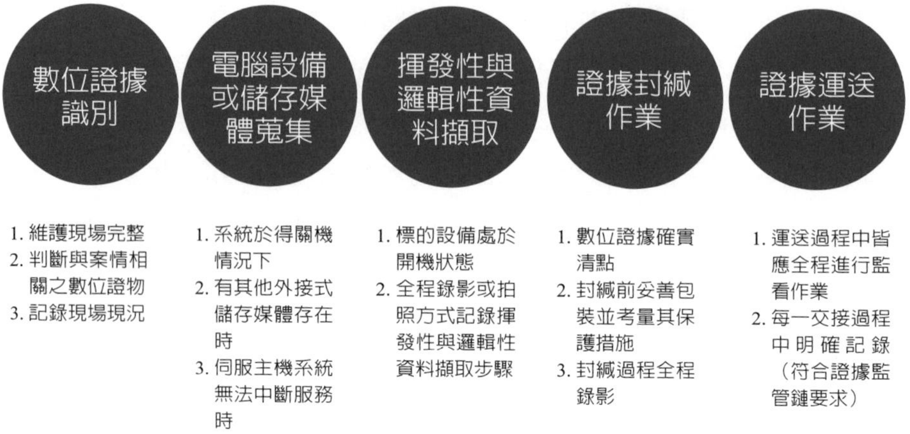
數位證據識別
電腦設備或儲存媒體蒐集
揮發性與邏輯性資料擷取
證據封緘作業
證據運送作業
1. 維護現場完整
2. 判斷與案情相關之數位證物
3. 記錄現場現況
1. 系統於得關機情況下
2. 有其他外接式儲存媒體存在時
3. 伺服主機系統無法中斷服務時
1. 標的設備處於開機狀態
2. 全程錄影或拍照方式記錄揮發性與邏輯性資料擷取步驟
1. 數位證據確實清點
2. 封緘前妥善包裝並考量其保護措施
3. 封緘過程全程錄影
1. 運送過程中皆應全程進行監看作業
2. 每一交接過程中明確記錄（符合證據監管鏈要求）

圖 28.5　政府機關（構）資安事件數位證據保全標準作業程序

資料來源：法務部資訊處。

目前各政府機關除刑事偵查、調查或國安等機關外，一般行政機關多無數位證據蒐證人員，當遭遇資安事件時，要能即時、有效、完整蒐集數位證據有其困難。為協助各行政機關完整有效蒐集數位證據，法務部資訊處規劃「數位證據保全自動化蒐證工具」，提供各行政機關使用（辦理推廣中），只需依標準操作程序即可蒐集超過 50 項之數位證據，如圖 28.6。

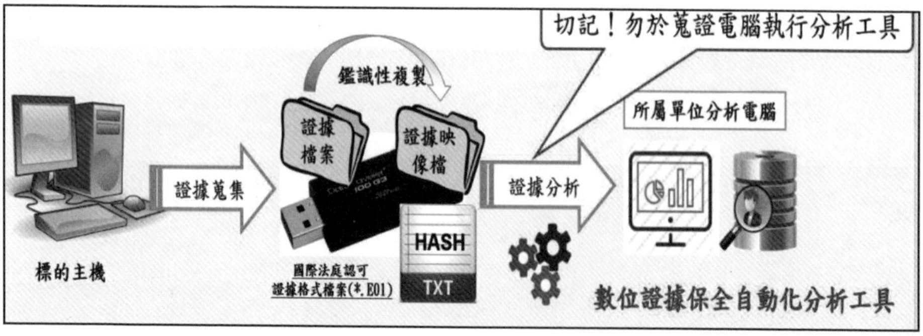
切記！勿於蒐證電腦執行分析工具
鑑識性複製
證據檔案
證據映像檔
證據蒐集
證據分析
所屬單位分析電腦
標的主機
國際法庭認可證據格式檔案(*.E01)
HASH
TXT
數位證據保全自動化分析工具

圖 28.6　數位證據保全自動化蒐證工具操作示意圖

資料來源：法務部資訊處。

數位證據保全自動化蒐證工具蒐集之資訊，需專業人員判讀，一般行政機關多無配置相關人員。法務部資訊處提供對應之分析工具，進行初步研判是否有遭受惡意攻擊之徵象，此分析工具判讀證據資訊後，會產生資安風險燈號，提供機關判定風險與採取行動之參考，如圖 28.7。

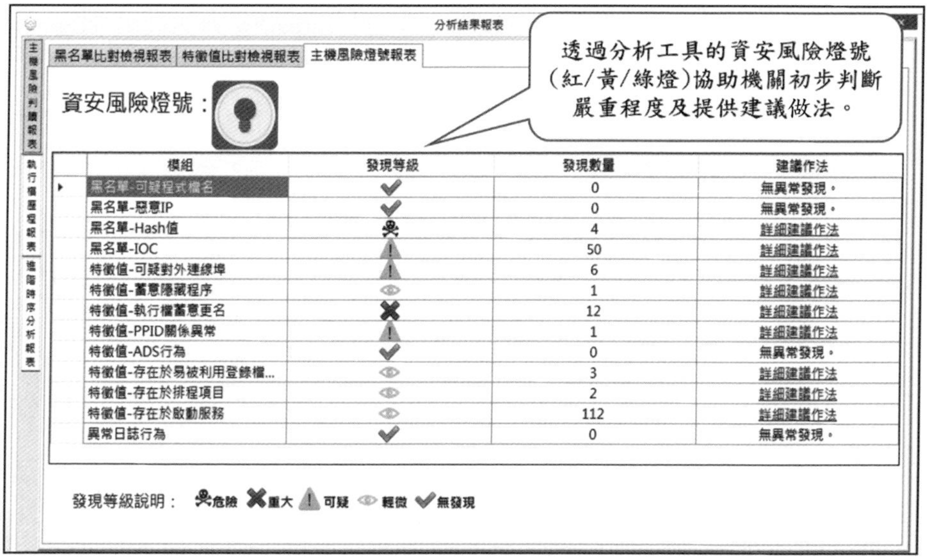
分析結果報表
主機風險判讀報表
執行檔歷程報表
進階時序分析報表
黑名單比對檢視報表
特徵值比對檢視報表
主機風險燈號報表
透過分析工具的資安風險燈號(紅/黃/綠燈)協助機關初步判斷嚴重程度及提供建議做法。
資安風險燈號：
模組 | 發現等級 | 發現數量 | 建議作法
黑名單-可疑程式檔名 | 0 | 無異常發現。
黑名單-惡意IP | 0 | 無異常發現。
黑名單-Hash值 | 4 | 詳細建議作法
黑名單-IOC | 50 | 詳細建議作法
特徵值-可疑對外連線埠 | 6 | 詳細建議作法
特徵值-蓄意隱藏程序 | 1 | 詳細建議作法
特徵值-執行檔蓄意更名 | 12 | 詳細建議作法
特徵值-PPID關係異常 | 1 | 詳細建議作法
特徵值-ADS行為 | 0 | 無異常發現。
特徵值-存在於易被利用登錄檔... | 3 | 詳細建議作法
特徵值-存在於排程項目 | 2 | 詳細建議作法
特徵值-存在於啟動服務 | 112 | 詳細建議作法
異常日誌行為 | 0 | 無異常發現。
發現等級說明： 危險 重大 可疑 輕微 無發現

圖 28.7　數位證據保全自動化分析工具產生之資安風險燈號

資料來源：法務部資訊處。

## 結語

數位時代資訊人員角色日顯重要，但伴隨而來的資通安全風險則使資訊與資安人員壓力日益高升。各種民眾服務業務資訊化需求與日遽增，資訊人員工作負荷過度沉重，而產生資訊系統開發與維護大幅委外情形，過度仰仗委外後，資訊人員漸失去技術主控能力，使得資安風險高升，因此政府機關資訊部門人員須學習在資訊委外環境下如何維護資訊系統之資通安全，及當遭遇資安事件時，如何應對調處並保存數位證據，以有效維持政府服務持續營運。

## 參考文獻

1. 郭芝榕（2016）。數位時代。第一銀行 ATM 被盜領七千萬，疑駭客攻擊感染惡意程式。2016 年 7 月 12 日，取自：https://www.bnext.com.tw/article/40184/BN-2016-07-12-191033-44。
2. 黃彥棻（2017）。iThome。【遠東銀行遭駭追追追】駭客搶銀行，臺灣二度淪陷。2017 年 10 月 13 日，取自：https://www.ithome.com.tw/article/117399。
3. 林上祚（2018）。風傳媒。政府做不到卻要民間做！金管會拚資安業績竟要業者半年內設立獨立資安部門。2018 年 3 月 21 日，取自：https://www.storm.mg/article/413753。
4. 余至浩（2017）。臺灣金融資安情資分享中心 F-ISAC 啓用，專攻 9 大資安情資服務，國內 23 家證券商先加入。iThome，2017 年 12 月 22 日，取自：https://www.ithome.com.tw/news/119886。
5. 林上祚（2014）。政府業務電子化人力當機。聯合報，2014 年 6 月 1 日。
6. 行政院主計處電子處理資料中心編。電腦應用概況報告民國 98 年。臺北：行政院主計處電子處理資料中心。Executive Yuan (Ed.) (2009). *Statistics of IT Spending, Public Sector vs. Private Sector, Survey of IT spending in Taiwan Area of Year 2008*. Taipei: Executive Yuan.
7. 李述德（2014）。103 年行政院跨領域科技管理人才培訓班講義。臺灣證券交易所，2014 年 8 月 26 日。
8. 資訊立法策進聯盟（2016）。資訊基本法草案。2016 年 9 月 14 日，取自：http://www.bifa.org.tw/draft。
9. Federal news network (2015). "OPM Director Katherine Archuleta resigns." Retrieved July 10, 2015, from https://federalnewsnetwork.com/opm-cyber-breach/2015/07/opm-director-katherine-archuleta-resigns/.
10. Robert Klepper & Wendell Jones (1998). *Outsourcing Information Technology Systems and Services*. USA: Prentice-Hall, Inc., 79.

Chapter 29

# 看不見的幕後黑手——網路霸凌與網路成癮

黃婉玲

## ▶▶▶前言：科技社會的哀歌

2015年4月21日前農委會主委彭作奎的女兒楊又穎，疑似不堪網路抹黑攻擊，在家中輕生。家屬指出，因爲有人在網路上匿名攻擊她心機重、耍大牌，又造謠她酗酒、抽菸、介入他人感情，種種不實指控讓楊女情緒崩潰。憾事發生後，又有人接續爆料，指稱在網路上對楊女匿名攻擊的人，其實是她的假面閨蜜——小模A。之後，網路上開始出現許多對A女的辱罵及不雅文字，有人甚至在臉書設立「楊又穎Cindy復活——就是要報復」的粉絲團，揭露A女的眞實身分並留言攻擊。網路鄉民未審先判的舉動，讓A女成爲另一個被網路霸凌的對象。

前述案例突顯了科技的快速發展，雖然爲我們帶來物質上的享受，卻也伴隨產生新的社會問題，像是網路霸凌、網路成癮等等。聯合國於 2015 年提出永續發展目標（Sustainable Development Goals, SDGs），希望在發展科技的同時，也能在經濟、社會與環境上，追求更美好、更永續的未來。其中，因爲網路與資通訊科技的普及所衍生的社會問題，便與 SDGs 中「促進健康與福祉」項目息息相關；網路如同一隻看不見的手，隱身幕後影響人類社會、經濟、政治的健全發展。以下將先呈現網路霸凌與網路成癮的現況，並探討相關的防治措施，最後介紹其他國家的做法作爲參考。

資料來源：https://www.unv.org/volunteerism-and-global-goals。

## 殺人不用刀：網路霸凌

### ㈠ 網路霸凌的定義

大家對於「霸凌」的概念一定不陌生，但「網路霸凌」則是在網際網路被廣泛應用後，才出現的一種新的霸凌型態。全民資安素養網將網路霸凌界定爲：「透過上傳文字、照片、影片等形式，持續的對他人嘲笑、辱罵、騷擾、毀謗或威脅，造成對方身心靈傷害的網路不當行爲。」有些人認爲網路霸凌與傳統霸凌行爲並無太大的差別，都是在權勢不對等的情況下，以不當的行爲蓄意對他人造成傷害，不同之處只是在於網路霸凌是以電子產品及網路作爲霸凌的媒介而已。但也有人認爲，網路霸凌有其獨有的特性，網路行爲不受時間、空間的限制，且數位紀錄會一直在網路上流傳、難以抹除，再加上網路言論的匿名性，無法確知誰是霸凌者，都讓網路霸凌的界定更加複雜，也讓網路霸凌的防治與規範更爲困難。

**網路霸凌**

是指透過網路持續對他人加以嘲笑、辱罵、騷擾、毀謗或威脅，造成對方身心靈傷害的不當行為。

㈡ 網路霸凌的型態

網路霸凌大致來說有以下 10 種行爲樣態（陳茵嵐、劉奕蘭，2011）：1. 網路論戰（flaming）：在網路上用惡意、激進的言詞與他人進行爭辯；2. 網路騷擾（harassment）：透過網路工具，對他人發送威脅、恐嚇或不雅的訊息；3. 網路排擠（exclusion）：將他人從網路社交圈中排除在外；4. 網路跟蹤（cyberstalking）：透過網路媒介監視他人的行蹤、動態；5. 網路假冒（impersonation）：在網路上盜用他人的身分從事不當行爲；6. 侵害名譽（defamation）：在網路上張貼他人不堪的照片或影片，使其名譽受損；7. 虛構誹謗（slandering）：在網路上散播關於他人的不實言論或資訊；8. 揭露詐騙（outing and trickery）：在網路上騙取他人個資並予以揭露；9. 快樂掌摑（happy slapping）：將攻擊行爲影片上傳至網路供人觀看；10. 惡意票選（online voting booths）：在網路上舉辦惡意或具有歧視意味的票選活動。隨著網路的應用日新月

異，未來也可能出現新的網路霸凌型態，這也對政府網路霸凌的防治形成挑戰。

### ㈢ 臺灣網路霸凌的現況

兒童福利聯盟於 2015 年，針對臺灣地區 19 個縣市國小五年級至高中三年級之在學兒少進行調查，結果顯示，曾在網路上目睹或是曾遭受過網路霸凌的比例約有 76%；最常見的網路霸凌型態是在網路上攻擊謾罵，其次為盜用他人帳號亂發訊息或貼文，再者是散播不實謠言破壞他人名譽。國家發展委員會（後簡稱國發會）另於 2018 年，以臺灣地區（含金馬地區）15 歲以上之民眾為對象進行調查，結果顯示，住宅電話與手機樣本中，有約 2% 的受訪者在過去一年曾遭受過網路霸凌，網路調查樣本回報曾被網路霸凌的比例則為 5.3%。

### ㈣ 網路霸凌的防治

目前關於網路霸凌的防治，主要是結合政府與民間的資源，透過下列四個途徑加以防治：

**1. 強化通報管道**

民眾可利用「網路內容防護機構」（iWIN）網站或熱線進行申訴，但受理的申訴內容，還是以涉及違反兒少保護相關法令之網路內容為主。另外，也可使用教育部校園霸凌防治專線，各縣市教育處（局）也有設置反霸凌投訴專線供民眾使用。民眾也可撥打 110 或透過檢舉信箱，向各直轄市、縣（市）政府警察局、刑事警察局報案。

**2. 健全自殺防治、心理衛生系統**

有需要的民眾可撥打衛生福利部安心專線，有專人提供二十四小時免費心理諮詢服務。

**3. 加強教育宣導**

教育部建置了「防制校園霸凌專區網站」，並每年舉辦防治校園霸凌研討會。有關單位也定期至學校宣導，並鼓勵社群網站服務業者自律、介接 iWIN 網路霸凌申訴平臺等。

**4. 法規管制**

目前我國並沒有網路霸凌專法，而是準用現有民法、刑法、兒童及少年福利與權益保障法等相關規定。例如若在網路上毀損他人名譽，可能觸犯刑法第 310 條第 2 項加重毀謗罪；人肉搜索他人個資並予以公開的行為，則可能觸犯個人資料保護法第 29 條之規定。法務部雖於 2018 年底在公共政策網路參與平臺上，發布通訊監察保障法部分條文修正草案，有意免除本刑三年以上才能調取通訊紀錄的限制，甚至無須有法院授權即能調取通訊紀錄，以利網路霸凌案件之偵辦。但因此事涉及憲法對於隱私權的保障，各界看法不一，目前尚未有定論。

## 數位海洛因：網路成癮

### ㈠ 網路成癮的定義

雖然全球精神醫學界對於網路成癮是否是一種精神疾病尚無共識，但世界衛生組織（WHO）卻於 2018 年 6 月公布的第 11 版《國際疾病分類》（ICD-11）中，率先將「網路遊戲成癮」（internet gaming disorder）列為一種精神疾病，與酒精、菸草、咖啡因、毒品和藥物濫用並列，都是一種成癮疾患。我國衛生福利部（後簡稱衛福部）也在 2018 年 9 月跟進，將網路成癮症視為是一種「疾病」。網路成癮症（internet addiction disorder, IAD）的概念，最早是由精神科醫師 Ivan Goldberg 於 1995 年提出，用來形容因網路過度使用，而出現類似成癮症狀的失常行為，進而影響到生活作息與社交活動。國內最早關注網路成癮議題的學者周榮與周倩（1997）參考 WHO 的定義，將網路成癮界定為：「由重複的對於網路的使用所導致的一種慢性或週期性的著迷狀態，並帶來難以抗拒的再度使用

> **網路成癮**
> 是指對於網路的使用呈現一種著迷狀態，且難以抗拒再度使用網路的欲望。

之慾望。同時並會產生想要增加使用時間的張力與忍耐、克制、退縮等現象，對於上網所帶來的快感會一直有心理與生理上的依賴。」

㈡ 網路成癮的評估

陳淑惠等人（2003）以美國精神醫學學會出版之《精神疾病診斷與統計手冊》（第四版）對成癮症診斷的標準為基礎，參酌臨床個案的觀察、網路重度使用者之焦點訪談結果，編製「網路成癮核心症狀」（包括網路成癮耐受性、強迫性上網與戒斷反應）以及「成癮相關問題」（像是人際健康問題、時間管理問題）兩個評估量表，共 26 道題項。2015 年陳淑惠研究團隊於衛福部委託的研究案中，又進一步將前述量表予以精簡，發展出包含 10 道題項的「網路使用習慣量表」，以測量網路成癮之核心症狀與相關問題。

㈢ 臺灣網路成癮的現況

國發會分別於 2015 年及 2017 年，對臺灣及金馬地區 12 歲以上的民眾進行調查，結果顯示，2017 年的調查中有 5% 的民眾屬於網路成癮高風險族群，約為 105 萬人次，與 2015 年的調查結果相比增加了 1.5 個百分點，且其中以 30 歲至 39 歲男性族群的增幅最大。Chiu 等人（2018）於 2016 年至 2017 年間，以國際通用的「網路遊戲成癮量表」為基礎，針對臺灣 8,110 位 10 歲至 18 歲的線上遊戲玩家進行調查，結果顯示，臺灣青少年網路遊戲成癮盛行率約為 3.1%，高於德國、英國與美國，但較香港、新加坡和韓國來得低，其中男孩的成癮情況又比女孩來得高。

### ㈣ 網路成癮的防治

目前關於網路成癮的防治，可從民間資源的協助與政府力量的介入兩個面向來談：

#### 1. 民間資源的協助

2012 年中國醫藥大學與亞洲大學合作，成立全國第一座「中亞聯大網路成癮防治中心」，致力於網路成癮相關研究，協助推動網路成癮的預防，包括對一般大眾提供心理健康促進教育、針對高風險族群提供輔導介入資源，以及對已成癮者提供門診治療服務等，並結合民間、行政與立法資源，倡導網路成癮防治相關政策與立法。2014 年臺灣網路成癮防治協會成立，除了積極從事網路成癮相關研究、協助網路成癮的預防工作，以及投入網路成癮防治政策的倡議外，另也就網路成癮的防治，提供專業人才與志工的培訓。

#### 2. 政府力量的介入

衛福部於 2014 年開始推動「上網不上癮心理健康促進政策綱領」，從健康促進及初級預防、建立早期預警系統、針對問題性網路使用之共

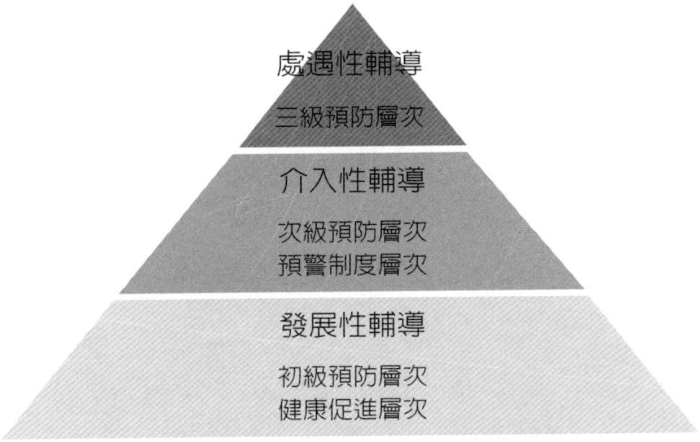


網路成癮三級輔導五層次預防模式

資料來源：教育部（2017）。教育部各級學校網路成癮學生個案輔導作業流程及輔導資源手冊簡版（綜合版），頁 15。

病精神症狀治療，以及心理治療與諮商輔導等面向著手。針對在學生網路成癮問題，教育部於 2017 年委託國立彰化師範大學輔導與諮商學系研究團隊，編製「各級學校網路成癮學生個案輔導作業流程及輔導資源手冊」，導入網路成癮三級輔導五層次預防模式，整合心理輔導、心理諮商與心理治療的機制，發揮預防勝於治療的效果。

## 整治幕後黑手：他山之石可以攻錯？

雖然目前政府及民間機構在網路霸凌與成癮問題上，皆已投入相當的資源與努力，但仍有兩個議題存有爭議：第一，設置網路霸凌專法是否有其必要性；第二，政府是否能透過管制方式有效處理網路成癮問題。在這兩個問題上，其他國家的經驗，或可為臺灣提供進一步思考的基礎。

### ㈠ 設置網路霸凌專法的必要性

有些人認為網路霸凌是新興的社會問題，既有的法令未能完整涵蓋相關的行為樣態，應另立專法加以規範。然而，亦有學者認為，目前臺灣在民法、刑法等相關規定中，雖無特別使用「網路霸凌」的字眼，但網路霸凌之具體行為樣態，實際上都有相關法律條文可做適用並提供救濟途徑。目前有部分國家已針對網路不當行為設置專法，像是加拿大於 2015 年施行《保護加拿大國民遠離網路犯罪法》（Protecting Canadians from Online Crime Act），其中第 162.1 條規定，非經同意任意散播他人私密照片者，最高可處五年有期徒刑；另根據第 162.2 條規定，經被告認罪或判決確定後，法院可禁止被告使用網路或其他數位服務。澳洲也於 2015 年通過《提升兒童上網安全法》（Enhancing Online Safety for Children Bill），該法案設置「兒童電子安全委員會」，有權調查兒童網路霸凌申訴案件，並要求社群媒體業者及時移除以澳洲兒童為對象之網路霸凌內容。然而，制定專法對於網路霸凌行為的防治究竟能有多少效果，仍待時間與實證資料的考驗。

### ㈡ 管制網路成癮問題的可能性

臺灣政府對於網路成癮的防治，多以宣導、輔導等措施爲主，但也有部分國家採取管制手段來處理。韓國於 2011 年通過《青少年保護法》修正案，禁止線上遊戲供應商於凌晨 12:00 至清晨 6:00 間，爲 16 歲以下的青少年提供網路遊戲服務。該項規定被戲稱爲「灰姑娘條款」，也讓韓國成爲第一個實施網路遊戲宵禁的國家。法國國會也於 2018 年通過「校園手機禁令」，禁止 15 歲以下的學童，在校園內使用手機或行動裝置，目的是希望能提升學生學習時的專注力和回應力。然而，這些管制措施也引起不小的爭議，尤其是這些禁令是否有違反憲法的疑慮。例如，韓國的「灰姑娘條款」須搭配網路實名制才能落實，然而基於侵害人民言論自由的理由，網路實名制早已於 2012 年被韓國法院宣告違憲。由此可知，若是政府想透過強制力的方式來解決網路成癮問題，必然會面臨到不同權利、價值之間取捨的問題，管制措施的可行性與適當性須審愼評估。

## 參考文獻

1. 兒童福利聯盟文教基金會（2016）。臺灣兒童少年網路霸凌經驗調查報告。2019 年 5 月 8 日，取自：https://www.children.org.tw/news/advocacy_detail/1538。
2. 周榮、周倩（1997）。網路上癮現象、網路使用行爲與傳播快感經驗之相關性初探。臺北：中華傳播學會 1997 年會。
3. 陳茵嵐、劉奕蘭（2011 年 9 月）。e 世代的攻擊行爲：網路霸凌（Cyber-Bullying）。E 世代重要議題：人文社會面向研討會，新竹。
4. 陳淑惠、翁儷禎、蘇逸人、吳和懋、楊品鳳（2003）。中文網路成癮量表之編製與心理計量特性研究。中華心理學刊，45（3），279-294。
5. 廖興中、朱斌妤、黃婉玲、洪永泰、黃東益（2019）。數位國情總網調查（6）：區域數位分級與數位國情世代進展研析（編號：NDC-MIS-107-001）。臺北：國家發展委員會。

6. Chiu, Y. C., Y. C. Pan & Y. H. Lin (2018). "Chinese Adaptation of the Ten-Item Internet Gaming Disorder Test and Prevalence Estimate of Internet Gaming Disorder among Adolescents in Taiwan." *Journal of Behavioral Addictions*, 7(3), 719-726.

Chapter 30

# 從歐盟數位市場法草案看我國因應之道

戴豪君

## 前言：大型科技公司主導我們每一天的生活

現代人仰賴社群軟體與通訊軟體進行聯繫、透過搜尋引擎找尋資料、利用電子商務平臺進行交易，以及利用影音分享平臺消遣娛樂，都是由大型科技公司（BigTechs）所提供。大型科技公司成爲網路時代的守門人（gatekeepers），各國對此查大型跨國科技公司濫用市場力量案件。從傳統競爭法與產業管制法規，擴及個人資料保護法等，並研擬新的管制架構規範，歐盟提出數位市場法草案來因應大型科技公司的衝擊。就歐盟數位市場法之立法沿革、守門人之認定與管制方式進行分析。瞭解歐盟數位市場法草案，應可作爲我國以完善面對大型數位科技公司監管模式之參考，並保障數位市場之公平發展環境。

## 大型數位平臺與資料經濟改變世界

網路所帶來的便利，使人們對網路依賴性越來越高。在高度動態競爭的數位時代，市場的商業模式改變，大型科技公司利用使用者資料，藉以逐步擴大對於多面向市場的影響力。過去人們仰賴政府與公用事業提供的各項基礎服務，然而現代人們每一天使用的通訊軟體、找尋資料的搜尋引擎、利用購物與服務的平臺、透過應用程式商店下載 APP，以及休閒娛樂時，所使用社群媒體與影音分享平臺等，無一不是由大型科技公司（BigTechs）所提供。2022 年 1 月經濟學人在大型科技公司令人驚訝的野心（Big tech's supersized ambitions）一文指出，Microsoft、Apple、Alphabet、Meta、Amazon（MAAMA）在 2021 年總共投資 2800 億美元，相當於美國整體商業投資的 9%，投資金額相較五年前的 4% 高出一倍以上。大型科技公司在元宇宙、自駕車、無人機、穿戴裝置以及雲端運算進行大量投資，除了透過技術創新維持市場地位，加上控制大量用戶資料與人工智慧技術的優勢等，可維持自身市場優勢地位，阻絕新進業者。引發政府與民眾的關切，各國監管機關都開始強化事前管制。因此面對大型科技公司（BigTechs）的全面影響，我國究採何種治理模式，應盡早做出準備。

## BigTechs 引發法律爭議案件層出不窮

數位平臺藉由蒐集使用者資料並分析其行為，將推論之使用者行為模式出售並獲取廣告等收益，不利於數位市場的競爭環境，目前歐盟與美國已透過競爭法與個人資料保護法等途徑，對於大型科技公司進行裁罰之案件。

大型科技公司得以利用大量使用者資料，經由投放精準化廣告（targeted advertising based on profiling）賺取鉅額利益。法國國務委員會（French Council of State）於 2022 年 1 月公布，GOOGLE 違反法國 2018 年個人資料保護法（French Data Protection Act）第 82 條規定，未

能讓用戶拒絕 cookie 像接受時一樣容易。電子通訊服務的訂閱者或用戶，對網站置放或其他追蹤技術，必須先行告知近用其資料之目的，取得當事人事先同意（prior consent），當事人可以行使拒絕方式。Google 網站提供按鈕，允許用戶立即接受 cookie，卻未能提供相同效果解決方案（按鈕或其他方式），使用戶可以同樣容易拒絕 cookie 的存放。需要多次點選方能拒絕所有 cookie，此設計實際上會阻止用戶行使拒絕權。Google 在用戶到訪網站後，未取得用戶事先同意，七個 cookie 立即自動安裝在用戶電腦，其中有四個專用廣告目的。Google 曾於 2020 年 8 月修改方式，但未直接明確地告知用戶 cookie 的用途和拒絕方式。考慮到廣告 cookie 所產生鉅額利潤，以及 Google 在法國擁有超過 90% 的市占率及約 4,700 萬名用戶，裁罰金額爲 1.5 億歐元。

其次，在 Google 提供多樣、免費的服務的背後，是以大量、長時間地蒐集與分析使用者資料，來訓練其演算法的邏輯運算。以下將略以介紹數件歐盟執委會近幾年針對 Google 所提供之多項服務爲調查，濫用市場優勢地位並處以鉅額罰鍰之案件。

從 2019 年 Google Search（Adsense）案來看，歐盟執委會認爲 Google 濫用其在線上廣告中介搜尋（online search advertising intermediation）的市場優勢地位，罰鍰 14.9 億歐元。歐盟執委會認定 Google 搜尋服務在一般搜尋市場之市占率達 90%，而在線上廣告搜尋市場之市占率達 75% 以上。Google 利用 AdSense for Search，同時擔任廣告商和網站（廣告發布者）間中介角色。使微軟和雅虎等線上搜索廣告的競爭企業，無法在 Google 的搜索引擎結果頁面上取得銷售廣告空間。其次，Google 在其服務協議中加入排他性條款，只能投放 Google 提供的廣告，禁止廣告發布者在搜索結果頁上，放置競爭對手的任何搜索廣告。藉此爲 Google 的搜索廣告保留最有價值的位置，歐盟執委會認爲搜尋結果的先後位置確實影響使用者的偏好。

2021 年 11 月 10 日歐洲普通法院（European General Court）之判決

（Case T-612/17-Google and Alphabet v Commission）認爲 Google 之差別待遇行爲，將導致購物比較服務消失、減少創新及消費者選擇而有害競爭，維持 2017 年執委會之 Google Shopping 案決定與罰鍰金額，Google 經由較有利的顯示（display）和定位（positioning）在其一般搜尋結果頁面上偏愛自身的比較購物服務，同時通過排名演算法（ranking algorithms）將競爭對手比較服務頁面搜尋降級。認定 Google 一般搜尋服務爲關鍵基礎設施（an essential facility）。Google 搜尋結果仍偏愛本身提供的服務，可見採取差別待遇。而 Google 抗辯其差別待遇行爲可能提高搜尋品質，但無法證明能抵消其對競爭的負面影響，故以 Google 違反《促進歐盟運作條約》第 102 條規定，處罰 24.2 億歐元罰鍰。

大型數位平臺透過雙重角色扮演，經由蒐集其他商家的資訊，形成不公平的競爭。2020 年 11 月歐盟執委會再次對 Amazon 展開違反競爭法調查，執委會表示 Amazon 的電子商務平臺具備雙重角色，首先是提供獨立賣家（independent sellers）可直接向消費者銷售產品的電子市集，同時 Amazon 作爲零售商，在同一市場上銷售產品與獨立賣家進行競爭。執委會初步調查顯示，Amazon 的員工可取得第三方賣家的非公開業務資料（non-public data），包括訂購和發貨的產品數量、賣家市場收入、訪問賣家報價次數、運輸貨物資料等。Amazon 員工將上述資料直接匯入業務自動化系統，藉以調整 Amazon 零售價格和業務策略，而損害其他賣家利益。例如，亞馬遜將其報價集中跨產品類別之最暢銷產品，並根據競爭賣家的非公開資料來調整零售價格。執委會的聲明指出，Amazon 利用非公開市場賣家資訊，使其本身得以避免零售競爭之一般風險。同時得以在德國與法國提供市場服務，強化其優勢地位。若調查屬實 Amazon 將違反歐盟運作條約第 102 條，認定爲濫用市場優勢地位。

藉前述案例可得知，大型科技公司雖然在數位市場提供免費服務，然並非意味著眞實的「免費」，甚至有些服務已經向中小企業或消費者收費。但通過網路或平臺來蒐集使用者巨量的使用偏好資料，並以演算法將前述資料做進一步地推測行為利用。藉此將其市場優勢擴散至其他相關產品市場，或對自己形成競爭優勢，讓大型科技公司擁有規模經濟並維持其壟斷地位。

從 Apple 相關案例，可以發現數位平臺的閉鎖性，將提升消費者的轉換服務的成本。2021 年荷蘭消費者與市場管理局（Netherlands Authority for Consumers and Markets, ACM），依照荷蘭競爭法（Dutch Competition Act）與歐盟運作條約第 102 條之規定，ACM 認定 Apple 對 Tinder 等約會應用程式供應商（dating-app providers）課予不合理條款，構成市場優勢地位之濫用。因 Apple 強制約會應用程式使用 Apple App Store 支付系統，並支付 15% 至 30% 的佣金。ACM 要求 Apple 在 2022 年 1 月底改善，更改位於荷蘭 App Store 平臺之條款，應用程式供應商必須有機會在 App 之支付選項，能使用其他替代支付系統。至 2022 年 1 月 AMC 發出聲明 Apple 並未完成其他支付方式之改善，要求 Apple 每週支付 500 萬歐元罰款，最高可達 5,000 萬歐元。

在大型科技公司的市場力量衝擊下，應如何衡平創新與公平競爭，各國法制各有千秋。除消極地等待破壞式創新帶動市場競爭，更積極面對科技巨頭對市場的衝擊。2022 年 3 月我國公平會發布「數位經濟競爭政策白皮書」初稿，對外徵詢意見，並另成立大型跨國數位平臺產業調查專案小組，將調查數位平臺業者對國內市場競爭的影響。

## 面對 BigTechs 管制困境與革新

美國最高法院大法官路易斯．布蘭迪斯（Louis Brandeis）指出，當大企業為了主導生態系統，壓制新興的後進者，將扼殺創新與進步；而權力過度集中，產業的影響力恐凌駕政府，貧富差距只會愈來愈大。美國哥倫比亞大學吳修銘（Tim Wu）教授作為新布蘭迪斯學派（New Brandeis School）代表學者之一，在其《巨頭的詛咒》一書中，曾引用最高法院大法官布蘭迪斯的警語，指出大型企業所掌握的資源對選舉與立法的影響力與日遽增，形成對民主本身的強烈威脅。企業併購與結合應建立更廣泛與嚴格的審查基準同時考慮採取結構管制措施，與市場調查機制。提出新布蘭迪斯式反托拉斯議程，強調保護競爭之檢測過程。

大型科技公司爲確保其優勢地位，透過各種手段進行不公平競爭，舉例來說，Meta（Facebook）於 2012 年以 7 億美金收購 Instagram，一般稱此併購行爲爲「殺手型併購」（killer acquisitions）。亦即大型科技公司以高價收購其潛在競爭對手，藉此排除競爭，鞏固自身之優勢地位。國際間不約而同展開調查大型科技公司濫用其市場力量之案件，適用法律依據從傳統競爭法與產業管制法規外，轉向擴及個人資料保護法、智慧財產權法，甚至研擬嶄新管制架構規範。例如 2022 年 5 月美國參議員 Michael Bennet 提出數位平臺委員會法案（Digital Platform Commission Act），管制對象爲重要系統性數位平臺（systemically important digital platforms, SIDPS），指大型平臺在國家或國際規模運作，能產生經濟、社會或政治影響；或有能力經由排斥導致對人造成重大、直接和可證明的傷害。數位平臺委員會法案主要強調應該由行政部門與專家來管制 SIDPS。該法案增設編碼理事會（The Code Council），該理事會包括 18 名委員，委員職位任期爲三年，由編碼理事會主席任命。其中六名來自數位平臺，六名在技術政策、法律、消費者保護、隱私、競爭、假消息等具有豐富的專業知識之 NGO 代表、學者和其他不隸屬於企業專家，以及六名在工程、資訊科學、資料科學、通信、媒體研究等技術專家。

面對 BigTechs 法所進行律規範包括競爭法、行業管制法規、個人資料保護法制等，在大型科技公司的市場力量衝擊下，爲了型塑歐洲數位未來（shaping Europe’s digital future），並解決大型科技公司所帶來之挑戰，歐盟執委會於 2020 年 12 月 15 日提出數位服務法草案

（Digital Services Act Proposal）[1] 與數位市場法草案（Digital Markets Act Proposal），[2] 前者期望創建更安全的數位空間，保護所有數位服務用戶的基本權利，以及在歐洲單一市場與全球範圍內建立公平競爭環境，以促進創新、成長與競爭力。後者則根據過往競爭法的執法經驗，轉而以事前監管方式以因應市場變化。

歐盟為保護線上使用者之基本權利，並保障以及改善內部市場的運作，數位服務法草案建立一套統一、有效與相稱的強制性規範。相較於 2000 年之電子商務指令（Directive 2000/31/EC on electronic commerce），[3] 數位服務法草案賦予中介服務者更為積極的任務與責任。該法草案所稱之數位服務業者，包括中介服務者（providers of intermediary service）例如網路接取服務提供者；託管服務者（providers of hosting service）例如雲端服務業者；線上平臺（online platforms）例如線上市集、應用程式商店；以及超大型線上平臺，其中數位服務法草案第 25 條規定，VLOPs 係指於歐盟境內平均每個月活躍之服務接收者等於或大於 4,500 萬之線上平臺。數位服務法草案採取累進式管制義務，針對不同的種類的數位服務業者課予不同程度之義務。

## 歐盟數位市場法草案開啓管制新頁

鑑於數位平臺公司對市場以及使用者之影響力越來越大，各國開

---

1 Proposal for a REGULATION OF THE EUROPEAN PARLIAMENT AND OF THE COUNCIL on a Single Market For Digital Services (Digital Services Act) and amending Directive 2000/31/EC, 15.12.2020, COM/2020/825 final.

2 Proposal for a REGULATION OF THE EUROPEAN PARLIAMENT AND OF THE COUNCIL on contestable and fair markets in the digital sector (Digital Markets Act),15.12.2020, COM/2020/842 final.

3 Directive 2000/31/EC of the European Parliament and of the Council of 8 June 2000 on certain legal aspects of information society services, in particular electronic commerce, in the Internal Market ("Directive on electronic commerce"), OJ L 178, 17.7.2000, pp. 1-16.

始出現管制大型科技公司之呼聲。為了確保公平且開放的歐盟內部數位市場，數位市場法草案將符合條件之大型核心平臺服務提供者定義爲守門人（gatekeeper），並課予一定管制義務，以解決守門人的不公平行爲。數位市場法草案旨於透過事前（ex-ante）管制將這些不公平行爲有害結果影響降至最低，以達促進市場競爭之效果，惟不會限制或影響歐盟競爭法之事後（ex-post）干預。

㈠ 如何認定守門人

關於守門人之產業類別，數位市場法草案第 3 條列舉八種核心平臺服務提供者（core platform service），包含：

1. 線上中介服務（online intermediation services）例如：Amazon marketplace。
2. 線上搜索引擎（online search engines），例如：Google Search、Microsoft Bing。
3. 線上社群網路服務（online social networking services），例如：Facebook、Snapchat。
4. 影音分享平臺服務（video-sharing platform services），例如：YouTube、TikTok。
5. 非號碼人際通訊服務（number-independent interpersonal communication services）就是非經由撥打電話號碼之通訊服務，例如：Facebook Messenger。
6. 作業系統（operating systems），例如：Google Android、Apple iOS。
7. 雲端運算服務（cloud computing services），例如：Microsoft Azure、SAP。
8. 廣告網路，交易和中介服務（advertising services, including any advertising networks, advertising exchanges and any other advertising intermediation services），例如：Google AdSense。

並非每個核心平臺服務提供者皆可被認定爲數位市場法草案之守門人，當核心平臺服務提供者對內部市場有顯著影響力，其運營核心平臺服務，成爲商業用戶接觸終端用戶的重要門戶，且在其業務中享有或可預見將具有牢固與持久的市場地位時，將被指定爲守門人。就前述質化的描述守門人特質，通過數位市場法草案以下三項標準測試（three criteria test）的核心平臺服務提供者，才會被指定爲守門人：首先，營業額達到 65 億歐元或市值 650 億歐元，並在歐盟 27 個會員國中，至少三個國家提供核心平臺服務的對歐盟內部市場有重大影響的核心平臺服務提供者。其次爲該核心平臺服務提供者控制一項核心平臺服務營運，作爲企業用戶可以接觸到消費者的重要閘門，亦即該核心平臺服務提供者所提供的核心平臺服務，每月有超過 4,500 萬活躍的終端用戶（占歐盟人口的 10%）以及每年 1 萬個活躍商業用戶。第三，該核心平臺服務提供者之營運具有穩固與持久的地位，或在可預見的將來達成此地位，亦即連續三年達成前述標準者。

2022 年 3 月歐盟理事會、歐盟議會和執委會就數位市場法草案達成共識，守門人新增兩項核心平臺服務提供者，分別是網路瀏覽器（web browsers）是指使終端用戶能夠近用託管在連接到網際網路等網路伺務器上的網路內容並與之互動的軟體應用程式，包括獨立的網路瀏覽器以及集成或嵌入式軟體或類似軟體的網路瀏覽器。另一個則是虛擬助手（virtual assistants）係指能夠處理需求、任務或問題的軟體，包括基於音頻、視覺、書面輸入、手勢或動作的請求、任務或問題，並基於前述請求、任務或問題，提供對其他服務或控制連接或物理設備。例如 Amazon Alexa、Google Assistant 與 Apple Siri 等。同時將認定守門人門檻，提高到營業額 75 億歐元或市值 750 億歐元。

㈡ 守門人之管制與義務

基於歐盟或國家競爭管制機關所調查的大型數位平臺不公平競爭

行為，數位市場法草案制訂了多項管制義務。可細分為所有守門人皆須遵守之一般義務以及主管機關依守門人特質課予之義務，其性質有禁止行為與應遵守之義務等類型。以下先介紹守門人之一般義務，依數位市場法草案第 5 條規定，例如禁止守門人將未經許可而從核心平臺服務蒐集的個人資料與從其他服務或第三方服務蒐集的個人資料進行合併。其次，允許商業用戶通過第三方線上中介服務（third party online intermediation services），以不同於守門人線上中介服務所提供的價格或條件，向終端用戶提供相同的產品或服務。再者，在商業用戶使用守門人核心平臺服務提供服務時，不得要求商業用戶使用守門人的身分認證機制（an identification service）。守門人不得要求商業用戶或者終端用戶先行訂閱或註冊其他核心平臺服務，並將其作為接取、註冊或登記任何一項核心平臺服務的前提條件。而針對發布特定廣告以及由守門人所提供的每項相關廣告服務，依據提供廣告服務之廣告商及發布商之請求，守門人須提供有關廣告商及發布商所支付之價格，以及支付給發布商之金額或報酬等資訊。

除了上述一般守門人須遵守之基本義務外，數位市場法草案第 6 條針對不同守門人之特性，可能會額外課予其他管制義務，包含：禁止守門人透過監視商業用戶之方式以獲得不公平的競爭優勢。守門人禁止在與商業用戶競爭中使用非公開可得的資料，包括由商業用戶與其終端用戶基於使用核心平臺服務活動產生的資料，或該等商業用戶或其終端用戶提供核心平臺服務資料。舉例來說，亞馬遜公司不能夠使用其平臺之搜索結果資料，來確定要推銷哪些商品，並開始自我銷售。而軟體應用程式方面守門人必須允許終端用戶卸載（un-install）任何預先安裝（pre-installed）的軟體應用程式，例如Google Search。但若為運行作業系統或裝置所不可或缺之軟體應用程式，且技術上無法由第三方提供者不在此限。

同時允許安裝與有效使用第三方應用程式，或應用程式商店能夠使用守門人的操作系統與之進行交互性操作，守門人僅在阻止危害硬體或作業系統的完整性時，才可以阻止第三方應用程式商店，以及阻止用戶近用在平臺之外的服務。舉例來說，開放應用程式不須經由蘋果應用程式商店（App Store）即可下載安裝於iPhone，稱爲側載（side-loading）。被指定爲守門人之軟體應用程式商店，應在符合公平、合理以及非歧視原則之前提下提供該商業用戶近用權。

守門人在對產品與服務進行排名（ranking）時，不得對自身提供或屬於自身企業提供的服務與產品，給予比第三方提供的類似服務或產品更有利的排名，守門人應採用公平且非歧視的條件進行排名。依據廣告商及發布商之請求，應免費提供守門人平臺之成效檢驗工具，以及對於廣告商及發布商實施其自身獨立驗證廣告資源（ad inventory）之必要資訊。守門人應確保商業用戶或終端用戶生成資料的有效可攜帶性，應依歐盟「一般資料保護規則」（General Data Protection Regulation, GDPR）第 20 條規定，提供終端用戶工具，以協助其有效行使資料可攜權（right to data portability）。

爲防制殺手型併購，數位市場法草案第 12 條中的守門人結合之通知義務規定，若守門人有意進行涉及提供核心平臺服務，或數位行業內其他服務的其他提供商之結合時，在該結合意圖符合歐盟結合管制規則第 3 條規定時，守門人應通知歐盟執委會，無論其是否應依結合管制規則向歐盟競爭管制機關申報，或根據會員國結合規範向會員國競爭管制機關申報。守門人應於協議達成、宣布公開競標或取得控股權後，實施結合前，將結合情況通知歐盟執委會。數位市場法草案對於守門人結合之通知義務有詳細規定，其目的在於處理殺手型併購爭議，相較於歐盟結合管制規則事前申報義務更爲提前，能否處理殺手型併購應可觀察。

2022 年 3 月之數位市場法草案，對守門人之新增管制規範例如：允許終端用戶能以如同訂閱時一般容易的方式，取消訂閱守門人核心平臺服務。禁止最惠國待遇條款（most-favoured-nation）條款，允許商業用戶在守門人平臺外提供更佳要約並得與客戶簽訂契約，以促進平臺間競爭。當用戶首次使用守門人之線上搜索引擎、虛擬助手或網路瀏覽器時，提供選項螢幕（a choice screen），當守門人將終端用戶引導至線上搜索引擎、虛擬助手或網路瀏覽器，或守門人的虛擬助手或網絡瀏覽器將用戶引導至指定決定（designation decision）列出的線上搜索引擎時，允許終端用戶操作系統運行時選擇可替代預設服務（an alternative default service）。

㈢ 對守門人處罰規定

根據 2022 年 3 月之數位市場法草案，對守門人設有處罰規定，若守門人故意違反或因過失而未能遵守守門人之義務時，歐盟執委會得對該守門人處以上一年度全球總營業額 10% 以下之罰鍰，若守門人在 8 年內有同樣違反本法第 5 條到第 7 條之行為，則罰鍰可達全球總營業額 20%。若因故意或過失，守門人未能提供其被指定為守門人之完整或正確資訊；或未依數位市場法草案第 19 條第 1 項提供資料庫與演算法之接取等，得處該守門人上一年度全球營業額 1% 以下之罰鍰。

## 結論

數位市場法草案儘可能地將 BigTechs 引發之法律爭議納入，開啓了大型科技公司管制之新篇章，對我國未來之立法帶來啓發。當競爭法進行管制市場失靈而效果欠佳時，會選擇尋求補充性監管措施，數位市場法草案將競爭法事後管制經驗轉化成守門人事前管制義務，透過常態性管制，維持數位服務市場的競爭性和公平性。公平會在「數位經濟競爭政策白皮書初稿」之結論與建議指出：「競爭法主管機關若要擔任事前管制的角色就得審慎評估，如同歐盟數位市場法、數位服務法並非是由競爭總署擔任主管機關一樣。然競爭法主管機關卻可幫助在事前管制政策中容納競爭性的目標，讓管制者認識到競爭的價值。」可以看出公平會對大型科技公司之事前管制，仍持保留態度。我國立法院於 2021 年 12 月 28 日三讀通過數位發展部組織法，未來數位發展部將掌理國家數位發展政策、通訊傳播與數位資源的規劃、推動、數位科技應用與創新發展環境的建構，以及國家資通安全政策、法規、重大計畫與資源分配等事項。同時修正國家通訊傳播委員會（NCC）組織法部分條文，增加網際網路內容分級制度、通訊傳播網路設置的監督管理及網路政策的訂定、擬定等業務執掌，並配合數位發展部成立，NCC 將基礎設施與資通安全相關業務；稀有資源（無線頻率、號碼、網址等）分配相關業務；通訊產業輔導、獎勵相關業務部分業務移撥到數位發展部。

NCC 於 2022 年 6 月公布「數位中介服務法」草案，該草案規範要項包括：維護資訊流通之基本原則、數位中介服務提供者之責任及免責事由、數位中介服務提供者之一般義務、資訊儲存服務提供者、線上平臺服務提供者以及指定線上平臺服務提供者之特別義務、數位中介服務專責機構等。該草案第 32 條規定，線上平臺服務提供者於中華民國領域內之有效使用者數量達 230 萬人者，得公告爲指定線上平臺服務提供者。嘗試引進歐盟數位服務法之 VLOPs 管制模式，但我國著重處理違法內容，內容自律系統、推薦系統及廣告投放及展示系統等課題。數位中介服務法與數位市場法草案透過事前管制，以避免大型科技公司不公平行爲之影響，促進市場競爭之模式不同。歐盟數位市場法草案已經將影音分享平臺服務業者、線上搜索引擎、非號碼人際通訊服務網路瀏覽器以及虛擬助手等納入規定，並已有相關法律定義其範疇。反觀我國，雖已進行組織法調整，但包括數位發展部、國家通訊傳播委員會乃至公平交易委員，會將如何面對大型科技公司如何進行產業範圍地映與規範管理？究竟競爭法扮演角色，或應修訂個別行業管制法規，甚至建構如同歐盟數位市場法草案之整合型法案，並進一步完善對大型數位科技公司之監管模式，保障數位市場之公平競爭環境，是迫不及待的課題。

## 參考文獻

1. 王怡惠（2021）。從歐盟數位平臺政策探討數位平臺監理趨勢。臺灣經濟研究月刊，44（11），22-29。
2. 王怡棻譯（Tim Wu 原著）（2020），巨頭的詛咒：就是他們！正在扼殺創新、中小企業、你我的隱私資訊和薪資。臺北：天下雜誌。
3. 田中道昭著，劉愛夌譯（2022），圖解 GAFA 科技 4 大巨頭：2 小時弄懂 Google、Apple、Facebook、Amazon 的獲利模式。臺北：新樂園。
4. 江雅綺，陳俞廷（2021），從電子商務指令到歐盟數位服務法草案——論歐盟 ISP 責任架構之演變。全國律師，25（7），38-41。
5. 李姿瑩（2021）。歐盟數位服務法草案簡介與其對國內平臺規範之借鏡。科技法律透析，33（6），15-22。
6. 林佳華、林慧美、陳巧芬（2020）。數位時代下隱私權保護與競爭法的互動。公平交易委員會之自行研究報告。臺北：公平交易委員會。
7. 邱映曦、戴豪君（2020）。大數據發展下之資訊壟斷與競爭政策。公平交易委員會委託研究報告。臺北：公平交易委員會，2020 年 11 月。
8. 戴豪君（2022），從歐盟數位服務法草案與數位市場法草案談 Big Techs 之管制。「匯流下組織再造、平台、議題」論文集，新北：風雲論壇，137-173。
9. 戴豪君、邱映曦（2019）。從 GDPR 遵循角度看組織資料治理新意識。國土及公共治理季刊，7（4），18-29。
10. Aurelien Portuese (2021). *The Digital Markets Act: European Precautionary Antitrust*. Washington, US: Information Technology & Innovation Foundation Publishing.
11. European Commission (2020). "Europe fit for the Digital Age: Commission proposes new rules for digital." Retrieved December 30, 2021, from https://ec.europa.eu/commission/presscorner/detail/en/ip_20_2347.
12. European Commission (2020). "The Digital Markets Act: ensuring fair

and open digital markets." Retrieved December 30, 2021, from https://ec.europa.eu/info/strategy/priorities-2019-2024/europe-fit-digital-age/digital-markets-act-ensuring-fair-and-open-digital-markets_en.

13. Pablo Ibáñez Colomo (2021). "The Draft Digital Markets Act: A Legal and Institutional Analysis." *Journal of European Competition Law & Practice*, 12(7), 561-575.

14. U.S. House of Representatives, Jerrold Nadler & David N Cicilline (2020). *Investigation of Competition in Digital Markets: Majority Staff Reports and Recommendations*.

國家圖書館出版品預行編目資料

政府數位轉型：一本必讀的入門書／陳敦源等主編.--二版--.--臺北市：五南圖書出版股份有限公司,2022.09
面； 公分.
ISBN 978-626-317-953-0(平裝)

1.CST: 資訊化政府 2.CST: 資訊管理

572.9029 111009198

1PDB

# 政府數位轉型：一本必讀的入門書

主 編 群— 陳敦源（252.6）、朱斌妤、蕭乃沂、黃東益、廖洲棚、曾憲立
發 行 人— 楊榮川
總 經 理— 楊士清
總 編 輯— 楊秀麗
副總編輯— 劉靜芬
責任編輯— 黃郁婷、黃麗玟
封面設計— 姚孝慈
出 版 者— 五南圖書出版股份有限公司
地　　址：106台北市大安區和平東路二段339號4樓
電　　話：(02)2705-5066　　傳　　真：(02)2706-6100
網　　址：https://www.wunan.com.tw
電子郵件：wunan@wunan.com.tw
劃撥帳號：01068953
戶　　名：五南圖書出版股份有限公司

法律顧問　林勝安律師

出版日期　2020年7月初版一刷
　　　　　2022年9月二版一刷
　　　　　2023年9月二版二刷
定　　價　新臺幣500元

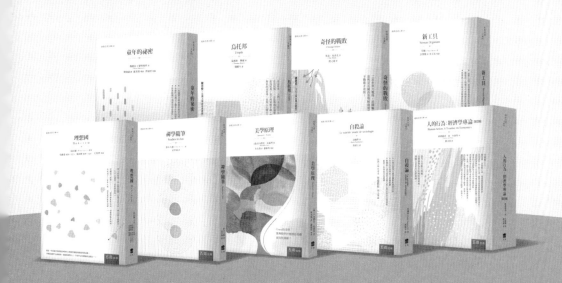